Unternehmen als autopoietische Systeme

Grundlegende Überlegungen

von

Dominique Prümm

Tectum Verlag
Marburg 2005

D 83

Coverabbildung:
Pierre Petit: Bau des Eiffelturms. 1888.
Paris, Bibliothèque Nationale.

Prümm, Dominique:
Unternehmen als autopoietische Systeme.
Grundlegende Überlegungen.
/ von Dominique Prümm
- Marburg : Tectum Verlag, 2005
Zugl.: TU Berlin, Univ. Diss. 2005
ISBN 978-3-8288-8862-3

Tectum Verlag
Marburg 2005

Inhaltsverzeichnis

Abbildungsverzeichnis

Tabellenverzeichnis

I   Einleitung

Wenn man den zahlreichen Beobachtern und Kommentatoren der wissenschaftlichen Gemeinschaft Glauben schenken darf, dann befinden sich die Sozialwissenschaften derzeit in
einer Phase des tiefgreifenden Umbruchs.[1] Die Rufe nach einem grundlegenden Paradigmenwechsel werden zunehmend lauter – und sie kommen immer häufiger auch aus den eigenen
Reihen.[2] Appelle an eine Neuorientierung der Sozialwissenschaften sind grundsätzlich nicht
besonders ungewöhnlich. Sie sind Bestandteil eines Prozederes, welches sich seit Jahren nach
einem vergleichbaren Muster vollzieht: Auf der Grundlage der jeweils aktuellen sozialwissenschaftlichen Modetrends werden immer mal wieder fundamentale Veränderungen in der Konzeption der wissenschaftlichen Forschung gefordert, die in den meisten Fällen bei näherer
Betrachtung jedoch rasch mit der beliebten Metapher des „alten Weins in neuen Schläuchen"
zu den Akten gelegt werden können. Schließlich bleiben die erkenntnistheoretischen Grundfesten der Sozialwissenschaften unangetastet.

Der hier betrachtete Fall lässt sich jedoch so gar nicht in dieses Muster einfügen – schließlich
sind es gerade diese erkenntnistheoretischen Grundfesten der Sozialwissenschaften, die von
den selbst ernannten Revolutionären in Frage gestellt werden. Die Rede ist von den Leitgedanken des radikalen oder erkenntnistheoretischen Konstruktivismus.[3]

Zwar provozierten bereits seit Anfang der 80er Jahre des 20. Jahrhunderts neue Forschungsergebnisse aus der Biologie bzw. der Hirnforschung[4] und der Kybernetik[5], die wenig später
auch von der Sprachforschung[6] und der Psychologie[7] aufgegriffen wurden, immer wieder
latent ein Hinterfragen traditioneller sozialwissenschaftlicher Erkenntnismuster. Doch erst seit
Mitte der 90er Jahre werden die Konsequenzen dieser wissenschaftlichen Innovationen für die
Sozialwissenschaften auch von ihren Protagonisten vollständig erkannt und umfassend diskutiert. Als Ursache für diese leichte zeitliche Verzögerung mag die scheinbare Harmlosigkeit
herhalten, die auf den ersten Blick von der Grundposition des radikalen Konstruktivismus
ausgeht. Es ist vermeintlich so gar nichts Revolutionäres an der Einschätzung, dass Erkenntnis und Wissen nicht mehr als Entdeckungen oder gar Abbildungen einer Realität aufgefasst
werden sollen, von der man annimmt, sie sei unabhängig von dem Erkennenden gegeben. Im
Gegenteil entspricht es doch viel eher der eigenen Erfahrung und Intuition, dass der Erkennt-

---

[1]   Vgl. z. B. Bardmann, Groth (2001a), S. 7 ff.; Hejl (2000), S. 33 ff.; Fallgatter, Koch (2000), S. 77 ff.
       oder Bardmann (1997), S. 7 ff.
[2]   Vgl. Schmidt (1996), S. 11 ff.
[3]   Vgl. für eine erste Kategorisierung der konstruktivistischen Spielarten Knorr-Cetina (1989), S. 86 ff.
[4]   Vgl. Riegler (1997), S. 75 ff.; Roth (1998), S. 314 ff. und Maturana (1982), S. 157 ff.
[5]   Vgl. insbesondere Glasersfeld (1996), S. 237 ff.; Foerster (1985), S. 25 ff.
[6]   Vgl. Glasersfeld (1987), S. 241 ff.
[7]   Vgl. Schiepek (2000), S. 24 ff.

nisprozess entscheidend von dem Wahrnehmenden selbst determiniert wird. Wir alle haben schließlich schon oft genug die Erfahrung gemacht, dass scheinbar Gleiches von verschiedenen Personen auch unterschiedlich beurteilt wird.[8] Es ist zumindest nicht unmittelbar einsichtig, wie und warum diese recht simplen Grundgedanken in letzter Konsequenz dazu führen sollten, dass der bisherige sozialwissenschaftliche Erkenntnisprozess vollständig umzukrempeln ist.

Wie bei vielen Veränderungsprozessen bedurfte es offensichtlich einer Initialzündung, um die Erörterung über die Konsequenzen des radikal konstruktivistischen Ansatzes innerhalb der Sozialwissenschaften erstmalig zu entfachen. Vor dem Hintergrund der breiten und kontroversen Diskussion, die das Werk des Autors Niklas Luhmanns innerhalb der Sozialwissenschaften ausgelöst hat, spricht einiges dafür, diesen Veröffentlichungen genau diese Rolle zuzuschreiben. Schließlich war Luhmann der erste Wissenschaftler, dem es gelungen ist, radikal konstruktivistisches Gedankengut innerhalb eines geschlossenen Theoriemodells umfassend und detailliert für alle sozialen Sachverhalte „durchzudeklinieren". Als Ausgangs- und Referenzpunkt nutzte Luhmann dabei die Systemtheorie in ihrer strukturell-funktionalen Ausprägung, die in ihren Grundgedanken wesentlich durch die Veröffentlichungen von Parsons determiniert wird.[9] In dieses bestehende Theoriemodell integrierte Luhmann anschließend die bereits angesprochenen neuen Erkenntnisse aus den Naturwissenschaften und der Kybernetik und konzipierte so eine vollkommen neue Spielart dieses Theorietypus.[10]

Trotz aller Unterschiede in der inhaltlichen Bewertung der Aussagen Luhmann, sind sich Kritiker und Befürworter gleichermaßen in zwei Punkten einig: Luhmann sei es durch sein Schaffen geglückt, die wissenschaftstheoretische Sprengkraft der Ideen des radikalen Konstruktivismus auch für die Sozialwissenschaften auf höchst eindrucksvolle Art und Weise zu verdeutlichen. Und: Mit der Luhmannschen Systemtheorie liege der Sozialwissenschaft erstmals ein geschlossenes Theoriemodell vor, welches es ermöglicht, zahlreiche sozialwissenschaftliche Einzelfragen unter Berücksichtigung der konstruktivistischen Innovationen neu zu bewerten.[11] Insbesondere für die Soziologie[12], aber auch in der Publizistik[13], den Politikwis-

[8] Vgl. für einen Überblick über die Grundaussagen des radikalen Konstruktivismus u.a. Schmidt (1996), S. 11 ff.; Hejl (1990), S. 303 ff.; Glasersfeld (1990), S. 374 ff.; Dettmann (1999), S. 102 ff. sowie Glaser (1999), S. 7 ff.
[9] Vgl. Parsons (1977), S. 17 ff.
[10] Vgl. für einen Überblick über das Gesamtwerk Luhmanns Krause (2001), S. 3 ff. oder Reese-Schäfer (2001), S. 7 ff.
[11] Vgl. für eine Bewertung des Werks Luhmanns Stichweh (1999b), S. 61 ff. oder Berger (1999), S. 169 ff.
[12] Vgl. z. B. Haller (1999), S. 411 ff.; Willke (2000), S. 5 ff.
[13] Vgl. z. B. Görke (2002), S. 69 ff.; Gehrau (2002), S. 261 ff.; Loosen, Scholl, Woelke (2002), S. 37 ff.; Marcinkowski (1993), S. 35 ff.

senschaften[14] und den Erziehungswissenschaften[15] waren die Ausarbeitungen Luhmanns der Ausgangspunkt für zum Teil intensive Erörterungen darüber, welche Konsequenzen aus seinen Erkenntnissen für das bisher generierte Wissen in der jeweiligen sozialwissenschaftlichen Disziplin zu ziehen sind.

Angesichts dieses breiten Interesses zahlreicher Sozialwissenschaftler aus unterschiedlichen Fachgebieten an der Systemtheorie Luhmanns und ihrer Anwendung auf die Gesellschaft ist es umso verwunderlicher, dass die Vertreter einer bedeutenden sozialwissenschaftlichen Disziplin sich im Zuge dieser Erörterung bislang eher zurückhalten: Gemeint ist die Betriebswirtschaftslehre.[16] Nur vereinzelt widmen sich bisher betriebswirtschaftliche Autoren ausgewählten Elementen des Luhmannschen Gesamtwerkes, ohne dabei jedoch die innovative Gesamtkonzeption der von ihm weiterentwickelten Systemtheorie für die Betriebswirtschaftslehre umfassend zu erschließen.[17]

Dieser Zustand überrascht vor allem auch deshalb, weil die Nutzung der Systemtheorie in ihrer ursprünglichen, funktional-strukturellen Ausprägung innerhalb der Betriebswirtschaftslehre eigentlich eine lange und erfolgreiche Tradition besitzt. Bereits in den frühen 70er Jahren des 20. Jahrhunderts begannen einige Forscher um Hans Ulrich an der Hochschule St. Gallen mit der Ausarbeitung des systemorientierten Ansatzes der Betriebswirtschaftslehre, der sich genau dieser systemtheoretischen Grundlagen bedient. So gelang es den Autoren, Unternehmungen[18] und ihre innerbetrieblichen Prozesse erstmals innerhalb eines umfassenden gesamtgesellschaftlichen Rahmens darzustellen. Damit eröffneten sie der Betriebswirtschaftslehre zahlreiche neue Erkenntnisperspektiven, die sich insbesondere für die strategische Managementtheorie als fruchtbar erwiesen haben.[19] Bis in die Gegenwart hinein haben zahlreiche Autoren – mit Gomez[20], Probst[21] oder Malik[22] seien an dieser Stelle nur einige genannt – die Grundgedanken dieses Theorieansatzes weiterentwickelt und an die aktuellen betrieblichen Problemstellungen angepasst. Es ist daher heute unbestritten, dass der systemorientierte Ansatz die Entwicklung der Betriebswirtschaftslehre in einem entscheidenden Ausmaß positiv beeinflusst hat.[23]

---

[14] Vgl. z. B. Ulrich (1994), S. 150 ff.; Lepsius (1999), S. 1 ff. oder Delhaes (2002), S. 9 ff.
[15] Vgl. z. B. Reich (1996), S. 1 ff.; Wevelsiep (2000), S. 1 ff.
[16] Vgl. für diese Einschätzung z. B. Hejl, Stahl (2000), S. 13 ff. und Baecker (1999d), S. 297 ff.
[17] So z. B. Kirsch (1997a), S. 269 ff.
[18] In dieser Arbeit werden die Begriffe Unternehmung, Unternehmen und Betrieb synonym verwendet.
[19] Vgl. grundlegend Ulrich (2001), S. 9 ff.
[20] Vgl. z. B. Gomez (1993), S. 33 ff.
[21] Vgl. z. B. Probst (1987), S. 9 ff.
[22] Vgl. z. B. Malik (1999), S. 1 ff.
[23] Vgl. z. B. Gomez (2001), S. 303 ff.

4

Mangelnde Herausforderungen für die Wissenschaftsdisziplin, die aktuell von der Praxis an die Betriebswirtschaftslehre herangetragen werden, scheiden als Ursache für die beschriebene Zurückhaltung in der Anwendung der modernen Systemtheorie in jedem Fall aus. Beispielhaft seien an dieser Stelle nur zwei Problemfelder genannt: Die immer intensivere internationale Verflechtung der Wirtschaftsbeziehungen, die auch unter dem Schlagwort Globalisierung zusammengefasst wird, stellt Unternehmen in allen Branchen und in allen Wirtschaftsregionen der Welt vor neue Herausforderungen.[24] Gleichzeitig ist zu beobachten, dass Unternehmen und ihr Geschäftsgebaren nicht zuletzt als Folge zahlreicher Vertrauenskrisen und Bilanzskandale von einer breiten Öffentlichkeit zunehmend kritisch hinterfragt werden. Beobachter erkennen auf der Führungsebene von Unternehmen eine wachsende Unsicherheit darüber, welche moralischen und ethischen Prinzipien an das Handeln von Führungskräften anzulegen sind, um die Akzeptanz des kapitalistischen Wirtschaftssystems dauerhaft aufrechtzuerhalten.[25]

Im Zuge der Bewältigung dieser und weiterer Herausforderungen sind Unternehmen augenscheinlich auf der Suche nach Institutionen und Organisationen, die Beratung und Orientierung versprechen. Als ein Indikator dafür können die seit vielen Jahren in im Vergleich zur Gesamtwirtschaft überproportionalen Steigerungsraten für externe Unternehmensberatungen angesehen werden. Eine Fortentwicklung dieses Trends wird auch für die Zukunft prognostiziert.[26] Offensichtlich strebt auch die moderne Betriebswirtschaftslehre immer stärker die Zugehörigkeit zu diesem Kreis der praktischen Ratgeber an. So stellt Witt fest, dass in den 90er Jahren eine deutliche Intensivierung der Praxisorientierung dieser Wissenschaftsdisziplin vorangetrieben wurde.[27] Im Ergebnis gleiche sich die deutschsprachige Betriebswirtschaftslehre mittlerweile in ihrer pragmatisch-interdisziplinären Orientierung immer stärker der Tradition der angloamerikanischen Management- und Organisationsforschung an.[28] Doch trotz der intensiven Hinwendung der Betriebswirtschaftslehre zu den ganz konkreten Problemstellungen der Unternehmen müssen Wissenschaftsvertreter konstatieren, dass die Praxis sich von ihren Lösungsvorschlägen vergleichsweise unbeeindruckt zeigt: Es scheint die paradoxe Situation entstanden zu sein, dass die Betriebswirtschaftslehre sich einerseits verstärkt um Praxisorien-

3

---

[24] Vgl. Oppenheimer (2001), S. 31 ff.; Scholz, Garbers, Stein (1999), S. 67 ff.; Sell (1999), S. 69 ff.
[25] Vgl. o.V. (2004), ohne Seitenangabe. Die Ausführungen von Gebert zeigen, dass das gesellschaftliche Infragestellen der Legitimität unternehmerischer Entscheidungen, keineswegs nur eine moderne Erscheinung ist, sondern bereits in der Vergangenheit intensiv betrieben wurde (vgl. Gebert (1974), S. 10 f.).
[26] Vgl. Streicher, Lünendonk (2003), S. 26
[27] Vgl. Witt (1995), S. 14
[28] Vgl. Witt (1995), S. 14 ff. Die daraus resultierende Geschichtslosigkeit der Betriebswirtschaftslehre hat zuvor auch schon Schneider kritisiert, vgl. Schneider (1984), S. 114 ff.

tierung bemüht, andererseits aber trotz dieser Hinwendung zur Unternehmenspraxis nicht in der Lage ist, die Bedürfnisse der Praxis wirklich zu befriedigen.[29]

Vor dem Hintergrund der skizzierten Ausgangssituation möchte die vorliegende Arbeit eine Anregung von Witt aufgreifen. Er kommt im Rahmen seiner umfassenden Studie über die theoretischen Grundlagen der Betriebswirtschaftslehre zu dem Ergebnis, dass die bisherigen betriebswirtschaftlichen Wissenschaftsprogramme nur einen ungenügenden Zugang zum Untersuchungsobjekt Unternehmung vermitteln. Er empfiehlt daher eine Reformulierung der Theoriegrundlagen der Betriebswirtschaftslehre im Rahmen einer strikt sozialwissenschaftlich konzipierten Neuorientierung. Explizit gibt er in diesem Zusammenhang eine Empfehlung für einen konstruktivistisch-systemtheoretischen Bezugsrahmen.[30]

Konkret möchte die vorliegende Arbeit überprüfen, ob eine Adaption von radikal konstruktivistischem Gedankengut dazu beitragen kann, einen zusätzlichen Erkenntnisgewinn für die Betriebswirtschaftslehre zu erzielen.

Aufgrund der Neuartigkeit radikal konstruktivistischer Ansätze für die Betriebswirtschaftslehre ist es dazu zunächst erforderlich, die für diesen Zweck relevanten Inhalte der System- und Gesellschaftstheorie Niklas Luhmanns als das derzeit elaborierteste sozialwissenschaftliche Theorieangebot radikal konstruktivistischer Prägung umfassend vorzustellen. Mit diesem theoretischen Rüstzeug ausgestattet können anschließend Unternehmen und ihre Geschäftsprozesse entsprechend der spezifischen Vorgaben und Inhalte der Luhmannschen Systemtheorie analysiert werden. Im Zuge einer solchen wissenschaftlichen Beobachtung werden nicht nur Unterschiede zum bisherigen Forschungsstand der Betriebswirtschaftslehre deutlich. Aufgrund des radikal konstruktivistischen Theorieaufbaus, der der Rolle und der Positionierung des Beobachters die entscheidende Bedeutung für das Ergebnis einer Beobachtung zuschreibt, sagt jede betriebswirtschaftliche Beobachtung, die sich auf diese Theorie beruft, immer auch etwas über die Erkenntnisposition und das Erkenntnisinteresse der Betriebswirtschaftslehre aus. So ergibt sich gewissermaßen aus jeder Beobachtung nicht nur ein Beobachtungsergebnis, sondern auch eine Information über das Erkenntnisinteresse des Beobachters, der dieses Beobachtungsergebnis erzeugt. In diesem Zusammenhang soll im Rahmen dieser Arbeit dann auch die Frage nach den Ursachen für die bisherige Zurückhaltung der Betriebswirtschaftslehre bei der Rezeption des Werks von Luhmann beantwortet werden. Es werden die Gründe

---

[29] Vgl. z. B. Kieser, Nicolai (2003), S. 509; Kleppel (2003), S. 581 ff.; Hejl, Stahl (2000), S. 13 ff. und Baecker (1999d), S. 297 ff. Starkey, Madan (2001), S. 3 ff., zeigen, dass auch die englischsprachige Managementforschung trotz ihrer höheren Praxisorientierung, wenn man den Selbsteinschätzungen ihrer Autoren glaubt, mit ähnlichen Problemen zu kämpfen hat.

[30] Vgl. Witt (1995), S. 303

nachgezeichnet, warum sich die Vertreter dieser Wissenschaftsdisziplin schwerer als ihren Kollegen in anderen Disziplinen damit tun, ihre Erkenntnisstrukturen auf ein radikal konstruktivistisches Denken umzustellen.

Neben der Erkenntnis, dass die Anwendung der Luhmannschen Systemtheorie innerhalb der Betriebswirtschaftslehre überhaupt möglich ist und dass diese Anwendung bereits einen erkenntnistheoretischen Mehrwert für diese Wissenschaftsdisziplin liefert, soll im Rahmen dieser Arbeit auch der Nutzen der Theorieanwendung im Hinblick auf ganz konkrete betriebswirtschaftliche Fragestellungen untersucht werden. Deshalb werden im Verlauf der Arbeit aktuelle Problemstellungen aus dem Bereich der strategischen Managementtheorie mit Hilfe der Erkenntnisse über die Funktionsweise von Unternehmen, die durch die radikal konstruktivistische Brille gewonnen werden konnten, neu bewertet. Die Entscheidung, die Luhmannsche Systemtheorie einem Praxistest auf dem Gebiet der strategischen Unternehmensführung zu unterziehen, ist dabei nicht zufällig gefallen, sondern folgt strukturellen Überlegungen. Die Systemtheorie ist als Meta-Theorie in der Lage, alles Soziale, d.h. die Unternehmung und ihre soziale Umwelt, zu erfassen und zu beschreiben. Die größten Vorzüge im Vergleich zu anderen, stärker mikroökonomisch orientierten Theorieangeboten ergeben sich demnach bei solchen Fragestellungen, bei denen es gerade darauf ankommt, die Rolle des Betriebes aus einer ganzheitlich-sozialen Perspektive zu analysieren. Gerade diese Erörterung steht im Mittelpunkt der strategischen Managementtheorie.

Zusammenfassend kann demnach festgehalten werden, dass die vorliegende Arbeit insgesamt drei Ziele verfolgt: Erstens soll die System- und Gesellschaftstheorie Luhmanns in einer Form dargestellt werden, die eine Nutzung dieser Theorieinnovation auch für die Betriebswirtschaftslehre ermöglicht. Zweitens soll in Anwendung dieser Theorie die Funktionsweise von Unternehmen aus radikal konstruktivistischer Sicht beschrieben werden. Entsprechend der Inhalte der Luhmannschen Systemtheorie werden Unternehmen in diesem Zusammenhang als selbstreferentiell geschlossene oder auch autopoietische Systeme beschrieben.[31] Um dieses Ziel zu erreichen, sind ein Aufarbeiten und eine Integration der bisherigen betriebswirtschaftlichen Erkenntnisse im Sinne der Theorieaussagen Luhmanns notwendig. Als zwangsläufig resultierendes Nebenprodukt ergibt sich eine Klärung der erkenntnistheoretischen Ausrichtung der Betriebswirtschaftslehre in ihrer Rolle als wissenschaftlicher Beobachter. In diesem Zusammenhang soll insbesondere aufgeklärt werden, warum die Betriebswirtschaftslehre bisher eher zögerlich auf eine Adaption der Luhmannschen Systemtheorie reagiert hat. Drittens soll anhand von konkreten Problemstellungen aus dem Bereich der strategischen Managementtheorie exemplarisch aufgezeigt werden, zu welchen Erkenntnisfortschritten eine konse-

---

[31] Der Begriff der Autopoiese wird im ersten Teil der Arbeit ausführlich erörtert. Vgl. Kapitel II.3.4.

quente Verwendung der Luhmannschen Theorieaxiome auch in der Betriebswirtschaftslehre führen könnte.

Dieser Arbeit liegt eine Struktur zugrunde, die den genannten Zielen Rechnung trägt. So widmet sich der erste Teil der Arbeit ausschließlich und intensiv einer Darstellung der Teile aus dem Gesamtwerk der System- und Gesellschaftstheorie Luhmanns, die für die weiteren Zwecke dieser Arbeit benötigt werden. Er bildet damit gewissermaßen die theoretische Grundlage für alle weiteren Ausführungen. Am Ende dieses ersten Teils steht zum einen ein erstes Zwischenfazit, welches die Erkenntnisse aus diesen Grundlagen über die Funktionsweisen von Unternehmen als autopoietische Systeme zusammenstellt. Zum anderen wird auf der Grundlage dieses Zwischenfazits mit Blick auf die weitere Anwendung der system- und gesellschaftstheoretischen Grundlagen auf Unternehmungen ein Flussdiagramm erstellt, dessen Inhalte eine einfache und effiziente Anwendung der Theorie im weiteren Verlauf der Arbeit gewährleisten soll.

Im Mittelpunkt des zweiten Teils der Arbeit steht die Anwendung der theoretischen Grundlagen Luhmanns auf das Untersuchungsobjekt Unternehmung. Dabei wird das durch die Veröffentlichungen Luhmanns entstandene Bild vervollständigt durch eine Vielzahl von Erkenntnissen aus unterschiedlichen Forschungsansätzen der Soziologie und der Betriebswirtschaftslehre. Im Ergebnis entsteht nicht nur ein umfassendes Bild von der Unternehmung als sozialem System mit spezifisch autopoietischer Reproduktion, sondern auch eine Darstellung von Betriebswirtschaftslehre als wissenschaftlichem Beobachter von Unternehmen, der prinzipiell den gleichen systemtheoretischen Gesetzmäßigkeiten gehorcht wie jedes andere Sozialsystem auch.

Der dritte Teil der Arbeit vollzieht dann einen ersten Praxistest für die Systemtheorie Luhmanns. Anhand von exemplarisch ausgewählten Problemstellungen aus dem Bereich des strategischen Managements, die zum Teil in der Wissenschaft bislang kontrovers diskutiert werden, soll aufgezeigt werden, wie die vorab entwickelten Erkenntnisse aus der Anwendung der Luhmannschen Systemtheorie konkret für eine Weiterentwicklung und Neubewertung betriebswirtschaftlicher Einzelfragen genutzt werden können.

Die Arbeit schließt mit einem Fazit.

Am Ende dieser Einleitung sollen mit nachfolgender Abbildung die mit dieser Arbeit verfolgten Zielsetzungen sowie die Reihenfolge ihrer Abarbeitung innerhalb der definierten Gliederung nochmals stichwortartig zusammengefasst werden.

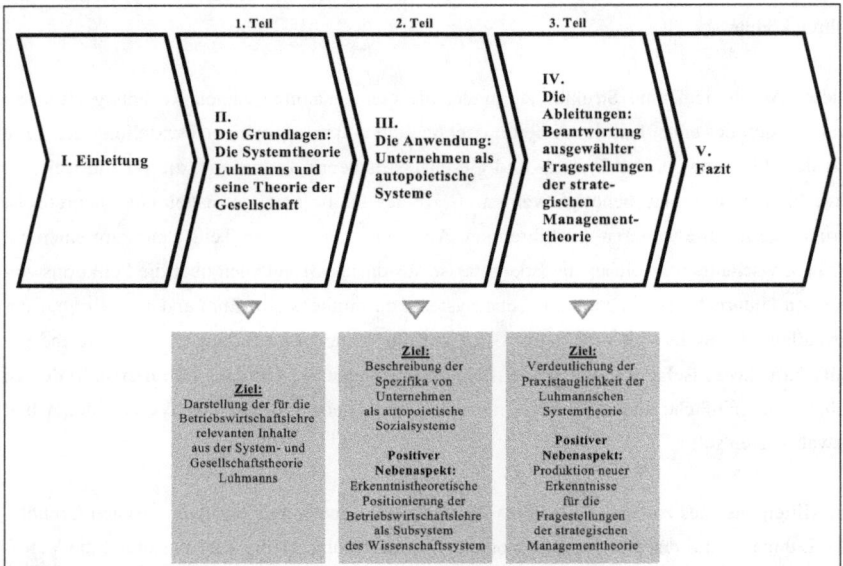

Abb. 1: Aufbau und Zielsetzungen der vorliegenden Arbeit

II Die Grundlagen: Die Systemtheorie Luhmanns und seine Theorie der Gesellschaft

1 Zur Einführung: Die typischen Erfahrungen bei der ersten Begegnung mit den Werken Niklas Luhmanns

Die Beschäftigung mit den Veröffentlichungen Niklas Luhmanns verlangt einem „Luhmann-Neuling" zunächst vor allem eine Charaktereigenschaft ab: eine hohe Frustrationstoleranz. Es erwarten ihn ein Theorieaufbau und eine Theoriebeschreibung, die sich maßgeblich von denen anderer sozialwissenschaftlicher Ausarbeitungen unterscheiden.[32] Es ist dabei zunächst nur ein schwacher Trost, dass es Luhmann selbst ist, der seine Leser auf die zu erwartenden „Unpässlichkeiten" hinweist.[33]

Sein erster Hinweis bezieht sich auf die ungewöhnlich hohe Abstraktionsebene seiner Argumentation. So gleiche seine Vorgehensweise oftmals einem „Flug [...] über den Wolken, und es ist mit einer ziemlich geschlossenen Wolkendecke zu rechnen."[34] Deutlich wird dies vor allem an der von Luhmann verwendeten Sprache.[35] In seinen Veröffentlichungen finden sich eine Vielzahl von Begriffen, die in der sozialwissenschaftlichen Diskussion außerhalb der Systemtheorie entweder eher unbekannt sind (z. B. Autopoiesis, doppelte Kontingenz, Interpenetration) oder die im Alltagsgebrauch mit anderen Bedeutungen versehen sind (z. B. Sinn). Zudem wirkt die Struktur des Satzbaus für einen ungeübten Luhmann-Leser häufig merkwürdig ungelenk, da er scheinbar überflüssige Doppelungen einzelner Wörter beinhaltet oder auf Personalisierungen verzichtet.[36]

Doch damit nicht genug der zu überwindenden Hürden: Luhmann selbst charakterisiert die Anlage seines Theorieentwurfs als „polyzentrisch"[37]. Schenkt man dieser Selbsteinschätzung Glauben, dann verbietet sich einer der bewährten Zugänge zu den Ausarbeitungen Luhmanns. Das Fehlen eines eindeutigen Theorie-Zentrums oder zentraler Theorie-Axiome würde eine hierarchisch strukturierte, lineare Theoriedarstellung beinahe unmöglich machen.[38] Stattdes-

---

[32] Vgl. für diese Einschätzung Stichweh (1999), S. 61 ff.; Schwanitz (1999), S. 49 ff.; Teubner (1999), S. 19 ff.; Fuchs (1993), S. 7; Willke (2000), S. 11 ff. und besonders anschaulich Bardmann (1999), S. 89 ff.
[33] Vgl. Luhmann (1987a), S. 7 ff.; Luhmann (1997a), S. 16 ff.; Luhmann (1991a), S. 253 ff.
[34] Luhmann (1987a), S. 13
[35] Vgl. Foerster (1999), S. 13 ff. und Baecker (1999a), S. 83 ff., die eine ähnliche Einschätzung über die von Luhmann genutzte Sprache abgeben.
[36] Vgl. Willke (2000), S. 12
[37] Luhmann (1987a), S. 14
[38] Vgl. Luhmann (1987a), S. 14; Luhmann (1987b), S. 144 f.; Luhmann (1991a), S. 258 ff. Dass eine strukturierte Darstellung dennoch möglich ist, zeigt die im Rahmen dieser Arbeit gewählte Struktur, die auf der Analyse von Starnitzke (1992), S. 71 ff., aufsetzt, vgl. auch Luhmann (1992a), S. 377 f.

sen könnten beliebig viele kombinatorische Verknüpfungen zwischen einzelnen Begriffen hergestellt werden und so bestimmte Aussagen hervorgehoben oder andere in den Hintergrund gerückt werden, ohne das Grundgerüst des Theoriemodells zu verändern. Und tatsächlich: Betrachtet man sich die bisherigen Rezeptionen der Luhmannschen Systemtheorie, stellt man fest, dass letztlich wohl das Ziel der Darstellung die Struktur der Erörterung determiniert. Luhmann selbst bemerkt, dass eine für die Veranschaulichung der Theorie ideale Struktur wohl nicht existiert.[39] Welche Form auch immer gewählt wird, die Darstellung gleiche in jedem Fall „eher einem Labyrinth als einer Schnellstraße zum frohen Ende."[40]

Neben diesen theorieimmanenten Hürden, die sich dem Leser der Werke Luhmanns in den Weg stellen, soll abschließend noch auf eine eher profane, jedoch gleichwohl virulente Problematik aufmerksam gemacht werden. Niklas Luhmann war zeit seines Lebens ein Viel- und Schnellschreiber.[41] Nicht nur die Zahl seiner Veröffentlichungen ist beeindruckend, sondern auch die Breite der Themen, die Gegenstand seiner Ausarbeitungen geworden sind.[42] Sie reichen von Ausarbeitungen zu den Schwierigkeiten einer Verwaltungsmodernisierung[43] bis hin zu Erörterungen über den gesellschaftlichen Kunstbegriff.[44] Angesichts dieser qualitativen und quantitativen Komplexität fällt eine erste Orientierung naturgemäß schwer.

Es stellt sich nun die Frage, wie man über eine Theorie referieren soll, deren Abstraktionsgrad hoch, deren Sprache ungewöhnlich, deren Aufbau labyrinthisch ist und deren Inhalte scheinbar auf eine Vielzahl von Ausarbeitungen verstreut sind.

Der erste Schlüssel zum Erfolg lautet: Konzentration. Essentiell für den Gesamterfolg dieser Arbeit ist ein konsequentes Eingrenzen der Darstellung auf die für diese Arbeit tatsächlich benötigten Bestandteile des Gesamtwerks von Niklas Luhmann. Aufgrund der quantitativen Menge der Veröffentlichungen des Autors, aber auch wegen der hohen qualitativen Komplexität des Theoriegebäudes würde der Versuch, die Luhmannsche Gedankenwelt vollumfänglich darstellen zu wollen, mit Sicherheit scheitern. Demnach gilt es in einem ersten Schritt, ausgehend von den definierten Zielen der Arbeit, ausschließlich die Teile aus dem vorliegenden Gesamtwerk auszuwählen, die im weiteren Verlauf der Untersuchung zwingend benötigt werden.

---

[39]   Vgl. Luhmann (1987a), S. 14
[40]   Luhmann (1987a), S. 14
[41]   Vgl. Luhmann (1987b), S. 145 ff.; Reese-Schäfer (2001), S. 9 ff.
[42]   Vgl. z. B. den Umfang der Bibliographie bei Krause (2001), S. 239 ff.
[43]   Vgl. z. B. Luhmann (1965), S. 303 ff.; Luhmann (1982a), S. 319 ff.
[44]   Vgl. z. B. Luhmann (1996a), S. 215 ff.; Luhmann (1986a), S. 6 ff.; Luhmann (1994a), S. 9 ff.

Nach erfolgter Konzentration ist in einem zweiten Schritt dann eine Detaildarstellung gefragt. Schließlich sollen auf der Grundlage der Luhmannschen System- und Gesellschaftstheorie im anschließenden Verlauf der Arbeit Unternehmen als Sonderfall sozialer Systeme analysiert werden. Dieses Vorhaben kann nur dann gelingen und zu einem Erkenntnisgewinn führen, wenn vorab die Grundlagen für ein detailliertes Verständnis über die Inhalte der genutzten Theorie gelegt wurden. Nur dann, wenn die Axiome der Theorie bekannt sind und wenn die Prämissen der Ableitungen verständlich aufgezeigt wurden, nur dann kann aus der nachfolgenden Anwendung der Theorie auf Unternehmen überhaupt ein Wissensgewinn gezogen werden. Erst ein umfassendes Theorieverständnis erlaubt eine sachgerechte Interpretation der Ergebnisse der Theorieanwendung; dieser Grundsatz gilt gerade für die höchst komplexe Systemtheorie Luhmanns. Nur so kann verhindert werden, dass die Anwendung der Theorie zu einem reinen Sprachspiel verkommt.

Konzentration als ersten, Detaillierung als zweiten Schritt der Theoriedarstellung – eine derartige Schrittfolge macht eine umfangreiche Auseinandersetzung mit den Theoriegrundlagen erforderlich. Dies wird sich auch auf den Umfang der einzelnen Teile und Kapitel in der vorliegenden Arbeit niederschlagen. Die Eingangsbemerkungen zu diesem ersten Teil der Arbeit haben jedoch verdeutlicht, dass zu dieser Vorgehensweise keine Alternative besteht. Eine ausführliche Darstellung der system- und gesellschaftstheoretischen Grundlagen des Gesamtwerks Luhmanns ist nicht nur deswegen erforderlich, weil sie in der Betriebswirtschaftslehre bisher weitgehend unbekannt geblieben sind. Auch die Theorie selbst verlangt ein derart umfangreiches Vorspiel, denn nur dann lässt sie sich gewinnbringend einsetzen. Es ist gewissermaßen der Preis, den jeder zu zahlen hat, der die Systemtheorie Luhmanns für sich nutzbar machen möchte. Darin unterscheidet sie sich von anderen Theorien, deren Kernaussagen sich in wenigen Sätzen zusammenfassen lassen und die so eine leichte und rasche Anwendung zulassen.

Die Ergebnisse zahlreicher wissenschaftlicher Analysen haben bereits deutlich machen können, dass diese anfänglichen Mühen im Umgang mit der Systemtheorie Luhmanns sich schlussendlich doch lohnen können. Intime Kenner der Materie schreiben der Luhmannschen Gedankenwelt gar eine einzigartige Faszination zu. Sie loben die Beweglichkeit und Eleganz der Theorie und die daraus entstehende Lust des Theorieanwenders, die Sachverhalte dieser Welt durch die Theoriebrille plötzlich in einem anderen Licht zu analysieren.[45] Es ist zweifelsohne ein hehres Ziel, dem Leser auf engem Raum auch einen kleinen Einblick von diesen Reizen der Luhmannschen Systemtheorie zu vermitteln. Dennoch sollte zumindest der Ver-

---

[45]   Vgl. z. B. Bunsen (1999), S. 32 ff.; Bardmann (1999), S. 89 ff.

such unternommen werden – dies allein schon deshalb, um die Lektüre der anschließenden Teile der Arbeit nicht zu einer ermüdenden Angelegenheit werden zu lassen.

Bildlich gesprochen ist bislang vor allem eines deutlich geworden: Bevor man sich in die Tiefen der Luhmannschen Gedankenwelt stürzt, will der Absprung wohl geplant und überlegt sein. Diese grundsätzlich strukturellen Überlegungen zur weiteren Vorgehensweise werden im folgenden Kapitel II.2 angestellt. Dort werden nicht nur die für diese Arbeit relevanten Teilbereiche aus dem Gesamtwerk Luhmanns identifiziert, sondern auch die gewählte Struktur für die Erörterung dieses „Destillats" in den nachfolgenden Kapiteln vorgestellt und begründet.

Naturgemäß steht jedoch die eigentliche Darstellung der Inhalte der für diese Arbeit benötigten Teilbereiche aus dem Gesamtwerk Luhmannscher Provenienz im Zentrum dieses Kapitels. Sie wird in den Kapiteln II.3 – II.5 vorgenommen.

Wie in der Einleitung zu dieser Arbeit bereits angedeutet, haben Luhmanns Arbeiten in zahlreichen sozialwissenschaftlichen Disziplinen breite Diskussionen ausgelöst. Seine Thesen und Schlussfolgerungen sind keineswegs unumstritten. Diese Kritik zu unterschlagen, würde zur Folge haben, dass wesentliche Erkenntnisse aus dem wissenschaftlichen Diskurs über Luhmann bewusst ausgeblendet werden. Um ein solches Fehlverhalten zu vermeiden, stellt das sechste Kapitel die verschiedenen Kritikansätze vor, bewertet sie vor dem Hintergrund der Zielsetzung dieser Arbeit und macht sie so für den weiteren Erkenntnisprozess nutzbar.

Anschließend erfolgt im siebten Kapitel eine Zusammenfassung der wichtigsten Theorieaussagen. Diese Zusammenfassung wird bereits mit Blick auf die bevorstehenden Aufgaben erstellt. So schließt dieser erste Teil der Arbeit mit einer Zusammenstellung dessen, was nach Vorstellung der Grundlagen aus der System- und Gesellschaftstheorie Luhmanns bereits an Schlussfolgerungen über die Funktionsweise von Unternehmen als Spezialfall autopoietischer Systeme gezogen werden kann. So entsteht ein Rahmen von Kernaussagen über Unternehmen, welcher im weiteren Verlauf der Arbeit weiter gefüllt werden soll. Der Teil endet mit der Vorstellung eines Flussdiagramms, welches den geeigneten Weg aufzeigt, wie dieses Auffüllen im zweiten Teil der Arbeit zweckmäßig und effizient vorgenommen werden kann.[46]

---

[46] Es lässt sich darüber streiten, ob dieses Flussdiagramm noch zu den Grundlagen der Luhmannschen System- und Gesellschaftstheorie zu zählen ist, also im ersten Teil der Arbeit zu verorten ist, oder ob es doch primär die Anwendung der Theorie auf das Untersuchungsobjekt Unternehmung vorbereitet und dementsprechend dem zweiten Teil der Arbeit zugehörig ist. Für eine Positionierung im ersten Teil der Arbeit spricht vor allem die weitgehende Unabhängigkeit der Inhalte des Flussdiagramms vom Untersuchungsobjekt, die im Kapitel 8 ersichtlich wird. In jedem Fall bildet das dort vorgestellte Flussdiagramm die Brücke zwischen dem ersten und zweiten Teil dieser Arbeit.

2   Identifikation und Strukturierung der benötigten Theoriebausteine

2.1   Luhmanns Zielsetzung: Eine Theorie der Gesellschaft

Eine Antwort auf die Frage nach der Zielsetzung eines zwar gesteuerten, aber dennoch komplexen Prozesses ist in der Regel nützlich – nicht nur um diesen Prozess in seinen Teilschritten besser verstehen zu können, sondern auch um daraus eine geeignete Struktur für eine Beschreibung dieses Prozesses abzuleiten. Die erste Etappe auf dem Weg, ein geeignetes Gerüst zu finden, um die relevanten Teile der Systemtheorie Niklas Luhmanns adäquat darzustellen, widmet sich daher den Fragen, welche Zielsetzung Luhmann selbst mit seiner Systemtheorie verfolgt hat und warum er gerade diese Zielsetzung als sinnvoll und notwendig erachtet.

Als Niklas Luhmann im Jahre 1969 an die Fakultät für Soziologie der Universität Bielefeld berufen wurde, erhielt er den Auftrag, Forschungsprojekte zu benennen, an denen er in der Zukunft arbeiten möchte.[47] Luhmanns Antwort war kurz und prägnant: „Theorie der Gesellschaft. Laufzeit: 30 Jahre. Kosten: keine".[48]

Auf den ersten Blick erscheint die Antwort wenig innovativ, arbeiten doch alle Sozialwissenschaftler an Modellen und Theorien zur Erklärung gesellschaftlicher Phänomene. Die Besonderheit der Zielsetzung Luhmanns könnte sich aus seinem Anspruch ergeben, den Untersuchungsgegenstand Gesellschaft universal, d.h. umfassend, erklären zu wollen: „Universalität der Gegenstandserfassung in dem Sinne, daß sie als soziologische Theorie alles Soziale behandelt und nicht nur Ausschnitte (wie zum Beispiel Schichtung und Mobilität, Besonderheiten der modernen Gesellschaft, Interaktionsmuster etc.).",[49] Um Missverständnisse zu vermeiden, ist zu betonen, dass Luhmann mit dieser Aussage nicht den Anspruch erheben möchte, seine Theorie besitze einen ausschließlichen Wahrheitsanspruch. Er verwende den Begriff Universalität ausschließlich dafür, um seine Ambition zu unterstreichen, eine Theorie zu entwickeln, die grundsätzlich auf alles Soziale Anwendung finden kann.[50]

Doch es scheint offensichtlich, dass sich auch aus der Universalität des Theorieanspruchs kein Alleinstellungsmerkmal der Luhmannschen Systemtheorie ableiten lässt. Mehr noch: Mit der Soziologie existiert sogar eine eigene, weithin anerkannte sozialwissenschaftliche Disziplin, welche die Intention verfolgt, sich mit sozialen Phänomenen in ihrer Gesamtheit auseinander

47   Vgl. Jahraus (2001), S. 299
48   Luhmann (1997a), S. 11
49   Luhmann (1987a), S. 9
50   Vgl. Luhmann (1991c), S. 113 ff.; Willke (2000), S. 2

zu setzen.[51] Anders ausgedrückt: Die Vertreter der Soziologie, jedenfalls diejenigen, die ihren ganzheitlichen Theorieanspruch offensiv vertreten, verfolgen schon seit jeher die von Luhmann genannte Zielsetzung, soziale und damit gesellschaftliche Phänomene mit Hilfe geeigneter sozialwissenschaftlicher Theorien zu erklären. Die Zahl der dafür geeigneten Theorieansätze erscheint zudem so groß, dass einzelne Vertreter dieses Faches mitunter sogar eine Theorienvielfalt innerhalb der Soziologie beklagen.[52] So stehen beispielsweise Gesellschaftstheorien, die sich wesentlich auf die Grundgedanken des von Karl Marx entwickelten Historischen Materialismus stützen[53], heute gleichberechtigt neben Ansätzen über die Risiko- oder die Spaßgesellschaft, die auf gänzlich anderen Annahmen beruhen.[54] Darüber hinaus liegen mittlerweile zu beinahe allen denkbaren sozialen Phänomenen empirische Untersuchungen vor, die zusammengetragen einen enormen Wissensschatz über das Gesamtgebilde ,Gesellschaft' ergeben.[55]

Und dennoch ist es gerade die uneingeschränkte Universalität der Luhmannschen Systemtheorie, die diese im Vergleich zu anderen sozialwissenschaftlichen Theorien einzigartig macht. Denn aus Sicht Luhmanns haben bislang alle übrigen Ansätze einen zentralen Aspekt einer übergreifenden sozialwissenschaftlichen Theorie nicht in ausreichendem Umfang Rechnung getragen: Die zirkuläre Beziehung zu ihrem eigenen Gegenstand.[56]

Luhmann widmet sich in seinem Gesamtwerk äußerst intensiv diesem Sachverhalt, der, wie noch zu zeigen sein wird, aus wissenschaftstheoretischer Sicht höchst diffizil zu bewerten ist.[57] Dabei betont er immer wieder die Zwangsläufigkeit einer derartigen Theoriekonstruktion: Universalität in der Gegenstandserfassung hat zur Folge, dass in der eigenen Theorie über die Gesellschaft eben diese Theorie wiederum als ihr eigener Gegenstand vorkommen muss.[58] Denn wolle man diese autologische Komponente ausschließen, hieße das zwangsläufig, auf den Universalitätsanspruch der Theorie zu verzichten. Es würde dann etwas fehlen, nämlich mindestens die eigene Theorie. Konsequenterweise muss daher die Gesellschaftstheorie Luhmanns gleichzeitig auch Gegenstand dieser Theorie werden. „Die Beschreibung vollzieht das Beschriebene. Sie muss also im Vollzug der Beschreibung sich selber mitbeschreiben."[59]

---

[51]   Vgl. z. B. Treibel (2000), S. 9 ff.; Eberle, Maindok (1994), S. 2 ff.
[52]   Vgl. Haller (1999), S. 31 ff.; Giddens (1995), S. 773 ff.; Willke (2000), S. 1
[53]   Vgl. Treibel (2000), S. 46 ff.
[54]   Vgl. für die Risikogesellschaft: Beck (1986), S. 25 ff.; Pries (1991), S. 37 ff.; für die soziologische Rezeption der Spaßgesellschaft: Castner, Castner (2002), S. 2 ff.; Huhn (2002), S. 9 ff.
[55]   Vgl. Haller (1987), S. 11 ff.; Birnbaum (1971), S. 214 ff.
[56]   Vgl. Luhmann (1987a), S. 9 ff.; Luhmann (1991b), S. 92 ff.
[57]   Für Pfeffer charakterisiert das Behandeln zirkulärer Fragen gar die gesamte Forschungsmethodik Luhmanns. Vgl. Pfeffer (2001), S. 1 ff.
[58]   Baecker schlägt vor diesem Hintergrund vor, Luhmanns Gesamtwerk unter dem Titel „Reflexive Soziologie" zu subsumieren. Vgl. Baecker (1999b), S. 35 f.
[59]   Luhmann (1997a), S. 16

Theorien mit Universalitätsanspruch lernen damit an den Gegenständen, die sie untersuchen, immer auch etwas über sich selbst. Um diesen zentralen Grundsatz in seinen Theorieüberlegungen zu verdeutlichen, hat Luhmann ihn bereits in den Titeln seiner zentralen Werke verankert.[60]

Eine derartige Theoriekonstruktion verursacht nicht nur „ein schwindelerregendes Gefühl"[61], sondern aus ihr resultieren auch weitreichende Konsequenzen. Luhmann setzt durch das zielstrebige Mitführen der autologischen Komponente bewährte Traditionen der Wissenschaftstheorie außer Kraft. Er tut dies, wie aufgezeigt wurde, gewissermaßen unter Zwang, um seinem Anspruch des universalistischen Ansatzes gerecht zu werden. Wer von vornherein diese Theoriekonstruktion aus wissenschaftstheoretischen oder logischen Gründen verbieten möchte, müsse damit leben, dass es keine umfassende Gesellschaftstheorie geben kann.[62] Dennoch lohnt sich ein Blick auf die daraus resultierenden Konsequenzen, die Luhmann im Übrigen selbst sehr eindrucksvoll beschreibt.[63]

So weist er beispielsweise explizit darauf hin, dass der Wahrheitsanspruch seiner Theorie nie umfassend bestätigt werden kann: „Man wird also immer sagen können, ich hätte in den falschen Apfel gebissen – nicht vom Baume der Erkenntnis. Jeder Streit kann damit ins Unentscheidbare getrieben werden."[64] Die Ursache für diese Unlösbarkeit theorieinterner Konflikte innerhalb der Theorie selbst liegt in dem Sprengen der Grenzen der zweiwertigen Logik durch den autologischen Theorieaufbau. Sobald man sich auf die Ergebnisse seiner Arbeiten einlässt, seine Theorie nutzt, um Sachverhalte zu untersuchen, wird es unmöglich, die so gewonnenen Erkenntnisse innerhalb dieses Theoriemodells zu widerlegen. Denn schließlich taucht die Theorie und alle ihre Erkenntnisse ja selbst in der durch sie aufgespannten Beobachtungswelt als wissenschaftliche Theorie, und damit als wissenschaftlich fundiert, wieder auf.[65]

Damit impliziert eine derartige Theoriekonstruktion immer auch den Verzicht auf absolute Wahrheiten. Luhmann bewertet seine systemtheoretischen Ausarbeitungen daher lediglich als ein Angebot bzw. als eine Variante der gesellschaftlichen (Selbst-) Beschreibung. Den Anspruch, dieses Angebot sei die einzig mögliche oder die mit Sicherheit beste Option, weist er weit von sich. Ohne Zweifel bringt aus seiner Sicht die durch seine Arbeiten weiterentwickelte Systemtheorie für den Aufbau einer Gesellschaftstheorie besonders geeignete Vorausset-

---

60 So ist sein Hauptwerk nicht umsonst mit dem Titel „Die Gesellschaft der Gesellschaft" versehen. Vgl. Luhmann (1997a), S. 15
61 Maturana, Varela (1987), S. 30
62 Vgl. Luhmann (1997a), S. 16. Gleiches gelte demnach auch für die Linguistik.
63 Vgl. Luhmann (1987a), S. 9 f.; Luhmann (1981a), S. 9 ff. und Pfeffer (2001)
64 Luhmann (1987a), S. 9
65 Vgl. Luhmann (1987a), S. 653 ff.; Khurana (2000), S. 327 ff.; Esposito (1995), S. 269 ff.

zungen mit. Aber diese Einschätzung ist auch nicht weiter verwunderlich. Eine autologische Theorie, die innerhalb ihrer Gegenstandsbeschreibung einen geeigneteren als den verwendeten Theorieansatz zur Beschreibung ihres Gegenstandes entdecken würde, hätte sich mit suboptimalen Lösungen zufrieden gegeben und müsste konsequenterweise die Gegenstandsbeschreibung von vorne beginnen.[66]

Die beschriebene Konsequenz in der Berücksichtigung der autologischen Komponente spricht Luhmann allen bisherigen Versuchen der Soziologie, eine umfassende Gesellschaftstheorie zu entwerfen, ab. Zurückzuführen sei dies aus seiner Sicht auf den Druck, der auf der Soziologie lastet, sich als relativ junge, gleichwertige Disziplin innerhalb des „strengen", etablierten Wissenschaftskanons profilieren zu müssen. Die soziologischen Klassiker seien daher besonders bestrebt gewesen, ihre Erkenntnisse über die Gesellschaft aus objektiv nachprüfbaren Sachverhalten abzuleiten und Meinungen, Wertungen, Ideologien sowie das Problem der Zirkularität völlig auszublenden. Im Ergebnis existiere in der Soziologie mittlerweile zwar ein bunter Strauß unterschiedlichster Theorieansätze. Diese können der wissenschaftlichen Disziplin bei der Erreichung des Ziels einer facheinheitlichen Gesellschaftstheorie aufgrund der beschriebenen theorieimmanenten Mängel jedoch nicht weiterhelfen. Vor diesem Hintergrund konstatiert Luhmann eine wachsende Resignation unter den soziologischen Fachvertretern. Vereinzelt wird in der Wissenschaftsgemeinde gar ein Verzicht auf den Gesellschaftsbegriff und eine Beschränkung auf die Analyse einzelner sozialer Beziehungen vorgeschlagen.[67] Luhmann nimmt nun für sich in Anspruch, als Erster ein Angebot für eine wirklich umfassende Gesellschaftstheorie unterbreitet zu haben.

2.2 Luhmanns Vorgehensweise: Der dreiteilige Theorieaufbau

Nachdem nun hinreichend identifiziert werden konnte, welches Ziel Luhmann mit seinen Ausarbeitungen verfolgt, soll im weiteren Verlauf dieses Abschnitts untersucht werden, mit welcher Vorgehensweise er beabsichtigt hat, dieses Ziel zu erreichen. Nach eigenen Angaben hatte Luhmann schon zu Beginn seines wissenschaftlichen Schaffens die Grundstruktur seines Gesamtwerks vor Augen. Es sollte aus drei Teilen bestehen: Beginnend mit einem systemtheoretischen Einleitungskapitel, sollte im Anschluss das Gesellschaftssystem in Gänze erörtert, bevor im dritten Teil die wichtigsten Funktionssysteme der Gesellschaft im Detail vorgestellt werden.[68]

---

[66] Vgl. Luhmann (1987a), S. 655 f.; Luhmann (1984a), S. 59 ff.; Luhmann (1992b), S. 137 ff.
[67] Vgl. Luhmann (1997a), S. 17; Tenbruck (1981), S. 333 ff.
[68] Vgl. Luhmann (1997a), S. 11

Ein Abgleich der ursprünglichen Planungen mit der Realität zeigt, dass die von Luhmann angestrebte grobe Dreiteilung tatsächlich geeignet ist, Luhmanns Gesamtwerk zu strukturieren. Lediglich bei der Reihenfolge der Veröffentlichungen und beim Umfang der Ausarbeitungen lassen sich Planabweichungen feststellen.

Die von ihm als „Einleitungskapitel" bezeichneten systemtheoretischen Grundlagen haben das Ausmaß einer eigenen, umfangreichen Veröffentlichung angenommen. Im Jahre 1984 publizierte Luhmann unter dem Titel „Soziale Systeme. Grundriß einer allgemeinen Theorie" die systemtheoretische Basis für seine Gesellschaftstheorie.[69] In diesem Werk beschreibt Luhmann erstmals in vollem Umfang eine in der wissenschaftlichen Diskussion bis dato unbekannte Spielart der Systemtheorie. In den nachfolgenden Jahren erbringt Luhmann den Nachweis der Nutzbarkeit dieser Systemtheorie zur Erklärung sozialer Phänomene. Mit großer Akribie beleuchtet er durch Anwendung des von ihm entwickelten Theorieansatzes beinahe alle denkbaren gesellschaftlichen Bereiche. Über die für ihn zentralen Funktionssysteme moderner Gesellschaften wie Recht[70], Politik[71], Wirtschaft[72], Religion[73], Kunst[74], Wissenschaft[75], Erziehung[76] oder Massenmedien[77] hinaus beschäftigt sich Luhmann auch mit Einzelfragen der gesellschaftlichen Kommunikation. So untersucht er beispielsweise die Erörterung ökologischer Risiken innerhalb der Gesellschaft[78], die Gründe für das verstärkte Aufkommen sozialer Bewegungen[79] oder die Hintergründe der besonderen gesellschaftlichen Ansprüche an die Moral von Politikern.[80] Bemerkenswert ist, dass explizite Ausarbeitungen zu Unternehmen als soziale Systeme in dieser Liste fehlen.[81]

So bunt wie die Themenpalette, so einheitlich stringent ist Luhmanns Vorgehensweise bei all diesen Ausarbeitungen. Es geht jeweils um die Analyse eines definierten Bereiches der gesellschaftlichen Realität. Damit verbunden sind immer zwei Zielsetzungen. Zum einen lernt, wie bereits erwähnt wurde, jede autologische Theorie bei ihrer Anwendung auch etwas über sich selbst. Jede Beschreibung eines zentralen gesellschaftlichen Sachverhaltes führt damit auch zu einem verbesserten Verständnis der Theorie, durch die diese Beschreibung erst möglich wur-

---

[69]   Vgl. Luhmann (1987a), S. 7 ff.
[70]   Vgl. Luhmann (1993a), S. 7 ff.; Luhmann (1986b), S. 7 ff.; Luhmann (1981b), S. 35 ff.
[71]   Vgl. Luhmann (2000a), S. 7 ff.; Luhmann (1994b), S. 32 ff.; Luhmann (1991d), S. 154 ff.
[72]   Vgl. Luhmann (1996b), S. 7 ff.; Luhmann (1991e), S. 204 ff.
[73]   Vgl. Luhmann (2000b), S. 7 ff.; Luhmann (1994c), S. 227 ff.
[74]   Vgl. Luhmann (1996a), S. 215 ff.
[75]   Vgl. Luhmann (1994d), S. 7 ff.
[76]   Vgl. Luhmann; Schorr (1996), S. 9 ff.; Luhmann (2002), S. 111 ff.
[77]   Vgl. Luhmann (1996c), S. 9 ff.
[78]   Vgl. Luhmann (1989a), S. 17 ff.; Luhmann (1990a), S. 7 ff.
[79]   Vgl. Luhmann (1996d), S. 201 ff.
[80]   Vgl. Luhmann (1993b), S. 27 ff.
[81]   Zu Beginn des zweiten Teils der Arbeit wird deutlich werden, warum dies aus Sicht Luhmanns sinnvoll ist.

de. Zum anderen erhält Luhmann durch diese Vorgehensweise die Möglichkeit, sukzessive eine Sammlung von Erkenntnissen über die Funktionsweise des Gesellschaftssystems zusammenzutragen.

Die Zusammenführung der Erkenntnisse zu einem Gesamtbild, welches Auskunft gibt über die Funktionsweise der Gesellschaft, gelingt Luhmann schließlich in seiner Veröffentlichung „Die Gesellschaft der Gesellschaft"[82]. Ursprünglich als zweiter Teil seines Wissenschaftsprogramms geplant, ist sie eine der letzten wissenschaftlichen Ausarbeitungen im Leben des Autors überhaupt geworden. In dieser, von einigen Autoren als sein „soziologisches Hauptwerk"[83] bezeichneten Veröffentlichung definiert er Gesellschaft als das alles umfassende soziale System und analysiert ihre spezifischen Funktionsweisen, wie bei allen seinen Veröffentlichungen zuvor auch, mit Hilfe der von ihm entwickelten systemtheoretischen Analysewerkzeuge.[84] Erst mit dieser Veröffentlichung erreicht Luhmann das von ihm selbst gesteckte Ziel der Erarbeitung einer Theorie der Gesellschaft.[85]

Im Zusammenhang mit der Erörterung des Gesamtwerks Luhmanns sollte abschließend nicht unerwähnt bleiben, dass Luhmann bereits vor der Veröffentlichung seines ersten zentralen Werkes „Soziale Systeme" im Jahre 1984 in großem Umfang publizierte.[86] Er selbst nennt diese Frühwerke seines wissenschaftlichen Schaffens etwas despektierlich „Nullserie".[87] Entsprechend seiner Profession – Luhmann ist von seiner Ausbildung her Jurist und war vor Beginn seiner wissenschaftlichen Laufbahn in der öffentlichen Verwaltung tätig – hat er sich in diesen Veröffentlichungen neben systemtheoretischen Einzelfragen vor allem mit rechts- und staatstheoretischen Problemen beschäftigt.[88]

2.3 Identifikation der für die vorliegende Arbeit benötigten Teile aus dem Luhmannschen Gesamtwerk

Nach der Erörterung der Intention sowie der Vorstellung der Struktur des Gesamtwerks Luhmanns in den vorangegangenen beiden Unterkapiteln, wird das bislang zusammengetragene Wissen im folgenden Abschnitt erstmals im Sinne der konkreten Zielsetzung dieser Arbeit genutzt. Es gilt, diejenigen Felder aus dem umfangreichen Oeuvre der Veröffentlichungen Luhmanns zu identifizieren, die für die Beantwortung der zentralen Fragestellungen dieser

---

[82] Vgl. Luhmann (1997a), S. 11 ff.
[83] Reese-Schäfer (2001), S. 7
[84] Vgl. für die Vorgehensweise in „Die Gesellschaft der Gesellschaft" Luhmann (1997a), S. 11 ff.
[85] Vgl. Luhmann (1997a), S. 15
[86] Vgl. wiederum die ausführliche Literaturliste bei Krause (2001), S. 239 ff.
[87] Vgl. Luhmann (1987b), S. 142
[88] Vgl. Jahraus (2001), S. 300

Arbeit unmittelbar benötigt werden. Nur diese Teilbereiche sollen auch im weiteren Verlauf dieses Kapitels im Detail vorgestellt werden.

Ruft man sich die in der Einleitung definierten Ziele der Arbeit in Erinnerung, so wird unmittelbar ersichtlich, dass eine umfangreiche Erläuterung der Grundzüge der Luhmannschen Systemtheorie, also des ersten Teilabschnitts seines Gesamtwerks, in dem die theoretischen Grundlagen für seine Analyse gelegt werden, auch eine wesentliche Voraussetzung für den erfolgreichen Abschluss dieser Arbeit ist. Nur wenn es gelingt, die theoretische Basis seines Gedankengebäudes mit all ihren Prämissen und Axiomen nachzuzeichnen, kann eine fruchtbare Nutzung dieser Erkenntnisse auf den Untersuchungsgegenstand einer Unternehmung und später auf das strategische Management erfolgen. Und nur dann, wenn die theoretische Basis vollumfänglich bekannt gemacht wurde, können auch die Grenzen einer solchen theoretischen Betrachtung sauber gezogen und erörtert werden.

Die nachfolgenden Kapitel widmen sich daher zunächst vollständig den theoretischen Grundlagen des Luhmannschen Gesamtwerks und orientieren sich dabei naturgemäß vor allem an den Inhalten der bereits mehrfach erwähnten Veröffentlichung „Soziale Systeme. Grundriß einer allgemeinen Theorie".

Die theoretischen Grundlagen des Luhmannschen Denkens für sich bilden zweifelsohne den wesentlichen Teil der Basis für diese Arbeit. Allerdings wird bei genauerer Betrachtung der Einzelelemente des Luhmannschen Gesamtwerkes deutlich, dass die Arbeit über die reine Darstellung der systemtheoretischen Grundlagen hinaus in einem weiteren Bereich von der Forschung Luhmanns profitieren kann. Es geht dabei um die Ausarbeitungen Luhmanns zur Theorie der Gesellschaft. Ohne an dieser Stelle bereits exakt definieren zu können oder zu wollen, was Unternehmungen nach der Luhmannschen Systemtheorie auszeichnen, so steht eines mit Sicherheit fest: Sie sind integraler Bestandteil von Gesellschaft. Somit bilden Erkenntnisse über das soziale System Gesellschaft immer auch eine Art Grundgerüst für den Erkenntnisgewinn zu Unternehmungen als nicht unwesentliche Teile eben dieses sozialen Systems. Nur derjenige, dem die Gesellschaft als umfassendes soziales System zumindest in Grundzügen vertraut ist, besitzt die Möglichkeit, die Spezifika von Unternehmungen zu identifizieren und zu charakterisieren. Neben der Systemtheorie Luhmanns in ihrer abstrakten Reinform gilt es demnach im Verlauf dieses ersten Teils der Arbeit auch die wesentlichen Grundzüge der Luhmannschen Ausarbeitungen über die Gesellschaft darzustellen. Auf diesem Wege entsteht im Zuge der Adaption der Theorie auf die Gesellschaft ein Grundgerüst an Aussagen, welches im weiteren Verlauf der Arbeit Schritt für Schritt auf die Analyse von Unternehmungen hin zugeschnitten werden kann.

Die Ausarbeitung dieses Grundgerüstes durch eine erste Anwendung der systemtheoretischen Grundaussagen auf die Gesellschaft soll jedoch strikt getrennt werden von der Frage, welche Aspekte aus dem Werk Luhmanns zur ganz konkreten Beschreibung von Unternehmen als Sonderfall sozialer Systeme herangezogen werden können. Diese vorgenommene Trennung hat einen wesentlichen Grund: Um erklären zu können, was Unternehmen im Vergleich zu anderen Systemen auszeichnet, reicht eine Beschäftigung mit den Veröffentlichungen Luhmanns alleine nicht aus. Seine Ausarbeitungen sind in erheblichem Umfang durch Einschätzungen anderer Autoren aus der Soziologie[89] und selbstverständlich der Betriebswirtschaftslehre zu ergänzen. Während die theoretischen Grundlagen seines Gedankengebäudes und ihre Adaption auf die Gesellschaft durch Luhmann selber umfassend beschrieben werden und es lediglich einer zielorientierten Darstellung und Aufarbeitung der relevanten Sachverhalte bedarf, gleicht die Anwendung der Theorie auf Unternehmen weitgehend einem Betreten von wissenschaftlichem Neuland. Die Veröffentlichungen Luhmanns können helfen, dieses zu erkunden, notwendig ist in jedem Fall jedoch eine Ergänzung um weitere wissenschaftliche Quellen.

Zusammenfassend ist damit festzuhalten: Der vorliegende erste Teil der Arbeit berücksichtigt beinahe ausschließlich ausgewählte Veröffentlichungen von Niklas Luhmann. Neben der reinen Darstellung der systemtheoretischen Grundlagen seines Denkens erfolgt zusätzlich durch die Adaption der Theorie auf die Gesellschaft auch die Ausarbeitung eines ersten Bezugsrahmens für die anschließende Anwendung der Erkenntnisse zur Erklärung der Besonderheiten von Unternehmen. Für diese Aufgabe reicht dann, wie im zweiten Teil der Arbeit deutlich werden wird, eine Beschränkung der Quellen auf den Autor Niklas Luhmann nicht mehr aus – ein Sachverhalt, der durch einen entsprechenden Aufbau der Gliederung dokumentiert werden soll.

Jede Konzentration hat zur Folge, dass einzelne Aspekte grell beleuchtet, andere hingegen unterbelichtet und damit für den Beobachter fast unsichtbar werden. Dies gilt auch im Rahmen dieser Arbeit. Abschließend soll daher nicht unerwähnt bleiben, dass die vorgestellte Vorgehensweise zur Folge hat, dass zentrale Elemente des Gesamtwerks Luhmanns im Folgenden nicht näher behandelt werden. Dies betrifft insbesondere seine zum Teil ausführlichen Analysen zentraler Funktionssysteme der Gesellschaft, die nicht in einem unmittelbaren Zusammenhang zu Unternehmen stehen (z. B. Religion oder Massenmedien).

---

[89]   An dieser Stelle sollen exemplarisch bereits die Arbeiten von Baecker erwähnt werden. Vgl. Baecker (1991), S. 13 ff.; Baecker (1999c), S. 13 ff.; Baecker (1999d), S. 9 ff.

2.4 Die Strukturierung der Darstellung entlang der drei Ebenen der Systembildung

Nachdem das erste Ziel dieses Unterkapitels durch die Identifikation der relevanten Teilbereiche des Luhmannschen Denkens erreicht wurde, gilt es nun, eine geeignete Struktur für die anschließende Darstellung dieser systemtheoretischen Grundlagen sowie ihrer Anwendung im Zuge der Analyse des Gesellschaftssystems festzulegen. Da mittlerweile eine ganze Reihe von Einführungen in die Systemtheorie in der Form, die Luhmann ihr gegeben hat, existieren, soll zunächst überprüft werden, ob ein in diesen Veröffentlichungen gewählter Aufbau auch im Rahmen dieser Arbeit sinnvoll genutzt werden kann. Generell lassen sich diese Einführungen bezüglich der gewählten Struktur der Darstellung in vier Kategorien einteilen.

Zur ersten Kategorie von Einführungen zählen diejenigen Veröffentlichungen, die statt einer geschlossenen Darstellung des Theorieaufbaus lediglich die wichtigsten Begriffe der Theorie vorstellen und lexikalisch anordnen. Angesichts der zu Beginn dieses Kapitels angesprochenen strukturellen Besonderheiten der Luhmannschen Systemtheorie kann eine derartige Annäherung an den Theorieaufbau durchaus hilfreich sein. Zu dieser Gruppe von Einführungswerken gehören beispielsweise die Veröffentlichungen von Baraldi et al.[90] und Krause[91]. Es ist jedoch offensichtlich, dass die Übernahme einer lexikalischen Struktur in der vorliegenden Arbeit wenig sinnvoll wäre. Die Zusammenstellung der Einzelbegriffe zu einem Gesamtbild wäre in diesem Fall jedem Leser selbst überlassen. Damit bliebe die Einheitlichkeit des Theorieverständnisses auf der Strecke. Gerade dieser Aspekt ist jedoch unverzichtbar, wenn mit Hilfe einer Theorie, die in einer Wissenschaftsdisziplin bislang weitgehend unbeachtet geblieben ist, ein Untersuchungsgegenstand neu analysiert werden soll.

Eng an diesen lexikalischen Aufbau lehnt sich die zweite Kategorie von Einführungen an, die die zentralen Begriffe der Systemtheorie Luhmanns, wie Komplexität, Sinn, Autopoiesis, in den Mittelpunkt der Betrachtung stellen. Um diese wesentlichen Säulen der Theorie herum wird anschließend sukzessive das Bild der Theorie durch die Erörterung weiterer Bausteine vervollständigt. Zu den wichtigsten Einführungen dieser Gruppe zählen die Ausarbeitungen von Kiss[92], Kneer und Nassehi[93] sowie Horster[94].

Problematisch an dieser Form der Darstellung sind vor allem zwei Aspekte, die unmittelbar miteinander zusammenhängen: Zum einen fehlt in der Argumentation der Autoren in der Re-

---

[90] Vgl. Baraldi et al. (1997), S. 21 ff.
[91] Vgl. Krause (2001), S. 103 ff.
[92] Vgl. Kiss (1986), S. 4 ff.
[93] Vgl. Kneer, Nassehi (1994), S. 1 ff.
[94] Vgl. Horster (1997), S. 48 ff.

gel vollkommen eine Begründung, warum sie gerade die von ihnen ausgewählten Grundbeg-riffe (Sinn, Komplexität o.a.) als Eckpfeiler ihrer Argumentation verwenden, während andere zunächst in den Hintergrund treten. Völlig vernachlässigt wird zum anderen in diesem Zu-sammenhang eine Analyse der Art und Weise, wie Luhmann selbst bei seiner Theoriekon-struktion vorgegangen ist. Zentrale Fragen einer jeden sozialwissenschaftlichen Theorie, so zum Beispiel nach den Ausgangspunkten oder den einzelnen Schritten zum Erkenntnisge-winn, werden in dieser Kategorie von Einführungen meist vollständig ausgeblendet und haben keinerlei Einfluss auf die gewählte Struktur der Ausarbeitung.[95]

Die beiden genannten Aspekte haben Konsequenzen für den Erkenntnisgewinn dieser Einfüh-rungen. Man gewinnt den Eindruck, dass ein unbekanntes Gebiet, in diesem Fall die System-theorie Luhmannscher Provenienz, dadurch erkundet werden soll, dass man – bildlich gespro-chen – mit einem Fallschirm über diesem Gebiet abspringt und sich ausgehend von einem zufälligen Punkt der Landung sukzessive durch dieses Gebiet vorarbeitet. Dies führt zwar zu einem kontinuierlichen Wissensgewinn, das Vorgehen ist aber nicht nur mühselig, sondern verhindert auch eine Gesamtschau auf das Gebiet mit seinen typischen Charakteristika. Auch wenn Luhmann selbst mit seinen eingangs des vorangegangenen Kapitels zitierten Aussagen über die Polyzentralität seiner Theorie eine solche Vorgehensweise provoziert, wird aufgrund der beschriebenen Schwächen auch die von diesen Einführungen gewählte Struktur im weite-ren Verlauf dieser Arbeit keine weitere Verwendung finden.

Eine dritte Kategorie von Einführungen betrachtet die Systemtheorie Luhmanns aus dem spe-zifischen Blickwinkel einer Wissenschaftsdisziplin. So stellt Dallmann[96] die Systemtheorie vor dem Hintergrund ihrer Verwendungsmöglichkeiten für die Theologie dar, Hohm[97] rückt die Möglichkeiten der Anwendung der Theorie für die Sozialarbeit und Sozialpädagogik in den Mittelpunkt seiner Einführung, und Gripp-Hagelstange[98] konzentriert sich auf eine er-kenntnistheoretische Einordnung. Es liegt bei dieser Gruppe von Einführungen in der Natur der Sache, dass diejenigen Theorieaxiome, Begriffe und Zusammenhänge in das Zentrum der Erörterung gestellt werden, die für die jeweilige wissenschaftliche Disziplin, unter deren Ein-fluss die Ausarbeitung steht, von wesentlicher Bedeutung sind, während andere Theoriebau-steine hinten angestellt werden. Grundsätzlich wurde eine ähnliche Vorgehensweise ja auch im Rahmen dieser Arbeit definiert. Die in diesen Einführungen verwendete Struktur könnte folglich nur dann für diese Arbeit hilfreich sein, wenn bereits eine wirtschaftswissenschaftlich orientierte Analyse der Systemtheorie Luhmanns vorliegen würde. Dies ist jedoch nicht der

[95] Vgl. beispielhaft Kneer, Nassehi (1994), S. 1 ff.
[96] Vgl. Dallmann (1994), S. 114 ff.
[97] Vgl. Hohm (2000), S. 9 ff.
[98] Vgl. Gripp-Hagelstange (1995), S. 7 ff.

Fall. Aus diesem Grunde wäre eine Übernahme des Aufbaus einer der Einführungen dieser Kategorie wenig zielführend für diese Arbeit.

Die vierte Kategorie der Einführungen in die Systemtheorie Luhmanns lässt sich unter der außergewöhnlichen Überschrift „Exotisches" zusammenfassen. Zu dieser Gruppe von Veröffentlichungen zählt der Versuch von Bardmann und Lamprecht, mittels eines lernorientierten PC-Programms die Gedankenwelt Niklas Luhmanns adäquat aufzuarbeiten.[99] Darüber hinaus ist die Ausarbeitung von Fuchs zu nennen, der die Beschreibung eines alltäglichen Dialogs zwischen verschiedenen Personen dazu nutzt, die wichtigsten Begriffe der Luhmannschen Systemtheorie exemplarisch zu erörtern.[100] Trotz zahlreicher interessanter Einblicke in die Gedankenwelt Luhmanns, die zweifelsohne aus diesen ungewöhnlichen Ansätzen resultieren, bleibt festzuhalten, dass die verwendeten Strukturen für eine wissenschaftliche Arbeit kein Vorbild sein können.

Folglich bleibt auch nach der vorgenommenen Analyse der jeweiligen Vorgehensweisen in den bisher veröffentlichten Einführungen zur Systemtheorie Luhmanns die Frage offen, welche Struktur im Rahmen dieser Arbeit zur Vorstellung seiner Theorie genutzt werden sollte. In einem zweiten Schritt soll nun geprüft werden, ob es möglich ist, dass sich aus einer näheren Betrachtung des Originals, der Gliederung der Veröffentlichung „Soziale Systeme" als dem systemtheoretischen Hauptwerk Luhmanns, Hinweise für eine geeignete Struktur der Darstellung der Theorieinhalte ergeben.

Luhmann beginnt seine Ausführungen mit der Vorstellung eines Schemas zur Differenzierung zwischen drei Ebenen der Systembildung, welches in der Systemtheorie häufig zur Anwendung kommt (vgl. Abb. 2).

---

[99] Vgl. Bardmann, Lamprecht (1999), keine Seitenzahlen
[100] Vgl. Fuchs (1993), S. 7 ff.

```
                          Systeme
         _____/    |    _____
        /                     |                     \
  Maschinen   Organismen   Soziale Systeme   Psychische Systeme
                      _____/    |    _____
                     /           |           \
              Interaktionen  Organisationen  Gesellschaften
```

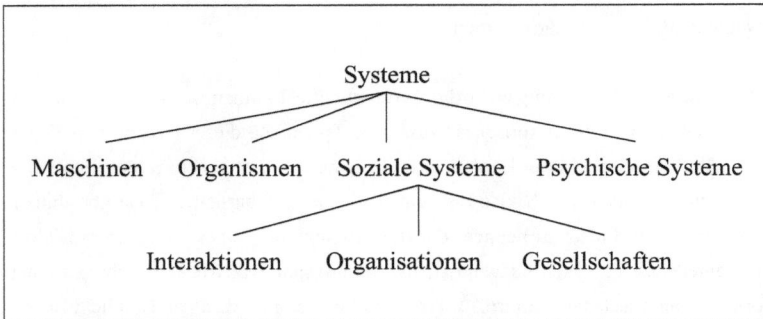

Abb. 2: Schema zur Klassifizierung verschiedener Systemtypen[101]

Systeme lassen sich demnach auf einer zweiten Ebene differenzieren in Maschinen, Organismen, soziale Systeme und psychische Systeme mit jeweils spezifischen Merkmalen. Auf einer dritten Differenzierungsstufe kann weiterhin eine Unterteilung der sozialen Systeme in Interaktionssysteme, Organisationssysteme und Gesellschaftssysteme vorgenommen werden. Für Luhmann ist das dargestellte Schaubild mehr als nur ein analytisches Schema, es stellt gleichzeitig eine Art Bauplan für seine weiteren theoretischen Ausarbeitungen dar.

So beginnt Luhmann seine Argumentation auf der ersten Ebene, der Ebene der allgemeinen Systemtheorie. Den Ausgangspunkt für seine weiteren Überlegungen bildet dabei die Beobachtung, dass sich auf dieser Ebene durch die Beiträge verschiedener Autoren ein wissenschaftlicher Paradigmenwechsel in Richtung einer konstruktivistischen Perspektive vollzogen hat. Insbesondere neue Forschungsergebnisse aus den Bereichen der Thermodynamik, der Biologie, der Computertheorie, der Informationstheorie und der Kybernetik hätten einen solchen Wandel auf der obersten Ebene der Systemtheorie, der allgemeinen Systemtheorie, provoziert. [102]

In Kenntnis dieser Ausgangssituation untersucht Luhmann anschließend die Auswirkungen dieses Paradigmenwechsels auf die nachfolgenden Ebenen. Sein Interesse liegt dabei ausschließlich auf dem Bereich der sozialen Systeme. Die eigentliche wissenschaftliche Leistung Luhmanns im Hinblick auf die Weiterentwicklung der Systemtheorie kann demnach genauer bezeichnet werden als eine Reformulierung der Systemtheorie auf der Ebene der sozialen Systeme sowie der dieser nachfolgenden Systemebenen, welche dem veränderten Entwicklungs-

---

[101] Luhmann (1987a), S. 16
[102] Vgl. Luhmann (1987a), S. 17 ff.

stand der allgemeinen Systemtheorie Rechnung trägt.[103] Der Kapitelaufbau des Werks „Soziale Systeme" entspricht konsequenterweise exakt dieser Vorgehensweise entlang der definierten drei Systemebenen. Nach einer kurzen Darstellung des von Luhmann beobachteten Paradigmenwechsels auf der Ebene der allgemeinen Systemtheorie taucht er in den nachfolgenden Kapiteln in die Ebene der sozialen Systeme ein und beschreibt die Konsequenzen einer veränderten allgemeinen Theoriekonstruktion für diese besondere Teilmenge der Gesamtsysteme. Abschließend beschäftigt sich Luhmann mit den drei Typen sozialer Systeme, der Gesellschaft, den Interaktionen sowie den Organisationen.[104]

Die vorliegende Arbeit übernimmt diese Strukturierung. Die Vorteile eines derartigen Vorgehens liegen auf der Hand: Zum einen lassen sich die Veränderungen auf der Ebene der allgemeinen Systemtheorie und ihre Konsequenzen für die Theorie sozialer Systeme so leichter analysieren und interpretieren. So können die Kernelemente des Neuartigen dieser systemtheoretischen Spielart deutlich herausgearbeitet werden. Zum anderen erleichtert die Stringenz der Struktur nach dem Grundsatz „vom Allgemeinen zum Speziellen" erheblich die Erörterung der vielfältigen Interdependenzen im Theorieaufbau Luhmanns. Nach Klärung der übergreifenden Zusammenhänge auf einer abstrakten Ebene fällt naturgemäß die Beschreibung von Spezifika und ihrer Zusammenhänge auf nachgeordneten Ebenen erheblich leichter.[105]

Die gewählte Vorgehensweise bei der Darstellung für diese Arbeit spiegelt sich auch in der Struktur der nachfolgenden Kapitel wider. So verbleibt das folgende Kapitel auf der Ebene der allgemeinen Systemtheorie und beschreibt den von Luhmann vermuteten Paradigmenwechsel. Anschließend widmet sich das vierte Kapitel der Theoriedarstellung ausführlich den Konsequenzen dieser wissenschaftlichen Revolution für den Bereich der sozialen Systeme. Besonderes Augenmerk wird dabei auch auf die Abgrenzung zwischen sozialen und psychischen Systemen gelegt. Abschließend wird die dritte Ebene der dreistufigen Analysestruktur unterhalb der sozialen Ebene betrachtet und zwischen Interaktion, Organisation und Gesellschaft unterschieden. Dabei steht die Analyse der Charakteristika des Gesellschaftssystems im Mittelpunkt.

Nachdem durch dieses Kapitel eine Eingrenzung auf die für diese Arbeit relevanten Teilbereiche des Luhmannschen Gesamtwerkes vorgenommen und eine geeignete Struktur für die Darstellung dieser Teilbereiche identifiziert wurde, sind die Vorarbeiten abgeschlossen und die eigentliche Darstellung der Systemtheorie kann nun mit dem folgenden Kapitel beginnen.

---

[103] Vgl. Luhmann (1987a), S. 22 ff.
[104] Vgl. auch Luhmann (1997a), S. 79
[105] Vgl. insbesondere die Veröffentlichung von Starnitzke (1992), S. 71 ff., in der erstmals die von Luhmann in „Soziale Systeme" gewählte Struktur in dieser Deutlichkeit und Klarheit aufgearbeitet wurde.

3 Die Ebene der allgemeinen Systemtheorie: Der Paradigmenwechsel zu selbstreferentiellen Systemen als Initialzündung

3.1 Die Annahme der Existenz von Systemen als Anker der systemtheoretischen Argumentation

„Die folgenden Überlegungen gehen davon aus, daß es Systeme gibt."[106] Wer Luhmann kennt, der weiß, dass es alles andere als ein Zufall ist, dass dieser Satz am Anfang seiner systemtheoretischen Argumentation steht. Er dokumentiert den Ausgangspunkt allen systemtheoretischen Denkens und bildet somit eine Art Anker für die weitere Ausgestaltung des systemtheoretischen Gedankengebäudes.[107]

Wenn eine Theorie, wie die Systemtheorie, den Anspruch erhebt, die Welt umfassend erklären zu können, so steht sie vor der Herausforderung, an irgendeiner Stelle und in irgendeiner Weise einen Anfang machen zu müssen. Die Argumentation muss durch eine wie auch immer geartete Aussage in Gang kommen. Ein Beginn aus dem „Nichts" mit dem Ziel, „Alles" erklären zu wollen – diese Aufgabe wird für immer unlösbar bleiben.

Die Systemtheorie löst diese Problematik, indem sie die Existenz von Systemen voraussetzt. Sie geht davon aus, dass Systeme tatsächlich existieren und beobachtet die Welt und alles was sich innerhalb dieser Welt herausbildet, entsprechend dieser definierten Kategorie als System. Unzweifelhaft ist dieser Ausgangspunkt für weitere systemtheoretische Konzeptionalisierungen willkürlich gesetzt und es fällt daher nicht schwer, diese Vorgehensweise zu kritisieren oder andere Bezugspunkte für eine umfassende Sozialtheorie vorzuschlagen.[108] Ein solches alternatives Vorgehen, dass dann in der Konsequenz auch zu alternativen Theoriemodellen führt, wird durch die Systemtheorie explizit nicht ausgeschlossen. Sie definiert für ihre Theorie jedoch eindeutig die Kategorie des Systems als alles begründende Letzteinheit.[109]

In diesem Zusammenhang ist es lohnenswert, sich nochmals den bereits erläuterten absoluten Universalitätsanspruch der Systemtheorie vor Augen zu führen. Die Theorie selbst ist elementarer Bestandteil ihrer Theorie. Oder anders ausgedrückt: Der Beobachter der Welt steht nicht außerhalb und betrachtet sein Erkenntnisobjekt mit Hilfe außer-weltlicher Beobachtungsschemata. Er ist vielmehr elementarer Bestandteil der Welt, die er selbst beobachtet. Alle Schwierigkeiten, Probleme, Unvollkommenheiten einer Beobachtung treffen somit auch auf

---

[106] Luhmann (1987a), S. 30
[107] Vgl. z. B. Jahraus (2001), S. 306
[108] Vgl. Schmidt (1989), S. 30
[109] Vgl. Willke (2000), S. 11 ff.

den theoretischen Beobachter selbst zu. Wenn nun innerhalb einer, wie noch deutlich werden wird, radikal konstruktivistisch strukturierten Systemtheorie wie der von Niklas Luhmann die Behauptung aufgestellt wird, es würden Systeme existieren, um den weiteren Argumentationsverlauf zu ermöglichen, so liegt auch diese ontologisch anmutende Beobachtung innerhalb eines konstruktivistischen Theorie-Weltbildes. Bei einer exakten Analyse der Wortwahl in Luhmanns Eingangssatz wird die starke autologische Komponente deutlich:[110] „Die folgenden Überlegungen *gehen davon aus*, daß es Systeme gibt."[111] Der wissenschaftliche Beobachter nimmt demnach lediglich an, dass Systeme existieren. Dies impliziert die Freiheit anderer Beobachter, die zu anderen Ergebnissen kommen mögen. Der Systemtheoretiker hat innerhalb der von ihm beobachteten Welt weder einen Sonderstatus noch ein Alleinvertretungsrecht.[112] So konstatieren andere, wie beispielsweise die Empiriker, mühelos, dass innerhalb ihres Weltbildes Systeme nicht vorkommen. Sie könnten empirisch schlichtweg nicht nachgewiesen werden.[113]

3.2 System-Umwelt-Differenz als Leitgedanke der bisherigen systemtheoretischen Argumentation

Der Anker für die weitere Argumentation ist gesetzt: Die Systemtheorie geht davon aus, dass Systeme existieren. Nun kann in einem zweiten Schritt damit begonnen werden, diese näher zu analysieren. In der Geschichte der Systemtheorie wurden dazu bislang vor allem zwei so genannte Leitdifferenzen verwendet.

In ihrer ersten Entwicklungsstufe hat die Systemtheorie den Begriff „System" genutzt, um eine Summe einzelner Teile zu beschreiben. Daher war man in den Analysen der damaligen Zeit bestrebt, ein System in seine Einzelteile zu zerlegen, diese zu analysieren, um aus diesen Erkenntnissen anschließend wiederum Rückschlüsse auf das Gesamtsystem ziehen zu können. So herrschte beispielsweise in der antiken griechischen Philosophie die Einschätzung vor, die Gesellschaft als Gesamtsystem bestehe aus vielen Einzelteilen, den Menschen. Demzufolge analysierte die Philosophie die besonderen Spezifika des Menschen, um daraus Rückschlüsse für das Zusammenleben in einer Gesellschaft abzuleiten. Kennzeichnend für diese Evolutionsstufe der systemtheoretischen Analyse war somit die Anwendung der Differenz vom Ganzen und seinen Teilen.[114]

---

[110] Vgl. die Hervorhebung dieser Tatsache bei Luhmann (1992a), S. 381
[111] Luhmann (1987a), S. 30; Hervorhebung durch den Verfasser
[112] Vgl. Nassehi (1992), S. 43 ff.
[113] Vgl. Jahraus (2001), S. 306
[114] Vgl. Stein (1968), S. 1 ff.; Müller (1996), S. 18 ff.; Wunsch (1985), S. 5 f.

In Erklärungsnot kam die Systemtheorie bei der Anwendung dieses Paradigmas jedoch regelmäßig dann, wenn sie begründen sollte, warum das Ganze in den meisten Fällen mehr ist als nur die Summe seiner Teile. Man behalf sich häufig, indem man das Ganze als zweiwertige Einheit konstruierte: Zum einen als Summe seiner Teile, zum anderen als Summe seiner Teile plus etwas Zusätzlichem. Doch rasch wurde deutlich, dass diese Bemühungen nicht geeignet waren, die beschriebene Problematik abschließend zu lösen.[115]

Dies gelang der Systemtheorie erst durch einen konsequenten Wechsel der Leitdifferenz zur Analyse von Systemen, der sich in der zweiten Hälfte des 20. Jahrhunderts vollzogen hat und wesentlich auf die Arbeiten von Ludwig von Bertalanffy zurückzuführen ist.[116] Mittlerweile ist sich die moderne Systemtheorie darüber einig, dass als wesentliches Strukturierungsmoment für die Analyse von Systemen die Differenz von System und Umwelt zu verwenden ist.[117] Nach diesem Verständnis sind Systeme nicht nur punktuell oder in bestimmten Situationen an ihrer Umwelt orientiert, sie sind vielmehr strukturell mit dieser verbunden und können ohne Umwelt nicht existieren. Ihre Konstitution und Existenz ist entscheidend von ihrer Umwelt abhängig. Das System definiert sich durch seine Abgrenzung zur Umwelt, d.h. durch Anwendung der Differenz von System und Umwelt. Im Ergebnis lassen sich Systeme daher als umweltoffene Einheiten modellieren, die einen Input mittels eines Throughputs in einen systemspezifischen Output umwandeln und an ihre Umwelt weitergeben. Ohne die (systemspezifische) Umwelt wäre das System nicht überlebensfähig und könnte sich nicht konstituieren. Um dies zu verdeutlichen, findet heute der Begriff „offene Systeme" in der Systemtheorie breite Anwendung.[118] Konsequenz der Anwendung dieser Leitdifferenz ist eine veränderte Vorgehensweise bei der Analyse einzelner Systeme. Nicht mehr allein das System und seine Teile, sondern zusätzlich auch die spezifische Umwelt des Systems müssen näher betrachtet werden, um die Funktionsweisen und internen Strukturen des Systems beschreiben und verstehen zu können.[119]

3.3 Weiterentwicklung des System-Umwelt-Paradigmas: Komplexität als zentrales Problem der Systembildung

Ausgehend von dem beschriebenen Erkenntnisstand geht Luhmann nun davon aus, dass sich im Anschluss an die Etablierung der System-Umwelt-Differenz in der allgemeinen Systemtheorie aktuell ein zweiter Paradigmenwechsel in Richtung eines konstruktivistischen Ansat-

---

[115]   Vgl. Luhmann (1987a), S. 20
[116]   Vgl. Bertalanffy (1973), S. 30 ff.; Bertalanffy (1970), S. 95 ff.
[117]   Vgl. Luhmann (1987a), S. 35
[118]   Vgl. z. B. Bues (1994), S. 39 ff.
[119]   Vgl. Blauberg et al. (1977), S. 15 ff.; Kuhn (1974), S. 20 ff.

zes vollzieht. Insbesondere die Arbeiten von Maturana und Varela[120] hätten zu einer erheblichen Weiterentwicklung des Erkenntnisstandes auf dieser Ebene geführt. Luhmann spricht in diesem Zusammenhang gar von einer wissenschaftlichen „Revolution".[121] Ausgelöst werde diese Revolution vor allem durch eine veränderte Interpretation des Begriffs Komplexität.[122]

Zur Erläuterung der Charakteristika von Komplexität führt Luhmann in einem ersten Schritt die beiden Begriffe Element und Relation ein. Nach seiner Einschätzung bilden sie, ähnlich wie die Differenz von System und Umwelt, ein probates Differenzierungskriterium, um weitere Erkenntnisgewinne über die Funktionsweisen von Systemen zu erhalten. Während jedoch die Dekomposition eines Systems entlang der System-Umwelt-Differenz auf die Analyse von systeminternen Subsystemen ziele und sich so ein Bild von einzelnen Zimmern eines „Systemhauses" ergebe, führe die Anwendung der Element-Relation-Differenz zur Identifikation von Systemkomponenten, die mit den einzelnen Steinen, Balken oder Nägeln des Systemhauses verglichen werden könnten.[123]

Danach ist ein Element das, „was für ein System als nicht weiter auflösbare Einheit fungiert (obwohl es, mikroskopisch betrachtet, ein hochkomplexes Zusammengesetztes ist)."[124] Damit weist Luhmann dem System, welches durch seine spezifische Identifikation ein Element erst als solches entstehen lässt, die entscheidende Rolle zu. Elemente sind nicht eindeutig ontologisch innerhalb von Systemen vorhanden, sondern sie entstehen erst im Zuge des Analyseprozesses des konkreten Systems: „Elemente sind Elemente nur für die Systeme, die sie als Einheit verwenden, und sie sind es nur durch diese Systeme."[125] Anders ausgedrückt: Elemente werden durch das System, welches aus eben diesen Elementen zusammengesetzt ist, selbst definiert und identifiziert. Sie repräsentieren für das System die konstituierenden Letzteinheiten, obwohl sie, wie noch zu zeigen sein wird, in jedem Fall weiter differenzierbar sind. Voraussetzung für eine solche Wahrnehmung ist dann allerdings die Einnahme einer Beobachter- und Differenzierungsperspektive, die nicht der momentanen Perspektive des Systems selbst entspricht.[126] Miteinander verknüpft werden die einzelnen Elemente schließlich über Relationen.[127]

---

[120] Vgl. Maturana, Varela (1980), S. 63 ff.
[121] Vgl. Luhmann (1987a), S. 24 ff.
[122] Vgl. für die Relevanz des Problems der Bewältigung von Komplexität bei Luhmann auch Kiss (1986), S. 7 ff.; Kneer, Nassehi (1994), S. 35; Preyer (1992), S. 61 ff.; Preyer, Grünberger (1980), S. 48 ff.
[123] Vgl. Luhmann (1987a), S. 34 ff.
[124] Luhmann (1987a), S. 43
[125] Luhmann (1987a), S. 43
[126] Vgl. Luhmann (1987a), S. 43
[127] Vgl. Luhmann (1987a), S. 39 ff.

Mit diesem begrifflichen Rüstzeug versehen, wendet sich Luhmann anschließend dem Begriff der Komplexität zu. Im Mittelpunkt seiner Überlegungen steht die Einschätzung, dass man bei einer wachsenden Menge von Elementen rasch an eine Schwelle stößt, ab der es nicht mehr möglich ist, jedes Element mit jedem anderen Element zu verknüpfen.[128] Anknüpfend an diese Hypothese definiert er den Begriff Komplexität wie folgt: „Als komplex wollen wir eine zusammenhängende Menge von Elementen bezeichnen, wenn aufgrund immanenter Beschränkungen der Verknüpfungskapazität der Elemente nicht mehr jedes Element jederzeit mit jedem anderen verknüpft sein kann."[129] Zentrale Bedeutung bei dieser Definition von Komplexität kommt dem Begriff der „immanenten Beschränkung" im Zusammenhang mit der Verknüpfung von Elementen zu. Die Beschränkung bildet gewissermaßen die eigentliche Ursache für das Entstehen von Komplexität. Ab einer bestimmten Stufe, so Luhmann, sei die Verknüpfungskapazität der Elemente erschöpft – Komplexität entsteht.[130] In diesem Zusammenhang stellt sich jedoch die Frage, aus welchem Grunde diese Beschränkung überhaupt existiert.

Die Ursache für die Beschränkung der Verknüpfungskapazität der Elemente liegt in der vorhandenen Eigenkomplexität dieser Elemente. So müsse ihre Binnenstruktur, die für das System selbst nicht verfügbar ist, da Elemente als Letzteinheiten der Systeme fungieren, zwangsläufig komplex angelegt sein. Wäre sie es nicht, könnten Elemente schlichtweg nicht identifiziert werden und würden damit ihrer Aufgabe, als Einheit der Systembildung zu fungieren, nicht gerecht werden können. Wenn jedes Teil eines Elementes mit allen anderen Teilen jederzeit verknüpft werden könnte, könnte aus dieser Gesamtheit niemals ein Element ausdifferenziert werden - es wäre schlicht unmöglich, in dieser allumfassenden Masse ein Kriterium zur Differenzierung von Elementen anzuwenden. Niemals würde deutlich, wo ein Element anfängt und wo seine Grenzen zu verorten sind. Denn schließlich wäre alles innerhalb einer Einheit mit allem verbunden.[131] Luhmann folgert weiter: „Dadurch, daß schon die Elemente komplex konstituiert sein müssen, um als Einheit für höhere Ebenen der Systembildung fungieren zu können, ist auch ihre Verknüpfungskapazität limitiert, und dadurch reproduziert sich Komplexität als unausweichliche Gegebenheit auf jeder höheren Ebene der Systembildung."[132] Die Beschränkung der Verknüpfungskapazität von Elementen, die letztlich für das Aufkommen und damit für die Existenz von Komplexität verantwortlich ist, kann daher wie-

---

[128]   Vgl. Luhmann (1991f), S. 204 ff.; Luhmann (1980b), S. 1064 ff.
[129]   Luhmann (1987a), S. 46; vgl. für ähnliche Komplexitätsdefinitionen Kirchhof (2003), S. 11 und Ludwig (2001), S. 9
[130]   Vgl. für genaue Erläuterungen zum Entstehen von Komplexität Luhmann (1980a), S. 235 ff.; Luhmann (1980b), S. 1064 ff.; Luhmann (1976a), S. 939 ff. und vor allem Luhmann (1991f), S. 204 ff.
[131]   Vgl. Luhmann (1987a), S. 45 ff.
[132]   Luhmann (1987a), S. 46

derum als Folge von Komplexität angesehen werden, nämlich derjenigen, die bereits inner-halb der Elemente vorhanden ist.[133]

Auch wenn die Argumentation der allgemeinen Systemtheorie in dieser Frage zunächst hoch-komplex anmutet, so erscheint sie zumindest auf den zweiten Blick einfach und eingängig. Ausgangspunkt der Überlegung ist die Einschätzung, dass die Realität für ein System kom-plex erscheint. Wäre sie es nicht, könnte es nicht existieren, da alles mit allem zusammenhin-ge und das System keinerlei Grenzen zur Umwelt ziehen könnte. Damit ist aber auch das, was für ein System aus seiner Perspektive zunächst nicht weiter auflösbar erscheint, nämlich die Elemente des Systems, in Wirklichkeit hochgradig komplex. Somit ist Komplexität für jedes System allgegenwärtig. Ihre Bewältigung ist die große Herausforderung im Zusammenhang mit der Systembildung. Die Elemente, die das System auszeichnen und von ihrer Umwelt unterscheiden, muss dieses System innerhalb der vorhandenen Komplexität identifizieren und differenzieren. Gleichzeitig schafft die Existenz von Komplexität aber auch erst die Voraus-setzung dafür, dass Systeme irgendetwas gegenüber etwas anderem ausdifferenzieren können. Wäre sie nicht vorhanden, könnten keine Systeme existieren, da sie nicht unterscheidbar wä-ren von einer Umwelt. Deshalb gilt die Aussage: Komplexität macht Systembildung erst mög-lich, für eine solche Systembildung ist jedoch gleichzeitig auch die Bewältigung von Kom-plexität nötig.[134]

Der Schlüssel zur Bewältigung von Komplexität lautet Komplexitätsreduktion. Was zeichnet nun aber den Prozess der Komplexitätsreduktion aus? Luhmann definiert ihn folgendermaßen: „Von Reduktion der Komplexität sollte man [...] immer dann sprechen, wenn das Relations-gefüge eines komplexen Zusammenhanges durch einen zweiten Zusammenhang mit weniger Relationen rekonstruiert wird."[135] Durch diese Vorgehensweise ist die „ursprüngliche" Kom-plexität noch immer unverändert vorhanden. Sie wird allerdings überlagert durch ein zweites, komplexitätsreduziertes und damit komplexitätsreduzierendes Abbild der Realität, welches das Ergebnis des systeminternen Prozesses zur Komplexitätsreduktion widerspiegelt. In dem Augenblick, in dem ein System erstmalig Komplexität reduziert, entsteht dieses System, und zwar dadurch, dass es sich durch das Ergebnis der Komplexitätsreduktion von seiner Umwelt abgrenzt.[136]

Dieses Abbild von Realität, welches die Systemkonstitution auslöst, entsteht für Luhmann durch Beobachtung. Beobachtung darf in diesem Zusammenhang jedoch keineswegs als ein

133 Vgl. Luhmann (1993d), S. 59 ff.
134 Vgl. Luhmann (1987a), S. 48 ff.; Ashby (1968), S. 108 ff.
135 Luhmann (1987a), S. 49
136 Vgl. Luhmann (1996e), S. 59 ff.

Prozess verstanden werden, welcher durch Veranlassung eines Subjekts eingeleitet wurde, oder als eine durch einen höheren Ordnungswillen gesteuerte Handlung. Für die allgemeine Systemtheorie stellt eine Beobachtung einen subjektlosen Vorgang dar. „Beobachten heißt einfach [...]: Unterscheiden und Bezeichnen".[137] Beide Tätigkeitsbezeichnungen verbinden sich automatisch zu einer einzigen Operation: Sobald man etwas bezeichnet, hat man es, indem man dies tut, vorab unterschieden, genauso wie eine Unterscheidung nur dann einen Sinn macht, wenn es zu einer Bezeichnung der einen oder anderen Seite dient. Durch eine (komplexitätsreduzierte) Beobachtung wird die Umwelt und damit das System selbst für das System erst transparent. Es gilt sogar: Durch eine Beobachtung, d.h. durch Unterscheiden und Bezeichnen, konstituiert sich das System erstmals. Denn die Beobachtung ist die Voraussetzung für die systemspezifische Aufrechterhaltung der Abgrenzung von System und Umwelt und damit für die Existenz des Systems.[138]

Die Definition von Beobachtung hat deutlich gemacht, dass jede Beobachtung immer auch eine Selektion umfasst. Wer unterscheidet und bezeichnet, selektiert ausgewählte Aspekte der Realität und lässt andere bewusst beiseite. Damit ist klar, dass die Bewältigung von Komplexität immer mit einem Selektionszwang verbunden ist. Um die Realität zu bewältigen, ist das System gezwungen, eine Auswahl der Aspekte zu treffen, die es im Rahmen seiner systemspezifischen Komplexitätsreduktion berücksichtigen möchte.[139] Jede Beobachtung beinhaltet damit per Definition immer auch Risiko und Unsicherheit. Komplexität kann danach auch in einer zweiten Weise definiert werden: „Komplexität in diesem zweiten Sinne ist dann ein Maß für die Unbestimmbarkeit oder für Mangel an Information. Komplexität ist, so gesehen, die Information, die dem System fehlt, um seine Umwelt (Umweltkomplexität) bzw. sich selbst (Systemkomplexität) vollständig erfassen und beschreiben zu können."[140] Komplexitätsreduktion mittels einer Beobachtung läuft damit per Definition immer Gefahr, die günstigste aller möglichen Ausgestaltungen zu verfehlen, nach welchen Kriterien sie auch immer definiert wird. Die Realität ist einfach nicht umfassend und vollständig abzubilden, denn dazu ist sie schlichtweg zu komplex. Systeme sind folglich gezwungen, mit dieser systemimmanenten Unsicherheit umzugehen und ggf. Strategien zur Abfederung der daraus resultierenden Risiken zu implementieren.[141]

Beobachtungen stützen sich zwangsläufig auf die Ergebnisse vorangegangener Beobachtungen. Es ist einfach keine andere Möglichkeit denkbar, als dass die Unterscheidungen und Be-

---

[137] Luhmann (1997a), S. 69
[138] Vgl. Luhmann (1994d), S. 68 ff.; Luhmann (1993e), S. 197 ff.
[139] Vgl. Luhmann (1991f), S. 204 ff.
[140] Luhmann (1987a), S. 50 f.
[141] Vgl. zur näheren Erläuterung des Begriffs der Selektion Luhmann (1990b), S. 80 ff.

zeichnungen, welche die Grundlagen für die Beobachtung bilden, von dem System deshalb ausgewählt wurden, weil diese Selektionen bereits in der Vergangenheit erfolgreich zur Systembildung eingesetzt wurden. Beobachtungen basieren also wesentlich auf den Ergebnissen vorangegangener Beobachtungen. Aus dieser Erkenntnis ergeben sich für die moderne Systemtheorie vollkommen neue Kernfragen. Es ist nicht nur zu klären, durch welche Mechanismen die Systeme die Anschlussfähigkeit ihre Beobachtungen sicherstellen. Darüber hinaus ist darzustellen, wie in einem fiktiven Nullpunkt der Systembildung sich erstmals ein System aus der Komplexität der Welt herausbilden kann, obwohl bislang keinerlei Selektion vorgenommen wurde.[142] Das nachfolgende Kapitel wird die Antworten Luhmanns auf diese zentralen Fragen der modernen Systemtheorie für die Ebene der Theorie sozialer Systeme nachzeichnen.

Festzuhalten bleibt auf der Ebene der allgemeinen Systemtheorie, dass Systeme sich offensichtlich beim Umgang mit Komplexität auf Selektionsmechanismen stützen, die auf Beobachtung von System und Umwelt beruhen und diese wiederum erst ermöglichen. Mithin kommt es im Zuge der Systembildung innerhalb von Systemen durch den Prozess der Beobachtung zu einem „re-entry" von System und Umwelt innerhalb des Systems. Die überkomplexe Umwelt sowie die Realität des eigenen Systems finden als komplexitätsreduziertes Abbild Eingang in das System. Es entsteht ein systemspezifisches Konstrukt von Umwelt und System, welches durch die spezifischen Selektionskriterien des Systems erst definiert wird. Dieses Bild, das Ergebnis der Beobachtung, führt zu einer Systembildung, indem sich das System von seiner Umwelt abgrenzt, und dient dem System gleichzeitig als Grundlage für die weitere Anwendung der System-Umwelt-Differenz und damit für die Fortführung der eigenen Systemoperationen. Nur mittels systemeigener, selektiver Beobachtung wird Reduktion von Komplexität und damit Erhaltung des Systems möglich.[143]

Damit stehen Komplexität und Beobachtung in einem interessanten Wechselspiel zueinander. Komplexität wird erst im Zuge von Beobachtung erkennbar und macht gleichzeitig eine Beobachtung erst nötig und möglich. Wenn alles mit allem verbunden werden könnte, wären Beobachtungen nicht nur unmöglich zu tätigen, sie wären auch nicht erforderlich. Gleichzeitig erreicht eine Beobachtung immer auch eine Reduktion von Komplexität. So entstehen und reproduzieren sich Systeme. Im Moment der Beobachtung erscheint das Ergebnis von Beobachtung für den Beobachter selbst jedoch nicht mehr komplex. So definieren Systeme ihre Elemente, aus denen sie bestehen, als Sachverhalte, die sich nicht weiter differenzieren lassen.

---

[142] Vgl. für diese beiden Grundfragen: Luhmann (1987a), S. 57 ff.; Luhmann (1991g), S. 61 ff.; Luhmann (1990c), S. 11 ff.; King (1993), S. 218 ff.; Lipp (1987), S. 452 ff.; Martens (1991), S. 625 ff.; Schmid (1987), S. 25 ff.; kritisch: Sinclair (1992), S. 81 ff.

[143] Vgl. Luhmann (1997a), S. 50 ff.; Luhmann (1994e), S. 4 ff.

Erst das erneute Einnehmen einer Beobachterperspektive verdeutlicht, dass es sich bei den Beobachtungen der Systeme, die diese konstituieren und damit für einen weiteren Beobachter die Realität repräsentieren, in Wirklichkeit um komplexe Sachverhalte handelt.

Bevor im Folgenden die Konsequenzen aus diesen Überlegungen rund um das Thema Komplexität für die allgemeine Systemtheorie analysiert und beschrieben werden, soll aufgrund der besonderen Bedeutung der vorgestellten Erkenntnisse zunächst eine kurze Zusammenfassung erfolgen. Die Systemtheorie geht davon aus, dass Systeme existieren. Aus der Existenz von Systemen ist wiederum zu schließen, dass die Realität komplex ist. Wäre sie es nicht, könnte sich kein System gegenüber seiner Umwelt abgrenzen. Damit wäre auch die Existenz von Systemen nicht möglich. Folglich sind Systeme daher permanent mit Komplexität in ihrer Umwelt sowie in ihrem eigenen System konfrontiert. Um sich gegenüber der Umwelt abgrenzen und die für das System konstituierende System-Umwelt-Differenz aufrechterhalten zu können, sind Systeme nun gezwungen, zweckmäßige Strategien im Umgang mit dieser Komplexität zu entwickeln. Der geeignete Schlüssel zur Bewältigung von Komplexität heißt Komplexitätsreduktion. In diesem Fall wird die tatsächliche Realität überzogen durch ein komplexitätsreduziertes Abbild, welches das System selbst erstellt hat und auf dessen Grundlage es fortan seine Systemreproduktion betreibt.

Komplexitätsreduktion ist ein Ergebnis von Beobachtung und damit das Resultat von Selektion. Nur mittels systemspezifischer Beobachtungen können Systeme Komplexität reduzieren und sich so von ihrer Umwelt abgrenzen. Im Zuge einer Beobachtung entsteht immer ein Abbild der Realität von System und Umwelt, ein sogenanntes „re-entry", welches das System nicht nur konstituiert, sondern auf das sich das System bei den folgenden Systemoperationen auch immer wieder bezieht. Alle Systeme reagieren oder operieren damit nicht auf der Grundlage der Realität, sondern auf Basis eines vom System selbst definierten Abbildes der Wirklichkeit.

3.4   Selbstreferenz als zwangsläufige Konsequenz im Umgang mit Komplexität

Bei der Betrachtung der Ergebnisse des vorangegangenen Unterkapitels wird eines deutlich: Die Frage, wie sich ein System gegenüber seiner Umwelt ausdifferenziert, d.h. wie es sich und seine Inhalte konstituiert, ist trotz des auch weiterhin gültigen System-Umwelt-Differenzschemas ausschließlich durch das System selbst zu beantworten.[144] Es ist ausschließlich das System selbst, welches sich durch die komplexitätsreduzierende Beobachtung der

---

[144]   Vgl. neben Luhmann (1987a), S. 57 ff. auch Baecker (1986), S. 246 ff.; Krüger (1992), S. 317 ff.; Lipp (1987), S. 452 ff.

Realität konstituiert, indem es seine Systemelemente und Relationen von der Umwelt differenziert, und es sind wiederum genau diese Beobachtungen des Systems, die weitere Beobachtungen zur Bewältigung der Komplexität erst ermöglichen. Offensichtlich konstituiert ein System all die Elemente, aus denen es besteht, eigenständig und fortlaufend aus eben diesen Elementen. Veränderungen in der Umwelt spielen zwar durch die systemkonstituierende System-Umwelt-Differenz prinzipiell eine Rolle, jedoch kommen diese nur dann zum Tragen, wenn sie in den systemeigenen Beobachtungen der Umwelt, die durch die systemspezifischen Selektionsstrategien definiert werden, überhaupt auftauchen. Immer dann, wenn dies nicht der Fall sein sollte, haben diese Veränderungen in der Umwelt des Systems für dieses System keinerlei Bedeutung, denn sie werden schlichtweg nicht wahrgenommen.[145]

Die kurze Zusammenfassung dieser Erkenntnisse lautet: Systeme operieren selbstreferentiell.[146] Luhmann definiert diese wesentliche Eigenschaft aller Systeme wie folgt: „Ein System kann man als selbstreferentiell bezeichnen, wenn es die Elemente, aus denen es besteht, als Funktionseinheiten selbst konstituiert und in allen Beziehungen zwischen diesen Elementen eine Verweisung auf diese Selbstkonstitution mitlaufen läßt, auf diese Weise die Selbstkonstitution also laufend reproduziert."[147]

Demnach operieren Systeme im Zuge ihrer Selbstreferenz ausschließlich im Selbstkontakt. Die Elemente, aus denen das System besteht, werden durch das System selbst konstituiert. Direkte Einflüsse der Umwelt auf die Systemoperationen sind per Definition ausgeschlossen. Selbstreferentielle Systeme sind somit auf der Ebene ihrer konstituierenden Organisation geschlossene Systeme. Alles das, was ein System auszeichnet, wird von diesem eigenverantwortlich im Selbstkontakt erstellt. Auch wenn es sich zunächst ein anderes Verständnis aufdrängt: Aus diesen neuen Erkenntnissen folgt keineswegs eine vollständige Abkehr vom bislang in der Systemtheorie vorherrschenden Leitbild von einem System mit einem Input sowie einem Output, also einem Leitbild der direkten Umwelteinflüsse. Dieses Bild ist eher zu ergänzen als grundsätzlich zu verwerfen. Umwelteinflüsse können selbstverständlich einen Einfluss auf die Systemoperationen nehmen – wenn sie denn vom System wahrgenommen werden und diese Wahrnehmung im Rahmen des autopoietischen Reproduktionsprozess entsprechend Berücksichtigung finden. Die Geschlossenheit der selbstreferentiellen Operationsweise steht nicht im Widerspruch zur Idee offener Systeme, sie ist vielmehr Voraussetzung für die Existenz von Umweltkontakten des Systems. Ohne die bereits beschriebenen Selektions- und

---

[145]   Vgl. Luhmann (1987a), S. 58 ff.; Schmid (1987), S. 25 ff.
[146]   Vgl. zur Erläuterung des Konzeptes der selbstreferentiellen Systeme Luhmann (1988b), S. 47 ff.;
          Luhmann (1986c), S. 172 ff.; Luhmann (1987c), S. 2 ff.; Beermann (1993), S. 243 ff.; Baecker (1986),
          S. 246 ff.; Berger (1987), S. 346 ff. und kritisch Bühl (1987), S. 15 ff.
[147]   Luhmann (1987a), S. 59

Beobachtungsmechanismen des Systems, deren Anwendung die selbstreferentielle und damit operativ geschlossene Operationsweise konstituiert, wäre eine Bewältigung der komplexen Umwelt durch das System unmöglich. Umwelteinflüsse könnten einfach nicht wahrgenommen werden. Erst die komplexitätsreduzierende Beobachtung der Umwelt durch das System macht diese Umwelt für das System handhabbar. Im Ergebnis steht das Konzept der selbstreferentiell-geschlossenen Systeme somit nicht prinzipiell im Widerspruch zur Umweltoffenheit von Systemen, es konkretisiert die bislang vorherrschende Meinung jedoch entscheidend.[148]

Insgesamt wurde durch die vorangegangene Argumentation deutlich, dass auf der Ebene der allgemeinen Systemtheorie das vorherrschende System-Umwelt-Paradigma aufgrund der neu gewonnenen Erkenntnisse durch wesentlich gewichtigere Leitfragen überlagert wird. Durch welche komplexitätsreduzierenden Beobachtungen und Selektionen begegnen Systeme der vorherrschenden Komplexität? Wie organisieren selbstreferentielle Systeme durch Geschlossenheit Offenheit? Welche Selektionsmechanismen finden bei der Beobachtung von Umwelt und eigenem System Verwendung? Wie wird die Anschlussfähigkeit der einzelnen Systemelemente sichergestellt? Luhmann schlägt vor diesem Hintergrund vor, die bislang vorherrschende Leitdifferenz von System und Umwelt durch ein neues Paradigma zu ersetzen. Aus seiner Sicht bietet sich dafür die Differenz von Identität und Differenz an.[149] „Denn Selbstreferenz kann in den aktuellen Operationen des Systems nur realisiert werden, wenn ein Selbst (sei es ein Element, als Prozeß oder als System) durch es selbst identifiziert und gegen anderes different gesetzt werden kann."[150] Selbstreferentielles Operieren bedeutet laut Luhmann somit nichts anderes als die systeminterne Handhabung dieser Differenz.

Um die zentrale Bedeutung von Selbstreferenz zu betonen und den Begriff von semantisch ähnlichen Konstrukten wie beispielsweise „Selbstorganisation" abzugrenzen, haben Maturana und Varela den Vorschlag unterbreitet, die Bezeichnung „Autopoiesis" für die selbstreferentielle Reproduktion von Systemen zu verwenden.[151] Diese Semantik wird von Luhmann übernommen.

3.5 Zusammenfassung

Niklas Luhmann beobachtet in der wissenschaftlichen Diskussion auf der Ebene der allgemeinen Systemtheorie einen Paradigmenwechsel. Insbesondere die Arbeiten von Maturana und Varela gaben Anlass dazu, die bislang in der Systemtheorie primär genutzte System-

[148] Vgl. u.a. Luhmann (2000c), S. 44 ff.
[149] Vgl. Luhmann (1987a), S. 25 ff.
[150] Luhmann (1986c), S. 172 ff.
[151] Vgl. Luhmann (1987a), S. 60; Krüger (1992), S. 317 ff.

Umwelt-Differenz kritisch zu hinterfragen. Den Ausgangspunkt ihrer Argumentation bildet die Annahme der Existenz von Systemen. Aus dieser Annahme lässt sich in Verbindung mit der Definition von Komplexität schließen, dass Komplexität in der Umwelt und im System selbst vorhanden sein muss. Daraus lässt sich wiederum schlussfolgern, dass die Bewältigung von Komplexität die entscheidende Voraussetzung für die Identifikation und Aufrechterhaltung der System-Umwelt-Differenz durch das System ist. Jedes System ist demnach gezwungen, geeignete Strategien innerhalb des eigenen Systems zu implementieren, die es erlauben, der existierenden Komplexität Herr zu werden. Bewältigung von Komplexität gelingt durch Reduktion von Komplexität und die wiederum entsteht automatisch durch Beobachtung. Im Ergebnis entsteht durch Beobachtung in jedem System ein komplexitätsreduziertes Abbild der Realität, das sogenannte „re-entry" von System und Umwelt, welches das System konstituiert und auf dessen Grundlage das System fortan seine systembildenden Operationen entwickelt. Nur mittels Beobachtung und der daraus resultierenden Selektion wird Realität für ein System verfügbar und begreifbar.

Damit ist all das, was ein System auszeichnet, nämlich seine Elemente und Relationen sowie die Voraussetzungen, die benötigt werden, um diese Komponenten zu definieren, einzig und allein vom System selbst abhängig. Die moderne Systemtheorie kommt daher zu dem Ergebnis, dass im Zuge ihres Reproduktionsprozesses alle Systeme geschlossene Systeme sind, da sie die Elemente, aus denen sie bestehen, in einem permanenten Prozess ausschließlich aus eben diesen Elementen konstituieren. Zweifelsohne agieren autopoietische Systeme immer auch umweltorientiert und damit umweltoffen, ansonsten wäre ihnen die Aufrechterhaltung der Differenz zwischen System und Umwelt unmöglich. Allerdings existieren keine direkten Verknüpfungen zwischen Systemen und ihrer Umwelt, sondern jedes System reagiert immer nur auf ein Bild der Systemumwelt, welches durch die spezifische Beobachtung des Systems erst entstanden ist. Nur über diese komplexitätsreduzierende und systemintern definierte Beobachtung wird Umwelt für das System begreifbar. Damit wird die operative Geschlossenheit von Systemen Voraussetzung für ihre Umweltorientierung.

Aus diesen Aussagen werden auch die konstruktivistischen Komponenten deutlich, die den beschriebenen Paradigmenwechsel auf der Ebene der allgemeinen Systemtheorie prägen. Dem System als Beobachter wird die zentrale Rolle bei der Systembildung und damit bei der Konstituierung von Realität zugewiesen. Es ist das System, welches mit seinen Beobachtungen von System und Umwelt Realität erst entstehen lässt. Dass diese Beobachtungen immer komplexitätsreduzierend sind, ist gewissermaßen eine Voraussetzung dafür, dass sie gelingen. Denn die Realität, die diese Beobachtungen beschreibt, ist in ihrer Grundstruktur komplex.

Wäre diese Komplexität in der Realität nicht vorhanden, wären schließlich auch keine Beobachtungen möglich.

4 Die Folgen des Paradigmenwechsels für die Ebene der sozialen Systeme

4.1 Einführung

Niklas Luhmann stützt sich bei der Beschreibung des Paradigmenwechsels auf der Ebene der allgemeinen Systemtheorie, der höchsten Ebene der Kategorien zur Systembildung, zu einem großen Teil auf Sekundärquellen.[152] Das Hauptaugenmerk seiner Forschungsbemühungen gilt einer anderen Frage: Welche Konsequenzen hat dieser Paradigmenwechsel auf der obersten Ebene der Systembildung für eine Theorie sozialer Systeme? Diese Frage kann durchaus als Leitfrage seines Forschungsprogramms zur Entwicklung einer modernen sozialwissenschaftlichen Systemtheorie angesehen werden. Ihre Beantwortung wird in den folgenden beiden Kapiteln sukzessive nachvollzogen. Mit diesem Kapitel wird somit die Ebene der allgemeinen Systemtheorie verlassen, um sich der Analyse von sozialen Systemen, einer speziellen Systemform auf der zweiten Ebene, zuzuwenden.

4.2 Sinn als Garant für die Anschlussfähigkeit von Elementen sozialer Systeme

Wie im letzten Kapitel erläutert, wäre die autopoietische Reproduktion von Systemen nicht möglich ohne die permanent mitlaufende Option, anschlussfähige Elemente aus den existierenden Elementen zu erstellen. Wie wird diese Anschlussfähigkeit nun im Speziellen bei sozialen Systemen sichergestellt? Luhmanns Antwort auf diese Frage lautet: durch Sinn.[153]

Für Luhmann erscheint Sinn „in der Form eines Überschusses von Verweisungen auf weitere Möglichkeiten des Erlebens und Handelns."[154] Ein mit Sinn ausgestattetes Systemelement stellt etwas in den Fokus der Betrachtung, d.h. in den Mittelpunkt der Argumentation, und gleichzeitig wird durch den Sinn ein weiter Horizont möglicher Anschlusselemente aufgespannt. Ausgehend von einem durch Sinn definierten Standpunkt ermöglicht eine sinnvoll formulierte Kommunikation oder ein sinnvoll strukturierter Gedanke[155] eine unendliche Fülle

---

[152] In diesem Zusammenhang sind insbesondere die Werke von Maturana und Varela zu nennen, vgl. Maturana (2000), S. 22 ff.; Maturana, Varela (1980), S. 63 ff.; Varela (1991), S. 1 ff.

[153] Vgl. für die Bedeutung von Sinn in der Theorie Niklas Luhmanns Luhmann (1971a), S. 25 ff.; Luhmann (1987a), S. 92 ff.; Luhmann (1997a), S. 44 ff. sowie Balke (1999), S. 135 ff.; Hahn (1987), S. 155 ff.; Eley (1986), S. 77 ff.

[154] Luhmann (1987a), S. 93

[155] Vgl. für die Abgrenzung von Kommunikation und Gedanken Kapitel 4.4

von Verweisungen und Anschlussoperationen. Auf eine sinnvoll formulierte Frage kann ge-antwortet werden, mit einer Gegenfrage reagiert werden oder aber das Ignorieren der Frage kann kommuniziert werden – all das kann wiederum Sinn machen. Sinnerfahrung kann daher als eine Differenz verstanden werden zwischen dem aktuell Gegebenen und dem, was auf-grund dieser Gegebenheit möglich wird. Dadurch macht erst Sinn die Selbstreferenz sozialer Systeme möglich. Erst durch Sinn erhalten die Systemelemente die für das autopoietische Agieren notwendige Maß an Anschlussfähigkeit. Nur sinnvolle Kommunikation erlaubt eine Anschlusskommunikation.[156]

Diese Feststellung heißt aber auch, dass Sinn für soziale Systeme die einzige Form ist, Kom-plexität zu reduzieren.[157] Dieser Sinnzwang hat Folgen für den Prozess der Komplexitätsre-duktion innerhalb der sozialen Systeme. Wenn sinnvolle Systemelemente erzeugt werden können, um den autopoietischen Reproduktionsprozess aufrechtzuerhalten, müssen sich auch die diese Elemente konstituierenden Beobachtungen und Selektionen des Systems zwangsläu-fig an Sinn orientieren. Damit wird die Umwelt, aber auch das eigene System, für soziale Sys-teme nur in Form von Sinn sichtbar. Umwelt kann nur in Form von Sinn in den autopoieti-schen Reproduktionsprozess einfließen. Luhmann bezeichnet daher Sinn auch als „Welt-form"[158]. In sozialen Systemen muss sinnhaft formuliert werden, alles ist mittels Sinn zugäng-lich, aber alles eben ausschließlich in Form von Sinn. Alles, was in der Welt der Sinnsysteme thematisiert werden soll, muss in einer sinnhaften Form geschehen, „sonst bleibt es momenthafter Impuls, dunkle Stimmung oder auch greller Schreck ohne Verknüpfbarkeit, ohne Kommunikabilität, ohne Effekt im System."[159]

Diese „Sinnlosigkeit" ist freilich schwer zu erreichen. Scheinbar unsinniges soziales Verhal-ten kann entweder einen Sinn haben oder durch andere Systeme sinnvoll beobachtet und da-her sinnvoll erörtert werden. Für Luhmann ist daher Sinnlosigkeit ein Spezialphänomen, wel-ches nur bei einer totalen Verwirrung aller Einzelelemente von Systemen entstehen kann.[160]

Festzuhalten bleibt in jedem Fall, dass Sinn als Garant für die Anschlussfähigkeit von Opera-tionen die Wahrnehmung sozialer Systeme determiniert und damit auch limitiert. Dies be-gründet Luhmanns starkes Interesse an dem Phänomen Sinn, scheint es doch offensichtlich

---

[156] Vgl. Luhmann (1987a), S. 100
[157] Vgl. Luhmann (1993f), S. 35 ff.
[158] Luhmann (1987a), S. 95
[159] Luhmann (1987a), S. 98
[160] Vgl. Luhmann (1987a), S. 96; Hahn (1987), S. 160 ff.

---

ein zentraler Schlüssel zum Verständnis über die Operationsweise sozialer Systeme und damit auch der Gesellschaft zu sein.[161]

4.3 Kommunikation und Handlung als Elemente sozialer Systeme

4.3.1 Zur Einführung: Menschen, Handlung, Kommunikation

Nach Klärung der Frage, wie soziale Systeme die Anschlussfähigkeit ihrer Systemelemente sicherstellen, widmet sich das folgende Kapitel einer exakten Erörterung der Eigenschaften, welche die Letztelemente sozialer Systeme auszeichnen. Betrachtet man sich die Grundtendenzen der bisherigen sozialwissenschaftlichen Forschung, so kommen für die Wahrnehmung der Rolle von Letztelementen sozialer Systeme grundsätzlich mehrere „Verdächtige" in Frage. Sie sollen im Rahmen dieses Einführungskapitels der Reihe nach vorgestellt werden.[162]

Basierend auf der stark humanistisch geprägten Tradition unseres Kulturkreises vertreten einige systemtheoretische Autoren die Auffassung, soziale Systeme bestehen aus Menschen.[163] Luhmann lehnt diese Auffassung strikt ab: „Die Gesellschaft wiegt nicht genauso viel wie alle Menschen zusammen und ändert auch nicht mit jeder Geburt und jedem Tod ihr Gewicht. Sie wird nicht etwa dadurch reproduziert, dass in den einzelnen Zellen des Menschen Makromoleküle oder in den Organismen der einzelnen Menschen Zellen ausgetauscht werden. Sie lebt also nicht."[164] Einigkeit bestünde in der Systemtheorie mittlerweile auch darin, dass die Gedanken, die innerhalb eines menschlichen Gehirns entstehen, nicht der Gesellschaft, also einem sozialen System, zurechenbar sind, sondern außerhalb der Gesellschaft zu positionieren sind.[165]

Eine Möglichkeit, diese für die moderne Systemtheorie offensichtlichen, strukturellen Fehler in der Theoriekonstruktion zu umgehen, aber dennoch den einzelnen Menschen auch weiterhin die zentrale Initialisierungsfunktion bei der Erzeugung von Elementen in sozialen Systemen zuzurechnen, zeigt Parsons auf.[166] Die Letztelemente sozialer Systeme bestehen für ihn aus Handlungen. Durch eine Differenzierung dieser Handlungen nach der räumlichen Dimen-

---

161 Seine Überlegungen zu den drei Sinndimensionen Sach-, Zeit- und Sozialdimension sowie seine Analysen über Verschiebungen in der Wertigkeit der Dimensionen im Zeitablauf von Gesellschaftsentwicklung (z. B. durch die Einführung von Schrift) sollen hier jedoch nicht im Detail vorgestellt werden. Vgl. dazu Luhmann (1987a), S. 111 ff.
162 Vgl. dazu insgesamt auch Luhmann (1995b), S. 169 ff.
163 Vgl. Hejl (1982), S. 262 ff.; Bunge (1979), S. 13 ff.; Dziewas (1992), S. 113 ff. ; kritisch: Maturana (1980), S. 11 f.
164 Luhmann (1997a), S. 26
165 Vgl. Luhmann (1997a), S. 26
166 Vgl. Parsons (1972), S. 9 ff.

sion (Innen - Außen) und der zeitbezogenen Dimension (Instrumental - Konsumatorisch) ergibt sich das bekannte „AGIL-Schema" zur Analyse von Handlungen und damit auch von sozialen Systemen.[167] Parsons bestätigt damit mittelbar die zentrale Bedeutung des Subjektes für die Konstitution sozialer Systeme, denn es sind letztlich doch die Menschen, die für alle Handlungen verantwortlich sind und sie auslösen.[168]

Luhmann schließt mit seiner Argumentation an die Ausführungen von Parsons an. Er stellt die Frage, ob vor dem Hintergrund der neuen Erkenntnisse über die Funktionsweise autopoietisch agierender Systeme, nach denen Systeme permanent die Elemente, aus denen sie bestehen, wiederum aus eben diesen Elementen erstellen, tatsächlich Handlungen und damit indirekt Personalisierungen als Letzteinheiten sozialer Systeme fungieren können. In diesem Zusammenhang stellt er insbesondere die folgenden Fragen: Wie sollen Handlungen aus Handlungen erstellt werden können? Und wie passen Handlungen als Letzteinheiten mit der operativen Geschlossenheit von Systemen zusammen, denn schließlich sind Handlungen nicht zu isolieren, sondern hängen immer an einer Person, d.h. einem Menschen?[169]

Vor dem Hintergrund der Tatsache, dass Luhmann auf diese Fragen keine überzeugenden Antworten findet, steht für ihn fest, dass die bislang vorherrschende Meinung, nach der Handlungen als Letzteinheit von sozialen Systemen anzusehen sind, zu korrigieren ist. Wenn die allgemeinen Aussagen über autopoietisch agierende Systeme auf der Ebene der allgemeinen Systemtheorie richtig sind, dann muss etwas anderes die Letzteinheit sozialer Systeme bilden. Luhmanns Alternative heißt Kommunikation.

4.3.2 Kommunikation als Synthese einer dreifachen Selektion

Entsprechend der generellen Grundaussagen über die autopoietische Reproduktion aus der allgemeinen Systemtheorie bedeutet dies, dass Luhmann die These vertritt, soziale Systeme bestehen aus nichts anderem als aus Kommunikation. Der Kommunikationsprozess wäre demnach als die für soziale Systeme konstituierende Schrittfolge verantwortlich für alles Soziale.[170] Angesichts der zentralen Bedeutung, die Luhmann der Kommunikation als Letztelement sozialer Systeme zuschreibt, erscheint es unerlässlich, sich zunächst über die Hintergründe der Nutzung des Kommunikationsbegriffs bei Luhmann Klarheit zu verschaffen.

---

[167] Vgl. z. B. Luhmann (1988a), S. 127 ff.
[168] Vgl. Parsons (1968), S. 3 ff.; Willke (2000), S. 133 ff.; Parsons (1972), S. 20 ff.; Luhmann (1981c), S. 49 ff.; Luhmann (1988a), S. 137 ff.
[169] Vgl. für die Bedeutung der Handlungstheorie für die Sozialwissenschaften auch Münch (2003) und Runkel (2002), S. 2 ff.
[170] Vgl. für die Bedeutung von Kommunikation für die Systemtheorie Luhmanns Luhmann (1987a), S. 191 ff.; Luhmann (2001b), S. 94 ff.; Luhmann (2001c), S. 76 ff.

Normalerweise geht das in den Sozialwissenschaften vorherrschende Verständnis von Kommunikation von einem Sender-Empfänger-Modell aus. Danach entsteht Kommunikation durch Übertragung einer Nachricht vom Sender zum Empfänger.[171]

Luhmann bricht radikal mit diesem vertrauten Schema. Er kritisiert, dass sich das Übertragungsmodell viel zu stark auf den Akt der Übertragung, also auf die Mitteilung, konzentriert. Letztlich käme Kommunikation doch erst in dem Augenblick zustande, in dem die Anregung zur Kommunikation, die Mitteilung, aufgegriffen und weiterverarbeitet wird. Darüber hinaus unterstelle das Modell, dass die übertragende Information für Mitteiler und Empfänger gleich sei. Dies könne in Grundzügen durchaus der Fall sein, allerdings stelle sich das erst im weiteren Kommunikationsprozess heraus. Nur Kommunikation selbst kann die Frage nach der eigentlichen Intention von Kommunikation und ihren Inhalten klären.[172]

Notwendig ist demnach ein Kommunikationsbegriff, der dieser Kritik am traditionellen Denkmodell Rechnung trägt. Die Argumentation Luhmanns mit dem Ziel der Ableitung eines solchen alternativen Kommunikationsmodells beginnt mit dem Sinnbegriff. Unter der Annahme, dass Sinn die Reproduktionsfähigkeit von sozialen Systemen sicherstellt, indem durch ihn Anknüpfungspunkte für eine fortlaufende Produktion von Systemelementen eröffnet werden, ist Sinn auch bei jedem Kommunikationsprozess ein mitlaufender Faktor. Damit ist Kommunikation immer ein selektives Geschehen. Aus dem durch Sinn aufgespannten Verweisungshorizont wird etwas herausgegriffen, anderes hingegen weggelassen.[173] Genauer betrachtet ist Kommunikation für Luhmann ein dreistelliger Selektionsprozess. Erstens ist die Selektion einer Information erforderlich, zum Zweiten die Selektion einer Mitteilung und abschließend ein selektives Verstehen bzw. Missverstehen dieser Mitteilung und Information. Keine dieser drei Komponenten kann für sich alleine vorkommen. Erst im Zusammenspiel erzeugen sie Kommunikation.[174] Sinn ist dabei, wie bereits bekannt, die bei allen drei Selektionen mitlaufende Komponente, die die Anschlussfähigkeit der Kommunikationselemente sicherstellt.

Im Folgenden sollen die genannten Selektionskomponenten von Kommunikation genauer betrachtet werden. Erstes Selektionsmerkmal einer Kommunikation ist die Auswahl einer zu kommunizierenden Information. Aus dem Spektrum kommunizierbarer Informationen gilt es,

[171] Vgl. z. B. das Sender-Empfänger-Modell bei Schenk (2002), S. 12 ff.; Faßler (1997), S. 40 ff. und Fill (2001), S. 43 ff.
[172] Vgl. Luhmann (1987a), S. 193 ff.
[173] Vgl. Luhmann (1987a), S. 194 f.; de Berg (1995), S. 175 ff.
[174] Vgl. Luhmann (2001b), S. 97

die für diesen Augenblick der Kommunikation gewünschte und geeignete herauszufiltern. Die zweite Selektion betrifft die Mitteilung dieser Information. Es gilt beispielsweise auszuwählen, in welcher Form die Mitteilung erfolgen soll, z. B. in Schriftform oder mündlich, und wenn mündlich, schreiend oder flüsternd usw. Kommunikation ist auch ohne Mitteilungsabsicht möglich, sie kommt aber regelmäßig dann zustande, wenn eine Mitteilungsabsicht beobachtet wird. Beispielsweise kann durch eine unbewusste Körperbewegung Kommunikation in Gang kommen, da eine Mitteilungsabsicht unterstellt wird. Fest steht, dass prinzipiell schier unendlich viele Möglichkeiten bestehen, eine ausgewählte Information mitzuteilen.

Drittes Selektionskriterium innerhalb von Kommunikation ist das Verstehen. Voraussetzung für Verstehen ist zunächst, dass eine Differenz zwischen Mitteilung und Information identifiziert wird. Im Verstehen signalisiert Kommunikation, dass zuvor beobachtet wurde, was und auf welchem Wege mitgeteilt wurde. Erst unter dieser Voraussetzung entsteht Kommunikation. Verstehen ist dabei nicht als die bloße Duplikation der Mitteilung zu interpretieren. Es gilt zu betonen: Auch Verstehen ist Selektion, auch im Verstehen erfolgt eine Auswahl aus einer Vielzahl von Varianten. Nach Luhmanns Definition umfasst das Verstehen immer auch ein Missverstehen von Information und Mitteilung aus Sicht des anderen Kommunikationsteilnehmers. Eines bleibt bei beiden Resultaten gleich: Erst durch das Zusammenspiel von Information, Mitteilung und Verstehen entsteht Kommunikation. Im Prozess des Verstehens schließt sich der Kreis der Kommunikation und es entstehen gleichzeitig neue Anknüpfungspunkte für eine Fortführung des Kommunikationsprozesses.[175]

Niemals können die genannten drei Elemente von Kommunikation einzeln und unabhängig voneinander auftreten: „Es gibt keine Information außerhalb der Kommunikation, es gibt keine Mitteilung außerhalb der Kommunikation, es gibt kein Verstehen außerhalb der Kommunikation - und dies nicht etwa in einem kausalen Sinne, wonach die Information die Ursache der Mitteilung und die Mitteilung Ursache des Verstehens sein müßte, sondern im zirkulären Sinne wechselseitiger Voraussetzung."[176] Kommunikation entsteht demnach erst aus der Synthese der drei Selektionen, als Einheit aus Information, Mitteilung und Verstehen.

In der Tatsache, dass Verstehen als ein unerlässlicher Bestandteil von Kommunikation definiert ist, wird die operative Geschlossenheit des Kommunikationsprozesses besonders deutlich. Erst durch das Verstehen wird eine zuvor getätigte Unterscheidung, nämlich die der Differenzierung von Mitteilung und Information, auch bezeichnet. So vollendet sich die Beobachtung und Kommunikation entsteht aus nichts anderem, als aus zuvor getätigter Kommu-

---

[175] Vgl. für die drei Selektionskriterien von Kommunikation Luhmann (1987a), S. 194 ff. und Luhmann (2001b), S. 94 ff.
[176] Luhmann (2001b), S. 101

nikation. Denn es gilt: Solange sinnvoll kommuniziert wird, ist es ganz gleich, zu welchem inhaltlichen Ergebnis das Verstehen gelangt, ob es erwartet wurde oder überraschend kam – man kann jedenfalls auch weiterhin darüber kommunizieren.[177]

Wesentlich für die korrekte Handhabung des Begriffs „Verstehen" bei Luhmann ist seine strikt systemtheoretische Interpretation, die eine scharfe Abgrenzung von solchen Begriffsdefinitionen umfasst, die Verstehen als Zugang von Kommunikationsinhalten in das Bewusstsein eines Menschen ansehen.[178] Für Luhmann findet Verstehen innerhalb von Kommunikation statt.[179] Was kommuniziert wird und wie es kommuniziert wird, kann der Kommunikation nicht von außen vorgegeben werden, sondern ausschließlich kommunikationsintern produziert und fortlaufend repliziert werden. Die Differenzierung von Information und Mitteilung innerhalb einer Kommunikation bestimmt das Verstehen und damit die Kommunikation selbst. Kommunikation als autopoietisches System zu begreifen, bedeutet auch zu akzeptieren, dass Kommunikation als geschlossenes System ausschließlich aus Kommunikation besteht. Innerhalb der sozialen Systeme existiert nichts weiter als die Kommunikationselemente. Daraus resultiert auch die Schlussfolgerung, dass nur die Kommunikation selbst kommunizieren kann. Alles andere ist für das System Umwelt, die das System nur über eine selbstdeterminierte Verzerrung, d.h. durch ein „re-entry", von Realität wahrnehmen und berücksichtigen kann. Luhmann fasst diese Erkenntnis anschaulich wie folgt zusammen: „Aber Menschen können nicht kommunizieren, nicht einmal ihre Gehirne können kommunizieren, nicht einmal das Bewußtsein kann kommunizieren. Nur die Kommunikation kann kommunizieren."[180]

4.3.3   Die Unwahrscheinlichkeit der Kommunikation

Nach der Klärung der Definition von Kommunikation und einer Skizzierung des Ablaufs des Kommunikationsprozesses untersucht der folgende Abschnitt die Frage, wie und unter welchen Voraussetzungen überhaupt dieser kommunikative „Normalprozess" zustande kommt. Dabei handelt es sich keineswegs um einen trivialen Nebenaspekt. Die Beschreibungen des Paradigmenwechsels auf der Ebene der allgemeinen Systemtheorie haben verdeutlicht, dass sich eine Beantwortung der Frage, wie überhaupt eine Systembildung in Gang kommen kann, vor dem Hintergrund der autopoietischen Reproduktionsstruktur aller Systeme keineswegs automatisch ergibt, sondern exakt beschrieben werden muss.

---

[177]   Vgl. Luhmann (2001b), S. 98 f.
[178]   Vgl. für eine diametral entgegengesetzte Interpretation z. B. Demmerling (2002), S. 9 ff.; Scholz (2001), S. 13 ff.
[179]   Vgl. Luhmann (1987a), S. 198 f.
[180]   Luhmann (1995a), S. 37. Die Tatsache, dass Bewusstsein, wenn auch als Umwelt, als konstituierendes Element gleichwohl an Kommunikation beteiligt ist, wird im Kapitel 4.4 deutlich.

Konkret auf die Probleme sozialer Systeme bezogen, ergeben sich insbesondere drei Gründe, die für eine Unwahrscheinlichkeit von Kommunikation sprechen. Luhmann fasst sie unter der Überschrift „Doppelte Kontingenz" zusammen:[181] Erstens erscheint es insbesondere in einem fiktiven Startpunkt aller evolutionären Entwicklung, aber auch innerhalb einer gewachsenen Gesellschaft, unwahrscheinlich, dass Mitteilungsabsicht und vermittelte Information überhaupt verstanden werden. Verstehen selektiert aus einem durch Sinn aufgespannten Horizont von Alternativen wiederum eine sinnvolle Option. Sinn kann jedoch immer nur in einem bestimmten Kontext verstanden werden, der sich aus vorher getätigten Wahrnehmungen oder Erfahrungen speist. Wie ist es vor dem Hintergrund äußerst heterogener Sinnhorizonte möglich, dass Kommunikation überhaupt verstanden wird? Wie kann der im vorherigen Abschnitt beschriebene Zirkelschluss im Kommunikationsprozess über das Verstehen überhaupt vollzogen werden, wenn bei den einzelnen Kommunikationsteilnehmern völlig unterschiedliche Sinnhorizonte vorliegen?[182]

Der zweite Aspekte bezieht sich auf die Unwahrscheinlichkeit, überhaupt Adressaten für eine Kommunikation zu erreichen. Es ist unwahrscheinlich, dass Kommunikation mehr Personen erreicht, als in einer konkreten Situation anwesend sind.[183]

Unwahrscheinlich ist darüber hinaus drittens auch der Erfolg einer Kommunikation. Selbst wenn eine Kommunikation verstanden wird, ist damit noch lange nicht gewährleistet, dass ihre Inhalte auch angenommen und befolgt werden. Auf die Frage „Hast Du das verstanden?" kann mühelos innerhalb einer Kommunikation mit „Ja" geantwortet und damit Verstehen signalisiert werden. Ob das angesprochene Verständnis tatsächlich in der Form vorliegt, in der es gewünscht wird, kann hingegen in einem Kommunikationssystem nicht mit Sicherheit überprüft werden. Wie im nächsten Unterkapitel noch genauer herausgearbeitet werden wird, liegen Bewusstseinsprozesse außerhalb der Kommunikationsprozesse. Die Inhalte ihrer spezifischen Systemelemente sind somit zwar thematisierbar, jedoch nicht unmittelbar zu beeinflussen.[184]

Die drei genannten Risiken wirken nicht nur als einzelne Hindernisse für das Zustandekommen von Kommunikation, sie wirken vielmehr in der Summe entmutigend: Wer von vornherein eine Kommunikation für aussichtslos hält, unterlässt sie. Und im Lichte der Erkenntnisse, nach denen das Verstehen der Kommunikation unwahrscheinlich, die Zahl der erreich-

---

[181] Vgl. zur Erläuterung des Begriffs „Doppelte Kontingenz" Luhmann (1972a), S. 507 ff.; Luhmann (1993g), S. 67 ff.
[182] Vgl. Luhmann (2001c), S. 78 ff.
[183] Vgl. Luhmann (1987a), S. 218
[184] Vgl. ebd.

baren Personen aller Voraussicht nach verschwindend gering und der Erfolg der intendierten Mitteilungsabsicht nicht überprüfbar ist, erscheint Aussichtslosigkeit als zentrales Merkmal von Kommunikation. Dies gilt um so mehr, wenn man sich vor Augen führt, dass die drei genannten Unwahrscheinlichkeiten von Kommunikation sich auch noch wechselseitig verstärken.[185] Sobald ein Problem gelöst scheint, treten die anderen Schwierigkeiten um so deutlicher in den Vordergrund. So gilt beispielsweise: „Wenn man eine Kommunikation richtig versteht, hat man umso mehr Gründe, sie abzulehnen. Wenn eine Kommunikation den Kreis der Anwesenden überschreitet, wird Verstehen schwieriger und ablehnen wiederum leichter."[186]

Dennoch ist es unbestritten, dass in unserer Gesellschaft laufend Kommunikation stattfindet. Für Luhmann ist damit jedoch keineswegs die Gültigkeit seiner Unwahrscheinlichkeitsthese widerlegt. Die Analyse zeige vielmehr „um so präziser an, wo die Probleme liegen, deren Lösung im Laufe der Evolution Kommunikation ermöglicht, Systembildung in Gang setzt, Unwahrscheinliches in Wahrscheinliches transformiert."[187] Sein Credo lautet daher: Wer verstehen will, wie innerhalb einer Gesellschaft Kommunikation entsteht und sich permanent reproduziert, wie soziale Systeme sich trotz der aufgezeigten Schwierigkeiten konstituieren, der sollte sich anschauen, durch welche Mechanismen diese dem Kommunikationsprozess immanenten Unwahrscheinlichkeiten in Wahrscheinlichkeiten transformiert und damit überwunden werden.[188]

Die Mechanismen, die punktgenau an den Unwahrscheinlichkeiten von Kommunikation ansetzen und so Unwahrscheinlichkeit in Wahrscheinlichkeit transformieren, bezeichnet Luhmann als Medien.[189] Entsprechend der drei Arten von Unwahrscheinlichkeit identifiziert er im Folgenden drei verschiedene Gruppen von Medien, die an dieser Stelle näher vorgestellt werden. Das Medium, welches die Wahrscheinlichkeit des Verstehens von Kommunikation deutlich erhöht und somit ein probates Mittel repräsentiert, welches zur Überwindung der ersten genannten Kommunikationshürde angewandt werden kann, ist die Sprache. Mit Hilfe von Sprache wird der durch Sinn aufgespannte Horizont von Optionen für die Kommunikation greifbar. Sprache kann daher als Technik angesehen werden, die es erlaubt, ein praktisch unendliches Repertoire von Kommunikationselementen verfügbar zu machen - und zwar für alle an einer Kommunikation Beteiligten. Sprache hilft, beinahe unabhängig vom Erfahrungshorizont der an der Kommunikation Beteiligten, sinnhaftes Verstehen zu gewährleisten. Sie ver-

[185] Vgl. Luhmann (1987a), S. 216 ff.
[186] Luhmann (2001c), S. 80
[187] Luhmann (1987a), S. 218 f.
[188] Vgl. Luhmann (1987a), S. 219 ff.
[189] Vgl. Luhmann (2001c), S. 81 ff., vgl. zur Abgrenzung des Begriffs Medien von den Massenmedien Luhmann (1996c), S. 169 ff.

wandelt so die strukturelle Unsicherheit beim Entstehen von Kommunikation in eine hohe Wahrscheinlichkeit: Selbst bei einem Nichtverstehen einzelner Kommunikationselemente, kann man sich fast sicher sein, dass dieses Nichtverstehen durch Benutzung von Sprache im Falle eines Falles zumindest thematisiert werden kann.[190]

Auf der Grundlage von Sprache habe sich eine zweite Gruppe von Medien ausdifferenziert, die sich dem beschränkten Empfängerkreis von Kommunikation annehmen, die so genannten Verbreitungsmedien. Typische Verbreitungsmedien sind Schrift, Druck und Funk. Sie basieren auf einer „inkongruenten Dekomposition und Rekombination von sprachlich nicht weiter auflösbaren Einheiten"[191], exemplarisch zu beobachten am Alphabet bzw. der Schrift. Verbreitungsmedien ermöglichen eine immense Ausdehnung der Reichweite einer Kommunikation. Wer sich ihrer bedient, erhält prinzipiell die Möglichkeit, eine Vielzahl von Kommunikationsteilnehmern anzusprechen, jedenfalls mehr als in direkter Interaktion unter Anwesenden hätten erreicht werden können. „Erkauft" werden muss diese Ausweitung der Möglichkeiten von Kommunikation durch die Mechanismen der Standardisierung, die die einzelnen Verbreitungsmedien vorgeben. Sie zwingen durch ihre eigene Technik, ihre eigenen Spezifika und ihre eigenen Regeln Kommunikation in ein vordefiniertes Schema.[192]

Die letzte Gruppe von Medien widmet sich der dem Kommunikationsprozess strukturell immanenten Unwahrscheinlichkeit, intendierte Kommunikation erfolgreich zu betreiben. Luhmann nennt diese Kategorie von Medien symbolisch generalisierte Kommunikationsmedien.[193] Sie symbolisieren innerhalb eines Kommunikationsprozesses einen möglichen Zusammenhang zwischen der jeweils gewählten Selektion im Zuge des Verstehens und einer bestimmten Motivation. Wichtige symbolisch generalisierte Kommunikationsmedien sind: Wahrheit, Liebe oder Eigentum bzw. Geld. In völlig unterschiedlichen Kommunikationszusammenhängen sollen diese Medien signalisieren: Ja, ich meine die Selektion, die ich im Rahmen der Kommunikation vorgenommen habe, ernst. Es entspricht meiner Motivation und meinem Können, genau so kommuniziert zu haben, wie ich gerade kommuniziert habe. Symbolisch generalisierte Kommunikationsmedien wirken als abstrakte Mechanismen, die Symbole präsentieren, die den angestrebten Erfolg von Kommunikation für alle Teilnehmer als möglich erscheinen lassen. Trotz dieser symbolisch generalisierten Kommunikationsmedien bleibt es dabei: Die wirklichen Hintergründe von Kommunikation bleiben unsichtbar. So war beispielsweise die Aussage „Ich liebe Dich" noch nie eine Gewähr für wahre Liebe.

---

[190] Vgl. für die Bedeutung von Sprache in der Theorie Luhmanns u.a. Luhmann (1992c), S. 7 ff.; Luhmann (1987d), S. 467 f.
[191] Luhmann (1987a), S. 221
[192] Vgl. Luhmann (1987a), S. 221 ff.
[193] Vgl. für symbolisch generalisierte Kommunikationsmedien insbesondere Luhmann (2001d), S. 31 ff.; Luhmann (1988c), S. 4 ff.; Luhmann (1988d), S. 21 ff.

Zusammenfassend lässt sich festhalten: Sprache, Verbreitungsmedien und symbolisch generalisierte Kommunikationsmedien wirken als Katalysatoren im Prozess des Entstehens von Kommunikation. Sie transformieren die strukturelle Unwahrscheinlichkeit von Kommunikation in Wahrscheinlichkeiten und determinieren so entscheidend den Aufbau und den permanenten Reproduktionsprozess sozialer Systeme. In diesem Zusammenhang ist es wesentlich zu betonen, dass die genannten drei Medien nicht nur zu einem „Mehr" an Kommunikation führen, sondern auch die Art und Weise von Kommunikation verändern. Die Nutzung von Medien im Zuge eines Kommunikationsprozesses erleichtert einerseits die Weiterführung des Prozesses, andererseits gilt es jedoch, sich den spezifischen Regelungen und Gesetzmäßigkeiten dieser Medien zu unterwerfen. In der Konsequenz führt eine verstärkte Nutzung dieser Medien zu veränderten sozialen Systemen und damit zu einer veränderten Gesellschaft. Zahlreiche Studien haben beispielsweise aufgezeigt, zu welchen gravierenden gesellschaftlichen Umwälzungen die Etablierung von Schrift und Buchdruck geführt hat.[194]

4.3.4 Handlung als elementare Einheit der Selbstbeobachtung und Selbstbeschreibung sozialer Systeme

Nachdem Kommunikation als konstituierendes Element sozialer Systeme identifiziert werden konnte, beschäftigt sich der nachfolgende Abschnitt mit der Beantwortung der Frage, in welchem Verhältnis Kommunikation und Handlung zueinander stehen.[195] Zu diesem Zweck soll zunächst analysiert werden, welche Möglichkeiten ein soziales System besitzt, Kommunikation, also ihre eigene Letzteinheit, zu analysieren. Prinzipiell kann entsprechend der Gesetze der autopoietischen Reproduktion die Antwort nur lauten: Die Analyse von Kommunikation kann nur mittels Kommunikation stattfinden. Einem sozialen System stehen keine anderen Instrumente zur Erörterung der Komponenten des eigenen Systems zur Verfügung als Kommunikation selbst. Man kann die Mitteilungsabsicht einer Kommunikation genauer unter die Lupe nehmen oder den Informationsgehalt der Kommunikation thematisieren und dabei problemlos in immer tiefere Detailebenen vordringen – aber all dies ist innerhalb eines sozialen Systems immer nur durch Kommunikation möglich: „Dem sozialen System steht keine andere Weise der Zerlegung zur Verfügung, es kann nicht auf chemische, nicht auf neurophysiologische, nicht auf mentale Prozesse zurückgreifen (obwohl all diese existieren und mitwirken)."[196] Ein soziales System besitzt demzufolge keine Möglichkeit, die Konstitutionsebene

---

[194] Vgl. für die wohl bekanntesten Habermas (1995), S. 275 ff.; Mc Luhan (1995), S. 122 ff.

[195] Vgl. für diese Thematik insbesondere Luhmann (1987a), S. 225 ff.; Luhmann (1993c), S. 50 ff.; Greshoff (1998), S. 123 ff.; Kneer (1998), S. 48 f.

[196] Luhmann (1987a), S. 226

der Kommunikation zu unterschreiten. Kurz gesagt: Nur mittels Kommunikation kann Kommunikation innerhalb eines sozialen Systems näher analysiert werden.[197]

Auch die komplexitätsreduzierenden Strukturen in der Beobachtung von Kommunikation müssen demnach kommunizierbar bleiben. Zu der Frage, wie soziale Systeme ihre eigene Kommunikation mittels Kommunikation komplexitätsreduzierend beobachten können, gibt Luhmann folgende Antwort: Kommunikationssysteme flaggen sich selbst im Zuge ihrer Selbstbeobachtung als Handlungssysteme aus. Als Folge dieser Selbstbeobachtung fungiert für diese Systeme dann Handlung als Letztelement der Systeme, nicht Kommunikation. Erst durch den Einbau dieses komplexitätsreduzierenden Kommunikationsverständnisses in den Kommunikationsprozess wird es sozialen Systemen möglich, sich selbst, d.h. Kommunikation als Handlung zu beobachten, und damit autopoietische Reproduktion zu betreiben.[198]

Gleichzeitig wird durch den Ausweis eines Kommunikationsprozesses als Handlungssystem Kommunikation durch das System asymmetrisch analysiert und personalisiert. In der aus der Beobachtung resultierenden Konstruktion sozialer Systeme entstehen Menschen, denen in einem Kommunikationsprozess bestimmte Rollen zugeschrieben werden können, wie die von Sender und Empfänger, die bestimmte, scheinbar psychologisch motivierte Aussagen treffen und die aus Sicht des Systems in einer bestimmten Art und Weise interagieren. Deutlich werden die Folgen beispielsweise im Aufbau von Sprache: Subjekt – Prädikat – Objekt, dieser klassische Satzaufbau signalisiert die unbedingte Handlungsorientierung unserer Kommunikation sowie die gewollte Zurechnung von Handlung auf einzelne Menschen. Um Missverständnissen vorzubeugen sei nochmals betont: All die genannten Dinge – Menschen, Motive, Handlungen – sind aus Sicht der modernen Systemtheorie lediglich komplexitätsreduzierte Abbilder der Realität, die soziale Systeme konstruieren, um ihre Realität, die aus Kommunikation besteht, begreifbar und beherrschbar zu machen.[199]

Aus Luhmanns Sicht ist es umso bemerkenswerter, dass an dieser selbstinduzierten Konstruktion des Einzelmenschen als dem souveränen Träger aller Handlung festgehalten wird, obwohl einem neutralen Beobachter das Schemenhafte und Holzschnittartige dieses Bildes direkt ins Auge springen muss: „Zahlreiche Untersuchungen haben die Grenzen der Möglichkeit psychologischer Handlungserklärung aufgedeckt. Zumeist dominiert – und dies gerade nach dem Selbstverständnis des psychischen System! – die Situation die Handlungsauswahl. Beobachter können das Handeln sehr oft besser auf Grund von Situationskenntnis als auf Grund von Personenkenntnis voraussehen, und entsprechend gilt ihre Beobachtung von Hand-

[197] Vgl. Luhmann (1982b), S. 366 f.
[198] Vgl. ebd.
[199] Vgl. Luhmann (1987a), S. 115 f.

lungen oft, wenn nicht überwiegend, gar nicht dem Mentalzustand des Handelnden, sondern dem Mitvollzug der autopoietischen Reproduktion des sozialen Systems. Und trotzdem wird alltagsweltlich Handeln auf Individuen zugerechnet. Ein so stark unrealistisches Verhalten kann nur mit einem Bedarf für Reduktion von Komplexität erklärt werden."[200]

Diesem Bedarf kann sich freilich kein soziales System entziehen – dies gilt auch für die von Luhmann getriebene Kommunikation selbst. Sozialen Systemen bleibt keine andere Möglichkeit, als im Zuge ihrer Selbstbeschreibung Kommunikation als Handlung auszuweisen. Wäre ein soziales System gezwungen, im Verlauf der Kommunikation sämtliche Aspekte, Rahmenbedingungen und sozialen Hintergründe der Selektion von Information und Mitteilung, sämtliche Optionen des Verstehens sowie alle Möglichkeiten der damit verbundenen Sinnhorizonte zu thematisieren, wäre es schlichtweg überfordert und würde scheitern. All das lässt sich ganz einfach nicht kommunizieren, so sehr man sich auch darum bemüht. Kommunikation würde niemals zustande kommen. Statt der unmöglichen, da (über-) komplexen, Erörterung und Analyse, unter welchen gesellschaftlichen Prämissen und Rahmenbedingungen gerade die in dieser Kommunikation selektierte Information unter Nutzung gerade dieser Mitteilungsabsicht zustande gekommen ist bzw. vor dem Hintergrund der sozialen Situation im Zuge des Verstehens so und nicht anders repliziert wurde, ist es, bei aller Schematisierung, komplexitätsreduzierend und damit schlichtweg einfacher, wenn man zusammenfassen kann: „Anna hat gesagt und Peter hat geantwortet." Erst durch diese innerhalb eines Systems vorgenommene Eigenkonstruktion von Handlung aus Kommunikation wird Kommunikation für Systeme handhabbar und anschlussfähig. Erst durch die Zuordnung von Kommunikation zu Handlung werden der Aufbau und die Existenz sozialer Systeme ermöglicht.[201]

Gleichzeitig besitzt auch für soziale Systeme der Grundsatz der allgemeinen Systemtheorie Gültigkeit, nach der der komplexitätsreduzierende Charakter einer Beobachtung im Moment der Beobachtung für den Beobachter nicht sichtbar wird. In dem Augenblick, in dem ein soziales System Kommunikation als Handlung beschreibt und sich somit reproduziert, erscheint für dieses System Handlung als Letzteinheit. Erst die nachträgliche Einnahme einer anders strukturierten Beobachterposition ermöglicht die Beobachtung, dass diese Letzteinheit in Wirklichkeit hoch komplex ist und daher niemals abschließend beobachtet werden kann.

Zusammenfassend kann festgehalten werden, dass nunmehr wesentliche Erkenntnisse aus der allgemeinen Systemtheorie für den Spezialfall sozialer Systeme konkretisiert werden können: Systeme sind nur dann in der Lage, sich gegenüber der Umwelt abzugrenzen und so die es-

---

[200]   Luhmann (1987a), S. 229
[201]   Vgl. für den Handlungsbegriff insbesondere Luhmann (1982b), S. 366 ff.

sentielle System-Umwelt-Differenz aufrechtzuerhalten, wenn sie in einer komplexen Umgebung komplexitätsreduzierende Beobachtungen tätigen können. Soziale Systeme realisieren dies über die komplexitätsreduzierende Zurechnung von Kommunikation auf Handlung. Die eingangs dieses Unterkapitels gestellte Frage, woraus soziale Systeme bestehen, lässt sich nun exakt beantworten: aus Kommunikation und aus dem systemspezifischen Ausflaggen von Kommunikation als Handlung.

4.4 Interpenetration: Das Verhältnis zwischen sozialen Systemen und Bewusstseinssystemen

Das bisher Ausgeführte wirkt nicht nur für einen Experten des gängigen sozialwissenschaftlichen Diskurses zunächst befremdlich. Schlussfolgerungen wie: „Nur Kommunikation kann kommunizieren", „Kommunikation beobachtet sich selbst", „Personen und ihre Handlungen stellen lediglich komplexitätsreduzierende Konstrukte sozialer Systeme dar" und „Menschen bzw. ihr Bewusstsein sind für soziale Systeme Umwelt und stehen daher außerhalb der Kommunikationssysteme" erscheinen vor dem Hintergrund der neuen Erkenntnisse aus der allgemeinen Systemtheorie nachvollziehbar, widersprechen aber unseren tradierten Denkmustern. Diese sind in der Regel stark geprägt von humanistischen Norm- und Wertvorstellungen. Danach stellen die Menschen den Mittelpunkt für alles Soziale dar. Sie sind nach dieser Diktion ohne Zweifel innerhalb und nicht außerhalb der sozialen Ordnung zu verorten.[202] Luhmann möchte sich mit seiner Systemtheorie ganz bewusst von diesen Annahmen und den daraus resultierenden Schlussfolgerungen lösen: „Die folgenden Untersuchungen wagen diesen Übergang zu einem radikal antihumanistischen, einem radikal antiregionalistischen und einem radikal konstruktivistischen Gesellschaftsbegriff. Sie leugnen selbstverständlich nicht, daß es Menschen gibt [...]. Sie verzichten nur darauf, aus diesen Tatsachen ein Kriterium für die Definition des Begriffs der Gesellschaft und für die Bestimmung der Grenzen des entsprechenden Gegenstandes herzuleiten."[203] Wer in dieser Frage so energisch auftritt und sich gegenüber der herrschenden Meinung abgrenzt, für den ist es umso wichtiger, das Verhältnis zwischen sozialen Systemen und Menschen so exakt wie möglich auszuleuchten, um die Bruchstellen zwischen den Theorieansätzen zu identifizieren. Schließlich muss man keine tiefgreifenden wissenschaftlichen Untersuchungen anzufertigen, um die Vermutung anstellen zu können, dass noch etwas anderes als Kommunikation am Zustandekommen sozialer Systeme beteiligt sein muss. So ist beispielsweise eine soziale Kommunikation gänzlich ohne menschliche Beteiligung völlig unmöglich.

---

[202] Vgl. für diese Einschätzung Schmid (2000), S. 127 ff., kritisch gegenüber Luhmann Dziewas (1992), S. 113 ff. Siehe auch Kapital 4.6.3.
[203] Luhmann (1997a), S. 34 f.

Um diese Zusammenhänge adäquat beschreiben zu können, führt Luhmann den Begriff der Interpenetration ein. Eine Interpenetration – oder synonym: strukturelle Kopplung – zwischen zwei Systemen liegt dann vor, wenn diese sich wechselseitig dadurch ermöglichen, dass ein System die eigene Komplexität zum Aufbau des jeweils anderen Systems zur Verfügung stellt. Jedes System kann nicht ohne das jeweils andere existieren. Im Falle von Interpenetration wirkt das aufnehmende System folglich auf die Autopoiesis und die Strukturbildung des penetrierenden Systems zurück – und umgekehrt. Ein Aspekt kann im Zusammenhang mit Interpenetration jedoch nicht oft genug wiederholt werden: Beide Systeme bleiben trotz dieser engen Verknüpfung dennoch füreinander Umwelt.[204]

Vor dem Hintergrund dieser Begriffsdefinition lautet Luhmanns These: Kommunikationssysteme sind mit so genannten Bewusstseinssystemen bzw. psychischen Systemen mittels Interpenetration verbunden. Bewusstseinssysteme zeichnen sich dadurch aus, dass sie fortlaufend Gedanken an Gedanken reihen, die aus nichts anderem als aus Gedanken produziert werden. Genauso wie ein Kommunikationssystem in seiner autopoietischen Reproduktion fortlaufend Kommunikation aus Kommunikation erstellt, dienen dem psychischen System lediglich die eigenen Gedanken als Quelle für die permanente Reproduktion. Zu ihrer Umwelt haben psychische Systeme keinen direkten Kontakt, gleichwohl können Veränderungen in der Umwelt des Systems wahrgenommen werden, u.a. über die strukturelle Kopplung mit Kommunikationssystemen. Wie auch bei Kommunikationssystemen gilt jedoch: Es werden nur die Aspekte wahrgenommen und verarbeitet, die das psychische System wahrnehmen möchte. Reizungen des Bewusstseinssystems werden beispielsweise über die Sinnesorgane vorgenommen. So entstehen Wahrnehmungen, allerdings definiert letztlich das Bewusstseinssystem selbst, ob und in welcher Art und Weise es diese Umweltirritationen in seine autopoietische Reproduktion aufnimmt.[205] So wie soziale Systeme agieren auch psychische Systeme in ihrem Reproduktionsverhalten ausschließlich im Selbstkontakt. Genauso wie soziale Systeme beispielsweise mittels des Buchdrucks die Möglichkeit besitzen, Kommunikation komplexitätsreduzierend zu konservieren, können auch Bewusstseinssysteme einzelne Gedanken oder Wahrnehmungen in einer vereinfachten Struktur für spätere Reproduktionen verfügbar halten: durch das Gedächtnis. Biologisch betrachtet findet die Reproduktion psychischer Systeme in unserem Gehirn statt.[206]

Strukturelle Kopplung zwischen Bewusstseinssystemen und Kommunikation bedeutet: Die Existenz des einen Systems ist Voraussetzung für die Existenz des anderen – und umgekehrt. Bewusstsein stellt Kommunikation seine Komplexität zum Systemaufbau genauso zur Verfü-

[204] Vgl. für die Begriffsdefinition von Interpenetration Luhmann (1993h), S. 151 ff.
[205] Vgl. für die Eigenschaften von Bewusstseinssystemen Luhmann (1995c), S. 55 ff.
[206] Vgl. ebd.

gung wie Kommunikation dies in gleicher Weise für das Bewusstseinssystem tut. Trotz der hohen Abhängigkeit bleiben beide Systeme füreinander Umwelt.[207]

Im Zuge einer exakten Analyse der strukturellen Kopplung zwischen psychischen und sozialen Systemen soll zunächst der Einfluss des psychischen auf das soziale System betrachtet werden. Entsprechend der Definition von Interpenetration stellen die an einer Kommunikation beteiligten psychischen Systeme ihre Komplexität, ihre Gedanken, ihre Strukturen und ihr Gedächtnis dem Kommunikationsprozess zur Verfügung. Sie ermöglichen so erst Kommunikation. Ohne diese Leistungen des Bewusstseinssystems würde sich keine Kommunikation entwickeln können. Gleichwohl bleibt Bewusstsein für das soziale System Umwelt. Nicht psychische Systeme kommunizieren, lediglich Kommunikation kann kommunizieren.[208]

Aus diesen Erkenntnissen folgt, dass nur über das Bewusstseinssystem Wahrnehmungen in die Kommunikation einfließen können. Aufgrund der strukturellen Kopplung zwischen Bewusstsein und Kommunikation ist es möglich, dass die Gedanken, die aus einer Wahrnehmung eines menschlichen Sinnesorgans resultieren, Eingang finden können in Kommunikation. Bewusstsein bildet somit für das Kommunikationssystem das Tor zur Außenwelt. Eine Wahrnehmung, die nicht kommuniziert wird, mag im Bewusstsein vorhanden sein, solange sie nicht kommuniziert wird, besitzt sie jedoch keinerlei soziale Bedeutung. Damit wird deutlich: Ohne Bewusstsein kann keine Kommunikation entstehen. Allerdings muss man sich immer wieder vor Augen führen: Die über die Sinnesorgane des Menschen wahrgenommenen Sachverhalte finden innerhalb eines Kommunikationssystems allenfalls doppelt gefiltert Berücksichtigung. Zum Ersten findet eine Selektion der Informationen durch die autopoietische Reproduktionsweise des Bewusstseinssystems statt. Zum Zweiten selektiert das Kommunikationssystem autonom und eigenständig, welche über das Bewusstseinssystem transportierten Wahrnehmungen in den Kommunikationsprozess aufgenommen werden. Man kann den für Luhmanns Theorie zentralen Gedanken nicht oft genug wiederholen: Bewusstsein und Kommunikation bilden füreinander Umwelt. Es handelt sich um zwei autopoietisch agierende und damit operativ geschlossene Systeme. Und gerade diese Abgeschlossenheit des Kommunikationssystems ist Voraussetzung für seine Umweltoffenheit, die mittels des Bewusstseinssystems erst ermöglicht wird. Wenn in einen laufenden Kommunikationsprozess permanent sämtliche Gedanken der an der Kommunikation Beteiligten völlig ungefiltert hinein fließen könnten, wäre Kommunikation nicht möglich. Gedanken lassen sich schlicht nicht umfassend, sondern nur komplexitätsreduzierend kommunizieren.[209]

[207] Vgl. für diese zentrale These in der Systemtheorie Luhmanns neben Luhmann (1993h), S. 151 ff. auch Luhmann (1995a), S. 37 ff.; Baecker (1992), S. 217 ff.; Zanetti (1988), S. 93 ff.
[208] Vgl. Luhmann (1995a), S. 37 ff.
[209] Vgl. Luhmann (1987a), S. 291 ff.

Wie mittels der Interpenetration das Bewusstsein einerseits Einfluss auf soziale Systeme nehmen kann, aber auch, wie beschränkt andererseits dieser Einfluss sein kann, lässt sich leicht anhand von Beispielen zeigen. Problemlos kann in einer Kommunikation ein beteiligtes Bewusstseinssystem Gedanken produzieren, die rein gar nichts mit den Inhalten der Kommunikation zu tun haben. Die Kommunikation kommuniziert weiter. In einem belanglosen Gespräch können die Gedanken leicht abschweifen: Man denkt über den zukünftigen Urlaub nach und gleichzeitig kommuniziert man die gewünschte Bestellung im Supermarkt. Andererseits wird insbesondere in kritischen kommunikativen Situationen die große Bedeutung der gedanklichen Vorstrukturierung von Kommunikation deutlich. Komplexe mathematische Fragestellungen sind für den Laien nur mit höchster Konzentration des Bewusstseinssystems lösbar. In diesen Fällen ist nur eine gründliche gedankliche Durchdringung der kommunikativen Sachverhalte Voraussetzung für die Aufrechterhaltung des Kommunikationsprozesses.

Gleichzeitig empfindet man häufig in sozial komplexen Situationen, wie unscharf das Gesagte nur die Gedanken widerspiegeln und wie sehr das nicht ausgesprochene oder falsch betonte Wort das ist, was man gerade nicht sagen wollte. Um es bildlich zu beschreiben: Es wird einem ins Bewusstsein gerufen, „wie sehr das eigene Bewusstsein wie ein Irrlicht auf den Worten herumtanzt: sie benutzt und verspottet, sie zugleich meint und nicht meint, sie auftauchen und abtauchen lässt, sie im Moment nicht parat hat, sie eigentlich sagen will, und es dann ohne stichhaltigen Grund doch nicht tut."[210] Es lässt sich eben nicht kommunizieren, was man denkt, jedenfalls nicht umfassend. Zu welchen Irritationen der „Irrwisch"[211] Bewusstsein innerhalb von Kommunikation fähig ist, weiß jeder aus eigener Erfahrung, der in einer Prüfungssituation oder einer Liebeserklärung nicht die richtigen Worte finden konnte.

Die genannten Beispiele zeigen deutlich: Trotz der engen interpenetrierenden Beziehung zwischen den beiden Systemen sind Überschneidung zwischen den Inhalten beider Systeme ausgeschlossen. Niemals kann Bewusstsein umfassend in Kommunikation aufgehen. Gleichwohl gilt: Beide Systeme sind aufeinander angewiesen. Ohne das Mitwirken des Bewusstseinssystems wäre Kommunikation und wäre die Beobachtung von Kommunikation bzw. ihrer Umwelt unmöglich. Kurz gesagt: „Ohne Bewußtsein keine Kommunikation und ohne Kommunikation kein Bewußtsein."[212]

Obwohl der umgekehrte Aspekt der Beziehung zwischen Kommunikation und Bewusstsein, der Einfluss von Kommunikation auf das Bewusstsein, für die Sozialwissenschaften nur von

[210] Luhmann (2001b), S. 108
[211] Luhmann (2001b), S. 109
[212] Luhmann (1994d), S. 38

nachgeordnetem Interesse ist, sollen die Auswirkungen dieses Wechselspiels an dieser Stelle ebenfalls kurz erörtert werden. Kommunikation stößt Gedanken an. Sie determiniert unsere Art des Denkens, die Themen unserer Gedanken sowie deren Struktur. In Gedanken wird der Kommunikationsprozess vorstrukturiert und nachbearbeitet. Man denkt darüber nach, wie man etwas sagen möchte und versucht dabei, innerhalb des Bewusstseinssystems den Fortgang der Kommunikation zu antizipieren. Dennoch verlaufen beide Prozesse vollkommen überschneidungsfrei: Kommunikation kann niemals vollkommen in unsere Gedanken eindringen. Gedanken sind niemals nur gedachte Kommunikation.[213]

Zusammenfassend lässt sich festhalten, dass Bewusstsein die Funktion wahrnimmt, Kommunikation zu ermöglichen, anzuregen, zu irritieren und zu bestätigen – und umgekehrt. Nur mittels des Bewusstseinssystems können Wahrnehmungen, Gedanken oder Eingebungen einzelner Personen in den Kommunikationsprozess einfließen. Erst über das Bewusstseinssystem werden Beobachtungen des Kommunikationssystems möglich. Beide Systeme sind ohne das jeweils andere nicht möglich, bleiben aber füreinander Umwelt. Nur Kommunikation kann kommunizieren und ihre spezifischen Rahmenbedingungen dabei berücksichtigen. Und nur Kommunikation kann innerhalb der Sozialsysteme beobachten, angeregt durch das Bewusstseinssystem.[214]

Auch wenn die Verknüpfung zwischen Kommunikationssystemen und Bewusstseinssystemen mit Hilfe des Begriffs der Interpenetration im Verlauf dieses Kapitels umfassend beschrieben werden konnte, so blieb bislang dennoch die Frage offen, was in der systemtheoretischen Betrachtung einen Menschen bzw. eine Person ausmacht und wie die Zusammenhänge zwischen Menschen und sozialen Systemen zu charakterisieren sind. Für den humanistisch geprägten Leser fällt die Antwort scheinbar erschreckend aus: Menschen sind aus systemtheoretischer Sicht nicht mehr als eine Ansammlung einer Vielzahl autopoietischer Systeme. Neben dem Bewusstseinssystem und dem mit diesem System strukturell gekoppelten Nervensystem sind eine Vielzahl weiterer, autopoietisch agierender Zellen diesem Konglomerat zuzurechnen. Wie genau diese Systeme untereinander agieren, lässt sich allenfalls komplexitätsreduzierend, also nie exakt, beobachten und beschreiben.[215]

---

[213] Vgl. Luhmann (1993h), S. 151 ff.
[214] Jahraus schlägt zur Verdeutlichung des Phänomens der Interpenetration die Etablierung des Bildes zweier nebeneinanderstehender Uhren vor, die beide so ausgerichtet sind, dass sie nur dann selbst ticken, wenn sie über einen Sensor das Ticken der jeweils anderen Uhr wahrnehmen. Vgl. Jahraus (2001), S. 325
[215] Vgl. für die Definition des Menschen in der Systemtheorie Luhmanns Luhmann (1995d), S. 265 ff.; Luhmann (1995e), S. 155 ff.

Wenn im Rahmen einer Kommunikation oder eines Gedankens diese Ansammlung autopoietischer Systeme als Mensch oder Person bezeichnet wird, ist dies nichts weiter als eine komplexitätsreduzierende Vereinfachung der Realität. Es ist die Entscheidung des Kommunikati-
ons- bzw. des Bewusstseinssystems, die Umwelt so und nicht anders zu beschreiben und zu
titulieren. Mit dieser Entscheidung ist nicht etwa ein ontologisches Primat von menschlicher
Individualität verbunden, es ist schlichtweg eine Entscheidung für eine einfachere und hand-
habbare Erfassung und Beschreibung der Umwelt. Diese vereinfachte Abbildung eines komplexen Sachverhaltes ist für das System zwingend erforderlich, um Umwelt überhaupt in den
autopoietischen Reproduktionsprozess einfließen lassen zu können. So benötigen beispielsweise soziale Systeme eine Person als Träger von Handlung, um die Anschlussfähigkeit ihrer
Operationsweise sicherzustellen – folglich konstruieren sie einen derartigen Komplex unter
Berücksichtigung ihrer Umweltbeobachtung. Der Mensch ist demnach lediglich eine Konstruktion des Kommunikationssystems, die erforderlich wird, um die komplexitätsreduzierende Beobachtung von Kommunikation als Handlung zu ermöglichen.[216]

4.5   Zusammenfassung

Wie sieht eine Theorie sozialer Systeme aus, die die innovativen Erkenntnisse auf der Ebene
der allgemeinen Systeme umfassend berücksichtigt? Diese Frage lässt sich nach Abschluss
dieses Kapitels in Grundzügen beantworten. Soziale Systeme produzieren als autopoietisch
agierende Systeme fortlaufend Kommunikation aus Kommunikation. Die Anschlussfähigkeit
ihres Operierens wird dabei über Sinn abgesichert. Sinnhafte Kommunikation eröffnet unendliche Verweisungshorizonte, die das Entstehen einer weiteren Kommunikation aus dieser
Kommunikation immer wieder ermöglicht. Kommunikation als Letzteinheit sozialer Systeme
besteht aus einer dreifachen Selektion aus Mitteilung, Information und Verstehen. Erst durch
das Zusammenwirken dieser drei Elemente entsteht Kommunikation als fortlaufender Prozess.

Die Initialisierung dieses Prozesses ist per Definition zunächst aus verschiedenen Gründen
unwahrscheinlich. Allerdings nehmen sogenannte Medien, wie Sprache, Verbreitungsmedien,
wie z. B. Schrift, sowie so genannte symbolisch generalisierte Kommunikationsmedien, wie
z. B. Wahrheit, eine Art Katalysatorfunktion beim Zustandekommen von Kommunikation
wahr. Die Kommunikation selbst ist im Zuge der Selbstbeobachtung gezwungen, den eigenen
Reproduktionsprozess komplexitätsreduzierend zu beobachten. Sie tut dies durch eine Zurechnung von Kommunikation auf Handlung. Das Ausflaggen von Kommunikation als Handlung bildet damit eine wesentliche Voraussetzung zur Aufrechterhaltung der System-Umwelt-

---

[216]   Vgl. insbesondere Luhmann (1995e), S. 156 ff.

Differenz durch das soziale System, da erst mittels dieser Maßnahme die Erfassung von Umwelt und System durch das System ermöglicht wird.

Voraussetzung für die Ausgestaltung von sozialen Systemen ist weiterhin die Existenz von Bewusstseinssystemen. Im Zuge einer engen Verknüpfung, die Luhmann als Interpenetration bezeichnet, stellen sie ihre Komplexität den sozialen Systemen als essentielle Voraussetzung für die Selbstkonstitution von Kommunikationssystemen zur Verfügung. Über diese Beziehung bilden Bewusstseinssysteme für soziale Systeme den einzigen Zugang zur Umwelt. Dennoch bleiben beide Systeme füreinander Umwelt, niemals kann ein System das andere umfassend determinieren oder einnehmen. Menschen sind in dieser Theoriekonstruktion eine Ansammlung unterschiedlichster autopoietischer Systeme. Die Zusammenfassung dieser Systeme zu einer Person wird erst innerhalb und mittels Kommunikation vorgenommen. Menschen sind demnach soziale Konstrukte, die nur zu dem Zweck gebildet werden, um die für die Selbstbeobachtung der Kommunikation notwendige Handlungsorientierung zu gewährleisten.

Wie auch immer man die Schlussfolgerungen der Luhmannschen Systemtheorie bewerten will, die Gesamtschau der bisherigen Erkenntnisse macht deutlich, dass eines Luhmann in jedem Fall gelungen ist: Die Konstruktion einer Theorie sozialer Systeme, welche sämtliche Veränderungen berücksichtigt, die sich aus dem Paradigmenwechsel auf der Ebene der allgemeinen Systemtheorie ergeben haben. Damit liegt erstmals eine umfassende und abgeschlossene Theorie des Sozialen vor, die auf Annahmen basiert, die einem radikal konstruktivistischen Denken Rechnung tragen.

5 Die drei Strukturtypen sozialer Systeme: Gesellschaft, Interaktion, Organisation

5.1 Einführung

Das folgende Kapitel beinhaltet eine erste Anwendung der beschriebenen Systemtheorie Niklas Luhmanns. Es geht um die Vorstellung typischer Möglichkeiten der Bildung sozialer Systeme und um deren Differenz zueinander. Die Argumentation bewegt sich damit auf der dritten Ebene des zu Beginn dieses Teils der Arbeit vorgestellten Schemas zur Systembildung. Nach dem identifizierten Paradigmenwechsel auf der ersten Ebene, der Ebene der allgemeinen Systemtheorie und der Erörterung der Auswirkungen für die sozialen Systeme im Allgemeinen auf der zweiten Ebene richtet sich der Blick nun auf der dritten Ebene auf die Ausgestaltung typischer sozialer Systeme.

Entsprechend der Inhalte dieses Differenzierungsschemas von Systemen lässt sich grundsätzlich zwischen drei verschiedenen Strukturtypen sozialer Systeme differenzieren: Gesellschaft,
Organisationen und Interaktionen.[217] Alle drei Systemtypen sollen im Folgenden in Kürze
vorgestellt werden.

Wie bereits im zweiten Kapitel dieses Teils der Arbeit ausgeführt, entsteht durch die Anwen-
dung der Systemtheorie auf das System Gesellschaft ein Grundgerüst systemtheoretischer
Aussagen, welches im Zuge der anschließenden Erörterung der Spezifika von Unternehmen
weiter detailliert werden kann. Unternehmen sind elementare Bestandteile der Gesellschaft.
Ihre Besonderheiten entstehen mithin erst in Differenz zu anderen sozialen Systemen und in
Differenz zur Gesellschaft.

Die Vorteile der Anwendung der systemtheoretischen Überlegungen auf das Gesellschaftssystem für die Ziele dieser Arbeit mögen damit nachvollziehbar geworden sein, offen geblieben
ist jedoch die Frage, warum eine Analyse von Interaktions- und Organisationssystemen notwendig ist. An dieser Stelle sollen zwei Begründungen für eine derartige Vorgehensweise
genannt werden. Erstens gilt für eine Analyse und damit für eine Beobachtung des Gesellschaftssystems das, was für alle Beobachtungen gilt: Der Erkenntnisgewinn der Beobachtung
entsteht immer erst durch Anwendung einer Differenz. Die Elemente, die ein Beobachtungsobjekt auszeichnen, werden erst dadurch sichtbar, dass man es mit anderen Objekten vergleicht. Auch für die Analyse des Gesellschaftssystems sind Referenzobjekte, wie sie Interaktionen und Organisationen darstellen, notwendig. Zweitens sind Interaktionen und Organisationen Systemformen, die eine Gesellschaft erst konstituieren. Sie bilden, wie im Folgenden
noch näher erläutert werden wird, sozusagen die „Spielmasse" für das Entstehen von Gesellschaft. Dies kann am Beispiel einer Unternehmung leicht nachvollzogen werden. Ohne an
dieser Stelle bereits vorweg nehmen zu wollen, was Unternehmen aus systemtheoretischer
Perspektive auszeichnen, so darf man wohl annehmen, dass Betriebe zum einen in irgendeiner
Verbindung zu Organisationen stehen und dass sie zum anderen im Geschäftsalltag permanent
Interaktionen vollziehen. Zusammenfassend gilt: Einer Analyse der Gesellschaft ohne eine
Berücksichtigung von Interaktionen und Organisationen würde etwas fehlen – nämlich die
Beschreibung der wichtigsten Systemtypen innerhalb des Gesellschaftssystems.

Die Ausführungen haben verdeutlicht: Die Auseinandersetzung mit den drei wesentlichen
Formen der Bildung sozialer Systeme ist für die vorliegende Arbeit nicht nur lohnenswert,

---

[217]   Vgl. Luhmann (1987a), S. 16

sondern eine essentielle Voraussetzung, um die der Arbeit zugrunde liegenden zentralen Fragen befriedigend beantworten zu können.

5.2 Gesellschaft als umfassendes Sozialsystem

5.2.1 Begriffsdefinition

Luhmann definiert Gesellschaft als das umfassende Sozialsystem, welches alles Soziale in sich einschließt. Gesellschaft kennt demzufolge keine soziale Umwelt. Kurz gesagt: Alles, was Kommunikation ist, ist Gesellschaft, und alles, was Gesellschaft ist, ist Kommunikation. Wenn eine neue Kommunikation hinzukommt, wenn neue Kommunikationsthemen behandelt werden, dann wächst die Gesellschaft mit ihnen.[218]

Damit ist klar, dass die Charaktereigenschaft, die das Gesellschaftssystem gegenüber anderen Systemen auszeichnet, aus dem spezifischen Verhältnis zur Umwelt resultiert. Gesellschaft ist das einzige soziale System, in dessen Umwelt keinerlei Kommunikation existiert. Anders als Interaktionssysteme, die beispielsweise Neuankömmlinge, die zuvor in anderen Interaktionssystemen kommuniziert haben, begrüßen und in die laufende Kommunikation integrieren können, kann die Gesellschaft nur über ihre Umwelt kommunizieren, nicht mit dieser. So bleiben beispielsweise alle existierenden chemischen bzw. physikalischen Prozesse oder die Gedanken der Menschen für Gesellschaft unerreichbar in der Umwelt. Man kann problemlos über sie kommunizieren, eine Kommunikation mit ihnen ist jedoch ausgeschlossen.[219]

Wie bei allen autopoietischen Systeme gilt auch für das Gesellschaftssystem: Diese Geschlossenheit bezüglich ihrer Umwelt darf nicht ausschließlich als eine Beschränkung verstanden werden. Sie begründet gleichzeitig auch die Leistungsfähigkeit des Systems in der Kommunikation über Umwelt. Der Sachverhalt, dass Gesellschaft überhaupt so problemlos über ihre Umwelt kommunizieren kann, ist eben gerade darauf zurückzuführen, dass sie ausschließlich über ihre Umwelt und nicht mir ihr kommunizieren kann. Erst die Konstruktion von Umwelt durch das Gesellschaftssystem schafft das notwendige Maß an Komplexitätsreduktion, das eine Kommunikation über diese Umwelt erst ermöglicht.

---

[218] Vgl. Luhmann (1997a), S. 78 ff.
[219] Vgl. Luhmann (1987a), S. 555 ff.

5.2.2   Primäre Formen der Systemdifferenzierung als zentrale Determinanten von Gesellschaftssystemen

Im Mittelpunkt des Forschungsinteresses Luhmanns steht eine möglichst exakte Beschreibung des Gesellschaftssystems.[220] Als besonders geeignete Vorgehensweise, dieses Ziel mit Hilfe der von ihm entwickelten Systemtheorie zu erreichen, bewertet er einen historisch-evolutionären Analyseansatz. Im Zentrum dieses Ansatzes steht die Frage, welche typischen Systemdifferenzierungen innerhalb des Gesellschaftssystems im Laufe seiner evolutionären Entwicklung zu beobachten sind.[221] Differenzierung wird in diesem Zusammenhang als Systembildung innerhalb eines bereits existierenden Systems verstanden. Immer dann, wenn es innerhalb eines bestehenden Systems zu einer weiteren Unterscheidung zwischen (Teil-) System und Umwelt kommt, differenziert sich ein neues Teilsystem des ursprünglichen Systems heraus. Der Prozess ist somit nichts anderes als eine rekursive Systembildung, mithin eine erneute, reflexive Anwendung der System-Umwelt-Differenz auf ihr eigenes Resultat. Ein wesentliches Ergebnis von Systemdifferenzierung ist die Replikation des Ursprungssystems in sich selbst. Aus Sicht eines jeden, durch Ausdifferenzierung entstandenen Teilsystems, stellt der Rest des Ursprungssystems fortan Umwelt dar. Durch die neu hinzu gewonnenen Unterscheidungen von System und Umwelt innerhalb der Teilsysteme resultieren so viele differenzierte Abbilder des Ursprungssystems – als Umwelt der Teilsysteme.[222]

Luhmann stellt fest, dass sich innerhalb des Gesellschaftssystems regelmäßig bestimmte typische Formen der Systemdifferenzierung herausbilden.[223] Diese Formen der Systemdifferenzierung würden deutlich über den Charakter abstrakter wissenschaftlicher Analyseeinheiten hinaus gehen. Sie beeinflussen vielmehr die Kommunikation der übrigen Systeme in der gesamten Gesellschaft. Einige dieser Differenzierungsformen nehmen einen dominierenden Charakter an. Als dominierend könne eine Differenzierungsform immer dann angesehen werden, wenn diese Form die Einsatz- und Ausbreitungsmöglichkeiten weiterer Differenzierungsformen substantiell einschränkt. Somit handele es sich bei diesen dominanten Formen der Systemdifferenzierung um Differenzierungen auf einer primären Ebene, die alle weiteren, nachgelagerten Differenzierungsformen determinieren, strukturieren und in ihrer Variation einschränken. Luhmann spricht daher in diesem Zusammenhang auch von primären Differenzierungsformen einer Gesellschaft.[224]

[220] Vgl. Luhmann (1997a), S. 15
[221] Vgl. Luhmann (1997a), S. 413 ff.
[222] Vgl. für die Definition von Systemdifferenzierung Luhmann (1997a), S. 595 ff.
[223] Vgl. Luhmann (1997a), S. 609 ff.
[224] Vgl. für das Konzept der primären Differenzierungsform Luhmann (1997a), S. 612

Im Ergebnis bilden sich entlang der primären Differenzierungsform die zentralen Kennzeichen einer Gesellschaft. So definieren die primären Differenzierungen das Verhältnis der einzelnen Subsysteme innerhalb des Gesellschaftssystems, strukturieren weitere Differenzierungsformen und bestimmen entscheidend den Charakter der Selbstbeschreibungen einer Gesellschaft, die durch die Subsystembildungen automatisch in vielfältiger Form entstehen. Gleichzeitig begrenze die vorherrschende Differenzierungsform die evolutionäre Weiterentwicklung einer Gesellschaft. Luhmann stellt fest, dass jede Strukturierung nach einer bestimmten Zeit an strukturimmanente Wachstumsschranken stößt. Entwicklungsmöglichkeiten seien dann nicht mehr möglich oder sie erfordern den Übergang zu einer anderen Differenzierungsform. Diese fundamentalen Neuordnungen von Gesellschaftssystemen seien jedoch regelmäßig das Ergebnis langwieriger Innovationszyklen. Primäre Differenzierungsformen weisen daher immer eine bestimmte Bestandsdauer auf.[225]

Luhmann kommt im Zuge seiner historischen Analyse zu dem Ergebnis, dass sich in der bisherigen Gesellschaftsgeschichte lediglich vier primäre Differenzierungsformen herausgebildet haben:

- Segmentäre Differenzierung,
- eine Differenzierung nach Zentrum und Peripherie,
- eine stratifikatorische Differenzierung sowie
- eine funktionale Differenzierung.[226]

Darüber hinaus werde ersichtlich, dass sich die vier genannten Differenzierungsformen zeitlich in eine evolutionäre Reihenfolge bringen lassen. Es lasse sich beobachten, dass primitive, segmentär differenzierte Gesellschaften sich in der Regel über Zentrums-Peripherie-Differenzierungen zu stratifikatorisch orientierten Gesellschaften wandeln, die in einem weiteren Evolutionsschritt zu einer funktionalen Ausdifferenzierung übergehen. Wie bei jeder evolutionären Entwicklung dürfe diese Sequenz jedoch nicht als linearer, quasi zwangsläufig ablaufender Prozess im Sinne eines marxistischen Geschichtsverständnisses missverstanden werden. Immer wieder seien im historischen Ablauf regressive Entwicklungen zu beobachten oder fänden sich parallele Differenzierungsformen in regional abgegrenzten Teilbereichen der Gesellschaft.[227]

Im Folgenden werden die Charakteristika der sich aus den vier primären Differenzierungsformen resultierenden Gesellschaften jeweils in einem separaten Abschnitt vorgestellt. Besonderes Augenmerk wird dabei auf die Beschreibung der Gesellschaft modernen Typus ge-

---

[225]   ebd.
[226]   Vgl. Luhmann (1997a), S. 613
[227]   Vgl. Luhmann (1997a), S. 615 ff.

legt, die sich aus einer funktionalen Ausdifferenzierung seiner Subsysteme ergibt. Zuvor sollen jedoch die Gesellschaftsformen beschrieben werden, die im Zuge der gesellschaftlichen Entwicklung zuvor durchlaufen wurden.

5.2.3 Vorstufen zur funktional ausdifferenzierten Gesellschaft

5.2.3.1 Segmentäre Gesellschaften

Segmentäre Gesellschaften zeichnen sich durch die prinzipielle Gleichheit ihrer Teilsysteme aus: Auf der ersten Ebene der Gesellschaftsdifferenzierung entstehen Systeme, die füreinander wechselseitig Umwelt bilden, die jedoch gleichzeitig identische Strukturen aufweisen und gleichartige gesellschaftliche Funktionen wahrnehmen. Die einfachste Form dieser segmentären Differenzierung stellt die Familienbildung dar. Insbesondere in archaischen, primitiven Gesellschaften bildet die Familie das zentrale Differenzierungskriterium für die gesamte Gesellschaft. Kommunikation wird danach beurteilt, ob sie innerhalb oder außerhalb einer bestimmten Familie stattfindet. Denn schließlich werden alle gesellschaftlichen Probleme innerhalb der entstandenen Familienstrukturen erörtert und gelöst. Falls überhaupt gesellschaftlich relevante Hierarchien entstehen, werden sie allenfalls innerhalb von Familien begründet und gepflegt.[228]

Die systeminterne Zuordnung von Kommunikation zum System oder zur Umwelt eines Systems und die damit verbundene autopoietische Schließung des Systems findet in segmentären Gesellschaften über die umfassende kommunikative Inklusion von Menschen statt. Die einzelnen Teilsysteme, die in der einfachsten Struktur Familien darstellen, entscheiden durch Zurechnung von Kommunikation zu Menschen sowie durch Zurechnung von Menschen zum System Familie, ob laufende Kommunikation innerhalb oder außerhalb des betrachteten Systems stattfindet. Personalität, das Sichtbarmachen von persönlicher Zugehörigkeit zu einem gesellschaftlichen Teilsystem, wird somit zum zentralen Differenzierungsmerkmal segmentärer Gesellschaften. Dies geschieht durch die Zurechnung von Namen, Ansprechbarkeit oder bestimmten Verhaltensweisen bzw. Normen zu Personen und in einem zweiten Schritt zu Familien oder anderen segmentären Teilsystemen, wie z. B. Dörfern oder Stämmen. Für die einzelne Person hat dies zur Folge, dass ihre gesamte Kommunikation immer einem primär differenzierten Teilsystem zugerechnet wird, es sei denn sie verleugnet seine Herkunft.[229]

---

[228] Vgl. Luhmann (1997a), S. 634 ff.
[229] Vgl. für den Begriff der Inklusion bei Luhmann auch Stichweh (1997), S. 123 ff.

Um Missverständnissen vorzubeugen, soll an dieser Stelle betont werden, dass natürlich auch heute noch in der Gesellschaft starke Familienstrukturen zu beobachten sind oder Personen sich über ihre Herkunft aus Dörfern oder Städten definieren. Entscheidend ist jedoch, dass dieses Differenzierungsmerkmal seine dominante Funktion verloren hat. Wie noch zu zeigen sein wird, werden wirtschaftliche Probleme heute im Wirtschaftssystem gelöst, werden wissenschaftliche Analyse heute im Wissenschaftssystem angefertigt und nicht mehr in Familienverbünden oder Dorfstrukturen.

5.2.3.2 Zentrum und Peripherie

Vormoderne Hochkulturen ergänzen das zunächst vorherrschende stratifikatorische Differenzierungsmerkmal sukzessive um Ungleichheiten, die mit den Begriffen Zentrum und Peripherie umschrieben werden können. Entscheidendes Merkmal dieser Gesellschaftsformen ist die Ausdifferenzierung gesellschaftlicher Zentren mit eigenen Errungenschaften, eigenen sozialen Merkmalen und eigenen Differenzierungen, die sich fundamental von denen in der Peripherie dieser Gesellschaften unterscheiden.[230]

Durch die Unterscheidung von Zentrum und Peripherie werden innerhalb des Gesellschaftssystems erstmals feste, umfassend angelegte hierarchische Strukturen eingezogen. Die Gesellschaft definiert sich selbst ein Zentrum ihres System, z. B. eine bestimmte Stadt oder einen bestimmten Familienclan, welches in allen gesellschaftlichen Fragen der Peripherie, d.h. allen übrigen Systemen, prinzipiell überlegen ist. Anders als in segmentären Gesellschaften, die sich gerade durch die strukturelle Gleichheit ihrer Subsysteme auszeichnete, gilt in Gesellschaften, die sich nach dem primären Kriterium von Zentrum und Peripherie ausdifferenzieren, erstmals die vorbehaltlose Ungleichheit der primär ausdifferenzierten Subsysteme.[231]

Ursache für diese Entwicklung ist die sukzessive Zunahme der Komplexität grenzüberschreitender Kommunikation in segmentären Gesellschaften, d.h. Kommunikation zwischen Familien, Stämmen oder Dörfern. In dieser Folge entsteht ein hoher gesellschaftlicher Bedarf nach sozialen Formen zur Reduktion und Handhabung der Komplexität, die aus dieser Kommunikation resultiert. Im Einzelnen drückt sich dies in zunehmenden Wünschen nach territorialer Differenzierung, nach Reflexionsleistungen der eigenen Identität und nach Kontrolle der Vorgänge diesseits der segmentär gezogenen Systemgrenzen aus. Als Ergebnis entstehen gesellschaftliche Zentren, die diesen Wünschen entsprechen, geeignete Symbole und Sinnmerkmale

---

230   Vgl. Luhmann (1997a), S. 663 ff.
231   Vgl. Luhmann (1997a), S. 667

ihrer Überlegenheit ausarbeiten und bestrebt sind, diese gegenüber einer wie auch immer definierten Peripherie durchzusetzen.[232]

Insgesamt stuft Luhmann das Evolutionspotential von Gesellschaften, die sich primär nach dem Schema von Zentrum und Peripherie ausdifferenzieren, als eher gering ein. Die historische Erfahrung zeige, dass der Allmachtsanspruch des Zentrums sich nur für eine begrenzte Zeitdauer aufrechterhalten lässt. Zahlreiche bemerkenswerte Aufstiegs- und Untergangsdynamiken einzelner Zentren in der Gesellschaftsgeschichte hätten dies eindrucksvoll dokumentiert. Dennoch verschwinden Gesellschaften mit primärer Zentrums-Peripherie-Differenzierung erst mit dem zunehmenden Aufkommen der funktionalen Ausdifferenzierung von Subsystemen fast vollständig aus dem Kanon der real zu beobachtenden Gesellschaftstypen.[233]

5.2.3.3 Stratifizierte Gesellschaften

Zentrales Kennzeichen stratifizierter Gesellschaften ist die rangmäßige Ungleichheit ihrer Teilsysteme. Mehr noch: Luhmann benutzt den Begriff Stratifikation für eine Differenzierungsform, in der die gesamte Gesellschaft, nicht nur einzelne Teilbereiche, als Rangordnung repräsentiert wird und ohne diese Rangdifferenzen unvorstellbar wäre. Dies trifft in besonderer Weise auf alle Adelsgesellschaften zu.[234]

Aus Sicht evolutionärer Gesellschaftsanalytiker kommen stratifizierten Gesellschaften eine besondere Rolle zu, denn schließlich sind alle hochkulturellen, über Schrift verfügenden Gesellschaften einmal Adelsgesellschaften gewesen. Sie bilden somit einen Vorläufer aller modernen Gesellschaften. Übereinstimmend bei diesem Gesellschaftypus ist die herausgehobene Position einer Oberschicht, den Adelsfamilien. Stratifizierte Gesellschaften zeichnen sich folglich durch eine soziale Prämierung von Herkunft und Anhang ab. Und um es nochmals zu betonen: Das Besondere in stratifizierten Gesellschaften ist die multifunktionale Wirkung dieser Schichtzugehörigkeit. Die daraus resultierenden Vorteile bzw. Benachteiligungen ziehen sich durch sämtliche Funktionsbereiche der Gesellschaft und waren nicht auf einzelne Gesellschaftsfelder beschränkt. In der Hochzeit des Adels in Europa erreichte die Stratifikation gar ein Niveau, bei dem der Adel regelmäßig ein Selbstverständnis an den Tag legte, dass durch die Einschätzung geprägt war, dass er nicht nur die durch ihn beherrschte Gesellschaft repräsentierte, sondern mit dieser gleichzusetzen war.[235] Die allgemeine und umfassende

232 Vgl. Luhmann (1997a), S. 666 ff.
233 Vgl. Luhmann (1997a), S. 674 ff.
234 Vgl. Luhmann (1997a), S. 678 ff.
235 Der berühmte Ausspruch Louis XIV., „L'etat, c'est moi", ist Ausdruck dieser Denktradition.

Tragweite der Schichtung innerhalb einer stratifizierten Gesellschaft zeigt sich auch darin, dass die Schichtzugehörigkeit jedes einzelnen durch seine Zugehörigkeit zu einer bestimmten Gesellschaftsschicht vorgegeben wird. Durch diesen Mechanismus regelt die Gesellschaft die eindeutige Inklusion von Menschen in das Gesellschaftssystem – eine Zuordnung, die in der Regel ab dem Tag der Geburt unwiderruflich für alle Zeiten fortbesteht.[236]

5.2.4 Die moderne Gesellschaft als funktional ausdifferenziertes System

5.2.4.1 Typische Kennzeichen einer funktional ausdifferenzierten Gesellschaft

Seit dem Spätmittelalter lassen sich jedoch auf regionaler Ebene erste Tendenzen beobachten, die auf eine Ablösung des herrschenden stratifikatorischen Strukturprinzips der Gesellschaft hindeuten. Luhmann identifiziert sie als den Beginn der Ausdifferenzierung von Funktionssystemen innerhalb des Gesellschaftssystems, deren weitere Verbreitung schließlich dazu führt, dass nach und nach unsere moderne, funktional differenzierte Gesellschaft entsteht.[237] Zentrales Kennzeichen der funktionalen Differenzierung ist die primäre Ausdifferenzierung von Subsystemen des Gesellschaftssystems entlang spezifischer gesellschaftlicher Funktionen, die fortan ausschließlich durch die jeweils ausdifferenzierten Systeme wahrgenommen werden.[238]

In einer konsequent funktional ausdifferenzierten Gesellschaft kombinieren die primären Teilsysteme Universalismus und Spezifikation: Sie nehmen in einer Art Monopolstellung jeweils nur eine bestimmte gesellschaftliche Funktion wahr. Daraus resultiert für diese spezifische Funktion ein Universalanspruch. Kein weiteres Funktionssystem innerhalb der Gesellschaft darf die exakt gleiche Funktion ebenfalls für die Gesellschaft erbringen – oder aber die aus diesem Versuch resultierende Kommunikation ist fortan diesem Funktionssystem zuzurechnen. So wird beispielsweise die gesellschaftliche Funktion der Erzeugung von neuem Wissen heute ausschließlich im Wissenschaftssystems erbracht, die Entscheidung über Recht und Unrecht dem Rechtssystem überlassen und nur das Wirtschaftssystem regelt den Umgang mit knappen Gütern innerhalb der Gesellschaft. Oder anders ausgedrückt ist alle Kommunikation, die den Umgang mit knappen Gütern regelt, dem Wirtschaftssystem zuzurechnen.[239]

---

[236]   Vgl. Luhmann (1997a), S. 188 f.

[237]   Vgl. sehr ausführlich Luhmann (1997a), S. 707 ff.

[238]   Vgl. für die Grundprinzipien der funktional ausdifferenzierten Gesellschaft neben Luhmann (1997a), S. 743 ff. auch Luhmann (1992d), S. 11 ff.; Gerhards (1993), S. 263 ff.

[239]   Vgl. Luhmann (1997a), S. 709

Ein weiteres zentrales Kennzeichen der funktionalen Differenzierung ist für Luhmann die Parallelität von Ungleichheit und Gleichheit. „Funktionssysteme sind in ihrer Ungleichheit gleich."[240] Bezüglich der wahrgenommenen Funktionen sind die Teilsysteme unzweifelhaft ungleich: Keine der durch die primär ausdifferenzierten Funktionssysteme wahrgenommenen Funktionen taucht doppelt auf. Diese Ungleichheit bezüglich der wahrgenommenen Funktion führt jedoch automatisch zu einer Gleichartigkeit der Systeme für das Gesamtsystem Gesellschaft. In funktional ausdifferenzierten Gesellschaften existiert weder eine Rangordnung der einzelnen Funktionssysteme noch eine definierte Vorgabe, wie die Beziehungen zwischen den Systemen zu ordnen sind. Alle Funktionssysteme stehen aus Gesellschaftssicht nebeneinander und sind daher trotz ihrer Ungleichheit bezogen auf das Gesamtsystem gleich. So ist Wirtschaft nicht weniger wichtig als Religion und steht das Rechtssystem nicht über oder unter dem Wissenschaftssystem. Sie nehmen in einer gleichen Grundkonstruktion lediglich unterschiedliche Funktionen innerhalb des Gesellschaftssystems wahr.[241]

Der Katalog der Funktionen, die den Ausgangspunkt für eine Teilsystembildung auf der primären Gesellschaftsebene bilden, ist dabei weder abschließend zu definieren noch im Zeitablauf konstant. Es ist denkbar, dass zukünftig andere oder anders zusammengefügte Funktionen von Teilsystemen wahrgenommen werden, die wenig mit den heute zu beobachtenden Funktionssystemen gemein haben. Weiterhin besteht die Möglichkeit, dass sich Funktionen und damit die entsprechenden Funktionssysteme an veränderte Umweltbedingungen anpassen. Kurz: Die Funktionen der gesellschaftlichen Teilsysteme sind variabel. Einheitlich ist nach Ablösung der stratifizierten Adelsgesellschaft jedoch die grundsätzliche Konzeption einer primären Ausdifferenzierung von Systemen innerhalb des Gesellschaftssystems zu beobachten, die eine bestimmte gesellschaftliche Funktion wahrnehmen.[242]

Trotz aller unzweifelhaft zu beobachtenden regionalen Unterschiede in unserer heutigen Gesellschaft wagt Luhmann die These, dass sich das Prinzip der funktionalen Differenzierung auf der primären Ebene mittlerweile weltweit durchgesetzt hat. Er spricht daher nicht mehr von einzelnen Gesellschaften, sondern nur noch von einer einzigen, nach einem identischen Prinzip strukturierten „Weltgesellschaft".[243]

---

[240] Luhmann (1997a), S. 613
[241] Vgl. Luhmann (1997a), S. 745 ff.
[242] Vgl. Luhmann (1996b), S. 43 ff.
[243] Luhmann (1991i), S. 51 ff.; dem Konzept steht Tudyka (1989), S. 503 ff. kritisch gegenüber.

5.2.4.2 Die Konsequenzen einer funktional ausdifferenzierten Gesellschaft

Nachdem eine erste inhaltliche Beschreibung der Grundzüge einer funktional ausdifferenzier-ten Gesellschaft nunmehr abgeschlossen ist, sollen in diesem Abschnitt die Folgewirkungen einer derartigen Gesellschaftsstruktur näher beleuchtet werden. Eine zentrale Konsequenz aus der funktionalen Differenzierung für die Gesellschaft wurde bereits angesprochen: Die Ge-sellschaft verzichtet im Zuge der Ausdifferenzierung von Funktionssystemen auf eine Rang-ordnung ihrer Teilsysteme. Statt einer hierarchischen Struktur, in der ein Teilsystem die Strukturen und Handlungen anderer Teilsysteme wesentlich determiniert, stehen in der mo-dernen Gesellschaft alle primär ausdifferenzierten Teilsysteme gleichberechtigt nebeneinan-der. Es existiert kein gesellschaftliches Zentrum, welches übergreifende gesellschaftliche Funktionen übernehmen oder die Gesellschaft insgesamt repräsentieren könnte.[244]

Daraus ergeben sich wiederum weitreichende Folgen. Erstens ist zu akzeptieren, dass die Lö-sungskompetenz der Gesellschaft als Gesamtsystem nicht durch das Teilsystem definiert wird, welches in der Funktionserfüllung besonders effizient prozessiert, sondern durch das schwächste aller ausdifferenzierten Teilsysteme. Aufgrund der jeweiligen Monopolisierung der durch die einzelnen Teilsysteme wahrgenommenen Funktionen können Fehler oder Inef-fizienzen in einem Teilsystem nicht durch andere Teilsysteme ausgeglichen werden. Nur das betroffene Funktionssystem selbst kann seine eigene Autopoiesis variieren. Selbst einschnei-dende Bemühungen andere Funktionssysteme würden wirkungslos bleiben, solange nicht das System selbst geeignete Veränderungen einleitet.[245] Zahlreiche aktuelle gesellschaftliche Dis-kussionen zeigen, dass es der modernen Gesellschaft offensichtlich schwerfällt, diesen Sach-verhalt zu akzeptieren. So lassen sich die sozialen Versäumnisse und Verwerfungen einer globalisierten Wirtschaft leicht politisch thematisieren und kritisieren. Allerdings scheint ins-besondere das politische System nicht akzeptieren zu wollen, dass Veränderungen dieses Zu-standes eben nur innerhalb des Wirtschaftssystems und damit mittels Anwendung der wirt-schaftlichen Transaktionsmechanismen möglich sind.[246]

Die zweite wesentliche Konsequenz aus einer funktionalen Ausdifferenzierung von Teilsys-temen innerhalb des Gesellschaftssystems betrifft die Beziehungen zur Umwelt der Gesell-schaft. Luhmann stellt fest, dass in modernen Gesellschaften keine Zentralinstanz existiert, die in der Lage wäre, die Beziehungen zur Umwelt der Gesellschaft übergreifend zu koordi-nieren. Signale aus der Umwelt der Gesellschaft werden ausschließlich in den einzelnen Funktionssystemen im Rahmen ihrer jeweiligen spezifischen Reproduktionsmuster wahrge-

---

[244] Vgl. Luhmann (1990a), S. 207 ff.
[245] Vgl. Luhmann (1997a), S. 769 ff.
[246] Vgl. für dieses Beispiel Luhmann (1997a), S. 762

nommen. Die Gesellschaft als Ganzes kann auf Umwelteinflüsse nicht koordiniert als Gesamtsystem reagieren. So werden beispielsweise ökologische Probleme im Wirtschaftssystem
erst dann mit einer wirtschaftsspezifischen Logik registriert, wenn wirtschaftliche Sachverhalte tangiert werden.[247]

Selbstverständlich hat dies nicht zur Folge, dass in der modernen Gesellschaft Sachverhalte
aus der Umwelt des Gesellschaftssystems gar nicht thematisiert werden. Ganz im Gegenteil:
Die Ausdifferenzierung von Funktionssystemen mit einem hohen Maß an Spezialisierung und
Effizienz in der Problemlösung hat zur Konsequenz, dass diese Funktionssysteme ihre Umwelt sehr viel exakter beobachten und analysieren, als dies in anderen Gesellschaftsformen
der Fall ist. Sie tun dies allerdings ausschließlich mit Hilfe einer Beobachtungsdifferenz, die
durch die absolute Konzentration auf die durch das System zu erbringende Funktion zwangsläufig eingeschränkt ist. Luhmann stellt fest: Niemals war das Spezialwissen, welches innerhalb des Gesellschaftssystems über Sachverhalte in der Umwelt des Gesellschaftssystems
produziert wird, größer als heute. Eine allumfassende Lösung von Problemen in der Umwelt
der Gesellschaft kann die Gesellschaft allerdings nicht erbringen. Es findet sich schlicht kein
System, welches dafür zuständig wäre.[248]

Ein besonderer Fall in den Beziehungen zwischen System und Umwelt ergibt sich aus der
Relation zwischen Kommunikations- und Bewusstseinssystemen bzw. aus dem Verhältnis
von Gesellschaft und dem Kommunikationskonstrukt Mensch. In stratifizierten Gesellschaften konnten die einzelnen Mitglieder einer Gesellschaft in Gänze problemlos kommunikativ
den Teilsystemen zugeordnet werden, die sich auf der primären Ebene ausdifferenziert haben.
Ihre gesamte Kommunikation, ganz gleich zu welcher Thematik, war somit innerhalb definierter Subsysteme der Gesellschaft verortet – in der Regel für die komplette Dauer ihres Lebens. In funktional ausdifferenzierten Gesellschaften ist eine vergleichbare Zuordnung nicht
mehr möglich. Die Kommunikation eines Menschen kann nicht vollumfänglich einem einzigen Funktionssystem zugerechnet werden. Stattdessen wechseln Individuen in modernen Gesellschaften permanent mit ihrer Kommunikation zwischen den Funktionssystemen hin und
her. Ein Individuum nimmt durch An- oder Verkäufe am Wirtschaftssystem teil, durchläuft
verschiedene Organisationen im Erziehungssystem, artikuliert seine politische Meinung durch
Wahlen innerhalb des politischen Systems und wählt einen religiösen Glauben, oder eben
nicht. Die dabei jeweils aufgebauten strukturellen Kopplungen zwischen den einzelnen Bewusstseinssystemen und den gesellschaftlichen Funktionssystemen sind mannigfaltig. Und sie
sind im höchsten Maße unterschiedlich, da eine Anpassung an die kommunikativen Spezifika

[247] Vgl. Luhmann (1990a), S. 101 ff.
[248] Vgl. Luhmann (1997a), S. 801 ff.

jedes einzelnen Funktionssystems erforderlich ist, um an der Kommunikation eben dieses Funktionssystems überhaupt teilnehmen zu können. Dabei liegt die Entscheidung, ob einzelne Individuen an der Kommunikation in den einzelnen gesellschaftlichen Funktionssystemen teilnehmen, bei den Funktionssystemen selbst. Wie viel Geld dem einzelnen Individuum zur Verfügung steht, das wiederum erst die Teilnahme am Wirtschaftssystem ermöglicht, wird im Wirtschaftssystem entschieden. Und gleichzeitig führt die Tatsache, dass man im Wirtschafts-system besonders erfolgreich agiert, nicht in jedem Fall dazu, dass sich die Kommunikation auch in anderen Funktionssystemen, wie beispielsweise dem Wissenschaftssystem, ähnlich positiv ausgestaltet. Die Kommunikationsweisen sind in den einzelnen Funktionssystemen einfach zu unterschiedlich. Im Ergebnis wird in funktionalen Gesellschaften die Frage nach der Inklusion den Funktionssystemen übertragen, allerdings nur für die von ihnen übernom-mene Funktion.[249]

Nicht nur für die Gesellschaft als Gesamtsystem, sondern auch für das Agieren der einzelnen Funktionssysteme hat das Primat der funktionalen Differenzierungsform weitreichende Kon-sequenzen. Angesichts der Tatsache, dass in funktionalen Gesellschaften das Individuum als einfaches Zurechnungsschema für die Zuordnung von Kommunikation zu den primär ausdif-ferenzierten Teilsystemen ausfällt, müssen Funktionssysteme verstärkte Anstrengungen un-ternehmen, um feststellen zu können, ob einzeln getätigte Kommunikationselemente ihrem Funktionssystem zuzurechnen sind oder nicht. Das dabei genutzte Instrument muss universal einsetzbar sein, um sämtliche Kommunikationsbausteine in einer Gesellschaft permanent prü-fen zu können, leicht handhabbar sein und zudem eindeutige Ergebnisse liefern. Luhmann stellt die These auf, dass binäre Codes sämtliche der genannten Eigenschaften aufweisen.[250] Er kommt im weiteren Verlauf seiner Analyse zu dem Ergebnis, dass alle Funktionssysteme in modernen Gesellschaften binäre Codes benutzen, um Kommunikationselemente danach zu überprüfen, ob sie dem eigenen System zuzurechnen sind oder nicht. Sie bilden die Grundlage der systemeigenen Beobachtung von System und Umwelt und damit die Basis für die auto-poietische Reproduktion. Dabei markiert die eine Seite des Codes die positive Entscheidung bezüglich der Zugehörigkeit zum Funktionssystem, während die andere Seite Ablehnung aus-drückt. So benutzt das Wirtschaftssystem, wie im weiteren Verlauf der Arbeit noch im Detail aufgezeigt wird, den binären Code „Zahlungen vs. Nicht-Zahlungen", um zu differenzieren, welche Kommunikation dem Wirtschaftssystem zuzurechnen ist und welche Kommunikati-onselemente außerhalb des Wirtschaftssystems vollzogen werden. Immer dann, wenn Zahlun-gen vollzogen werden, kann diese Kommunikation dem Wirtschaftssystem zugerechnet wer-

---

[249] Vgl. für die Frage von Inklusion und Exklusion neben Luhmann (1997a), S. 618 ff. auch Göbel, Schmidt (1998), S. 87 ff.; Nassehi (1997), S. 113 ff.

[250] Vgl. für die Bedeutung von binären Codes in der Theoriearchitektur Luhmanns Luhmann (1986d), S. 171 ff.; Luhmann (1994f), S. 182 ff.

den. Binäre Codes sind nicht als Abbilder einer Realität zu verstehen, sondern fungieren für die Funktionssysteme als Mechanismus zur Überprüfung der Systemzugehörigkeit einzelner Kommunikationselemente. Durch die Anwendung der binären Codes wird das Gesellschaftssystem permanent der spezifischen System-Umwelt-Differenz des jeweiligen Funktionssystems unterworfen. Denn erst durch die mittels des binären Codes angestoßene Klassifikation, was dem Funktionssystem zugehörig ist und was nicht, wird die autopoietische Reproduktion der Funktionssysteme sichergestellt.[251]

Bei der Anwendung des Codes garantiert allein schon die Frage, ob nicht doch ein Übergang zum Gegenwert möglich ist, eine Anschlusskommunikation. Was das Wissenschaftssystem zunächst als wahr ausweist, mag vor dem Hintergrund neuer Daten oder Theorien revisionsbedürftig sein. Einzelne Sachverhalte, die als rechtens eingestuft wurden, können dazu dienen, die Kommunikation über eine generelle Rechtsänderung anzustoßen. In jedem Fall benötigt jedes Funktionssystem Entscheidungsregeln zur Handhabung des genutzten Codes. So muss beispielsweise das Wirtschaftssystem für sich selbst definieren, was es als Zahlung ansieht und was nicht. In Analogie dazu ist das Wissenschaftssystem gezwungen, Entscheidungsregeln innerhalb des Systems zu etablieren, welche Sachverhalte es als wahr und welche es als falsch deklariert. Luhmann bezeichnet solche Regeln als Programme. Programme sind folglich die durch das System selbst definierten Anwendungsregeln für die binären Codes.[252]

Die operative Geschlossenheit der Funktionssysteme sowie die Anwendung spezifischer Codes und Programme schließen im Übrigen nicht aus, dass einzelne Sachverhalte in mehreren Systemen zugleich als systemrelevante Operationen klassifiziert werden – dann jedoch unter jeweils anderem Blickwinkel. So ist eine Geldzahlung nicht nur für das Wirtschaftssystem eine relevante Kommunikation, sondern dient normalerweise zugleich der Erfüllung einer Rechtspflicht und bildet somit auch für das Rechtssystem einen systeminternen Sachverhalt. Allerdings stehen in diesen Fällen in beiden Funktionssystemen jeweils unterschiedliche Aspekte der Kommunikation im Vordergrund.[253]

Nicht allein die im Zuge der Beobachtung von den primären Gesellschaftssystemen verwendeten Unterscheidungen sind in der modernen Gesellschaft durch ihre funktionale Orientierung geprägt, auch das, was die auf der primären Ebene ausdifferenzierten Subsysteme typischerweise beobachten, ist entscheidend determiniert durch diese spezielle Gesellschaftsform. Wenn ein Funktionssystem gezwungen wäre, die unmittelbare Realität in seiner Umwelt umfassend zu beobachten, wäre dies für das System nur mit hohem Aufwand möglich. Luh-

[251] Vgl. Luhmann (1997a), S. 748 ff.
[252] Vgl. Luhmann (1997a), S. 750 ff.
[253] Vgl. Luhmann (1997a), S. 753

manns These lautet daher, dass in der modernen Gesellschaft die Funktionssysteme zunehmend nicht mehr die Beobachtung der eigentlichen Realität vollziehen, sondern ihr Realitätsbild durch ein Beobachten von bereits getätigten Beobachtungen erzielen. Damit handelt es
sich um ein Beobachten der Resultate von zuvor getätigten Beobachtungen. Dies bezeichnet
Luhmann auch als Beobachtung zweiter Ordnung. Ein Funktionssystem informiert sich über
seine Umwelt, indem es beobachtet, wie andere beobachten. So beobachtet beispielsweise das
Wirtschaftssystem die eigenen Systemoperationen mit Hilfe des Marktes und der sich dort
entwickelnden Preise. Es beobachtet, wie andere Systeme die Welt beobachten und wie andere Systeme diese Beobachtungen in Preisen ausdrücken.[254]

Jede Beobachtung zweiter Ordnung zeichnet sich dadurch aus, dass sie die eigentliche Realität in den Hintergrund rückt. Stattdessen wird auf der Grundlage der Analyse des Beobachtens
von anderen ein Konstrukt der Realität etabliert, welches ausschließlich aus dieser Beobachtung resultiert. Man beobachtet, wie andere die Welt beobachten, und ob dies tatsächlich der
Welt entspricht, kann, ja muss, mithin vernachlässigt werden, solange sich nicht auch die Beobachtung des Beobachteten verändert.[255]

Die dominierende Bedeutung der Beobachtung zweiter Ordnung innerhalb funktional differenzierter Gesellschaften macht wiederum eindrucksvoll den Antagonismus deutlich, der diesem Gesellschaftstypus inhärent ist. So zeichnen sich die auf der ersten Ebene ausdifferenzierten Funktionssysteme einerseits durch eine extreme Autonomie aus. Es sind die Systeme
selbst, die ihre gesellschaftliche Funktion, die Regeln ihres Prozessierens sowie Art und Umfang ihrer Umweltbeobachtung eigenständig definieren und gleichzeitig die Möglichkeit besitzen, all dieses permanent zu modifizieren. Andererseits besteht eine extreme Abhängigkeit
zwischen den Funktionssystemen. Jedes einzelne System bezieht sich im Zuge seiner Umweltbeobachtung und damit im Zuge seiner fortlaufenden Reproduktion auf die Leistungen
anderer Systeme. In der Konsequenz hat dies zur Folge, dass die gesellschaftliche Funktion
jedes Funktionssystems nur dann optimal erfüllt wird, wenn auch alle anderen Funktionssysteme reibungslos prozessieren. So können selbst kleine Störungen im autopoietischen Reproduktionsprozess einzelner Funktionssysteme gewaltige Auswirkungen auf eine Vielzahl anderer Funktionssysteme nach sich ziehen und damit das gesamte Gesellschaftssystem beeinflussen.[256]

---

[254] Vgl. für das Konzept der Beobachtung zweiter Ordnung Luhmann (1993i), S. 763 ff. sowie Luhmann
(1990a), S. 51 ff.
[255] Vgl. Luhmann (1997a), S. 766 ff.
[256] Vgl. Luhmann (1997a), S. 776 ff.

Dennoch soll abschließend nochmals die hohe Leistungsfähigkeit moderner Funktionssysteme herausgestellt werden. In keiner anderen Gesellschaftsform zuvor wurden gesellschaftlich relevante Probleme so konsequent, so schnell und so standardisiert gelöst wie in modernen Gesellschaften mittels ihrer funktional ausdifferenzierten Teilsysteme. Die hohe Spezialisierung der Teilsysteme, verbunden mit dem höchstmöglichen Maß an funktionaler Autonomie, ist Voraussetzung für die Nutzung der strukturellen Vorzüge dieser Gesellschaftsform. Allerdings hat die Analyse auch deutlich gemacht, welche Risiken mit einer derartigen Struktur verbunden sind.[257]

5.2.4.3 Wissenschaft als funktional ausdifferenziertes Teilsystem der Gesellschaft

Im folgenden Abschnitt soll das bislang Ausgeführte anhand des Beispiels eines bestimmten Funktionssystems, dem Wissenschaftssystem, näher verdeutlicht werden. Die damit verbundene exemplarische Veranschaulichung der Theorie Luhmanns ist jedoch nicht die einzige Zielsetzung dieses Unterkapitels. Betriebswirtschaftslehre als wissenschaftliche Disziplin ist Teil des Wissenschaftssystems. Folglich erhebt auch die vorliegende Arbeit den Anspruch, kommunikativer Teil dieses gesellschaftlichen Funktionssystems zu sein. Um eine Beurteilung abgeben zu können, in welcher Art und Weise diese wissenschaftliche Kommunikation funktioniert, nach welchen Regeln sie prozessiert, welche Aspekte sie in den Kommunikationsprozess aufnimmt und welche sie vernachlässigt, kurz: um eine Einschätzung darüber zu erlangen, wie die Ergebnisse von Wissenschaft und damit von dieser Arbeit aus einer Gesamtperspektive zu bewerten sind, ist eine grobe Analyse des Wissenschaftssystems erforderlich.

Zudem soll durch diesen Abschnitt kritisch überprüft werden, in welcher Art und Weise Luhmann seinem Anspruch gerecht werden konnte, eine uneingeschränkt umfassende Gesellschaftstheorie zu entwerfen. Wie bereits erwähnt, ist mit dieser Ambition auch zwingend die Inklusion der eigenen Theorie in den Theorieansatz verbunden. Wenn Luhmann mit seiner Gesellschaftstheorie alles Soziale – und damit auch die Wissenschaft – erfassen möchte, dann muss er auch die Berücksichtigung seiner Theorie als Teil des Wissenschaftssystems vorsehen. Der folgende Abschnitt beantwortet daher auch die Frage, wie Luhmann dieses Problem der Zirkularität in seiner Theorie konkret löst.

Am Beginn der Analyse des Wissenschaftssystems soll die Beschreibung der gesellschaftlichen Funktion dieses Funktionssystems stehen. Für Luhmann liegt sie in der Produktion, d.h. in der Kommunikation von Wissen. Die besondere Leistung des Wissenschaftssystems, also

---

[257] Vgl. Luhmann (1990a), S. 218 ff.

die Funktion, die es aufgrund einer gesellschaftlichen Nachfrage erfüllt, besteht somit darin, anderen Systemen geprüftes und damit für diese Systeme weitgehend verlässliches Wissen zur Verfügung zu stellen.[258] Damit ist das Entstehen von Wissen nicht auf das Wirken einzelner Forscher zurückzuführen – jedenfalls nicht primär. Die Kommunikation von Wissen innerhalb des Wissenschaftssystems ist ein soziales Phänomen, welches entsprechend der Gesetze der autopoietischen Reproduktion aus nichts anderem erstellt wird, als aus zuvor getätigter Kommunikation: Nicht der Wissenschaftler produziert Wissen, sondern das soziale System Wissenschaft – und das, aus nichts anderem, als aus zuvor produziertem Wissen.[259]

Die hohe gesellschaftliche Nachfrage nach Wissen resultiert für Luhmann aus der strukturierenden und kommunikationsvorbereitenden Wirkung von Wissen im Hinblick auf Wahrnehmungen. Durch Wissen werden Wahrnehmungen für Kommunikation verfügbar. Es versetzt Menschen in die Lage, ihre Wahrnehmungen in ein Schema einzuordnen, die Eindrücke zu verarbeiten und somit das Wahrgenommene auch zu kommunizieren. Gerade in einer funktional strukturierten Gesellschaft, bei der die umfassende Beobachtung des eigenen Systems und der Umwelt zur Systemreproduktion in qualitativ und quantitativ höherem Ausmaß erforderlich ist als in vormodernen Gesellschaften, entsteht naturgemäß eine höhere Nachfrage nach der strukturierenden Wirkung von Wissen auf Wahrnehmungen.[260]

Wissen ist demnach kein allgemeingültig feststellbarer Zustand, sondern eine in der Kommunikation mittransportierte Unterstellung. Wissen stellt lediglich eine Implikation dar, dass ein Sachverhalt exakt so und nicht anders erklärt werden kann. Aus diesem Grund besteht auch permanent die Notwendigkeit, Wissen zu überprüfen. Gleichzeitig müssen die Ergebnisse dieser Überprüfung für die Nutzer weitgehend verlässlich und zumindest in Grundzügen nachprüfbar sein. All dies leistet Wissenschaft.[261]

Die Frage, wie und nach welchen Kriterien Wissenschaft diese Leistung erbringt, lenkt die Aufmerksamkeit auf den vom Wissenschaftssystem benutzten Code sowie das vom System genutzte Programm. Luhmann definiert die beiden Seiten des vom Wissenschaftssystems benutzten Codes durch die Werte „wahr" bzw. „unwahr". Mit allen Beobachtungen des Wissenschaftssystems, die vom System als „wahr" klassifiziert werden, kann das System arbeiten und aus diesen Beobachtungen Wissen generieren. Gleichzeitig gilt damit auch, dass alle

---

[258] Vgl. Luhmann (1994d), S. 122 ff.
[259] Vgl. Luhmann (1994d), S. 11 ff.
[260] Vgl. Luhmann (1994d), S. 271 ff.
[261] Vgl. ebd.

Kommunikation, die den Code wahr – unwahr nutzt, auch dem Wissenschaftssystem zuzurechnen ist und damit zur Reproduktion von Wissenschaft beiträgt.[262]

Jede Beobachtung und damit auch wissenschaftliche Beobachtung setzt sich, wie bereits im Verlauf der Arbeit erwähnt, für Luhmann aus zwei Komponenten zusammen: Unterscheiden und Beschreiben. Jeder Beobachter verwendet, um überhaupt beobachten zu können, eine von ihm selbst gewählte Unterscheidung und beschreibt das Ergebnis, das durch die Anwendung dieser Unterscheidung entstanden ist. Ohne diese Unterscheidung bzw. diese Differenz wäre Beobachten schlicht unmöglich, da jeder Referenzpunkt im Zuge der Beobachtung einer überkomplexen Welt fehlen würde. Im konkreten Vollzug einer Beobachtung ist es für den Beobachter selbst jedoch unmöglich, die Wahl seines Unterscheidungskriteriums zu erörtern oder zu hinterfragen. Das ausgewählte Kriterium wird schlicht und einfach angewandt. Die Welt wird durch die Brille der gewählten Beobachtungsstruktur eindimensional erfasst und bewertet. Jede Beobachtung an sich ist daher per Definition naiv und unkritisch.[263]

Die Eindimensionalität der Anwendung des Beobachtungsschemas ist zudem verantwortlich für die Paradoxie, die jeder Beobachtung inhärent ist. Sie entsteht durch die Tatsache, dass die im Zuge einer Beobachtung verwendete Unterscheidung nicht reflexiv auf die gerade getätigte Beobachtung angewandt werden kann. Der Beobachter kann sich und seine Unterscheidung im laufenden Beobachtungsprozess nicht identifizieren und analysieren. Beides bleibt für ihn blind. Luhmann nennt das beschriebene Phänomen daher auch den „blinden Fleck" der Beobachtung. Ein beliebtes und bekanntes Beispiel für die unauflösbare Paradoxie des blinden Flecks einer Beobachtung ist die Aussage des Kreters Epimenides, nach der alle Kreter lügen.[264]

Erst durch die Einnahme einer anderen Beobachterperspektive, einer Beobachtung zweiter Ordnung, der Beobachtung der Beobachtung können die spezifischen Charakteristika des eigentlichen Beobachtungsprozesses analysiert werden. Bildlich gesprochen tritt der Beobachter in diesem Fall einen Schritt zurück und beobachtet das eigentliche Beobachten. Notwendig dafür ist neben der sachlichen Differenz – im Fokus der Beobachtung steht dann nicht mehr die Realität, sondern die Beobachtung der Realität – auch eine zeitliche Differenz zwischen den beiden Beobachtungssträngen. Die Beobachtung erster Ordnung muss bereits stattgefunden haben, um sie im Zuge der Beobachtung zweiter Ordnung analysieren zu können.[265]

---

[262]   Vgl. Luhmann (1994d), S. 167 ff.
[263]   Vgl. Luhmann (1994d), S. 68 ff.; Luhmann (1987a), S. 406 ff.
[264]   Vgl. für den Begriff des „blinden Flecks" in der Beobachtung bei Luhmann u.a. Krause (2001), S. 72 ff.
[265]   Vgl. für die Konzeption des Beobachters zweiter Ordnung Luhmann (1997a), S. 766 ff.

Für das Verständnis des Beobachtungsbegriffs bei Luhmann ist es allerdings wesentlich, zu betonen, dass der Beobachter höherer, hier zweiter Ordnung keine privilegierte Position gegenüber dem Beobachter erster Ordnung einnimmt. Die beschriebene Problematik des „blinden Flecks" trifft auf den Beobachter zweiter Ordnung genauso wie für den Beobachter erster Ordnung zu. Die strukturellen Grundcharakteristika des Beobachtens bleiben auf allen Ebenen erhalten. Es ändert sich lediglich das Beobachtungsobjekt sowie ggf. das Unterscheidungskriterium. Nur: Damit lässt sich die jeder Beobachtung innewohnende Paradoxie nicht abschließend lösen. Eine Veränderung der Beobachtungsperspektive, wie sie bei der Beobachtung zweiter Ordnung vorgenommen wird, führt lediglich zu einer Verlagerung der Problematik, nicht zu einer Auflösung.[266]

Was für das Beobachten im Allgemeinen gilt, besitzt auch für wissenschaftliches Beobachten seine Gültigkeit. Beobachtungen erster Ordnung unter Verwendung des Codes wahr – unwahr genauso wie Beobachtungen dieser Beobachtungen innerhalb des Wissenschaftssystems sind per Definition logikunfähig. Auch weitere wissenschaftstheoretische Analysen höherer Ordnung, die zweifelsohne möglich sind, lösen die Problematik nicht, sondern verschieben lediglich den Blickwinkel der Beobachtung. Gleichwohl können solche Analysen neue Erkenntnisse liefern, eine abschließende Paradoxieauflösung gelingt ihnen jedoch nicht.

Aus dem Erörterten wird klar, dass Wissenschaft bestimmte Weltkonstruktionen und Realitätsbeschreibungen erstellt, die zwar durch ihre systemeigenen Unterscheidungen gedeckt und strukturiert sind, aber nicht durch die Welt an sich. Die Realität ist so komplex, dass sie nur komplexitätsreduzierend begreifbar ist. Weiterhin wird ersichtlich, dass Wissenschaft keinerlei Autorität für sich in Anspruch nehmen kann, den einzig wahren Zugang zur wirklichen Welt in den Händen zu halten. Das, was Wissenschaft im Zuge ihrer autopoietischen Reproduktion erzeugt, kann vielmehr als eine Ansammlung einzelner Angebote für die Beobachtung der Realität verstanden werden, die jeweils den Beobachtungskriterien genügen, die das System vorab eigenständig festgelegt hat.[267]

Die Produktion von Wissen ist daher per Definition immer ein paradoxes Unterfangen. Es soll eine gesellschaftliche Nachfrage nach der Produktion von verlässlichem Wissen erfüllen, obwohl dies niemals gelingen kann. Die Realität lässt sich nicht umfassend beobachten oder gar vorhersagen – auch nicht mit Hilfe einer wissenschaftlichen Beobachtung. Jede wissenschaftliche Beobachtung provoziert somit Widerspruch, denn immer ist auch eine andere Beobach-

---

[266] Vgl. Luhmann (1994d), S. 87 ff.
[267] Vgl. Luhmann (1991l), S. 232 ff. Luhmann bewegt sich mit den Ergebnissen seiner Analyse auf den Spuren der Wissenschaftskritik von Husserl, Schütz oder Habermas. Vgl. Habermas (1988), S. 11 ff.

tung möglich. Wenn man von der gesellschaftlichen Funktion ausgeht, die Wissenschaft zu erfüllen hat, so soll jedoch gerade die Widerspruchsfreiheit von Wissen das zentrale Kennzeichen wissenschaftlicher Kommunikation darstellen.

Es stellt sich daher die Frage, durch welche Mechanismen es Wissenschaft gelingt, die ihr innewohnenden Paradoxien zu überdecken. Wie schafft es Wissenschaft trotz der beschriebenen strukturellen Mängel dennoch, die von der Gesellschaft nachgefragte Funktion der Wissensgenerierung zu erfüllen? Eine wesentliche Rolle kommt in diesem Zusammenhang der Transparenz der Programme zu, die das Wissenschaftssystem nutzt. Programme definieren das Vorgehen bei der Anwendung des systemspezifischen Codes durch das System. Sie legen Regeln fest, welche Beobachtungen mit der einen Seite des Codes zu beschreiben sind und welche mit der anderen Seite dieser zweiwertigen Unterscheidung.[268] Die Programme des Wissenschaftssystems bilden seine wissenschaftlichen Methoden und Theorien.[269] Wissenschaftliche Kommunikation hat anerkannte Methoden oder Theorien anzuwenden, um den Code wahr – unwahr im wissenschaftlichen Sinne anzuwenden. Wird darauf verzichtet, katapultiert sich die Kommunikation automatisch aus dem Wissenschaftssystem heraus. Generell können, wie im Wissenschaftssystem häufig praktiziert, durchaus mehrere Programme parallel angewandt werden. Übergreifend gilt für alle Programme: Das Ziel der Anwendung eines systeminternen Programms ist in jedem Fall die Nachvollziehbarkeit der Anwendung des Codes auf eine definierte Realität im Zuge einer Nachfolgekommunikation.[270]

Die Betonung der angewandten wissenschaftlichen Methodik führt in der Kommunikation wissenschaftlicher Erkenntnisse außerhalb des Wissenschaftssystems zu einem erhöhten Vertrauen in die Korrektheit der Beobachtungsergebnisse. Auch wenn die exakten Hintergründe der wissenschaftlichen Methoden in den seltensten Fällen Eingang in die alltägliche Kommunikation finden, so führt das wahrgenommene Prädikat, dass das Wissen auf der Grundlage wissenschaftlicher Methoden bzw. Theorien definiert wurde, in jedem Fall dazu, dem Gesagten, was auch immer es betrifft, mehr Glauben zu schenken. Und das, obwohl sich an den strukturellen Schwächen von wissenschaftlicher Beobachtung nichts geändert hat.[271]

Die Frage, inwieweit einzelne Methoden und Theorien überhaupt vor dem Hintergrund wissenschaftlicher Gesichtspunkte als zuverlässig eingestuft werden können, wird ausschließlich innerhalb des Wissenschaftssystems erörtert und entschieden. Der zu diesem Zweck installierte wissenschaftliche Diskurs mit seinen institutionalisierten Verhaltensregeln und Riten kann

---

[268] Vgl. Luhmann (1994d), S. 428 ff.
[269] Vgl. für die Unterscheidung zwischen Theorien und Methoden Luhmann (1994d), S. 403 ff.
[270] Vgl. Luhmann (1994d), S. 428 ff.
[271] Vgl. Luhmann (1994d), S. 616 ff-

als ein weiteres probates Mittel angesehen werden, um der Paradoxie zu begegnen, die der wissenschaftlichen Kommunikation inhärent ist. Natürlich kämpft jeder Wissenschaftler mit Leidenschaft für die Korrektheit der von ihm favorisierten wissenschaftlichen Methodik und verteidigt die Erkenntnisse, die aus der Anwendung der Methodik resultieren. Allerdings sieht der wissenschaftliche Diskurs auch eine Erörterung alternativer Ansätze vor und hinterfragt bewusst einzelne Ergebnisse und Vorgehensweisen, auch wenn die eigentliche gesellschaftliche Funktion von Wissenschaft genau das Gegenteil von der Wissenschaft verlangt: nämlich die Produktion von unzweifelhaftem Wissen. Damit trägt das Wissenschaftssystem durch die Etablierung interner Kommunikationsstrukturen ein Stück weit der Paradoxie, die jeder ihrer Beobachtungen innewohnt, Rechnung, ohne sie deshalb vollständig zu akzeptieren. Denn schließlich würde dies dazu führen, dass die Wissenschaft die Funktion, die ihr die Gesellschaft zugewiesen hat, nicht mehr erfüllen könnte.[272]

Am Ende dieses Abschnitts lässt sich nun auch die Frage beantworten, wie Luhmann seinen Theorieansatz in seiner eigenen Theorie verortet. Er sieht seine Theorie als ein Angebot einer möglichen wissenschaftlichen Beobachtung, die, wie alle anderen Theorien auch, natürlich voll mit den Schwächen behaftet ist, die jeder Beobachtung innewohnen. Die von ihm definierte Systemtheorie betrachtet sich und ihre Umwelt mit einem spezifischen Beobachtungsmuster – nämlich dem von System und Umwelt. Sie erhebt weder einen abschließenden Wahrheitsanspruch, noch schließt sie die Existenz anderer, alternativer Weltbeschreibungen aus. Luhmann unternimmt gar nicht erst den Versuch, die nach logischen Kriterien unlösbare Problematik zu lösen, paradoxiefrei die eigene Theorie reflexiv in eine umfassende Sozialtheorie einbetten zu müssen. So bleibt seine Theorie zwangsläufig paradox. Gleichzeitig zeigt er jedoch auf, dass dieser Makel allen wissenschaftlichen Theorien anhaftet. Die beschriebene Paradoxie wissenschaftlicher Beobachtung lässt sich nicht lösen. Mehr noch: Das System ist sogar gezwungen, diese Paradoxie durch geeignete Maßnahmen zu überdecken, um der gesellschaftlichen Funktionserfüllung auch weiterhin gerecht zu werden.[273]

5.3 Interaktion und Organisation als weitere gesellschaftliche Systemdifferenzierungen

5.3.1 Einführung

Bislang konzentrierte sich die Analyse im Rahmen dieses Kapitels auf eine Erörterung der Subsysteme des Gesellschaftssystems, die sich auf der primären Ebene ausdifferenziert haben.

---

[272] Vgl. Luhmann (1994d), S. 702 ff.
[273] Vgl. neben Luhmann (1994d), S. 616 ff. auch Luhmann (1987a), S. 647 ff.

Damit sind jedoch die Möglichkeiten der Systembildung innerhalb des Gesellschaftssystems bei weitem noch nicht erschöpft.[274] Die bereits beschriebenen, auf der primären Ebene ausdifferenzierten, funktionalen „[...] Teilsysteme schwimmen auf einem Meer ständig neu gebildeter und wieder aufgelöster Kleinsysteme. Keine gesellschaftliche Teilsystembildung, keine Form gesellschaftlicher Systemdifferenzierung kann alle Bildung sozialer Systeme so dominieren, dass sie ausschließlich innerhalb der Primärsysteme des Gesellschaftssystems stattfindet."[275]

Luhmann differenziert aus dieser Masse sich permanent bildender und wieder zerfallender Systeme zwei wesentliche Kategorien von Systemen, die im Folgenden kurz vorgestellt werden sollen: Organisationen und Interaktionen.

5.3.2 Interaktionen als gesellschaftliche Episoden

5.3.2.1 Begriffsdefinition

Interaktionssysteme sind besonders einfach strukturierte soziale Systeme. Sie bilden sich durch eine Kommunikation unter Anwesenden. In das System kann somit all das eingeschlossen werden, was durch das System, d.h. innerhalb der Kommunikation, als anwesend behandelt wird.[276] Durch das Abgrenzungskriterium der Anwesenheit kommt den Wahrnehmungsprozessen der an der Kommunikation beteiligten Bewusstseinssysteme eine besondere Bedeutung bei der Konstitution von Interaktionssystemen zu. Kommunikation hat zu klären, was als anwesend und was als abwesend zu charakterisieren ist. Sie kann genau dies jedoch nur auf der Grundlage von Wahrnehmungen tun, die über das Bewusstsein in die Kommunikation einfließen. Damit hängt die exakte Definition der Grenzen von Interaktionssystemen entscheidend von den Ergebnissen der Wahrnehmung der Bewusstseinssysteme ab, die am System beteiligt sind, und damit von autopoietischen Prozessen außerhalb des eigentlichen Kommunikationssystems. Gleichzeitig gilt jedoch auch weiterhin: Natürlich bleiben diese Wahrnehmungen aus Sicht des Interaktionssystems nutzlos, solange sie nicht in die Kommunikation einfließen. Die Kommunikation entscheidet im Zuge des autopoietischen Reproduktionsprozesses selbst, welche Wahrnehmungen sie berücksichtigen möchte und welche nicht.

Dennoch stehen Interaktionssysteme unter einem besonderen Einfluss des Bewusstseinssystems – und sie werden dadurch in einem hohen Maße störanfällig. Alles das, was durch die

---

[274]   Vgl. Luhmann (1997a), S. 812
[275]   Luhmann (1997a), S. 812
[276]   Vgl. Luhmann (1987a), S. 560; Luhmann (1984b), S. 79 ff.; Luhmann (1993j), S. 81 ff.; Hohm (2000), S. 20 ff.

Wahrnehmung gefiltert aufgenommen wird, kann die Kommunikation innerhalb des Interaktionssystems beeinflussen und besitzt somit potentiell immer auch eine gewisse soziale Relevanz. Je nach Situation, Wahrnehmung und Thematisierung innerhalb der Kommunikation können eine abfällige Handbewegung genauso wie eine ungewollte Geste so die Kommunikation und damit das Interaktionssystem entscheidend oder überhaupt nicht beeinflussen.[277] Damit wird es schwierig, innerhalb von Interaktionssystemen nicht kommunizieren zu wollen. Über jegliche Kommunikation einer Ablehnung und damit der Ausweis des ‚Nicht-Kommunizieren-Wollens' kann wiederum kommuniziert werden. Die einzige Alternative zur Kommunikation in Interaktionssystemen bildet die Entscheidung für die Abwesenheit und damit die Auflösung des Systems.[278]

So stark wie einerseits die Wahrnehmung Interaktionssysteme für Umwelteinflüsse öffnet, genauso stark schränkt sie andererseits gleichzeitig die Inhalte und Kommunikationsmodi dieser Systeme auch ein. So bilden die Grenzen der Wahrnehmung auch die Grenzen der Sachverhalte, die in den Interaktionssystemen kommuniziert werden können. Eine Körpergeste hinter dem Rücken der anderen oder eine zynische Bemerkung in einer Runde, die den Zynismus nicht als solchen wahrnimmt, findet weder in den beteiligten psychischen Systemen noch im Interaktionssystem ihren Niederschlag. Weniger profane Einschränkungen im Kommunikationsablauf eines Interaktionssystems beziehen sich auf den hohen Zeitbedarf von Kommunikation innerhalb dieser Systeme. Aufgrund der Tatsache, dass ihre Kommunikation an Wahrnehmung gebunden ist, finden sich in der Regel keine Möglichkeiten zu Parallelaktivitäten. Man muss erst das eine Interaktionssystem beenden und die Wahrnehmung verändern, um einem zweiten Interaktionssystem beiwohnen zu können. So bleiben Interaktionssysteme gezwungenermaßen primitive, zeitlich beschränkte Sozialsysteme innerhalb der Gesellschaft.[279]

5.3.2.2 Die Differenz von Interaktion und Gesellschaft

Zwei Dinge sind durch die bisherige Erörterung von Interaktionssystemen hinreichend deutlich geworden: Zum einen ist das Gesellschaftssystem keinesfalls als die Umwelt der Interaktionssysteme zu klassifizieren, da jede Interaktion ja ihrerseits selbst kommunikatives und damit gesellschaftliches Geschehen darstellt. Zum anderen gehören aus dem gleichen Grund Interaktionen erst recht nicht zur Umwelt des Gesellschaftssystems, auch wenn sie stärker als

---

[277] Vgl. für die Zusammenhänge zwischen Interaktionssystemen und psychischen Systemen Luhmann (1997a), S. 814 ff.

[278] Vgl. Luhmann (1987a), S. 562

[279] Vgl. Luhmann (1997a), S. 563 ff.

das Gesellschaftssystem selbst von den Ergebnissen der psychischen Systeme abhängen, die an der Kommunikation beteiligt sind.

Um das Verhältnis von Interaktionen und Gesellschaft zu beschreiben, wählt Luhmann das Bild der Episode. Interaktionen sind nach seinem Verständnis Episoden des Gesellschaftsvollzugs. Sie bilden Zäsuren in der laufenden Autopoiesis der Gesellschaft. Dabei bedingen sich die beiden Systemtypen wechselseitig: Gesellschaft ist nicht ohne Interaktion, Interaktion nicht ohne Gesellschaft möglich. Die Differenz von Gesellschaft und Interaktion ist konstitutives Moment im Aufbau und der Strukturierung von Gesellschafts- wie auch von Interaktionssystemen gleichermaßen.[280]

Betrachten wir zunächst den Einfluss des Gesellschaftssystems auf die Interaktionssysteme. Ohne gesellschaftlichen Rahmen, ohne die Aussicht auf Fortsetzung gesellschaftlicher Realität im Anschluss jeder Interaktion und ohne die Möglichkeit, einen Kontext zu dieser laufenden gesellschaftlichen Reproduktion zu bilden, wäre Interaktion unmöglich. Eine Interaktion völlig ohne gesellschaftlichen Bezug ist schlicht undenkbar. Die Gesellschaft hält nicht nur ein Möglichkeitsspektrum an Themen, Verhaltensweisen oder kommunikativen Rollen für die Eröffnung einer Interaktion vor, sie eröffnet auch Anschlussmöglichkeiten für den Fall des Abschlusses einer Interaktion. Erst in Differenz zum gesellschaftlich Möglichen kann Interaktion entstehen und kann Interaktion ein jeweils spezifisches Profil entwerfen.[281]

Diese vom Interaktionssystem ausgehende Differenzanalyse lässt sich für das Gesellschaftssystem als Ausgangspunkt leicht wiederholen. Interaktionen bilden die einzelnen Elemente des Gesellschaftsvollzugs. Aber erst durch die Differenz zu den einzelnen Interaktionen gewinnt das Gesellschaftssystem die spezifischen Eigenschaften, die das System auszeichnen. Erst wenn man den Kontrast zwischen Gesellschaft und Interaktion bildet, werden einige der typischen Charakteristika dieses Systems erkennbar. So ist das Gesellschaftssystem im Gegensatz zu Interaktionen in der Lage, eine eigene Systemdifferenzierung durchzuführen, d.h. gesellschaftliche Teilsysteme auszubilden, ohne sich dabei auf die Unterschiede und die Beschränkungen der Interaktionen stützen zu müssen. Darüber hinaus wird das durch die Gesellschaft eröffnete und gleichzeitig durch die darin definierten Rollen, Normen und Themen beschränkte Möglichkeitsspektrum für kommunikative Realitäten erst in Differenz zu den limitierenden Faktoren der Interaktionssysteme möglich.[282]

---

[280] Vgl. Luhmann (1987a), S. 553
[281] Vgl. Luhmann (1987a), S. 566 ff.
[282] Vgl. ebd.

Luhmann gelangt in einer Quintessenz seiner Analysen zu der Erkenntnis, dass die Gesamtheit der laufend beginnenden und wieder zerfallenden Interaktionssysteme eine Art Spielma-
terial für gesellschaftliche Evolutionen darstellt. Dabei ist es klar, dass keine, auch nicht besonders primitive, Gesellschaften in einem einzigen Interaktionssystem aufgehen. Es besteht
jedoch eine klare Korrelation zwischen dem Komplexitätsgrad einer Gesellschaft und ihrer
Interaktionsnähe. So werden primitive Gesellschaften äußerst interaktionsnah gebildet. Der
Grad ihrer Abstraktionsleistungen ist gering und ihre gesellschaftlichen Subsysteme orientieren sich stark an der Struktur einzelner Interaktionssysteme (z. B. Familien oder Wohnsied-
lungen). Erst in stärkerer Differenz zur Interaktion gelangt das Gesellschaftssystem zu eigenem Profil, beginnen evolutionäre Weiterentwicklungen zu greifen.[283]

Zu dieser Analyse passt der Hinweis, dass der entscheidende Auslöser für diese Weiterentwicklung in der Möglichkeit zu sehen ist, auch ohne die Bildung von Interaktionssystemen
gesellschaftlich zu kommunizieren. In größerem Umfang ist dies erst mit der Einführung von
Schrift bzw. des Buchdrucks möglich. Erst diese technische Innovation, später ergänzt um
audiovisuelle Komponenten, ermöglicht es, sich aus Interaktionssystemen zurückzuziehen
und dennoch mit weitreichenden Folgen gesellschaftlich aktiv zu werden.[284]

In unserer heutigen modernen Gesellschaft ist die Kluft zwischen Gesellschaft und Interaktion
so groß geworden, dass es ausgeschlossen ist, Gesellschaft nach dem Muster von Interaktionen zu begreifen. Selbstverständlich finden auch weiterhin Interaktionen statt und zweifelsohne sind sie ein integraler Bestandteil des Gesellschaftssystems. Allerdings kann Gesellschaft
weder durch einzelne Interaktionssysteme repräsentiert werden, noch kann aus der Erfahrung
in einzelnen Interaktionen auf die Funktionsweise der Gesellschaft geschlossen werden.[285]

5.3.3   Organisationen als Systeme zur strukturierten Kommunikation nach Außen

5.3.3.1 Begriffsdefinition

Während die Kluft zwischen Interaktion und Gesellschaft in funktional orientierten Gesellschaften größer geworden ist, so scheint im Gegenzug die Bedeutung von Organisationen für
das Funktionieren von Gesellschaft gewachsen zu sein. So bestimmen heute die Entscheidungen und Funktionsweisen zahlreicher Organisationssysteme, wie Parteien, Universitäten,
Schulen oder Religionsgemeinschaften, unser tägliches Leben.

---

[283]   Vgl. Luhmann (1987a), S. 580 ff.
[284]   Vgl. Luhmann (1997a), S. 821 ff.
[285]   Vgl. Luhmann (1997a), S. 825 f.

Dies war nicht immer so. Bei einem Blick in die Historie fällt auf, dass Organisationen offensichtlich eine evolutionäre Errungenschaft darstellen. Sie sind verstärkt in funktional strukturierten Gesellschaftssystemen zu finden, während ihre Bedeutung in evolutionär nachgeordneten Gesellschaftssystemen, wie beispielsweise in segmentär strukturierten Gesellschaften, deutlich geringer einzustufen ist.[286] Der folgende Abschnitt gibt eine Begründung für dieses Phänomen. Begonnen werden soll jedoch mit der Definition eines Organisationssystems nach Luhmann.[287]

Zentrales Merkmal von Organisationen ist nach Luhmann das kommunikative Konstrukt der Mitgliedschaft.[288] Personen bekennen sich über ihre Mitgliedschaft zu Organisationen. Im Zuge ihrer Mitgliedschaft unterwerfen sie sich den Strukturen und Zielen der Organisation. Wesentliches Kennzeichen einer Mitgliedschaft ist ihr temporärer Charakter. Mitgliedschaften werden durch Entscheidungen vergeben, können aber auch widerrufen werden oder erlöschen. Kurz gesagt: Mitgliedschaft ist dasjenige temporäre Symbol, welches die Kommunikation einer Organisation als systeminterne Operation ausweist. Wie jedes Symbol, muss auch Mitgliedschaft nach außen hin dokumentiert werden. Ein Mitgliedschaftsausweis, ein Arbeitsvertrag oder Ähnliches dokumentieren die Zugehörigkeit einer Person zu einer Organisation.[289]

Über die Regeln der Mitgliedschaft, ihre Anwendung sowie die Rahmenbedingungen ihrer Ausübung entscheidet ausschließlich das Organisationssystem. Alle Mitgliedschaften werden durch systemeigene Entscheidungen begründet. Und auch das weitere Verhalten der Mitglieder einer Organisation hängt wesentlich von den Entscheidungen dieser Organisation ab. Es sind einzelne Entscheidungen, die eine Organisation begründen, die Mitgliedschaften aktualisieren und strukturieren und schließlich steht vor der Auflösung einer Organisation immer auch die Entscheidung, genau dies zu tun. Luhmann charakterisiert daher Organisationen als autopoietische Systeme auf der operativen Basis der Kommunikation von Entscheidungen. Organisationen produzieren demnach in einem fortlaufenden Prozess Entscheidungen auf der Basis vergangener Entscheidungen.[290] Alles das, was eine Organisation aus einem sozialen Blickwinkel betrachtet auszeichnet, beruht auf Entscheidungen eben dieser Organisation. So sind die Mitgliedschaften, organisationsinternen Strukturen, Hierarchien oder Organisationsordnungen nichts anderes als organisationsinterne Entscheidungsprämissen, über die die Organisation zuvor selbst entschieden hat.[291]

---

[286]   Vgl. Luhmann (1997a), S. 827
[287]   Vgl. allgemein für die Rolle von Organisationen in der Theorie Luhmanns Luhmann (1988e), S. 165 ff.; Luhmann (1991j), S. 39 ff.; Luhmann (1991k), S. 9 ff.; Luhmann (2000c), S. 39 ff. sowie Leflaive (1996), S. 23 ff.; Schimank (1987), S. 45 ff.
[288]   Vgl. Luhmann (1991k), S. 9 ff.
[289]   Vgl. Luhmann (2000c), S. 80 ff.
[290]   Vgl. Luhmann (2000c), S. 39 ff.
[291]   Vgl. Luhmann (1997a), S. 833 ff.

5.3.3.2 Die Differenz von Organisation und Gesellschaft

Nach der Definition von Organisationen als autopoietische Systeme auf der Basis von Entscheidungen stellt sich nun die Frage nach der Rolle von Organisationssystemen im Kontext der Gesellschaft. Luhmann gibt dazu folgende Antwort: Organisationen werden benötigt, um innerhalb einer Gesellschaft nach außen hin kommunizieren zu können. Es sind die einzigen sozialen Systeme, die prinzipiell in der Lage sind, diese spezifische Kommunikationsleistung zu erbringen. Kommunikation nach außen meint dabei nicht Kontaktaufnahme zur Umwelt des Gesellschaftssystems. Dies ist nach den Grundsätzen der autopoietischen Reproduktion ausgeschlossen. Es geht vielmehr um den Versuch, Kommunikation in eigener Sache innerhalb der Gesellschaft zu betreiben.[292]

Funktionssysteme sind zu einer solchen zielgerichteten Kommunikation ebenso wenig in der Lage wie Interaktionssysteme. Beide bestehen aus Kommunikation, können aber ihrerseits nicht kommunizieren. So gibt es weder eine Kommunikation des Wirtschaftssystems (wer sollte sie leisten?) noch eine Kommunikation einer Diskussion zwischen zwei Personen. Es sei denn, der Diskussionsclub organisiert sich und beschließt, seine Diskussion niederzuschreiben oder gemeinsam vorzutragen. Eine Organisation entsteht und so wird strukturierte Kommunikation nach außen prinzipiell erst möglich. Ausgangspunkt dafür ist wiederum eine Entscheidung. Eine Organisation entscheidet, eine koordinierte Kommunikation im Sinne ihrer Mitglieder zu tätigen – so entsteht die Basis für einen nach außen gerichteten Kommunikationsprozess. Ob der Organisation freilich die von ihr angestrebte, nach außen gerichtete Kommunikation auch tatsächlich gelingt, kann niemals garantiert werden. Schließlich agieren Organisationen in einem Umfeld autopoietischer und damit geschlossener Systeme. Ob die Kommunikation einer Organisation überhaupt von anderen Systemen wahrgenommen wird und wie diese Wahrnehmung erfolgt, liegt ausschließlich in der Verantwortung dieser dritten Systeme.[293]

Wesentliche Voraussetzung für die beschriebenen Kommunikationsleistungen einer Organisation ist das hinter dem Entscheidungsprozess liegende Grundverständnis von Exklusion und Inklusion. Organisationen können nur deshalb koordinierte und damit nach außen gerichtete Kommunikation betreiben, weil sie zunächst von Exklusion fast aller Menschen im Zusammenhang mit ihrer Organisation ausgehen. Sie prozessieren nach der Vorgabe, Entscheidungen ausschließlich für die Mitglieder von Organisationen zu treffen, denn schließlich sind nur sie es, die zur Anerkennung der Entscheidungen der Organisation verpflichtet sind. Auf den

---

292 Vgl. Luhmann (1997a), S. 834
293 Vgl. Luhmann (1997a), S. 834 ff. und Luhmann (2000c), S. 388 ff.

Punkt gebracht bedeutet dies, dass die gesamte Bevölkerung aus der Organisation ausgeschlossen ist, bis auf die eingeschlossenen Mitglieder. Für Organisationen ist damit Exklusion der Normalfall und Inklusion der Ausnahmefall.[294]

Ruft man sich in Erinnerung, wie die Verfahrensweisen zur In- bzw. Exklusion innerhalb der primären Funktionssysteme in modernen Gesellschaften insgesamt ablaufen, werden die fundamentalen Unterschiede zwischen Organisationen und Gesellschaft deutlich. Für die primären Funktionssysteme der modernen Gesellschaft gelten offenbar hinsichtlich der Frage von Exklusion und Inklusion Grundregeln, die denen von Organisationen diametral widersprechen. Inklusion, d.h. prinzipielle Zulassung zur Kommunikation, bildet für die primär ausdifferenzierten Funktionssysteme den Normalfall, Exklusion hingegen den Ausnahmefall. Zwar wird die Entscheidung über Inklusion – Exklusion auf die einzelnen Funktionssysteme übertragen, es gilt jedoch übereinstimmend, dass prinzipiell jeder an der Kommunikation der Funktionssysteme teilnehmen kann. Den theoretischen Hintergrund bilden die in modernen Gesellschaften verbrieften Grundrechte auf Freiheit und Gleichheit. So ist jeder aktiv und passiv wahlberechtigt, kann sich jeder zu einer von ihm frei gewählten Religion bekennen oder es lassen und kann prinzipiell jedermann sein Wissen einer wissenschaftlichen Prüfung unterziehen.[295]

Organisationen befriedigen mithin einen gesellschaftlichen Bedarf nach etwas, was durch das Vordringen funktional ausdifferenzierter Gesellschaftssysteme auf der primären gesellschaftlichen Ebene verloren gegangen ist: nach Selektionen und Diskriminierungen. Wenn jeder prinzipiell an der wissenschaftlichen Kommunikation teilhaben kann, dann wächst ein gesellschaftlicher Bedarf nach Strukturierung und Diskriminierung all dieser Kommunikation. So entstehen beispielsweise Forschungsorganisationen, die über wissenschaftliche Kommunikation innerhalb ihrer Organisation entscheiden und so wiederum das Wissenschaftssystem vorantreiben. Wenn prinzipiell jeder am Rechtssystem teilnehmen kann, entsteht ein Bedarf nach gesamtgesellschaftlich anerkannter Rechtsprechung. Entsprechende Organisationen wie Gerichte befriedigen diesen Bedarf. Kurz gesagt: „Durch ihre Organisationen ist die Gesellschaft mit Diskriminierungsfähigkeit ausgestattet. Sie behandelt alle gleich und jeden verschieden. [...] Mit Hilfe ihrer Organisationen lässt die Gesellschaft die Grundsätze der Freiheit und der Gleichheit, die sie nicht negieren kann, scheitern. Sie wandelt sie um in Grundsätze der Zukunftsoffenheit, die nicht durch Klauseln, die den Prinzipien selbst angehängt werden,

---

294   Vgl. Luhmann (1997a), S. 836 ff.

295   Vgl. Luhmann (2000c), S. 390 f. Luhmann gibt zu, dass es noch immer bei einer Vielzahl von Fällen zu Exklusionen aus moderner Gesellschaften kommt, die für die Betroffenen die Folge haben, dass ihnen wenig mehr bleibt als der eigene Körper. (vgl. Luhmann (2000c), S. 392)

eingeschränkt ist, sondern nur vom jeweils erreichten Stand der Dinge, von dem man auszugehen hat, wenn man ermitteln will, was noch möglich ist."[296]

In Kenntnis dieser Analyse ist es nun nachzuvollziehen, dass der gesellschaftliche Bedarf
nach der Existenz von Organisationen erst in modernen Gesellschaften verstärkt auftritt. So
regelten vormoderne Gesellschaften ihr Bedürfnis nach Ungleichheit auf anderen Wegen. In
stratifikatorisch strukturierten Gesellschaften beispielsweise war die Ungleichheit bereits in
den primär ausdifferenzierten Funktionssystemen vorhanden. Jeder war als Person durch seine
Geburt vollständig einem primär ausdifferenzierten Gesellschaftssystem zugeordnet, beinahe
unabhängig davon, was er im Verlauf seines Lebens tat. Ein gesellschaftlicher Abstieg, aber
auch ein Aufstieg, waren bis auf wenige Ausnahmen kaum möglich. Nicht umsonst kommt
die Bildung von Organisationen erst mit dem Augenblick in Schwung, als es möglich wird,
Individuen weitgehend unabhängig von ihrer Herkunft, ihrer Gruppen- oder Schichtzugehörigkeit als Mitglieder von Organisationen zu rekrutieren. Den daraus resultierenden Gestal-
tungsspielraum nutzen Organisationen, indem sie über das Kommunikationskonstrukt Mitgliedschaft autonom und für sich entscheiden. Sie handhaben so die Inklusion von Menschen
in ihre Organisationen sehr viel restriktiver als dies die primären Funktionssysteme der Gesellschaft tun.[297]

Nun wird auch deutlich, warum die übergroße Mehrzahl der Organisationssysteme in exakt
einem Funktionssystem beheimatet ist. Organisationen nutzen die prinzipielle Offenheit, d.h.
den Grundsatz der Inklusion einzelner Funktionssysteme, um auf dieser Grundlage ihre selbst
erzeugte Diskriminierung zu vollziehen. In diesem Zusammenhang übernehmen sie häufig
sogar das Funktionsprimat des Systems sowie seine spezifischen Kommunikationsmechanis-
men in ihre eigenen Kommunikationsstrukturen. Politische Parteien sind in erster Linie im
politischen System anzusiedeln, das prinzipiell jedem offen steht. Die Kommunikation innerhalb der Partei, die natürlich primär politischen Strukturen folgt, bleibt jedoch ihren Mitgliedern vorbehalten, die sie selbst im Vorfeld rekrutiert hat. So agiert eine Schule vornehmlich
im Erziehungssystem, dem jeder kommunikativ beitreten kann, während die organisationsinterne Kommunikation, die die Mechanismen des Erziehungssystems reflektiert, sich ausschließlich auf die Schüler dieser Schule konzentriert.[298]

Es existiert jedoch kein einziges gesellschaftliches Funktionssystem, welches vollständig
durch eine einzige Organisation ausgefüllt wird. Wissenschaft findet niemals in nur einer ein-

---

[296]   Vgl. Luhmann (2000c), S. 393 f.
[297]   Vgl. Luhmann (2000c), S. 382
[298]   Vgl. Luhmann (2000c), S. 405. Die Tatsache, dass alle Organisationen Geld benötigen und damit
         immer auch am Wirtschaftssystem teilnehmen, soll zunächst im Hintergrund bleiben.

zigen Universität statt, Politik nicht allein in einer einzigen Partei – dies gilt sogar für totalitäre Systeme mit einer Einheitspartei. Organisationen finden folglich ihre Heimat in der Regel in einem gesellschaftlichen Funktionssystem, ohne dies vollständig zu beherrschen.[299]

Zweifelsohne produzieren die unterschiedlichen Herangehensweisen von Funktionssystemen und Organisationen an die Problematik Inklusion – Exklusion laufend gesellschaftliche Konflikte, die mit besonderer Heftigkeit diskutiert werden. Luhmann verweist hier auf die Diskussionen zu den Themen Arbeitslosigkeit, Lehrstellen- oder Studienplatzmangel sowie Bildungsnotstand. Die grundsätzlichen Diskussionsstrukturen sind bei allen genannten Themenfeldern identisch und resultieren aus der Tatsache, dass Organisationen sich im Gegensatz zu den Funktionssystemen (zwangsläufig) diskriminierend zu einzelnen Personen verhalten.[300]

Als zweite Begründung für die Existenz von Organisationen in modernen Gesellschaften führt Luhmann das Argument der Interdependenzunterbrechung innerhalb der Funktionssysteme an. Durch die Eigendynamik von Organisationen und die daraus resultierenden Zeitverzögerungen in der Ausführung von Kommunikation verlangsamt sich die Dynamik von Kommunikation in den Funktionssystemen. Nicht mehr alles ist mit sofortiger Wirkung von allem abhängig. Im Ergebnis entsteht durch die Bildung von Organisationen eine Art zeitlicher Abfangvorrichtung für die Risiken einer Gesellschaft. Dass dies gerade in funktional strukturierten Gesellschaften dringend notwendig ist, wird ersichtlich, wenn man sich die bereits angesprochenen hohen Abhängigkeiten der Funktionssysteme untereinander vor Augen führt. Durch die Existenz von Organisationen mit einer starken Eigendynamik, welche die Kommunikation in den primär ausdifferenzierten Funktionssystemen entscheidend beeinflussen, erhöht sich die Wahrscheinlichkeit, dass sich Krisen in einzelnen Funktionssystemen auf nur wenige Organisationen beschränken. So führen beispielsweise Insolvenzen einzelner Unternehmen in der Regel nicht automatisch und nicht kaskadenartig zu weiteren großflächigen Firmenzusammenbrüchen.[301]

Luhmann fasst zum Abschluss seiner Analyse die Bedeutung von Organisationen in modernen Gesellschaften in Form eines Gegensatzes zusammen. Es falle vor allem eine große Diskrepanz ins Auge, „daß nämlich die moderne Gesellschaft mehr als jede ihrer Vorgängerinnen auf Organisation angewiesen ist (ja erstmals überhaupt einen eigenen Begriff dafür geschaffen

---

[299] Sehr zum Leidwesen der Einheitspartei findet natürlich in jeder Gesellschaft auch politische Kommunikation außerhalb dieser Partei statt. Vgl. Luhmann (1997a), S. 840 f.
[300] Vgl. Luhmann (1997a), S. 844
[301] Vgl. für die Funktion der Interdependenzunterbrechung Luhmann (1997a), S. 845 f.

hat); daß sie aber andererseits weniger als jede Gesellschaft zuvor in ihrer Einheit oder in ihren Teilsystemen als Organisation begriffen werden kann."[302]

5.4   Zusammenfassung

Gesellschaft, Interaktionen und Organisationen bilden für Luhmann die drei Möglichkeiten zur Ausprägung von sozialen Systemen.

Gesellschaft ist dabei das umfassende Sozialsystem, welches alle Kommunikation umfasst. Kommunikation in und mit der Umwelt des Gesellschaftssystems ist damit ausgeschlossen, allerdings kann die Gesellschaft über die Umwelt der Gesellschaft kommunizieren. Innerhalb des Gesellschaftssystems kommt es zu einer Ausdifferenzierung weiterer Kommunikationssysteme. Von besonderer Relevanz für die Struktur des Gesellschaftssystems insgesamt sind die Charakteristika der Systemdifferenzierung auf einer primären Gesellschaftsebene. Sie determinieren durch Einschränkung der nachfolgenden Systemdifferenzierungen entscheidend den Aufbau und die Selbstbeschreibung des Gesellschaftssystems.

In modernen Gesellschaften vollzieht sich die primäre Systemdifferenzierung entlang gesellschaftlich nachgefragter Funktionen. Die so entstehenden Funktionssysteme übernehmen durch ihre Kommunikation in einer Monopolstellung eine spezifische gesellschaftliche Funktion. Im Zuge ihrer Funktionswahrnehmung sind alle Funktionssysteme gleich. Folglich existiert in modernen Gesellschaften keine Hierarchie zwischen den primär ausdifferenzierten Gesellschaftssystemen, nach der einzelne Systeme in ihrem Handeln anderen überlegen wären.

Eine derartige Gesellschaftskonstruktion hat Folgen. Mehr als in anders strukturierten Gesellschaften sind in der funktional ausdifferenzierten Gesellschaft die Systeme gezwungen, sich und ihre Umwelt permanent zu beobachten. Um dieser Herausforderung vor dem Hintergrund einer komplexen Umwelt sowie eines komplexen Eigensystems begegnen zu können, wird die Art und Weise der Beobachtung in funktional differenzierten Gesellschaftssystemen mehr und mehr umgestellt. Statt einer direkten Beobachtung der Realität gehen die Funktionssysteme verstärkt zu einer Beobachtung zweiter Ordnung über. Beobachtet wird, wie die anderen beobachten.

Um die Vielzahl der komplexen Beobachtungsinhalte strukturieren und verarbeiten zu können, sind geeignete Differenzierungsmerkmale erforderlich. So verwendet jedes Funktions-

---

[302]   Luhmann (1997a), S. 847

system einen eigenständig definierten, sogenannten binären Code zur Identifikation der systemeigenen Kommunikation. Über die Regeln zur Anwendung dieses Codes entscheidet das Funktionssystem ebenfalls autonom. Diese bilden das sogenannte Programm des Funktionssystems.

Interaktionen lassen sich als die Episoden eines Gesellschaftssystems beschreiben. Sie werden durch Kommunikation unter Anwesenden gebildet. Aufgrund dieser Struktur sind Interaktionen eng an die Ergebnisse der Wahrnehmung des psychischen Systems gekoppelt. Was nicht wahrgenommen wird, kann nicht Gegenstand einer Interaktion werden. Was hingegen als anwesend wahrgenommen wird, entscheidet, trotz des großen Einflusses des psychischen Systems, ausschließlich das Interaktionssystem selbst – und zwar mittels Kommunikation. Die Analyse der Rahmenbedingungen von funktional ausdifferenzierten Gesellschaften hat weiterhin ergeben, dass sich die moderne Gesellschaft durch eine besonders hohe Differenz zwischen dem Gesellschaftssystem und den Interaktionssystemen auszeichnet. Die Besonderheiten der modernen Gesellschaft lassen sich weniger als jeweils zuvor begreifen durch eine Analyse der Spezifika von Interaktionssystemen.

Dafür hat die Bedeutung von Organisationssystemen in der modernen Gesellschaft deutlich zugenommen. Organisationen bestehen aus der Kommunikation von Entscheidungen. Sie werden in Gesellschaften benötigt, um den Versuch unternehmen zu können, zielgerichtet nach außen zu kommunizieren. Ob der Versuch gelingt, d.h. ob Organisationen durch ihre Kommunikation tatsächlich das Kommunikationsverhalten anderer Sozialsysteme determinieren, ist in einer Welt autopoietischer, also operativ geschlossener, Systeme immer unsicher.

Organisationen sind in der Lage, zielgerichtet nach außen kommunizieren zu können, weil sie nur wenige Personen in die Kommunikation ihrer Organisation inkludieren und die Mehrzahl exkludieren. Damit bilden sie den strukturellen Gegenentwurf zu den primär ausdifferenzierten Funktionssystemen moderner Gesellschaften, die vom Grundsatz der Inklusion aller ausgehen. Gerade diese Differenz begründet den gesellschaftlichen Bedarf nach Organisationen in modernen Gesellschaften. Organisationen erlauben es der Gesellschaft, Differenzierungen und Diskriminierungen vorzunehmen, ohne den Grundsätzen der Inklusion aller in den Funktionssystemen zu widersprechen. In diesem Zusammenhang übernehmen Organisationen wesentliche Charakteristika der Kommunikation des Funktionssystems in ihre eigenen Systemstrukturen. Eine weitere gesellschaftliche Relevanz von Organisationen ergibt sich aus ihrer Funktion als Interdependenzunterbrecher in einer extrem vernetzten und abhängigen modernen Gesellschaft. Trotz der großen Bedeutung von Organisationen für die moderne Gesellschaft, ist es ausgeschlossen, dass Organisationen jemals ein ganzes Funktionssystem oder gar das gesamte Gesellschaftssystem umfassend abdecken. Dies würde ihren Organisations-grundsätzen und ihrem spezifischen Umgang mit der Inklusions-Exklusions-Problematik zu-widerlaufen.

6 Die wissenschaftliche Rezeption der Systemtheorie Niklas Luhmanns

6.1 Strukturierung der wissenschaftlichen Diskussion

Zu einer umfassenden Vorstellung eines bislang eher unbekannten Theorieansatzes gehört zweifelsohne immer auch die Erörterung der Ergebnisse der wissenschaftlichen Rezeption dieser Innovation. In diesem Zusammenhang interessieren natürlich besonders die in Sekun-därquellen enthaltenen kritischen Anmerkungen. Im besten Fall tragen sie dazu bei, Schwach-stellen im Theoriegebäude aufzuzeigen oder auf Inkonsistenzen in der wissenschaftlichen Argumentation hinzuweisen. Auch wenn eine direkte Korrektur der Theorie auf der Grundla-ge dieser Kritik häufig kaum möglich ist, so kann im Zuge der Anwendung der Theorie in der Praxis das Wissen über die strittigen Aspekte einer Theorie gleichwohl hilfreich sein – bei-spielsweise um geraden diesen Punkten im Zuge der Theorieanwendung mit besonderer Vor-sicht zu begegnen.

Im Falle Niklas Luhmanns muss nach kritischen Anmerkungen zu seinen Ausführungen nicht mühsam gefahndet werden. Der Umfang und die Konsequenz, mit der Luhmann mit tradier-ten Denkmustern, kulturellen Wertvorstellungen und bislang gültigen wissenschaftlichen Er-kenntnissen bricht, provozieren geradezu konträre Einschätzungen. Dementsprechend ent-stand eine Vielzahl von Texten, die sich zum Teil mit Einzelfragen, zum Teil aber auch mit den grundsätzlichen Theorieaxiomen in der Gedankenwelt Luhmanns kritisch auseinanderset-zen.

Inhaltlich lassen sich die kritischen Erörterungen zur Systemtheorie Niklas Luhmanns in drei Kategorien einteilen:

- Kritik an der Theoriedarstellung
- Kritik an den Theorieinhalten
- Kritik an der Theorieanwendung durch Luhmann in einzelnen Wissenschaftsgebieten

Im Folgenden werden die Inhalte der bislang vorliegenden kritischen Veröffentlichungen zum Gesamtwerk Luhmanns entsprechend dieser Strukturierung im Detail vorgestellt.

6.2   Kritik an der Theoriedarstellung

Wer sich auf eine sozialwissenschaftliche Theorie einlässt, erwartet von ihr Hinweise zur Bewältigung der Wirklichkeit. Auch die abstrakteste Theorie darf keine rein artistische Veranstaltung fernab jeglicher Realität sein. Ihre Darstellung und ihr Aufbau müssen dazu geeignet sein, Hilfestellungen zur Beantwortung realer Fragestellungen zu liefern.

Gerade diese Eigenschaften sprechen zahlreiche Autoren der Systemtheorie Luhmannscher Spielart ab. Der Theorieaufbau und die Theoriedarstellung seien geprägt von einem unerträglichen Abstraktionsgrad, der jeden Bezug auf reale Sachverhalte unmöglich macht. Im Ergebnis habe Luhmann ein „Glasperlenspiel" erschaffen, dessen Faszination, wie im gleichnamigen Roman von Hermann Hesse, davon ausgeht, dass die Spieler sich elegant und auf höchstem intellektuellen Niveau innerhalb einer abgeschlossenen Welt bewegen. Dieses Spiel biete für einen Spieler zwar einen Hochgenuss und sei von außen schön anzusehen – einen konkreten Nutzen biete es jedoch nicht. Die Luhmannsche Systemtheorie mag in sich schlüssig sein, jedoch schlichtweg nicht anzuwenden und daher ohne Wert.[303] Einige Autoren gehen sogar noch weiter: Sie gestehen der Theorie nicht einmal die Eigenschaften eines intellektuellen Spiels zu, sondern erkennen nur Wortgeplapper[304] oder irritierende Geräusche[305].

Die angesprochene Kritik ist nicht ganz von der Hand zu weisen. Wie bereits im ersten Kapitel dieses Teils der Arbeit angesprochen, bildet der hohe Abstraktionsgrad der Systemtheorie Luhmanns eines der markantesten Kennzeichen seiner Ausarbeitungen. Luhmann selbst bestätigt dies in seinem viel zitierten „Bonmot", nach dem das Einlassen auf seine Theorie einem Flug hoch über den Wolken gleiche, bei dem die reale Welt nur selten zwischen den Wolken hindurch schimmert.[306]

Das von Luhmann verwendete Bild spiegelt jedoch nicht nur das Selbstverständnis des Autors wider, sondern beinhaltet auch Ansatzpunkte, die zu einer Antwort auf die beschriebene Kritik genutzt werden können. Wer die gesamte Welt von oben analysieren möchte, dem bleibt nichts anderes übrig, als mit seinem Flugzeug hoch hinaufzusteigen. Anders ausgedrückt: Der hohe Abstraktionsgrad der Theorie ist das Resultat ihres Universalitätsanspruchs. Luhmanns

---

[303]   Vgl. für den Vergleich mit Hesses Glasperlenspiel Haller (1999), S. 411 ff. Auch Liebig tituliert die neuere Systemtheorie als Sprachspiel, vgl. Liebig (1997), S. 18
[304]   Vgl. Weyer (1994), S. 139 ff.
[305]   Vgl. Giegel (1991), S. 14 ff.
[306]   Vgl. Luhmann (1987a), S. 12 f.

Theoriebeschreibung muss demzufolge zunächst abstrakt erscheinen, um das mit dieser Theorie verbundene Ziel überhaupt erreichen zu können.[307]

Darüber hinaus ist zu betonen, dass ein hoher Abstraktionsgrad der Theoriebeschreibung rein gar nichts über die Anwendbarkeit der Theorie auf praktische Problemstellungen aussagt. Die Theoriebeschreibung an sich mag übermäßig komplex und auf einer hohen Abstraktionsebene erfolgen, gleichzeitig kann die Anwendbarkeit der Theorie in der Praxis leicht und eingängig sein. Einzige Voraussetzung dafür ist die gelungene Adaption der abstrakten Theoriebausteine auf konkrete praktische Problemstellungen. Das beste Beispiel, dass ein solches „Herunterbrechen" einer hochkomplexen Theorie gelingen kann, bildet die empirische Sozialforschung. Für den mathematisch ungebildeten Betrachter eines sozialwissenschaftlichen Problems erscheint der übergreifende Theorieaufbau der Empirie höchst komplex. Die mathematischen Axiome, ihre Ableitungen und Beweise, sind in ihrer Gesamtheit kaum zu überschauen, und sie weisen zweifelsohne ein extrem hohes Abstraktionsniveau auf, wenn das konkrete sozialwissenschaftliche Problem als Ausgangspunkt der Betrachtung angesehen wird. Da es jedoch in der Regel gelingt, die übergreifende Theorie konkret auf die zu bearbeitende sozialwissenschaftliche Fragestellung anzupassen und die vorher abstrakten Instrumente passgenau für die spezifische Problemstellung zu adaptieren, sind die Nutzungsmöglichkeiten der Theorie in der Praxis trotz ihres hohen Abstraktionsniveaus in der Theoriedarstellung durchaus als hoch zu bewerten. Im Ergebnis gilt demnach: Praktischer Nutzen einer Theorie und Abstraktionsniveau ihrer Darstellung sind somit zwei Größen, die keinesfalls zwangsläufig voneinander abhängig sind.

Inwieweit das für die Empirie Ausgeführte auch für die Systemtheorie gilt, ist entscheidend davon abhängig, inwieweit es gelingt, die generellen Theorieansätze möglichst exakt auf die konkreten Problemstellungen zu fokussieren. Luhmann selbst hat in zahlreichen Texten gezeigt, dass eine derartige Adaption gelingen ist. So konnte er beispielsweise durch Nutzung der von ihm entwickelten Systemtheorie dazu beitragen, neue Erkenntnisse über sehr aktuelle und konkrete soziale Phänomene zu sammeln.[308] Andere Autoren können auf ähnliche Erfolge bei der Adaption der Systemtheorie verweisen, z. B im Zusammenhang mit der Erläuterung der sozialen Phänomene des Sports.[309]

Die aufgeführten Beispiele zeigen, dass sich die Systemtheorie Luhmanns prinzipiell für eine praktische Anwendung eignen kann. Es gilt jedoch immer auch die Frage nach der wissen-

---

[307] So vergleicht Willke die hohe Abstraktionsebenen in der Argumentation Luhmanns auch mit den notwendigen „Kosten systemtheoretischen Denkens" (Willke (2000), S. 11)

[308] Vgl. Luhmann (1996f), S. 75 ff.; Luhmann (1997a), S. 847 ff.

[309] Vgl. Bette (1999), S. 243 ff.

schaftlichen Effizienz einer solchen Theorieadaption kritisch zu erörtern. Fest steht, dass die Anwendung der Systemtheorie zur Lösung einer konkreten Fragestellung mit einem nicht unerheblichen Aufwand verbunden ist. Dies zeigt bereits der Umfang dieses ersten Teils der Arbeit. Deshalb stellt sich spätestens am Ende einer wissenschaftlichen Erörterung mit Hilfe dieser Systemtheorie auch immer die Frage: Hat sich dieser Aufwand wirklich gelohnt? Generell lässt sich diese Frage wohl nicht beantworten, sondern nur konkret bezogen auf jeweilige wissenschaftliche Studie. Vor dem Hintergrund der Abschätzung einer zukünftigen Nutzbarkeit der Systemtheorie Luhmannscher Provenienz für die Betriebswirtschaftslehre ist die Beantwortung dieser Frage jedoch in diesem Fall von hohem Interesse. Daher wird am Ende dieser Arbeit auch eine derartige Aufwands-Nutzen-Schätzung vorgenommen.

Zusammenfassend kann festgehalten werden, dass die Kritiker ihre Anmerkungen hinsichtlich der ungewöhnlich abstrakten Theoriedarstellung Luhmanns durchaus mit Berechtigung vortragen. Aufgrund des Universalitätsanspruchs der Theorie ist ihr hoher Abstraktionsgrad jedoch ein quasi zwangsläufiger Nebeneffekt. Zudem ist keine generelle Abhängigkeit zwischen dem Abstraktionsgrad einer Theorie und ihrer praktischen Nutzbarkeit zu unterstellen. Dennoch soll die vorgetragene Kritik an der Theoriedarstellung Luhmanns im Rahmen dieser Arbeit dafür genutzt werden, um die Effizienz der Theorieanwendung, definiert als Verhältnis der Qualität der Ergebnisse zum dafür notwendigen Aufwand, für die Betriebswirtschaftslehre kritisch zu überprüfen.

6.3   Kritik an den Theorieinhalten

Wenn auch die Kritik an der Theoriedarstellung nur wenig dazu beitragen konnte, das Hintergrundwissen über die Schwächen der Systemtheorie Luhmanns zu erweitern, so schließt dies jedoch nicht aus, dass dies der Kritik an den Theorieinhalten gelingt. Die übergroße Zahl der kritischen Anmerkungen, die dieser Kategorie zuzurechnen sind, widmen sich den folgenden Kernaussagen der Luhmannschen Systemtheorie:

- Verzicht auf eine gesellschaftskritische Analyse
- Offenes Bekenntnis zur theorieinhärenten Paradoxie
- Menschen als Beobachtungskonstrukte sozialer Systeme[310]

Insbesondere in den siebziger Jahren zog der von Luhmann offen propagierte **Verzicht auf eine gesellschaftskritische Analyse**[311] umfangreichen Widerspruch nach sich. So sah sich

---

[310]   Daneben soll nicht unerwähnt bleiben, dass darüber hinaus eine Vielzahl von Veröffentlichungen zu weiteren Detailfragen in der Luhmannschen Systemtheorie existieren. Auf eine umfassende Darstellung dieser Anmerkungen wird im Rahmen dieser Arbeit jedoch verzichtet. Vgl. jedoch beispielsweise die Aufsätze von Hennig (2000), S. 157 ff. oder Filippov (2000), S. 381 ff.

Luhmann mit dem Vorwurf konfrontiert, seine Theorie rede einem unkritisch-affirmativen Funktionalismus das Wort, der die reine Aufrechterhaltung bestehender Systemstrukturen in den Mittelpunkt allen Denkens rückt. Statt der notwendigen kritischen Auseinandersetzung mit existierenden Determinanten der Gesellschaft, wie z. B. Macht, betreibe Luhmann durch seine funktionale Analyse[312] eher eine Zementierung der bestehenden Verhältnisse.[313]

Zahlreichen Soziologen der damaligen Zeit, die offen die Veränderung sozialer Verhältnisse als ein Ziel ihres Handelns definierten,[314] mögen die neutral analytisch aufgebauten Analysen Luhmanns wie eine Provokation vorgekommen sein. Tatsächlich hat Luhmann später immer wieder seine absolute Neutralität als Wissenschaftler in der Bewertung aktueller gesellschaftlicher Fragestellungen betont. Nüchtern stellt er fest: „Es geht [...] nicht um Ablehnung oder Zustimmung zu dieser Gesellschaft, sondern um ein besseres Verständnis ihrer strukturellen Risiken, ihrer Selbstgefährdungen, ihrer evolutionären Unwahrscheinlichkeiten."[315]

Natürlich lässt sich mit Recht diskutieren, ob eine derart offen vertretene Neutralität eines Wissenschaftlers, der als Mitglied einer gesellschaftlichen Elite immer auch meinungsbildend wirkt, überhaupt möglich oder gar als moralisch verwerflich zu charakterisieren ist. Ganz gleich, zu welchem Ergebnis man dabei gelangt, man sollte nicht den Fehler begehen, dieses Ergebnis in einen Zusammenhang zur Qualität der von diesem Wissenschaftler entwickelten Theorie zu bringen. Eine wissenschaftliche Theorie soll ihren Nutzer in die Lage versetzen, die Realität nach wissenschaftlich definierten Kriterien zu beobachten. Ohne Zweifel lassen sich die verwendeten Kriterien hinterfragen. Dies ändert aber wenig an dem eigentlichen Anspruch an eine wissenschaftliche Theorie. Falls man dieser, in der Wissenschaftstheorie mittlerweile unstrittigen, Auffassung folgt, ist es jedoch nicht statthaft, eine Theorie deshalb zu kritisieren, weil sie in ihrer Wirkung einen gewünschten Erfolg vermissen lässt. Die wissenschaftliche Nutzbarkeit einer Theorie bemisst sich nicht nach der Stärke der gesellschaftlichen Veränderungen, die sich aus der Anwendung der Theorie ergeben. Oder profaner ausgedrückt: Wenn die Theorieanwendung nicht das Weltbild ergibt, welches der Anwender bislang favorisiert, dann kann die Schuld dafür nicht bei der Theorie gesucht werden. Genau dies tun jedoch diejenigen Autoren, die die Systemtheorie Luhmanns deshalb ablehnen, weil sie angeblich nicht zur Kritik an ausgewählten gesellschaftlichen Strukturen und Mechanismen taugt. Ihrer Kritik ist daher strikt zu widersprechen.

---

[311] Vgl. z. B. Luhmann (1971b), S. 7 ff.
[312] Vgl. für die Kerngedanken der funktionalen Analyse Luhmann (1991h), S. 31 ff.
[313] Vgl. z. B. Giegel (1975), S. 48 ff.; Habermas (1971), S. 142 ff.
[314] Vgl. z. B. Bellebaum (1977), S. 244 ff.; Hoefnagels (1972), S. 13
[315] Luhmann (1987b), S. 155

Eine zweite Gruppe von Autoren kritisiert die Systemtheorie Luhmanns wegen ihres **offenen Bekenntnisses zur theorieinhärenten Paradoxie**.[316] Dieser Aspekt wurde bereits im Verlaufe dieses Teils der Arbeit häufiger angesprochen. Die Autoren bemängeln, dass im Ergebnis Luhmanns Theorie unangreifbar werde. Wer sich als Beobachter innerhalb der eigenen Theorie verortet, den Prozess der Beobachtung aber gleichzeitig als paradox charakterisiert, der hat für seine Theorie einen Freibrief – ihm ist schlichtweg nach logischen Kriterien nicht beizukommen.[317] Oder wie Schwanitz prägnant über Luhmanns Handeln formuliert: „Der Zauberer hext sich selber weg."[318]

Diese Kritiken sind nicht zu widerlegen. Zweifellos sind alle ihre Anmerkungen über die logischen Schwächen der Theorie Luhmanns korrekt. Gleichzeitig gilt aber auch, dass eine strukturelle Korrektur der Ausarbeitungen Luhmanns unmöglich ist. Wann immer eine Theorie den eigenen Gegenstand in sich aufnehmen und abbilden will, ist sie gezwungen, die Grenzen der zweiwertigen Logik zu sprengen. Selbstbezüglichkeit der Theorie und logische Konsistenz schließen sich per Definition aus. Wer die ganze Welt beobachten will, der muss sich auch selbst beobachten und damit ist seine Konstruktion in jedem Fall paradox, wenn man sie nach logischen Kriterien bewertet.[319]

Es bleibt also nur die Akzeptanz der logischen Schwierigkeiten einer solchen reflexiven Theoriekonstruktion und das Wissen über die damit verbundenen Folgeprobleme. Eine wesentliche Konsequenz dieses Sachverhalts stellt die Aufgabe jeglicher Absolutheitsansprüche hinsichtlich einer bestimmten wissenschaftlichen Theorie dar. Aus der Tatsache, dass dem Gedankengebäude in seiner Gesamtheit nicht widersprochen werden kann, darf nicht unkritisch gefolgt werden, dass diese Theorie alternativlos ist. Ganz im Gegenteil: Akzeptanz der logischen Schwächen einer reflexiven Gesellschaftstheorie ist vor allem gleichbedeutend mit Offenheit für andere Theorieansätze. Die Gesellschaft kann mit Hilfe dieser Theorie, aber genauso gut oder schlecht auch mit Hilfe eines anderen, nach vergleichbaren Maßstäben aufgebauten, Theoriegebäudes beschrieben werden. Welchem Theoriegebäude im Ergebnis der Vorzug zu geben ist, wird sich abschließend nicht feststellen lassen, da alle Alternativen, solange sie reflexiv strukturiert sind, per Definition in sich geschlossen und damit innerhalb der eigenen Theorie unangreifbar sind.[320]

---

[316] Vgl. z. B. Bender (2000), S. 15 ff.; Merz-Benz (2000), S. 37 ff.; Ellrich (2000), S. 73 ff.; Bühl (2000), S. 15 ff.
[317] Vgl. Schwanitz (1996), S. 134
[318] Schwanitz (1997), S. 39
[319] Vgl. auch Khurana (2000), S. 327 ff.
[320] Vgl. z. B. Luhmann (1987a), S. 653 ff.; Luhmann (1997a), S. 16 ff.

Gleichzeitig wird es bei einer Mehrzahl reflexiver Theorien freilich immer so sein, dass die eigene Theorie innerhalb des eigenen Theoriemodells als die beste aller möglichen Optionen dargestellt wird. Wäre dies nicht der Fall, hätte der Theoriearchitekt sich bei der Definition seiner Theorie mit suboptimalen Lösungen zufriedengegeben und müsste seine Bemühungen mit Hilfe der wissenschaftlichen Theorie neu beginnen, die sich in seinem ursprünglichen Theoriemodell als beste Option herauskristallisiert hat. Damit führt die Nutzung einer reflexiven Theorie immer zu einer Bestätigung dieser Theorie und liefert zugleich Ansatzpunkte für Kritik an alternativen Theorieangeboten. Es ist zu vermuten, dass dieser Sachverhalt nicht unbedingt dazu beiträgt, die Aufgabe des Absolutheitsanspruchs dieser reflexiven Theorien bei den Theoriearchitekten zu erleichtern.

Zusammenfassend ist zu konstatieren, dass das Theoriegebäude Luhmanns nach logischen Gesichtspunkten von innen heraus nicht angreifbar ist. Wissenschaftler, die dies kritisieren, tun dies zu Recht, jedoch ohne eine echte Alternative aufzeigen zu können, jedenfalls solange der Anspruch einer umfassenden Gesellschaftstheorie aufrechterhalten werden soll. Vor diesem Hintergrund bleibt nur eine Akzeptanz der Folgen dieser Theoriearchitektur.

Eine dritte Gruppe von Veröffentlichungen konzentriert ihre Kritik auf die Einschätzung Luhmanns, nach der **Menschen als Beobachtungskonstrukte sozialer Systeme** zu charakterisieren sind.[321] Ausgangspunkt dieser Kritiker ist in der Regel ein zunächst unbestimmtes „Unwohlsein" mit den Folgen dieser Theoriekonstruktion Luhmanns. Diese Empfindung ist zweifelsohne für jeden nachvollziehbar. Die konsequente Anwendung der Systemtheorie Luhmanns hat zur Folge, dass Menschen als Konglomerat unterschiedlichster autopoietischer Systeme zu klassifizieren sind. Zu einer konstruierten Einheit werden sie erst mit und durch Kommunikation.

Man stellt sich unwillkürlich die Frage: Kann eine solche Theoriekonstruktion korrekt sein? Können die Grundsätze einer Jahrhunderte alten humanistischen Denktradition, nach der der einzelne Mensch den Mittelpunkt allen Lebens und Handelns bildet, so einfach beiseite geschoben werden? Besonders eindrucksvoll skizziert Metzner die damit verbundenen Sorgen und Ängste: „Für Niklas Luhmann ist die heutige Gesellschaft in ‚funktionale Subsysteme ausdifferenziert'. Diese erbringen ihre Leistungen durch handelnden Vollzug einer jeweils kommunikativen Eigenlogik [...]. Den menschlichen Individuen, die er in der Umwelt dieser Funktionssysteme – ja der Gesellschaft überhaupt ansiedelt, bleibt nunmehr die Wahl, den Ansprüchen dieser Eigenlogik zu folgen oder als Störfaktor zu gelten, sofern sie sich nicht in

---

[321] Vgl. insbesondere Dziewas (1992), S. 113 ff.; Podak (1984), S. 733 ff.; Schöfthaler (1985), S. 372 ff.; Metzner (1989), S. 871 ff. und Schmid (2000), S. 127 ff. Knyphausen (1988), S. 120 ff. liefert eine Zusammenfassung der Diskussion.

Räume abdrängen lassen, in denen ihr Protest oder soziales Engagement folgenlos bleiben muß."[322] Vor dem Hintergrund dieser Analyse wirft er Luhmann vor, für eine inhumane und unmenschliche Gesellschaft zu plädieren, die durch eine Diktatur der Funktionssysteme geprägt ist.[323]

Bei Lichte betrachtet bleibt von dieser Argumentation jedoch nur wenig Substanz übrig. Die Positionierung des Bewusstseinssystems in der Umwelt der Gesellschaft darf nicht als eine Art Degradierung verstanden werden. Im Gegenteil: Eine Gesellschaftsbeschreibung könnte noch so facettenreich und vielschichtig sein – vor dem Hintergrund der Individualität der an der Gesellschaft beteiligten Bewusstseinssysteme würde eine solche Beschreibung immer grob und holzschnittartig bleiben, wenn sie versuchen würde, die Heterogenität dieser Systeme abzubilden. Erst die Positionierung des Bewusstseins außerhalb der Umwelt der Gesellschaft schafft den theoretischen Rahmen, die Individualität des Bewusstseins abzubilden. Letztlich steht hinter der Theoriekonstruktion Luhmanns lediglich die Einschätzung, dass die Besonderheiten sozialer Zusammenhänge sich nicht aus der individuellen Perspektive einzelner Menschen erschließen, sondern sehr viel besser aus einer ganzheitlich-systemischen Betrachtungsweise zu analysieren sind. Diese Entscheidung öffnet erst den Weg für die individuelle Analyse einzelner Bewusstseinssysteme außerhalb gesellschaftlicher Rahmenbedingungen.[324]

Dennoch lohnt sich ein zweiter Blick hinter die Theoriearchitektur Luhmanns an dem Punkt, an dem Bewusstseinssysteme außerhalb des Gesellschaftssystems verortet werden. Die entscheidende Weichenstellung im Theorieaufbau liegt in der Entscheidung für Kommunikation als Letzteinheit sozialer Systeme. Aus der Wahl von Kommunikation als definierendes Element für alles Soziale, verbunden mit dem Paradigma der autopoietischen Reproduktion, resultiert automatisch die Verortung von Bewusstsein in der Umwelt des Gesellschaftssystems. Wenn die Tatsache, dass alle Systeme ihre konstituierenden Systemelemente permanent aus diesen Elementen produzieren, als gegeben angesehen wird und gleichzeitig Kommunikation als Letztelement von sozialen Systemen definiert wird, kann in der Folge nur Kommunikation Kommunikation erzeugen. Alles andere liegt außerhalb. Dies gilt insbesondere für das Bewusstsein als konstituierendes Element eines Menschen.[325]

Im Zuge einer kritischen Analyse der Systemtheorie Luhmanns stellt sich daher die Frage, auf welche Art und Weise er zu dieser Festlegung für Kommunikation als Letzteinheit sozialer

[322] Metzner (1989), S. 871
[323] Vgl. ebd.
[324] Vgl. für diese Einschätzung auch Dachler (1985), S. 352
[325] Vgl. die ausführliche Erörterung im Kapitel II.4.4.

Systeme gelangt. Vor dem Hintergrund der bei Luhmann ansonsten üblichen Fülle der Veröffentlichungen überrascht das Ergebnis: Luhmann bleibt in seiner Argumentation an dieser Stelle bemerkenswert dünn. So erläutert er seinen Entschluss zur Wahl von Kommunikation als Letztelement sozialer Systeme in seinem Werk „Soziale Systeme" wie folgt: „Der basale Prozeß sozialer Systeme, der die Elemente produziert, aus denen diese Systeme bestehen, kann unter diesen Umständen nur Kommunikation sein."[326] Diese Umstände bleiben jedoch weitgehend im Dunkeln. So konstatiert Luhmann, dass in der Frage der konstituierenden E-lemente sozialer Systeme in der Vergangenheit zwei Alternativen in der wissenschaftlichen Diskussion erörtert wurden. Die beiden Optionen lauten Kommunikation und Handlung. Da Handlung als Letztelement im Lichte der neuen Erkenntnisse über autopoietische Reproduktionsprozesse als Option ausfalle, verbleibe lediglich Kommunikation als mögliche Lösung.[327] Über die Entscheidung, Handlung letztlich dennoch als komplexitätsreduzierende Konstruktion innerhalb des Kommunikationsprozesses in das Theoriegebäude einzubetten, sichert Luhmann später elegant die Integration auch der alternativen Theorieüberlegungen.

Bei dieser Vorgehensweise bleiben einige wesentliche Fragen unbeantwortet. So unterbleibt bei Luhmann beispielsweise eine exakte Prüfung, ob Handlungen nicht doch als Letztelemente autopoietischer Systeme taugen. Mit Hinweis auf den Grundsatz der operativen Geschlossenheit autopoietischer Systeme wird diese Option rasch verworfen. Das Ergebnis erscheint für ihn eindeutig: Neue Handlungen können nicht ausschließlich aus vergangenen Handlungen produziert werden – benötigt wird immer ein Zusatz.

Andere Autoren zweifeln die Eindeutigkeit dieser Aussage offen an. Ohne alternative Optionen für Letzteinheiten bis ins letzte Detail auf ihre Folgewirkungen für eine Gesellschaftsbeschreibung durchzudeklinieren, so wie Luhmann dies für Kommunikation getan hat, stellen sie doch die berechtigte Frage, ob überhaupt weitere Optionen für Letzteinheiten existieren, die mit den Grundsätzen autopoietischer Reproduktion vereinbar sind. So prüfen beispielsweise einige Autoren explizit die Vereinbarkeit von Handlung mit den Grundprinzipien der Autopoiesis.[328] Zweifelsohne ergibt die von Luhmann gewählte Option, Kommunikation als Letzteinheit alles Sozialen anzusehen, ein stringentes und in sich geschlossenes Theoriebild. Weiterhin sind alle Schlussfolgerungen voll vereinbar mit den Erkenntnissen der allgemeinen Systemtheorie, die aus dem dort vollzogenen Paradigmenwechsel resultieren. Dennoch ergeben sich Ansatzpunkte für Kritik: Luhmann hat diesen Erfolg nicht durch eine induktiv oder deduktiv abgeschlossene Analyse erzielt, sondern durch eine Prüfung der bisheriger Forschungsansätze auf ihre Tauglichkeit innerhalb des autopoietischen Theoriekonzeptes nach

[326] Luhmann (1987a), S. 192
[327] Vgl. Luhmann (1987a), S. 192 f.
[328] Vgl. z. B. Teubner (1987), S. 87 ff.; Kirsch (1997a), S. 232 ff.

dem „trial-and-error"-Prinzip. So öffnet er Spielräume für Spekulationen über mögliche Alternativmodelle, insbesondere bei den Kritikern, die mit den Konsequenzen dieses Theoriedesigns von Niklas Luhmann nicht einverstanden sind.

Im weiteren Verlauf der vorliegenden Arbeit soll dieser Aspekt jedoch weitgehend ausgeblendet werden. Das von Luhmann definierte Theoriegebäude ist schlüssig und hat seine Praxistauglichkeit bereits in mehreren Fällen unter Beweis gestellt. Alternative Theorieoptionen, welche die Ideen der autopoietischen Reproduktion mit anderen Letzteinheiten sozialer Systeme verknüpfen, liegen derzeit nicht in diesem ausgereiften Zustand vor. Entsprechende Ansätze werden daher im Rahmen dieser Arbeit nicht weiter verfolgt. Dennoch soll der angesprochene Kritikpunkt am Luhmannschen Theoriedesign als mögliche Schwachstelle im weiteren Verlauf der Theorieanwendung im Hinterkopf behalten werden.

6.4 Kritik an der Theorieanwendung durch Luhmann

Niklas Luhmann selbst hat durch die Anwendung seiner Systemtheorie auf zahlreiche Funktionssysteme eine Vielzahl neuer Erkenntnisse für unterschiedliche wissenschaftliche Disziplinen gewonnen. Da diese in vielen Fällen bisherigen Denktraditionen widersprechen oder zumindest den bis dato vorherrschenden wissenschaftlichen Horizont zum Teil erheblich erweitern, liegt es auf der Hand, dass die Mehrzahl der kritischen Anmerkungen zu Luhmanns Werk der dritten Kategorie, der Kritik an der Theorieanwendung, zuzurechnen sind.

Erwähnung finden sollen in diesem Zusammenhang insbesondere die Diskussionen über die systemtheoretischen Ausführungen Luhmanns zu den Funktionssystemen Erziehung[329], Religion[330], Literatur bzw. Kunst[331] und Recht[332]. Die einzelnen Argumente der Autoren können hier nicht im Detail wiedergegeben werden. Es fällt aber auf, dass sie sich hinsichtlich ihrer inhaltlichen Grundstrukturen regelmäßig ähneln. So wird eingeworfen, Luhmann habe in seinen Analysen zu den Funktionssystemen den einen oder anderen Sachverhalt der bisherigen Forschungslandschaft entweder unberücksichtigt gelassen oder überbewertet. Weiterhin wird bemängelt, Luhmann habe sich nicht kritisch genug mit den bestehenden Forschungsergebnissen auseinandergesetzt und sie seinen Resultaten gegenübergestellt. Schließlich enden die Ausführungen dieser Kritiker häufig mit einer Ergänzung der Luhmannschen Erkenntnisse um einige fachspezifische Details.[333]

[329] Vgl. u.a. Arnold (1995), S. 599 ff.; Corsi (2000), S. 267 ff.; Gause, Schmidt (1992), S. 178 ff.
[330] Vgl. u.a. Bahrenberg, Kuhm (1998), S. 193 ff.; Dallmann (1994), S. 114 ff.; Welker (1992), S. 355 ff.
[331] Vgl. insbesondere de Berg (2000), S. 175 ff.
[332] Vgl. u.a. Blankenburg (1994), S. 115 ff.; Druwe (1990), S. 103 ff.; Krawietz (1992), S. 247 ff.
[333] Vgl. z. B. Gause, Schmidt (1992), S. 184 ff.

Auch in diesem Fall ist die generelle Argumentationsleitlinie der Kritiker durchaus berechtigt. Luhmann hat sich im Vorfeld der Anwendung seiner Systemtheorie auf die verschiedenen Funktionssysteme nie mit Forschungsergebnissen aus diesen wissenschaftlichen Disziplinen im Detail aufgehalten. Stattdessen hat er sich regelmäßig darauf beschränkt, lediglich die großen Entwicklungslinien der bisherigen wissenschaftlichen Erörterung über die Spezifika der jeweiligen Funktionssysteme nachzuzeichnen. Berücksichtigt man die Zielsetzung Luhmanns, die Entwicklung einer Theorie der Gesellschaft, erscheint eine derartige Vorgehensweise durchaus gerechtfertigt. Für ihn gleichen demnach die Erörterung der Besonderheiten einzelner Funktionssysteme der Gesellschaft lediglich einzelnen Etappen auf dem Wege zur Erreichung des Gesamtziels.[334]

Andererseits erscheint vor diesem Hintergrund eine kritische Erörterung und etwaige Ergänzung der Ergebnisse, die durch die Anwendung der Luhmannschen Systemtheorie auf verschiedene soziale Phänomene entstanden sind, grundsätzlich gerechtfertigt. Wie bereits erwähnt, kann die Qualität der Anmerkungen im Einzelnen nicht im Rahmen dieser Arbeit erörtert werden. Allerdings ist die lebhafte wissenschaftliche Diskussion ein klares Indiz für die prinzipielle Eignung der Systemtheorie auch für wissenschaftliche Detailfragen.

6.5   Fazit

Niklas Luhmann hat mit seinem Werk innerhalb der wissenschaftlichen Gemeinschaft eine heftige Kontroverse ausgelöst. Nach näherer Betrachtung der Kernaussagen der Kritiken an seinem Theoriegebäude muss man jedoch konstatieren, dass nur wenig substantielle Ansatzpunkte übrigbleiben. So konnte beispielsweise die Kritik an der abstrakten Theoriedarstellung Luhmanns weitgehend entkräftet werden. Dennoch sollen die im Rahmen dieser Kategorie von Veröffentlichungen getätigten Aussagen dazu genutzt werden, die Effizienz der Anwendung der Luhmannschen Systemtheorie innerhalb der Betriebswirtschaftslehre kritisch zu erörtern. Diese Beurteilung erfolgt im Schlussteil dieser Arbeit.

Von denjenigen Veröffentlichungen, die Anmerkungen hinsichtlich der Theorieinhalte Luhmanns vortragen, verdienen einzig und allein diejenigen nähere Beachtung, die Kritik an der Definition von Kommunikation als Letzteinheit sozialer Systeme äußern. Die in diesem Abschnitt vorgenommene Analyse hat gezeigt, dass Luhmann seine Vorgehensweise an diesem Punkt nicht sauber hergeleitet hat. Das Ergebnis ist, trotz einiger ungewohnter Folgen (z. B. der Darstellung des Menschen als Konglomerat verschiedener Systeme), zweifelsohne beein-

---

[334]   Vgl. exemplarisch Luhmann (2000c), S. 11 ff.

druckend. Dennoch bleibt die Frage offen, ob es nicht auch anders geht. Mögliche Antworten auf diese Fragen werden im weiteren Verlauf der Arbeit nicht weiter behandelt, allerdings soll im Hinterkopf bleiben, dass Luhmann aufgrund eines Mangels in der Theoriearchitektur an dieser Stelle seinen Kritikern die Möglichkeit eröffnet, alternative Theorieoptionen zu erörtern.

Die Inhalte der Kritik an der Theorieanwendung durch Luhmann auf verschiedene Sozialsysteme, die insbesondere von den Vertretern der jeweils „betroffenen" Wissenschaftsdisziplinen vorgetragen werden, finden im weiteren Verlauf der Arbeit keine Berücksichtigung. Die Diskussionen zeigen jedoch, dass eine Adaption der Luhmannschen Systemtheorie zur Erörterung konkreter wissenschaftlicher Fragestellungen zumindest zu Resultaten führt, über die sich diskutieren lässt.

7 Statusbericht I: Unternehmen als autopoietische Systeme

Ziel der vorliegenden Arbeit ist die Analyse von Unternehmen mit Hilfe der modernen Systemtheorie. Der folgende Statusbericht soll erstmalig darüber Auskunft geben, welche Aussagen über die Funktionsweise von Unternehmen als autopoietische Systeme bereits jetzt, also nach Abschluss der Erörterungen des ersten Teils dieser Arbeit, möglich sind. Welche Erkenntnisse über die Spezifika von Unternehmen lassen sich aus den dargestellten Ausführungen über die Grundlagen der Systemtheorie Luhmanns und aus ihrer Anwendung auf Gesellschaft, Interaktion und Organisation ziehen? – Diese Frage bildet gewissermaßen die Überschrift über diesen ersten Statusbericht. Er bildet damit gleichzeitig eine zielorientierte Zusammenfassung des bisher Gesagten. Zudem stellt er den Auftakt für eine Reihe folgender Statusberichte dar, die immer dann in den laufenden Text eingeschoben werden, wenn im Abschnitt zuvor neue Erkenntnisse zusammengetragen werden konnten. Damit können die folgenden Ausführungen auch als eine Art Rahmen verstanden werden, der durch die folgenden Statusberichte sukzessive inhaltlich gefüllt wird.

Die Erkenntnisse über die Möglichkeiten, Unternehmen als autopoietische Systeme wissenschaftlich zu beobachten, die sich aus der Darstellung der Systemtheorie Luhmanns und ihrer Anwendung auf die drei typischen sozialen Systemtypen bislang ergeben haben, können in drei Kernaussagen zusammengefasst werden.

Kernaussage 1: Unternehmen sind autopoietische Systeme

An erster Stelle gilt es zu konstatieren, dass Unternehmen, wie alle anderen Systeme auch, entsprechend der Grundaussagen der allgemeinen Systemtheorie als autopoietische Systeme zu charakterisieren sind. Gleichzeitig ist es unzweifelhaft, dass Unternehmen soziale Phäno-mene repräsentieren. Sie zählen daher zur Kategorie der sozialen Systeme. Damit treffen sämtliche Erkenntnisse, die Luhmann über die Besonderheiten autopoietisch agierender Sozi-alsysteme zusammengetragen hat, auch auf die Funktionsweise von Unternehmen zu. Die wichtigsten seien an dieser Stelle nochmals zusammengefasst:

- Unternehmen als soziale Systeme bestehen ausschließlich aus Kommunikation. Sie produzieren ihre konstituierenden Kommunikationselemente im Zuge eines ge-schlossenen Prozesses fortlaufend aus nichts anderem als aus eben diesen Kommuni-kationselementen. Dabei stellt mitlaufender Sinn die Anschlussfähigkeit der einzel-nen Kommunikationselemente sicher und eine Reihe von spezifischen Kommunika-tionsmedien gewährleistet, dass überhaupt eine Kommunikation in Gang kommt.

- Unternehmen agieren in ihrem Reproduktionsprozess ausschließlich im Selbstkon-takt. Um ihre System-Umwelt-Differenz aufrechtzuerhalten und so den Reprodukti-onsprozess fortzuführen, sind Unternehmen darauf angewiesen, die in ihrer Umwelt und in ihrem eigenen System vorherrschende Komplexität durch Beobachtung zu re-duzieren. Sie erstellen deshalb gezwungenermaßen ein systemspezifisches und stark vereinfachtes Abbild der Realität, auf dessen Basis sie fortan ihre Reproduktion be-gründen. Dabei sind sie, wie jedes andere Unternehmen auch, den besonderen Schwächen des Beobachtungsprozesses ausgesetzt. Dazu zählt insbesondere der so-genannte „blinde Fleck" der Beobachtung, der eine reflexive Anwendung der Beo-bachtungsunterscheidung auf den Beobachter im Moment der Beobachtung aus-schließt. In welcher Art und Weise Sachverhalte aus der Umwelt in der Lage sind, das Unternehmen in seiner Reproduktion zu irritieren oder gar zu beeinflussen, ist al-leine abhängig von Entscheidungen und Prozessen innerhalb des Systems. Unmittel-bare Beziehungen zwischen Umwelt und Unternehmen sind per Definition ausge-schlossen.

- Im Zuge ihrer komplexitätsreduzierenden Selbstbeobachtung weisen Unternehmen Kommunikation gezwungenermaßen als Handlung aus. Im Moment der Beobachtung erscheint für das Unternehmen dann Handlung und nicht Kommunikation als nicht weiter auflösbares Letztelement, obwohl eine Beobachtung zweiter Ordnung die Schemenhaftigkeit einer solchen Annahme aufzeigt. Doch nur mittels derartiger Me-chanismen zur Komplexitätsreduktion wird die Realität für Unternehmen erfassbar und handhabbar.

- Systemelemente anderer Systemtypen, wie beispielsweise Bewusstseinselemente oder maschinelle Elemente, liegen in der Umwelt von Unternehmen. Sie können zwar vom Unternehmen thematisiert werden, allerdings nie in vollumfänglicher Art und Weise. Von besonderer Bedeutung ist dabei das Verhältnis von Unternehmen und den an der betrieblichen Kommunikation beteiligten Bewusstseinssystemen. Sie stehen miteinander in einer Beziehungsform, die Luhmann als Interpenetration beschreibt. Die Systeme bleiben dabei jeweils füreinander Umwelt, stellen jedoch wechselweise ihre Komplexität und ihre Strukturen für den Aufbau und die Fortentwicklung der Systemelemente zur Verfügung. Ohne Bewusstseinssysteme wären Unternehmen als soziale Einheiten nicht möglich. Sie bilden über ihren Kontakt zu den Sinnesorganen das Tor zur Umwelt für Unternehmen und können Unternehmen im Zuge der Kommunikation irritieren, jedoch nur soweit das Unternehmen dies zulässt. Menschen sind dabei entsprechend den Grundaussagen der Systemtheorie für Unternehmen als soziale Systeme nichts weiter als ein Bündel verschiedener Systemtypen, welches erst im Zuge von Kommunikation ihre Einheit erhält. Gleichwohl ist diese Konstruktion für Unternehmen essentiell, denn erst durch dieses komplexitätsreduzierende Bild gelingt auch eine Zurechnung von Kommunikation auf Handlung.

Kernaussage 2: Unternehmen bewegen sich innerhalb eines funktional strukturierten Gesellschaftssystems

Wie alle anderen Sozialsysteme auch, bewegen sich Unternehmen in der modernen Gesellschaft in einem Systemumfeld, welches entscheidend von den primär ausdifferenzierten Funktionssystemen der Gesellschaft dominiert wird. Sie sind es, die die Kommunikationsstrukturen aller anderen sozialen Systeme determinieren, indem sie jeweils die Wahrnehmung einer Funktion übernehmen, deren Erfüllung von der Gesellschaft nachgefragt wird. Die speziell zu diesem Zweck entwickelten Mechanismen und Kommunikationsstrukturen, wie binäre Codes oder die dazu gehörigen Programme, definieren die primär ausdifferenzierten Funktionssysteme im Zuge ihres autopoietischen Reproduktionsprozesses jeweils autonom für ihr System. Im Ergebnis ist unsere moderne Gesellschaft geprägt von hoch effizienten Kommunikationsstrukturen, die ausschließlich dem Zweck dienen, die gesellschaftlich relevanten Funktionen innerhalb der primär ausdifferenzierten Funktionssysteme zu erfüllen. Dieses hohe Maß an Spezialisierung führt gleichzeitig jedoch auch zu einer extremen Interdependenz der einzelnen Funktionssysteme untereinander. Jedes Funktionssystem ist im Zuge seiner Funktionswahrnehmung auf ein erfolgreiches Prozessieren aller anderen Funktionssysteme angewiesen.

In einer funktional strukturierten Gesellschaftsordnung übernehmen die Funktionssysteme auch die Lösung der Frage von Inklusion bzw. Exklusion von Bewusstseinssystemen in den Kommunikationsprozess. Sie handeln in freiheitlich orientierten Gesellschaften nach dem Grundsatz, dass prinzipiell jeder an Kommunikation in jedem Funktionssystem teilhaben kann. Die Inklusion aller bildet damit den Normalfall für die Funktionssysteme in modernen Gesellschaften. Die Realisierung von Diskriminierung, die für die Erfüllung der gesellschaftlichen Funktion notwendig ist, übernimmt aus gesellschaftlicher Perspektive ein anderer Systemtypus: die Organisationen. Organisationen zeichnen sich dadurch aus, dass sie den Versuch unternehmen, zielorientiert nach außen zu kommunizieren. Gerade um dieses Ziel zu erreichen, sind sie darauf angewiesen, ihren Kommunikationsbereich zu beschränken. Sie tun dies, indem sie Inklusion restriktiv behandeln und so Mitgliedschaft als Kommunikationskonstrukt begründen. Ob es Organisationen gelingt, die mit der Kommunikation nach außen formulierten Ziele tatsächlich zu erreichen, dafür kann in einer Welt autopoietischer Systeme, die alle in einem geschlossenen Prozess ihre Kommunikationsinhalte selbst definieren, niemand eine Garantie übernehmen.

Die Episoden der gesellschaftlichen Kommunikation bilden Interaktionssysteme. Sie sind beschränkt auf eine Kommunikation unter Anwesenden. Durch die verstärkte Nutzung von Verbreitungsmedien verlieren jedoch Interaktionssysteme in modernen Gesellschaften zunehmend an Bedeutung. Nur äußerst primitive Sozialsysteme lassen sich interaktionsnah begreifen. Dennoch bilden Interaktionen auch in der modernen Gesellschaft die Basis für die gesellschaftliche Weiterentwicklung.

Kernaussage 3: Wissenschaft ist ein nicht-privilegierter Beobachter der gesellschaftlichen Realität

Die für alle sozialen Systeme getätigten Aussagen gelten selbstverständlich auch für das Wissenschaftssystem. Wissenschaftliche Beobachtung von Realität mag sich im Vergleich zu anders strukturierten Beobachtungen besonders strengen Regeln unterwerfen. Einen gegenüber anderen Beobachtungen grundsätzlich privilegierten Charakter erhält sie dadurch jedoch nicht. Auch wissenschaftliche Beobachtung ist per Definition grundsätzlich immer paradox angelegt, weil sie gezwungen ist, das durch den Beobachter verwendete Differenzierungskriterium auf sich selbst anzuwenden und dies im Sinne der zweiwertigen Logik nicht gelingen kann. Den „blinden Fleck" kann auch wissenschaftliche Kommunikation nicht eliminieren. Auch wissenschaftliche Beobachtung kann die Realität nur komplexitätsreduzierend und damit allenfalls schemenhaft erfassen. Und schließlich kommt auch im Falle wissenschaftlicher Beobachtung dem kommunikativen Beobachter und seiner Wahl der Beobachtungsdifferenz die entscheidende Bedeutung bei der Erstellung des Beobachtungsergebnisses zu. Unterscheiden und Bezeichnen – die Definition einer Beobachtung nach Luhmann stellt den Beobachter und seine Unterscheidung in das Zentrum der Betrachtung, nicht das beobachtete Objekt.

Um seiner gesellschaftlichen Funktion, der Produktion von belastbarem Wissen, trotz dieser Schwierigkeiten auch weiterhin gerecht werden zu können, ist das Wissenschaftssystem gezwungen, die der wissenschaftlichen Kommunikation innewohnenden Paradoxien zu überdecken. Dazu stehen dem System eine Reihe von kommunikativen Instrumenten zur Verfügung. Dazu zählt vor allem der wissenschaftliche Diskurs, der eine zusammenführende Integration unterschiedlicher Standpunkte wissenschaftlicher Beobachtungen anstrebt, aber auch die Betonung der Wissenschaftlichkeit der verwendeten Programme zur Etablierung des wissenschaftsspezifischen Codes. Die Anwendung dieser Instrumente kann im Idealfall zu einer Überdeckung der beschriebenen Paradoxien führen, zu einer Auflösung führt sie gleichwohl nicht.

In diesem Zusammenhang ist zu betonen, dass auch wissenschaftliche Kommunikation als ein operativ geschlossenes System agiert. Alle angewandten Differenzierungscodes und Programme von Wissenschaft sind Festlegungen, die ausschließlich das System selbst definiert hat – und das im Eigenkontakt. Operative Geschlossenheit des Wissenschaftssystems heißt aber auch, dass wissenschaftliche Kommunikation, auch wenn sie sich noch so sehr bemüht, niemals direkte Anschlusskommunikation in der sozialen Umwelt von Wissenschaft, also der sogenannten „Praxis", erzeugen kann. Wissenschaft kann nur wissenschaftlich beobachten und beschreiben. Dies bedeutet freilich nicht, dass generell keine andere Beobachtungen möglich wären. Diese würden dann aber nicht mehr dem Wissenschaftssystem zugerechnet werden können.

8 Entwicklung eines Flussdiagramms zur Strukturierung der weiteren Vorgehensweise

Der vorgestellte erste Statusbericht über die vorliegenden Erkenntnisse zur Funktionsweise von Unternehmen als autopoietische Systeme bildet den Rahmen für die weitere Erkenntnissammlung. Im Folgenden wird es darum gehen, das aufgespannte Bild durch vorliegende wissenschaftliche Erkenntnisse sukzessive zu ergänzen und zu komplettieren. Das in diesem Abschnitt zu definierende Flussdiagramm soll einen möglichst effizienten und zielorientierten Weg aufzeigen, dieses zu tun.

Die dritte Kernaussage des ersten Statusberichts hat eines deutlich gemacht: Entscheidende Bedeutung für die Beantwortung der Frage, wie einzelne wissenschaftliche Erkenntnisse in ein Gesellschaftsbild autopoietischer Systeme zu integrieren sind, kommt der Position des Beobachters dieser wissenschaftlichen Kommunikation zu. Er ist es, der das Beobachtungsergebnis entscheidend determiniert, indem er die Grundstrukturen des Beobachtungsprozesses im Zuge seiner autopoietischen Reproduktion autonom festlegt. Wenn im Folgenden verschiedene Quellen aus der Betriebswirtschaftslehre und der Soziologie herangezogen werden, um die Funktionsweise von Untenehmen besser beschreiben zu können, so wird es wahrscheinlich so sein, dass die jeweiligen Autoren als wissenschaftliche Beobachter zumindest teilweise auch unterschiedliche Beobachtungsstrukturen verwendet haben, um zu ihren Beobachtungsergebnissen zu gelangen. Um entscheiden zu können, auf welche Art und Weise die jeweiligen Erkenntnisse zu integrieren sind in das zu erstellende Gesamtbild über Unternehmen als autopoietische Systeme, sind vor allem diese Prämissen der Beobachtung zu untersuchen. Sie bilden schließlich auch die entscheidenden Größen, die letztlich für das Beobachtungsergebnis verantwortlich sind. Kurz gesagt: Die von einem Autoren gewählte Beobachterperspektive definiert die Resultate seiner Beobachtung und gleichzeitig auch die Art und Weise, wie diese Erkenntnisse in das bereits aufgespannte Erkenntnisbild von Unternehmen als autopoietische Systeme einzubetten ist.

Die generell möglichen Verwendungsoptionen für weitere Quellen zur Detaillierung des ersten Statusberichts im folgenden Teil der Arbeit werden damit bereits jetzt sichtbar. Nur dann, wenn bei den jeweils untersuchten wissenschaftlichen Beobachtungen die für die Beobachtung herangezogene Unterscheidung sowie die Kriterien zur Anwendung dieser Differenz identisch sind mit denen des Luhmannschen Wissenschaftsprogramms, können diese „fremden" Erkenntnisse zur Erweiterung der Perspektive Luhmanns unmittelbar genutzt werden. Das durch die Ausarbeitungen Luhmanns entstandene Bild würde in diesem Fall punktuell ergänzt werden um weitere Aspekte über die Funktionsweise von Unternehmen als autopoietische Systeme. Konkretisiert bedeutet dies, dass nur dann, wenn wissenschaftliche Beobachter ebenfalls Unternehmen mit Hilfe der Unterscheidung System – Umwelt in der Luhmannschen Interpretation von Differenz und Identität erfassen, die Ergebnisse dieser Beobachtungen genutzt werden können, um das im ersten Statusbericht vordefinierte Bild von Unternehmen unmittelbar zu ergänzen.

Wissenschaftliche Erkenntnisse, die diese Voraussetzungen nicht erfüllen, können jedoch gleichwohl in das Gesellschaftsbild Luhmanns integriert und damit ebenfalls systemtheoretisch analysiert werden. Sie bilden dann allerdings alternative Beobachtungen des Wissenschaftssystems, die andere Beobachtungsdifferenzen und/oder andere Programme zur Anwendung dieser Differenz für ihren Erkenntnisgewinn benutzen. Damit stehen sie den Beobachtungen der modernen Systemtheorie prinzipiell gleichberechtigt gegenüber – mit dem Unterschied, dass ihnen andere Beobachtungsstrukturen zugrunde liegen. Dies führt jedoch dazu, dass ihre Erkenntnisse nicht mit denen der Beobachtungen unter Nutzung der Erkenntnisse der modernen Systemtheorie zu einem Gesamtbild über die Beobachtungsobjekt zu kombinieren sind.

Aufgrund der autologischen Komponente der Luhmannschen Systemtheorie taucht eben diese Theorie im Wissenschaftssystem der Gesellschaft, die mit Hilfe dieser Theorie beobachtet wird, zwangläufig als beste aller Optionen auf. Im Rahmen der Ausführungen zum Wissenschaftssystem wurde dieser Sachverhalt ja bereits ausführlich beschrieben. Dort wurde auch deutlich, dass es gänzlich unangebracht wäre, daraus einen Überlegenheitsanspruch dieser Theorie abzuleiten. Schließlich stellt diese Bewertung doch lediglich eine unausweichliche Konsequenz des Anspruchs der Systemtheorie dar, ausnahmslos alles Soziale erklären zu wollen. Damit gilt: Wenn im zweiten Teil der Arbeit einzelne wissenschaftliche Quellen als alternative Ansätze zur Luhmannschen Systemtheorie klassifiziert werden, dann stehen diese Erkenntnisse zwar gleichberechtigt neben denen der modernen Systemtheorie. Gleichzeitig wird die moderne Systemtheorie jedoch immer Argumente liefern, die dafür sprechen, dass diese alternativen Theorieansätze lediglich qualitativ minderwertige Alternativen zur modernen Systemtheorie darstellen. Würden diese Argumente nicht gefunden, dann müsste die Systemtheorie sich auf der Basis eben der Theorie neu definieren, für die keinerlei kritische Argumente gefunden werden konnten.

Aus den beschriebenen Erkenntnissen ergibt sich die Grundstruktur des Flussdiagramms, welches die Vorgehensweise im zweiten Teil der Arbeit beschreibt. Fest steht, dass vor einer Erörterung der Inhalte verschiedener Wissenschaftsansätze an erster Stelle eine exakte Analyse der Position des wissenschaftlichen Beobachtens zu stehen hat, die durch den jeweiligen Ansatz vertreten wird. Nur dann, wenn eine Übereinstimmung mit der Beobachtungsstruktur Luhmanns festgestellt werden kann, ist eine unmittelbare Ergänzung des zuvor skizzierten Bildes von Unternehmen als autopoietische Systeme durch die Erkenntnisse dieses alternativen Wissenschaftsansatzes überhaupt möglich. In allen anderen Fällen können diese Erkenntnisse lediglich als alternative wissenschaftliche Beobachtungen neben die systemtheoretisch strukturierten Beobachtungen gestellt werden – als gleichberechtigte, jedoch aus Sicht der Systemtheorie Luhmanns qualitativ unzureichende Optionen. Gleichwohl können sich aus der Kritik der modernen Systemtheorie an diesen Alternativansätzen hilfreiche Erkenntnisse für ihre Weiterentwicklung ergeben. Es gilt jedoch, den Fehler zu vermeiden, aus der beschriebenen Situation einen ausschließlichen Wahrheitsanspruch der modernen Systemtheorie ableiten zu wollen.

Um einen solchen Abgleich der Beobachtungsstrukturen vornehmen zu können, werden Informationen über die vom wissenschaftlichen Beobachter genutzte Beobachtungsdifferenz sowie über die Programme ihrer Anwendung benötigt. Analog zur Vorgehensweise bei der Darstellung der Systemtheorie Luhmanns ist es für die Zwecke der Gewinnung dieser Informationen hilfreich, vorab die Zielsetzung der wissenschaftlichen Beobachtung des zu untersuchenden Ansatzes zu bestimmen. Über diesen „Umweg" können das zugrunde gelegte Beobachtungsschema sowie die Grundprinzipien seiner Anwendung in der Regel anschließend umso leichter identifiziert werden.

Falls die Beobachtungsstrukturen der Systemtheorie Luhmanns und die des untersuchten Alternativansatzes übereinstimmen, ist es lohnenswert, sich auch mit den Erkenntnissen dieses Ansatzes näher zu beschäftigen. Eine geeignete Struktur ergibt sich mittelbar aus den Inhalten des ersten Statusberichtes. Generell soll im Folgenden zwischen zwei Ebenen der inhaltlichen Detaillierung des bisherigen Bildes von Unternehmen als autopoietische Systeme unterschieden werden. Dazu wird zum einen eine stärker am Gesellschaftssystem orientierte Makro-Ebene der Beschreibung von Unternehmen etabliert. Im Mittelpunkt dieser Ebene steht die Beantwortung der Frage, wie Unternehmen als autopoietische Systeme in der Lage sind, ihre Systemgrenzen gegenüber der Umwelt laufend aufrechtzuerhalten. Zur Beantwortung dieser Frage sind erstens Aussagen über die spezifische Charakteristik der Kommunikationselemente von Unternehmen notwendig. Voraussetzung für das Ausbilden derartig spezifischer Kommunikationsstrukturen ist, wie bereits bekannt, das sogenannte „re-entry" von System und Umwelt innerhalb von Unternehmen. Zweitens sind daher Antworten auf die Frage erforderlich, auf welche spezifische Art und Weise Unternehmen sich selbst und ihre Umwelt komplexitätsreduzierend beobachten. Oder anders formuliert: Wie stellen Unternehmen trotz ihrer operativen Geschlossenheit ein gewisses Maß an Umweltoffenheit sicher?

Während die Makro-Ebene der Beobachtung von Unternehmen das Wechselspiel zwischen dem Unternehmen als Gesamtsystem und der Gesellschaft betrachtet, widmet sich die Mikro-Ebene der Analyse der Binnenstruktur von Unternehmen. Im Mittelpunkt steht dabei die Frage, welche Subsysteme sich innerhalb des Gesamtsystems Unternehmung herausbilden und wie diese durch andere Subsysteme des Unternehmens oder aber durch Einflüsse von außen gesteuert bzw. beeinflusst werden können. Gerade die Beantwortung der Frage nach Wegen zur effizienten und zielorientierten Steuerung von Teilsystemen eines Unternehmens beinhaltet durch die Erkenntnisse der Theorie autopoietischer Systeme eine gewisse Brisanz. Denn schließlich handelt es sich auch bei den Subsystemen von Unternehmen um autopoietische, d.h. um operativ geschlossene, Systeme, die per Definition keinen direkten und unmittelbaren Umweltkontakt zulassen, sondern nur autonom bestimmen können, wann und wie Umwelteinflüsse die systemeigene Kommunikation reizen können.

Nachfolgende Abbildung stellt das ausgearbeitete Flussdiagramms für die Strukturierung der weiteren Vorgehensweise im zweiten Teil der Arbeit nochmals zusammenfassend vor:

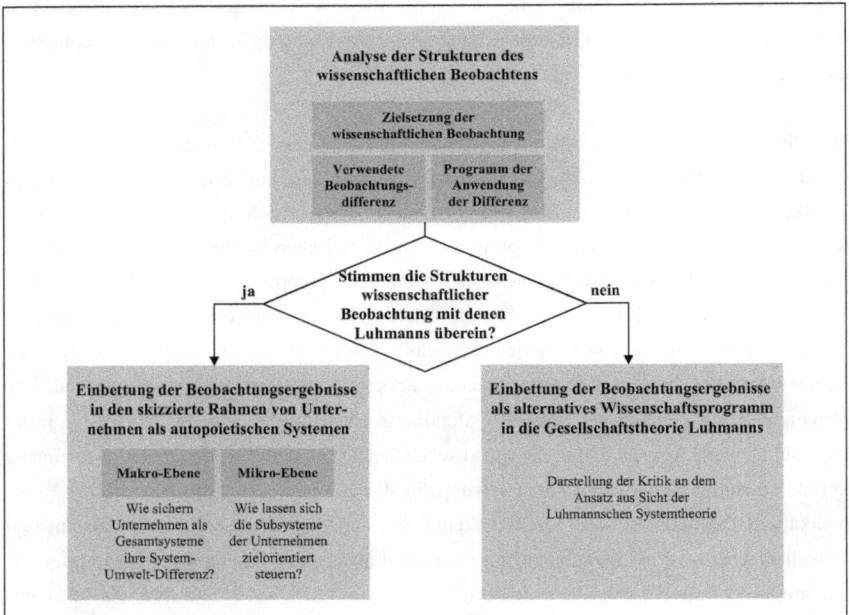

Abb. 3: Flussdiagramm zur Strukturierung der weiteren Vorgehensweise

III   Die Anwendung: Unternehmen als autopoietische Systeme

1   Einleitung

Was zeichnet die Funktionsweise von Unternehmen aus, wenn man sie als autopoietische Systeme begreift? – So lautet die zentrale Frage, die es im zweiten Teil dieser Arbeit zu beantworten gilt. Die Erfolgsaussichten, eine zufriedenstellende Antwort geben zu können, scheinen gut: So konnte zum Abschluss des ersten Teils der Arbeit aus einer spezifischen Aufarbeitung der Grundaussagen der Luhmannschen System- und Gesellschaftstheorie bereits ein erster Erkenntnisrahmen definiert werden. Im Folgenden wird es darum gehen, das Analysebild der Spezifika von Unternehmungen, welches durch diesen Rahmen bereits vorstrukturiert wurde, weiter zu detaillieren. Auch eine für diesen Zweck geeignete Vorgehensweise konnte ja bereits definiert werden.

Erschwert wird eine etwaige Zielerreichung innerhalb des zweiten Teils der Arbeit allein durch die Tatsache, dass man eine umfassende Analyse der Funktionsweise von Unternehmen unter Verwendung der Erkenntnisse der modernen Systemtheorie sowohl innerhalb der Soziologie als auch in der Betriebswirtschaftslehre bislang vergeblich sucht. Daraus ergibt sich vor allem eine Konsequenz: Es wird erforderlich sein, die Erkenntnisse aus einer ganzen Reihe von wissenschaftlichen Quellen dahingehend zu überprüfen, ob sie sich dafür eignen, Unternehmen als autopoietische Systeme zu begreifen.

In welchen Bereichen sind nun diese wissenschaftlichen Quellen zu suchen? Die Inhalte des entwickelten Flussdiagramms haben vor allem eines deutlich gemacht: Eine Übereinstimmung der wissenschaftlichen Beobachterstrukturen mit denen, die Luhmann verwendet, bildet die Voraussetzung dafür, dass die Erkenntnisse dieser Beobachtung unmittelbar dafür genutzt werden können, das bisherige Verständnis über Unternehmen als autopoietische Systeme zu ergänzen. Damit bieten sich für eine Detaillierung des erstellten Rahmens an erster Stelle zweifelsohne wiederum die Arbeiten von Luhmann selbst an. Aufgrund des hohen Maßes an Stringenz, was die Nutzung der von ihm definierten Systemtheorie in seinen gesamten Veröffentlichungen angeht, kann man bei seinen Ausarbeitungen weitgehend sicher sein, dass sie die beschriebenen Voraussetzungen an die Struktur des wissenschaftlichen Beobachters erfüllen.

Daher widmet sich das folgende Kapitel erneut den Ausführungen Luhmanns. Diesmal allerdings mit anderen Vorzeichen als im ersten Teil der Arbeit: Während seine Ausarbeitungen dort dazu genutzt wurden, einen theoretischen Rahmen für die Analyse über die Funktionsweise von Unternehmen zu erarbeiten, stellen sie im zweiten Teil der Arbeit eine mögliche Quelle unter vielen anderen dar, um diesen Rahmen weiter zu detaillieren. Während der erste Teil der Arbeit fast ausschließlich auf den Erkenntnissen Luhmanns beruht, stehen seine Veröffentlichungen im zweiten Teil der Arbeit gleichberechtigt neben anderen wissenschaftlichen Quellen, die freilich ihre Eignung für die Ziele dieser Arbeit entsprechend der im Flussdiagramm formalisierten Voraussetzungen erst noch unter Beweis stellen müssen. Hintergrund für diese Unterscheidung ist die Tatsache, dass Luhmann selbst sich nie explizit mit den spezifischen Charakteristika von Unternehmen beschäftigt hat. Dennoch soll im folgenden Kapitel der Versuch unternommen werden, Einzelaspekte aus seinen Ausarbeitungen herauszufiltern, die geeignet sind, den bisherigen Detaillierungsgrad der Erkenntnisse über Unternehmungen zu steigern.

Es darf jedoch vermutet werden, dass die Ausarbeitungen der Betriebswirtschaftslehre sehr viel mehr dazu beitragen können, Klarheit zu schaffen über die Besonderheiten der Funktionsweise von Unternehmen. Schließlich bildet genau dieser Sachverhalt das originäre Erkenntnisziel dieser Wissenschaftsdisziplin. Daher widmet sich das dritte Kapitel dieses Teils der Arbeit ausschließlich der Überprüfung betriebswirtschaftlicher Erkenntnisse im Sinne der Zielsetzung dieser Arbeit. Vor dem Hintergrund der Vielzahl unterschiedlicher Theorieansätze in der Betriebswirtschaftslehre stellt sich jedoch die Frage nach einer praktikablen Struktur für dieses Unterfangen.

Die vorliegende Arbeit lehnt sich zu diesem Zweck an eine Differenzierung an, die in der Lage war, die theoretische Diskussion innerhalb der Betriebswirtschaftslehre zumindest seit den 70er Jahren des 20. Jahrhunderts erfolgreich zu strukturieren. Zu diesem Zeitpunkt begannen sich in der Betriebswirtschaftslehre drei große Theorieschulen zu etablieren, die den unterschiedlichen Stoßrichtungen im Rahmen der Forschung Rechnung trugen. Die Rede ist von der Differenzierung in entscheidungs-, verhaltens- bzw. systemorientierte Ansätze der Betriebswirtschaftslehre.[335]

Trotz ihrer großen konzeptionellen Differenzen ist den drei Ansätzen eines gemeinsam: Sie alle nutzen den produktivitäts- oder faktortheoretischen Theorieentwurf von Erich Gutenberg als Anknüpfungs- und Referenzpunkt für ihre Theoriemodelle. Damit sind Gutenbergs Arbeiten nach Ansicht vieler Beobachter der betriebswirtschaftlichen Historie nicht nur entscheidend verantwortlich für die Etablierung der Betriebswirtschaftslehre als anerkannte Wissenschaftsdisziplin nach dem Zweiten Weltkrieg in Deutschland.[336] Sie bilden auch den Schlüssel

---

[335] Vgl. beispielsweise die Zusammenstellung der Aufsätze in Kortzfleisch (1971): Heinen (1971), S. 21 ff.; Rühli (1971), S. 39 ff.; Ulrich (1971), S. 43 ff.; Meffert (1971), S. 167 ff.
[336] Vgl. z. B. Wöhe (1990), S. 74 ff.; Albach (2002), S. 39; Witt (1995), S. 28

für die Identifikation und das Verständnis der Sachverhalte, welche die Innovationen der genannten Theorieansätze der Betriebswirtschaftslehre erst auszeichnen.

Demnach wird das dritte Kapitel dieses Teils der Arbeit insgesamt vier große Unterkapitel umfassen: Neben den entscheidungs-, verhaltens- und systemorientierten Ansätzen der Betriebswirtschaftslehre wird zunächst der produktivitäts- oder faktortheoretische Ansatz Gutenbergs dahingehend überprüft, ob die aus den einzelnen Ansätzen resultierenden Erkenntnisse jeweils dazu beitragen können, das bisherige Bild von Unternehmen als autopoietische Systeme zu ergänzen.

An dieser Stelle soll jedoch nicht verschwiegen werden, dass in der betriebswirtschaftlichen Diskussion immer wieder Innovationen auftauchen, die die vorgestellte Liste von Theorieansätzen scheinbar ergänzen.[337] Dennoch wird die im Rahmen dieser Arbeit verwendete Struktur nicht weiter ergänzt. Es kann nicht das Ziel der Analyse dieser Arbeit sein, alle vorhandenen methodischen Veröffentlichungen der Betriebswirtschaftslehre auf ihre Tauglichkeit für die Konstruktion von Unternehmen mit Hilfe der Systemtheorie Luhmanns hin zu überprüfen. Dies würde ihren Rahmen bei weitem sprengen. Realistisch ist allerdings eine Überprüfung der Tauglichkeit derjenigen Leitgedanken und Ideen, die die betriebswirtschaftliche Diskussion entscheidend geprägt haben. Für diese Zielsetzung erscheint das vorgestellte Kategorienschema gut geeignet, zumal die vorgestellte Struktur von einer Vielzahl von Autoren bereits in dieser Form für strukturell vergleichbare Analysen übernommen wurde.[338]

Nach der Beschäftigung mit den unternehmensrelevanten Inhalten aus dem Gesamtwerk Luhmanns sowie einer Analyse der zentralen betriebswirtschaftlichen Theorieangebote erfolgt im anschließenden vierten Kapitel dieses Teils der Arbeit eine Erörterung von Einzelveröffentlichungen aus den Bereichen der Soziologie, der Betriebswirtschaftslehre sowie der wissenschaftlichen Fundierung der Praxis der systemischen Unternehmensberatung. Diese zeichnen sich zunächst einmal dadurch aus, dass sie in ihrer Grundstruktur und ihrem Aufbau übereinstimmend eine Ähnlichkeit mit der wissenschaftlichen Beobachtungsstruktur aufweisen, wie Luhmann sie verwendet. Allein diese Tatsache macht es für diese Arbeit attraktiv, sich intensiver mit ihren Inhalten zu beschäftigen, auch wenn sie nicht den umfassenden Charakter elaborierter Theorieangebote aufweisen können. Es besteht jedoch die Hoffnung, dass durch die Inhalte dieser Veröffentlichungen die bis dato zusammengetragenen Erkenntnisse über Unternehmen als autopoietische Systeme punktuell ergänzt werden können.

---

[337] Vgl. z. B. Albach (2002), S. 39
[338] Vgl. z. B. Klein, Krebs (1998), S. 43 ff.; Schanz (1990), S. 109 ff.; Witt (1995), S. 28; Wöhe (1990), S. 73 ff., die ebenfalls diesen Strukturierungsansatz verwenden.

Der zweite Teil dieser Arbeit schließt mit einer Zusammenfassung der wichtigsten Erkenntnisse sowie mit einem Fazit.

Abschließend sei erwähnt, dass entsprechend der Vorgaben des zuvor entwickelten Flussdiagramms die Gliederung der folgenden Kapitel jeweils eine identische Struktur aufweisen wird. Zunächst wird für alle Quellen geprüft, ob die von den jeweiligen Autoren bezogene Beobachterposition überhaupt eine direkte Einbettung der Inhalte ihrer Beobachtungen über die Funktionsweise von Unternehmen in den feststehenden systemtheoretischen Rahmen erlaubt. Ist dies der Fall, wird zunächst der Versuch unternommen, die Inhalte der Ausarbeitungen für eine Vervollständigung der Erkenntnisse auf der Makro-Ebene der Betrachtung zu nutzen, bevor anschließend überprüft wird, ob die jeweils betrachtete Quelle auch für die Beantwortung von Fragen auf der Mikro-Ebene der Beobachtung von Unternehmen geeignet ist. Immer dann, wenn in substantiellem Umfang neue Erkenntnisse über die Funktionsweise von Unternehmen zusammengetragen werden konnten, wird der laufende Text durch aktualisierte Statusberichte unterbrochen. Diese detaillieren dann jeweils den vorliegenden ersten Statusbericht, der bekanntermaßen den Rahmen für die Erkenntnisgewinnung in diesem Teil der Arbeit bildet.

2 Aussagen zur Funktionsweise von Unternehmen als autopoietische Systeme im Gesamtwerk Luhmanns

2.1 Die Analyse der Strukturen des wissenschaftlichen Beobachtens

Die Analyse der Strukturen wissenschaftlichen Beobachtens kann im vorliegenden Fall rasch abgeschlossen werden. Niklas Luhmann hat in all seinen wissenschaftlichen Arbeiten stringent ein einziges Theorieprogramm verwendet: Die von ihm selbst entwickelte Spielart der Systemtheorie. Damit kann auch die von ihm gewählte Beobachtungsstruktur sowie ihre Verwendung leicht identifiziert werden: Luhmann hat in allen seinen Veröffentlichungen die Realität mit Hilfe der Unterscheidung System – Umwelt unter Nutzung der Unterscheidung von Identität und Differenz beobachtet. Dies hat entsprechend der Struktur des Flussdiagramms, welches die Vorgehensweise in diesem zweiten Teil der Arbeit definiert, zur Folge, dass die auf diese Art und Weise zustande gekommenen Erkenntnisse, soweit sie denn hilfreich sind, unmittelbar in den skizzierten Rahmen über die Funktionsweise von Unternehmen als autopoietische Systeme integriert werden können.

2.2 Die Einbettung der Beobachtungsergebnisse in den skizzierten Rahmen von Unternehmen als autopoietische Systeme

2.2.1 Einführung: Das Unternehmen als Spezialfall eines Organisationssystems innerhalb des Wirtschaftssystems

Im Folgenden steht also erneut eine Beschäftigung mit den Veröffentlichungen Luhmanns auf dem Programm. Vor dem Hintergrund der bisherigen Erkenntnisse drängt sich die Frage auf, was ein Autor, der sich bekanntermaßen nie explizit zu Unternehmen geäußert hat, dazu beitragen kann, das Verständnis über diese Spezialform sozialer Systeme zu vertiefen.

Wenn man es genau nimmt, beschränkt sich Luhmanns Beitrag in dieser Sache auf nur eine einzige Aussage: Ein Unternehmen stellt aus seiner Sicht eine spezifische Form eines Organisationssystems dar, welches primär Kommunikation innerhalb des funktional ausdifferenzierten Wirtschaftssystems betreibt.[339] So unscheinbar diese Aussage zunächst anmutet, resultiert aus ihr gleichwohl eine ganz entscheidende Weichenstellung für die weitere Vorgehensweise zur Analyse der Spezifika von Unternehmen. Sie besagt, dass eine wissenschaftliche Beobachtung von Unternehmen auf einer Detaillierungsstufe unterhalb der allgemeinen Aussagen über die Funktionsweisen sozialer Systeme sich zunächst einmal darauf beschränken kann, Näheres über die Charakteristika von Organisationen und über die Besonderheiten des primär ausdifferenzierten Wirtschaftssystems zu erfahren. Oder anders ausgedrückt: Wer mehr über Unternehmen wissen möchte, der soll sich genau anschauen, wie Organisationen funktionieren und welche Eigenschaften das Wirtschaftssystem auszeichnen. Aus beiden Zusammenhängen lässt sich ein Erkenntnisrahmen für die weitere Analyse der Funktionsweise von Unternehmen schaffen, der zwar hinsichtlich seines Detaillierungsniveaus weiter zu steigern ist, der allerdings gleichzeitig in der Lage ist, das Möglichkeitsspektrum der Analyseinhalte sehr viel stärker einzuschränken, als dies der erste Statusbericht dieser Arbeit getan hat.

Die Erkenntnisse Luhmanns über die Funktionsweise von Organisationen und seine Ausführungen über die Besonderheiten des Wirtschaftssystems bilden folglich einen idealen ersten Schritt im Rahmen der Analyse von Unternehmen als autopoietische Systeme. Dementsprechend widmen sich die folgenden Abschnitte den zentralen Aussagen aus diesen beiden Themenbereichen. Die Struktur der Darstellung orientiert sich dabei zunächst an dem bereits bekannten Wissen über die Besonderheiten von Organisationssystemen. So werden an erster Stelle Entscheidungen als die Letztelemente von Organisationen näher betrachtet. Daran

---

[339] Dies leitet Luhmann zwar nicht explizit her, sondern erwähnt es eher beiläufig. Vgl. Luhmann (2000c), S. 19 und S. 406. Gleichwohl kann diese Aussage zur näheren Detaillierung der Erkenntnisse über Unternehmen verwendet werden.

schließt sich eine Analyse der Hintergründe an, welche die Ursachen dafür bilden, dass Organisationen permanent Entscheidungen treffen müssen, bevor im Anschluss untersucht wird, über welche Möglichkeiten Organisationen verfügen, diesen permanenten Entscheidungsdruck abzuschwächen. Die besondere Bedeutung des Kommunikationskonstruktes Mitgliedschaft für Organisationen steht im Mittelpunkt der Analyse des vierten Abschnitts. Schließlich wird die Beschreibung der Beiträge, die aus dem Gesamtwerk Luhmanns zur Detaillierung des Bildes von Unternehmen als autopoietische Systeme verwendet werden können, abgeschlossen durch eine Zusammenstellung seiner Ausführungen über die Funktionsweise des primär ausdifferenzierten Funktionssystems Wirtschaft.

Aus der groben Beschreibung der Inhalte der Veröffentlichungen Luhmanns, die in den folgenden Abschnitten vorgestellt werden sollen, lässt sich bereits jetzt ableiten, auf welcher Ebene der Analyse seine Erkenntnisse dazu beitragen werden, den vorliegenden ersten Statusbericht zu detaillieren. Durch die Aussagen über die Besonderheiten von Organisationssystemen und den Kommunikationsstrukturen des Wirtschaftssystems wird die Makro-Ebene der Analyse von Unternehmen näher beschreiben. Es wird sichtbar werden, was eine Organisation im Vergleich zu anderen Sozialsystemen auszeichnet und was sie im Zuge ihrer Reproduktion in die Lage versetzt, diese Besonderheiten permanent aufrechtzuerhalten. Und aufgrund der Tatsache, dass die Menge aller Organisationen auch alle Unternehmen umfasst, gilt das Gesagte immer auch für den Spezialfall einer Unternehmung. Zusätzlich lassen sich aus den Ausführungen über das Funktionssystem Wirtschaft, in dessen Rahmen sich die Kommunikation einer Unternehmung bewegt, erste Hinweise darüber ableiten, was die besonderen Kommunikationsstrukturen von Unternehmungen im Vergleich zu anderen Organisationen auszeichnen.

Vor dem Hintergrund der gewonnenen Erkenntnisse wird auch deutlich, warum Luhmann es sich leisten kann, eine Theorie der Gesellschaft zu entwerfen, ohne dabei Unternehmen als soziale Systeme näher zu betrachten. Und das, obwohl es in unserer modernen Gesellschaft fast unmöglich zu sein scheint, einen Tag zu verbringen, ohne überhaupt mit irgendeinem Unternehmen oder einem seiner Produkte konfrontiert zu werden. Es ist für ihn einfach zielführender, Unternehmen der Gruppe von Organisationssystemen zuzurechnen, die aus der Perspektive der Gesellschaft die weitaus größere und bedeutendere Systemkategorie bildet. So kann er sich fortan darauf konzentrieren, die Besonderheiten von Organisationssystemen näher zu beschreiben und erreicht damit sein übergeordnetes Ziel, die Ausarbeitung einer Theorie der Gesellschaft, wesentlich effizienter und schneller als über eine separate Diskussion der Spezifika von Unternehmen.

2.2.2 Die Position von Unternehmen im gesellschaftlichen Kontext: Die Makro-Ebene der Betrachtung

2.2.2.1 Die Kommunikationselemente von Organisationen: Entscheidungen

Organisationen, und damit auch Unternehmen, bestehen aus nichts anderem als aus Entscheidungen. Dies ist bereits bekannt. Was genau die Besonderheiten dieser Kommunikationselemente auszeichnet, ist hingegen bislang nur holzschnittartig beschrieben worden und soll daher im Folgenden näher analysiert werden. Luhmann stellt zunächst fest, dass Entscheidungen, wie jede andere Kommunikation auch, mittels systemspezifischer Beobachtungen konstituiert werden. Die Besonderheit des Kommunikationstypus Entscheidung ergebe sich nun aus der Wahl einer spezifischen Unterscheidung im Zuge der Beobachtung. Genauer: Entscheidungen sind kommunizierte Realitätsbeobachtungen, die mit Hilfe von Alternativen gewonnen wurden. Damit mache die Wahl der Form „Alternative" im Verlauf der vorgelagerten Beobachtung eine Kommunikation erst zu einer Entscheidung.[340]

Was zeichnet Alternativen im Vergleich zu anderen Beobachtungsdifferenzen nun aber besonders aus? Luhmann gibt darauf folgende Antwort: „Alternativen sind besondere Arten von Unterscheidungen. Sie sehen, wie jede Unterscheidung, zwei Seiten vor, setzen aber voraus, dass beide Seiten der Unterscheidung erreichbar sind, also beide Seiten bezeichnet werden können."[341]

Um die mit einer solchen Konstruktion verbundenen Konsequenzen erkennen zu können, ist das Hinzuziehen der Grundprinzipien des mathematischen Formenkalküls von Spencer-Brown erforderlich. Nach Spencer-Brown dient eine Unterscheidung immer nur dazu, etwas Bestimmtes von allem anderen zu unterscheiden. Durch Beobachtung werde ein bestimmter Bereich markiert und damit entstehe parallel ein unmarkierter Restzustand. Selbstverständlich könne jederzeit die Grenze zum unmarkierten Zustand überschritten werden. Jede Bezeichnung in diesem bislang unmarkierten Areal erfordere jedoch eine weitere Unterscheidung, die wiederum einen unmarkierten Bereich als Nebeneffekt entstehen ließe.[342] Damit gilt: Die Frage, ob sich ein Unternehmen für eine Investitionsalternative A oder eine Investitionsalternative B entscheiden soll, ist entsprechend dieser Definition das Ergebnis der Anwendung von zwei verschiedenen Unterscheidungen. Zunächst wird mit Hilfe einer durch den Beobachter definierten Unterscheidung zwischen der Investition A und dem Rest der Welt differenziert. Die Alternative B taucht in der entstehenden Residualgröße zunächst gar nicht auf. Will man

340 Vgl. Luhmann (2000c), S. 132
341 Luhmann (2000c), S. 133
342 Vgl. Spencer-Brown (1969), S. 4 ff.

dennoch eine Alternative B konstruieren, ist die Anwendung einer weiteren Differenz erforderlich.

Das Formenkalkül Spencer-Browns führt, wenn man es auf die Definition von Alternativen nach Luhmann anwendet, zu einem bemerkenswerten Resultat: Beobachtungen unter der Nutzung der Unterscheidung von Alternativen sind Beobachtungen, die theoretisch überhaupt nicht zulässig sind. Dennoch existieren sie, wie Luhmann ausführt, in der Realität: Organisationssysteme beobachten permanent ihre Realität mit Hilfe von Alternativen und erzeugen so Entscheidungen. Damit müssen Beobachtungen auf der Basis von Alternativen durch ein kommunikatives Zusammenführen verschiedener Unterscheidungen zu einer einzigen Differenz entstehen – ein Vorgehen, dass nach den Grundsätzen des Formenkalküls Spencer-Browns eigentlich nicht möglich ist.

Dies führt laut Luhmann zu zweierlei Effekten: Zum einen entsteht für das beobachtende System ein Beobachtungsergebnis, welches die Kontraste zwischen den Alternativen deutlich überbewertet. Wer zwischen A und B differenziert statt zwischen A und dem Rest der Welt, der erkennt schärfere Unterscheidungen in den Merkmalen der beiden Optionen. Damit bereitet eine Beobachtung mittels Alternativen nicht nur für das System, welches durch diese Beobachtung eine kommunikative Entscheidung entstehen lässt, sondern auch für einen späteren Beobachter zweiter Ordnung Begründungen vor, warum überhaupt eine Entscheidung getroffen werden musste. Die Welt erscheint plötzlich als ein Bündel möglicher Alternativen, deren Inhalte sich stark voneinander unterscheiden und in der man sich zwangsläufig für eine Alternative entscheiden muss, um auch zukünftig weiter kommunizieren zu können.[343]

Zum Zweiten wird durch die Bündelung von mindestens zwei Differenzen zu einer Unterscheidung das jeder Beobachtung innewohnende Problem des blinden Flecks überdeckt. Man wird die dahinter stehende Paradoxie der Beobachtung zwar nicht los, aber es fällt bei einer Beobachtung mittels Alternativen für einen Beobachter zweiter Ordnung wesentlich leichter, sie zu ignorieren. Denn schließlich tritt für ihn die notwendige Entscheidung zwischen den beschriebenen Alternativen in den Vordergrund, während die Auseinandersetzung um die Paradoxie der Beobachtung unbeachtet bleibt.[344]

In welchem Verhältnis stehen nun aber Entscheidung und Alternative? Luhmann betont zunächst, dass die Entscheidung selbst als Alternative gar nicht vorkommt. Sie ist nicht eine der

---

[343] Vgl. Luhmann (2000c), S. 130 ff.
[344] Vgl. Luhmann (2000c), S. 133 f. Zur Erinnerung: Das Problem des „blinden Flecks" einer Beobachtung wird erst für einen Beobachter zweiter Ordnung sichtbar. Im Moment der Beobachtung selbst ist die Beobachtung per Definition nicht fähig, sich selbst zu beobachten, und daher immer naiv.

Alternativen, die man auswählen könnte. Alternative A oder Alternative B – weder die eine noch die andere Option bildet eine Entscheidung. Man kann sich für Alternative A oder B entscheiden, die Entscheidung an sich ist jedoch keine separate Alternative. Gleichzeitig gäbe es ohne Alternativen auch keine Entscheidung. Entscheidungen entstehen ja gerade durch eine Beobachtung durch Verwendung der Unterscheidung „Alternative". Luhmann folgert daraus: „Also scheint die Entscheidung das eingeschlossene ausgeschlossene Dritte zu sein; oder das Beobachten, das die Unterscheidung verwendet, sich aber bei diesem Vollzug nicht selber bezeichnen kann [...]"[345]

Eine Entscheidung ist damit etwas, was mit einer Beobachtung auf der Basis von Alternativen in unmittelbarem Zusammenhang steht, jedoch nicht in ihr auftaucht – eben das, was Luhmann als ausgeschlossenes, aber dennoch integriertes Drittes bezeichnet. Für Luhmann deutet diese Erkenntnis darauf hin, dass eine Entscheidung nur an der Stelle einer Beobachtung verortet werden kann, wo eine Unbeobachtbarkeit der Beobachtungsoperation vorliegt. Ansonsten würde die Entscheidung ja im Moment der Beobachtung für das beobachtende System sichtbar. Diese Voraussetzung ist genau dort gegeben, wo sich die Paradoxie der Beobachtung entfaltet, nämlich am Standpunkt des (kommunikativen) Beobachters. Damit ist er es, der durch die Wahl von Alternativen als Beobachtungsunterscheidung und durch eine von ihm selbst definierte Handhabung dieser Unterscheidung die Beobachtung definiert und damit gleichzeitig eine Entscheidung herbeiführt. Wie diese Entscheidung zustande gekommen ist, was die Hintergründe für diese Entscheidung waren, wird dabei für immer unbeobachtbar bleiben. Sie sind ja selbst für den kommunikativen Beobachter mittels Alternativen im Moment der Beobachtung nicht beobachtbar. Fest steht nur, dass sie das originäre Produkt eines kommunikativen Beobachters ist, der eine Beobachtung der Realität mittels Alternativen angestoßen hat und damit gleichzeitig eine Entscheidung konstituiert.[346]

Diese Definition einer Entscheidung umfasst Einschätzungen, die denen der „klassischen" Entscheidungstheorie widersprechen. So ist zu betonen, dass nach den Erkenntnissen der modernen Systemtheorie Entscheidungen rein kommunikative, d.h. soziale Sachverhalte darstellen. Nur Kommunikation lässt Entscheidungen entstehen, nicht etwa Menschen. Psychische Systeme sind zwar über die Konstruktion der Interpenetration an dieser Kommunikation beteiligt, können diese aber nur dann irritieren, wenn das soziale System dies zulässt. Die Person des Entscheiders, der Verantwortung für die inhaltliche Ausrichtung von Entscheidungen übernimmt, ist damit nichts mehr als eine kommunikative Konstruktion, um Entscheidungen überhaupt handhabbar und beobachtbar zu machen. Sie bilden allenfalls ein müdes Abbild der

[345] Luhmann (2000c), S. 135
[346] Vgl. Luhmann (1993k), S. 287 ff.

tatsächlichen Einflussfaktoren und Wechselwirkungen rund um das Zustandekommen von Entscheidungen. Wir kommen auf dieses Schema zurück. Auch der Begriff der Auswahl (choice), den die Entscheidungstheorie zur Erklärung von Entscheidungssachverhalten häufig verwendet, kann die Realität nicht annähernd korrekt beschreiben. Dass eine Auswahl stattgefunden hat, kann überhaupt nur ein Beobachter zweiter Ordnung erkennen, wenn bereits eine Entscheidung vorliegt. Die Einnahme einer solchen Beobachterposition ist jedoch dem beobachtenden System im Moment der Beobachtung mittels Alternativen, die die Entscheidung erst entstehen lässt, überhaupt nicht möglich. Fest steht: Jeder Versuch, das Zustandekommen von Entscheidungen umfassend zu beobachten oder gar erklären zu wollen, ist zum Scheitern verurteilt – nicht einmal das System selbst, welches die Entscheidung kommuniziert hat, ist in der Lage die Hintergründe einer Entscheidung auszuleuchten.[347]

Gleichzeitig gilt: Damit eine Entscheidung eine soziale Wirkung entfaltet, muss sie beobachtet werden und beobachtbar sein. Die Frage, durch welche Mechanismen es sozialen Systemen gelingt, die Realität zu beobachten, wurde bereits im vorangegangenen Teil der Arbeit auf einer abstrakten Ebene beantwortet: Soziale Systeme beobachten und kommunizieren ihre Kommunikation komplexitätsreduzierend, indem sie Kommunikation als Handlung beschreiben. Damit individualisieren sie den Kommunikationsprozess. Dies gilt auch für die Beobachtung von Entscheidungen: Auch sie werden im Zusammenhang mit einer (kommunikativen) Beobachtung komplexitätsreduzierend ausgewählten Personen zugerechnet – den Entscheidern. In der Beobachtung der sozialen Systeme, die Entscheidungen beobachten, sind sie es, die entscheiden. Für Luhmann tritt damit an die Stelle der Paradoxie der Entscheidung durch eine systemeigene Zuschreibung von Kommunikation auf Handlung eine Tautologie: Es entsteht das Bild vom Entscheider, der entscheidet.[348] Nur mittels der Fiktion, ein Entscheider habe entschieden, könnten soziale System die Realität von Organisationen begreifen. „Der Entscheider ist und bleibt eine Konstruktion des Beobachters, der er selber sein kann. Nie kann und wird im System eine Erforschung der wirklichen Wirklichkeit zugelassen werden, denn das würde die Dinge auf ewig zum Stillstand bringen."[349]

Eine Kommunikation von Entscheidungen erfordert jedoch mehr als nur die reine Zurechnung auf die Person des Entscheiders. Damit eine Kommunikation als Entscheidung interpretiert wird, ist es immer auch erforderlich, über die möglichen Alternativen, für die man sich auch hätte entscheiden können, zu informieren – denn ohne Alternativen werde die Entscheidung nicht als solche sichtbar: „Die Entscheidung muss, könnte man auch sagen, eine Meta-Information mitkommunzieren, die besagt, dass der Entscheider das Recht oder die Autorität

[347] Vgl. Luhmann (1997a), S. 830 ff.
[348] Vgl. Luhmann (2000c), S. 136
[349] Luhmann (2000c), S. 137

oder gute Gründe hatte, so zu entscheiden, wie er entschieden hatte."[350] Dies könne durch ein schlichtes Aufzählen möglicher Alternativen geschehen. Bei vielen alltäglichen Entscheidungen in Unternehmen sei diese explizite Enumeration jedoch verzichtbar. Grund dafür sind die innerhalb des Unternehmens bereits implementierten Entscheidungsprämissen oder Entscheidungsprogramme. Sie würden, beispielsweise durch eine Definition des Verantwortungsbereichs eines Entscheiders, bereits aufzeigen, welche prinzipiellen Entscheidungsoptionen bestehen. Innerhalb des so aufgespannten und permanent verfügbaren Möglichkeitsraumes für Entscheidungen könnten einzelne Kommunikationen leicht als Entscheidungen identifiziert werden, auch ohne die dahinter liegenden Alternativen permanent mit kommunizieren zu müssen.[351]

Vor dem Hintergrund dieser Einschätzungen wird auch verständlich, warum Luhmann die Vorstellung, rationale Entscheidungen treffen zu können, ins Mystische verweist. Das mit Hilfe seiner Systemtheorie skizzierte Bild der Funktionsweise einer Organisation passt so ganz und gar nicht mit den tradierten Vorstellungen zusammen, man müsse nur möglichst viele Informationen im Vorfeld einer Entscheidung sammeln, diese möglichst rational zusammenführen und auf diese Art und Weise könne man die Zukunft mehr oder weniger beherrschen. Stattdessen wurde deutlich, dass nur Kommunikation entscheidet, d.h. dass jeder Inhalt einer Entscheidung primär ein Produkt der gesellschaftlichen Rahmenbedingungen darstellt. Das Bild des Entscheiders, der nach rationalen Gesichtspunkten entscheidet, ist nur ein Zerrbild der Realität, welches Kommunikationssysteme aufbauen, um diese Realität für sich begreifen zu können.[352]

Es stellt sich jedoch die Frage, warum die Gesellschaft trotzdem unbeirrt an der Aufrechterhaltung des Mythos vom rationalen Entscheiden festhält? Die Antwort, die Luhmann gibt, erscheint auf den ersten Blick exotisch: Die Beobachtung, dass eine Entscheidung nach rationalen Kriterien gefällt wurde, führt zu einer Beruhigung von Organisation und Gesellschaft. Demnach unternehmen Organisationen in der Regel alles dafür, dass Beobachter ihrer Entscheidungen diese als rational bewerten, weil von ihnen rationale Entscheidungen erwartet werden. Schließlich wurden Organisationen ursprünglich dafür ins Leben gerufen, um den Versuch zu unternehmen, zielorientiert nach außen zu kommunizieren. Um dokumentieren zu können, dass sie permanent bestrebt sind, dieses Ziel auch zu erreichen, flaggen Organisationen ihre Entscheidungen als rational aus – für sich selbst und auch für andere Beobachter. Durch den Ausweis von rationalen Entscheidungen erkaufen sich Organisationen somit immer auch Zeit. Entscheidungen, die als rational gelten, werden nicht sofort hinterfragt werden

---

[350] Luhmann (2000c), S. 142
[351] Vgl. Luhmann (2000c), S. 222 ff.
[352] Vgl. Luhmann (2000c), S. 158

– sie genügen schließlich den gesellschaftlichen Gütekriterien hinsichtlich der Entscheidungen von Organisationen. Man ist sich sicher: Unter „normalen", eben rationalen, Bedingungen ist von der Organisation genau richtig entschieden worden. Und da man kein besseres Abbild der Realität vorweisen kann als ein auf den Grundprämissen der Rationalität basierendes Schema, nutzt man dieses zur Bewertung der Entscheidungen von Organisationen.[353]

Durch die beschriebenen Erkenntnisse konnte verdeutlicht werden, dass der Ausweis einer Entscheidung als rationale Entscheidung immer das Ergebnis einer Beobachtung zweiter Ordnung darstellt. Man muss beobachten, wie Entscheidungen zuvor zustande gekommen sind, um in dieser Rolle als Beobachter zweiter Ordnung Aussagen über die Rationalität eines Entscheidungsprozesses machen zu können. Damit kommt dem Beobachter zweiter Ordnung und seinen systemindividuellen Beobachtungsstrukturen die entscheidende Rolle beim Ausweis der Rationalität einer Entscheidung zu – nicht der Entscheidung selbst. Er ist es, der Kriterien und ihre Anwendung definiert, mit denen er die zuvor getätigten Beobachtungen bewertet und so die Rationalität einer Beobachtung erst definiert. Damit wird jeder Ausweis einer rationalen Entscheidung automatisch angreifbar. Rationalität ist nicht etwas objektiv Gegebenes, sondern das Ergebnis eines spezifischen Konstruktes eines Beobachters. Man wird sich immer darüber streiten können, ob eine Entscheidung denn nun tatsächlich rational ist. Sie ist es oder sie ist es nicht – jeweils abhängig von der gewählten Unterscheidung des Beobachters und ihrer Handhabung. Dass Rationalität trotz der Abhängigkeit vom Beobachter zweiter Ordnung im Rahmen der gesellschaftlichen Kommunikation dennoch als Gütesiegel zur Bewertung von Entscheidungen verwendet wird, ist alleine darauf zurückzuführen, dass die Bewertungsmaßstäbe für Rationalität scheinbar objektiv vorhanden sind. Die Tatsache, dass es sich auch dabei um eine komplexitätsreduzierende Fiktion eines weiteren Beobachters der Beobachtung der zuvor getätigten Rationalitätsbewertung handelt, liegt auf der Hand.[354]

Abschließend soll zusammengefasst werden, was bislang über die Letztelemente von Organisationen, die Entscheidungen, zusammengetragen werden konnte. Entscheidungen sind das kommunikative Ergebnis von Beobachtungen mittels Alternativen. Die Besonderheit dieser Beobachtungsdifferenz ergibt sich aus einer, nach dem Formenkalkül von Spencer-Brown theoretisch eigentlich unzulässigen Zusammenfassung von mehreren Unterscheidungen. Diese Zusammenführung lässt es möglich erscheinen, dass alle Alternativen als prinzipiell erreichbar wahrgenommen werden. Im Ergebnis führt diese Konstruktion zu einer Betonung der Unterschiede der einzelnen Alternative. Ein Beobachter einer Entscheidung kann daraus nachträglich den besonderen Entscheidungsdruck erkennen, der ursächlich für die Entschei-

---

[353] Vgl. zum Thema Rationalität Luhmann (1987a), S. 593 ff.; Luhmann (2000c), S. 444 ff.
[354] Vgl. Luhmann (2000c), S. 446 ff.

dung verantwortlich war. Weiterhin wird durch eine Beobachtung mittels Alternativen für einen Beobachter zweiter Ordnung der jeder Beobachtung innewohnende „blinde Fleck" überdeckt.

Die Entscheidung selbst ist nun das ausgeschlossene, aber gleichwohl eingeschlossene Dritte einer Beobachtung mittels Alternativen. Sie ist ohne Alternativen nicht denkbar, taucht jedoch selbst als Alternative nicht auf. Luhmann vermutet daher, dass sie im Moment der Beobachtung an dem Punkt der Beobachtung zu verorten sind, der sich nicht beobachten lässt, nämlich am Beobachter. In jedem Fall ist selbst für das System, das die Entscheidung durch seine spezifische Beobachtung mittels Alternativen erst angestoßen hat, die Entscheidung selbst im Moment der Entscheidung unbeobachtbar. Damit bleiben die Hintergründe einer Entscheidung immer unergründbar.

Selbstverständlich können Entscheidungen und die Hintergründe ihres Zustandekommens im Rahmen einer Beobachtung zweiter Ordnung erneut beobachtet werden. Dies muss dann allerdings komplexitätsreduzierend geschehen. Im Falle von sozialen Systemen geschieht dies durch Zuschreibung von Kommunikation auf Handlung – soviel ist bereits bekannt. So entstehen im Zuge der Beobachtung von Entscheidungen die sattsam bekannten Einschätzungen, nach denen es die Entscheider sind, die in den Organisationen die Entscheidungen treffen. Die moderne Systemtheorie macht durch ihre Argumentation die Schemenhaftigkeit dieser Kommunikationskonstrukte deutlich. Sie entzaubert damit auch den „Mythos" von den rationalen Entscheidungen. Ob eine Entscheidung rational ist, kann niemals objektiv ermittelt werden, sondern wird allein durch einen Beobachter zweiter Ordnung entschieden. Trotz dieser absoluten Abhängigkeit von den systemindividuellen Einschätzungen des Beobachters, profitiert eine Organisation in der Regel davon, wenn ihre Entscheidungen als rationale Entscheidungen beobachtet werden. Denn durch den Ausweis von Rationalität kann eine Organisation belegen, dass sie alles dafür getan hat, zielorientiert nach außen kommunizieren zu wollen. Genau deswegen wurden sie ja ursprünglich gegründet. Wenn Entscheidungen als rational beobachtet werden, so sind diese Beobachtungen in der Regel geeignet, den Organisationen und der Gesellschaft ein Stück weit Beruhigung zu verschaffen. Wie stark der (durch die Organisationen selbst induzierte) Druck ist, permanent entscheiden zu müssen, verdeutlicht der folgende Abschnitt.

2.2.2.2 Der autopoietische Zirkelschluss oder der selbstinduzierte Zwang, entscheiden zu müssen

Im vergangenen Abschnitt wurde ausführlich beschrieben, was eine Entscheidung auszeichnet. Hingegen blieb bislang weitgehend unbeachtet, aus welchen Gründen eine Entscheidung überhaupt zustande kommt: Woher kommt der Druck, der auf Organisationen lastet, permanent entscheiden zu müssen? Wie genau werden Entscheidungen im Rahmen des autopoietischen Reproduktionsprozesses von Organisationen dazu verwendet, um auf der Basis vergangener Entscheidungen wiederum Entscheidungen zu erstellen? Die Antworten Luhmanns auf diese beiden Fragen werden im nun folgenden Unterkapitel vorgestellt.

Luhmann beginnt seine Argumentation mit einer Analyse des Verständnisses von Zeit, von dem soziale Systeme bei ihrer autopoietischen Reproduktion ausgehen. Die exakte Analyse dieses Sachverhalts ist für die moderne Systemtheorie nicht ganz unwichtig. Schließlich liegt es unmittelbar auf der Hand, dass eine wissenschaftliche Theorie, die davon ausgeht, dass Organisationen nicht aus festen Bestandteilen, sondern stattdessen aus einzelnen Ereignissen bestehen, die, indem sie entstehen, schon wieder verschwinden, einer exakten Beschreibung der Zeitverhältnisse einer derartigen Konstruktion besondere Rechnung tragen muss.

Am Anfang dieser Erörterung steht eine Definition dessen, was innerhalb sozialer Systeme überhaupt unter Zeit verstanden wird. Luhmann formuliert diese Definition wie folgt: „Die gesellschaftliche Kommunikation errechnet (wie in anderer Weise auch das Bewußtsein) ihre Zeit auf der Basis einer kurzen, ereignisbedingten, sofort wieder entschwindenden Gegenwart."[355] Durch diese Definition wird zunächst deutlich, dass die moderne Systemtheorie Zeit als einen Sachverhalt ansieht, der durch die Konstruktion eines sozialen Systems erst entsteht. Zeit ist demnach eine systemspezifische Einschätzung eines Systems, welches sich an der systeminternen Beobachtung von Gegenwart orientiert. Aktuelle Gegenwart wiederum ist nach diesem Verständnis ein kurzer Augenblick, der im nächsten Moment bereits wieder vorüber ist. Er entsteht aus der systemintern formulierten Differenz von Vergangenheit und Zukunft (also zweier Inaktualitäten) und besitzt nur exakt im Moment dieser Differenz seine spezifische Existenz.[356]

Aus dieser Beurteilung, nach der Zeit als systemintern konstruierter Sachverhalt angesehen werden kann, resultiert zweierlei: Zum einen ergebe sich aus der systemeigenen Definition von Gegenwart als immer nur punktuell vorhandene Differenz zwischen Vergangenheit und

---

[355]   Luhmann (2000c), S. 154
[356]   Vgl. Luhmann (1991m), S. 103 ff.

Zukunft, dass diese für das System immer undeterminierbar erscheint. Mit anderen Worten: Gegenwart ist für das System immer neu, denn sie ist immer das Ergebnis einer noch nie zuvor angewandten Differenz. Aufgrund der permanenten Neuartigkeit von Gegenwart erscheint auch die Zukunft dem System als prinzipiell unbekannt. Wohlgemerkt: Es ist das System selbst, welches durch seine spezifische Konstruktion von Zeit zu der Erkenntnis gelangt, die Gegenwart ist immer neu und die Zukunft nicht durchschaubar. Die Problematiken, die aus der Bewältigung dieser Unsicherheiten resultieren, sind somit rein systeminduziert. Zum anderen ergebe sich aus der erläuterten Konstruktion von Gegenwart als der Differenz von Vergangenheit und Zukunft, dass die Existenz eines Systemgedächtnisses sowie die Möglichkeit, eine Zukunftsperspektive erstellen zu können, als essentielle Voraussetzungen für die Etablierung von systemeigenen Zeitkonstruktionen anzusehen sind. Nur mittels eines Gedächtnisses kann ein System Vergangenheit wieder sichtbar werden lassen und so überhaupt erst eine Differenz zwischen Vergangenheit und Zukunft begründen. Gleiches gilt analog für die Beschreibung einer Zukunftsperspektive durch das System. Prinzipiell sind mehrere Optionen denkbar, wie diese Gedächtnisleistungen sozialer Systeme erbracht werden können: Möglich wäre beispielsweise die schriftliche Fixierung einer getätigten Kommunikation oder aber die Nutzung der Kapazitäten der Bewusstseinssysteme, die an der vergangenen Kommunikation beteiligt waren. Gleiches gilt für die Optionen zur Erstellung einer Prognose durch das soziale System. In jedem Fall, und dies sollte durch die Ausführungen aufgezeigt werden, entsteht ein Verständnis von Zeit erst durch die systemspezifische Anwendung einer Differenz, die wiederum durch systemspezifische Voraussetzungen erst entfaltet werden kann.[357]

Organisationen als Sonderfall sozialer Systeme besitzen eine besondere Beziehung zu den von ihnen selbst definierten Zeitkonstruktionen. Schließlich stehen Entscheidungen und Zeitverhältnisse in einer vielfältigen Wechselbeziehung zueinander. So benötigen Entscheidungen Zeitkonstruktionen des Systems, um überhaupt entstehen zu können. Gleichzeitig rekonstruiert jede Entscheidung immer wieder neu diese Zeitkonstruktionen der Organisationen. Warum das so ist, wird deutlich, wenn man sich anschaut, wie Entscheidungen zustande kommen. Sie beruhen einerseits auf einer Beobachtung mittels Alternativen und strukturieren so die Vergangenheit. Gleichzeitig richten sie im Moment der Kommunikation andererseits ihren Blick auf die Zukunft. Es wird entschieden, bestimmte Dinge weiter zu verfolgen oder abzubrechen – in jedem Fall erzeugt jede Entscheidung immer auch eine bestimmte systemeigene Perspektive einer Zukunft.[358]

---

[357] Vgl. Luhmann (2000c), S. 152 ff.
[358] Vgl. Luhmann (2000c), S. 154 ff.

Die Beziehung zwischen Zeit und Entscheidung geht sogar noch weiter: Bei genauerer Betrachtung wird deutlich, dass es letztlich die Zeitkonstruktionen des Systems sind, die dafür verantwortlich sind, dass Organisationen eine permanente Notwendigkeit registrieren, entscheiden zu müssen. Jeder Augenblick von Gegenwart, den ein System konstruiert, schafft immer auch eine Begründung dafür, dass eine zuvor getroffene Entscheidung neu diskutiert werden muss. Denn schließlich war dieser Augenblick niemals vorher in dieser Form existent. Die Veränderung jedes Augenblicks könnte immer eine Revidierung oder Bestätigung einer vergangenen Entscheidung notwendig machen – oder eben nicht. Die Organisation muss alleine dies fortlaufend entscheiden. Damit ziehe die systemeigene Konstruktion von Zeit einen permanenten Entscheidungsbedarf nach sich und ein geschlossener, autopoietischer Reproduktionsprozess beginnt: Entscheidungen entstehen auf der Basis vorangegangener Entscheidungen. Auslöser für diesen permanenten Reproduktionsprozess ist die systemeigene Konstruktion von Zeit.[359]

Wesentlich für dieses Verständnis der modernen Systemtheorie hinsichtlich der Funktionsweise einer Organisation ist die Betonung der Tatsache, dass die Unsicherheit des Systems, die permanent Entscheidungen erfordert, ausschließlich durch das System selbst induziert wird. Danach entsteht der Bedarf für Entscheidungen nicht als Resultat der Abhängigkeit der Organisation von Veränderungen in der Systemumwelt. Er ist nicht die Folge einer Bedrohung durch Konkurrenten oder durch neue Technologien. Die Notwendigkeit, Entscheidungen treffen zu müssen, ist ausschließlich das Resultat eines organisationsinternen Prozesses. Das System irritiert sich selbst und leitet daraus das Erfordernis ab, entscheiden zu müssen – oder eben nicht, aber auch das ist dann ja eine Entscheidung. Diese Irritationen, die das System selbst produziert, haben immer mit Zeit zu tun: Man beobachtet eine Veränderung in der Umwelt des Systems, die zuvor nicht beobachtet wurde – und leitet daraus einen Entscheidungsbedarf ab. Oder man beobachtet einfach, dass Zeit vergangen ist, und fragt sich, ob die zuvor getroffenen Entscheidungen nicht mittlerweile überarbeitungsbedürftig sind. Der Aufbau der letztgenannten Argumentation ist in jedem Augenblick und immer wieder möglich. Dies zeigt, dass Organisationen sich jederzeit in einen permanent anhaltenden Unruhezustand versetzen können, aus dem für die Organisation ein immenser Entscheidungsdruck resultieren kann.[360]

Im Moment des Entscheidens erzeugt die Entscheidung aus Sicht des Systems zunächst Erleichterung: Die durch das System selbst determinierte Unsicherheit wird durch die Entscheidung absorbiert. Die Vergangenheit wird mit Hilfe der kommunizierten Alternativen struktu-

---

[359]   Vgl. Luhmann (2000c), S. 151 ff.
[360]   Vgl. Luhmann (2000c), S. 158

riert und gleichzeitig wird eine Perspektive auf die Zukunft eröffnet. Man hat den Eindruck, als beginne mit der Entscheidung eine neue Geschichte. Doch schon im nächsten Augenblick kann die in der Vergangenheit getroffene Entscheidung wieder neue Entscheidungen erforderlich machen. Denn jede Entscheidung aus der Vergangenheit erzeugt immer auch eine unsichere Zukunft, indem sie einen beabsichtigten Verlauf definiert, der gestört werden könnte – und sei es nur deshalb, weil Zeit vergangen ist. Damit bieten Entscheidungen für Organisationen immer nur punktuell Unsicherheitsabsorption, dafür aber immer wieder.[361]

Im Zusammenhang mit der beabsichtigten Beeinflussung der Zukunft durch eine Entscheidung definiert Luhmann auch den Begriff des Zwecks einer Entscheidung bzw. einer Organisation. Zweck ist demnach die Differenz zwischen dem, was durch die Entscheidung oder die Entscheidungen in der Zukunft erreicht werden soll, und dem, was ohne ihre Umsetzung der Fall sein würde. Luhmann betont, dass der Zweck einer Entscheidung oder Organisation nicht mit einem Motivfaktor zur Erklärung einer Handlung verwechselt werden darf. Ein Zweck diene vielmehr dazu, die Beobachtungen zweiter Ordnung, mit denen das System seine eigenen Entscheidungen beobachtet, vorab zu strukturieren. So kann ein definierter Organisationszweck beispielsweise dazu genutzt werden, einzelne Entscheidungen in der Beobachtung zweiter Ordnung zu Entscheidungsketten zusammenzufassen, um anschließend zu bewerten, welchen Beitrag diese Entscheidungsketten dazu geliefert haben, den beabsichtigten Zweck der Organisation tatsächlich zu erfüllen. Selbstverständlich kann ein definierter Zweck einer Organisation auch von einem externen Beobachter zweiter Ordnung konstruiert und anschließend dazu verwendet werden, die Qualität der Entscheidungen der Organisation zu überprüfen. In jedem Fall ist der Zweck einer Organisation immer ein systemintern konstruierter Sachverhalt zur Strukturierung von Beobachtungen zweiter Ordnung.[362]

Als Quintessenz dieses Unterkapitels kann festgehalten werden, dass Organisationen sich permanent selbst in einen Zustand versetzen, der es erforderlich macht, aus vergangenen Entscheidungen neue Entscheidungen zu produzieren. Ursache dafür ist die systeminterne Konstruktion von Zeit als Differenz von Vergangenheit und Zukunft, die dafür verantwortlich ist, dass das System jeden Augenblick als neu erlebt. Da auch jede Entscheidung Aussagen über die Vergangenheit beinhaltet und gleichzeitig Perspektiven für die Zukunft aufzeigt, kann das System in jedem Augenblick eine Begründung dafür finden, seine in der Vergangenheit getroffenen Entscheidungen neu zu überdenken. Erst erneute Entscheidungen führen dazu, dass dieser selbst induzierte Entscheidungsdruck abgebaut wird, allerdings nur für einen einzigen Augenblick.

---

[361] Vgl. Luhmann (2000c), S. 165 ff.
[362] Vgl. Luhmann (2000c), S. 160 ff.

2.2.2.3 Entscheidungsprämissen und Entscheidungsprogramme als geeignete Optionen zur Strukturierung des autopoietischen Reproduktionsprozesses

Der vorstehende Abschnitt hat deutlich gemacht, dass Organisationen, wollen sie nicht Gefahr laufen, in einem permanenten, selbst definierten Entscheidungsdruck „unterzugehen", für sich vorab festlegen müssen, unter welchen Voraussetzungen und nach welchen Regeln sie entscheiden wollen. Sie tun dies, laut Luhmann, durch die Definition von Entscheidungsprämissen und Entscheidungsprogrammen.[363]

Entscheidungsprämissen definieren die Voraussetzungen, die erfüllt sein müssen, damit eine Organisation entscheidet. Auch die Festlegung einer Entscheidungsprämisse ist eine autonome Entscheidung einer Organisation, die selbstverständlich durch weitere Entscheidungen manifestiert oder auch wieder verändert werden kann. Eine Entscheidungsprämisse unterscheidet sich jedoch von anderen Entscheidungen dadurch, dass sie über einen bestimmten Zeitraum Anwendung findet und bei ihrer Anwendung selbst nicht mehr geprüft wird.[364]

Entscheidungsprämissen übernehmen für Organisationen eine vergleichbare Funktion, wie dies binäre Codes für die primär ausdifferenzierten Funktionssysteme moderner Gesellschaften tun. Sie strukturieren die Umwelt und das eigene System in solche Sachverhalte, mit denen sich das System beschäftigen muss, und andere Sachverhalte, die vernachlässigbar sind. Für Luhmann sind Entscheidungsprämissen der Organisationen damit das funktionale Äquivalent für die Codierung der Funktionssysteme. Sie wirken innerhalb der Organisationen als Redundanzen, welche die Informationslast auf ein leistbares Format reduzieren. Weiterhin führe die starke Abhängigkeit der Organisationen von den Kommunikationsstrukturen der primär ausdifferenzierten Funktionssysteme in der Regel dazu, dass die Organisationen die grundsätzlichen Inhalte der Codes der Funktionssysteme, in denen sie sich mit ihrer Kommunikation primär bewegen, in gleicher oder in leicht modifizierter Form für ihre eigenen Entscheidungsprämissen übernehmen.[365]

Während Entscheidungsprämissen das „Ob" einer Entscheidung bestimmen, definieren Entscheidungsprogramme das „Wie" einer Entscheidung. Sie legen Regeln für die sachliche Richtigkeit von Entscheidungen einer Organisation im Voraus fest. Luhmann unterscheidet grundsätzlich zwischen zwei Ausprägungen von Entscheidungsprogrammen: Konditionalprogramme und Zweckprogramme. Konditionalprogramme sind primär inputorientiert. Sie ma-

---

[363]   Vgl. Luhmann (2000c), S. 222 ff.
[364]   Vgl. Luhmann (2000c), S. 222 f.
[365]   Vgl. Luhmann (2000c), S. 238

chen einer Organisation Vorgaben bezüglich der Vorgehensweise sowie des Ergebnisses einer Entscheidung, die eintreten sollen, sobald durch die Organisation definierte Voraussetzungen erfüllt sind. Ihre typische Form seien „Wenn-Dann-Konstruktionen", die durch Regel-Ausnahme-Schemata ergänzt werden können. Zweckprogramme hingegen besäßen den Charakter von Zweck-Mittel-Konstruktionen. Sie seien primär outputorientiert, geben in der Regel einen Zweck vor und würden der Organisation ein Bündel möglicher Mittel zur Verfügung stellen.[366]

Beiden Typen möglicher Entscheidungsprogramme gemeinsam ist die Tatsache, dass sie durch eine autonome Entscheidung der Organisation begründet wurden. Es war eine Entscheidung der Organisation ein Konditionalprogramm zu entwickeln, welches so und nicht anders ausformuliert ist, und es liegt im Ermessen der Organisation, dieses Programm, aus welchen Gründen auch immer, zu modifizieren oder gänzlich zu vergessen. So wie die Beurteilung, unbedingt Entscheidungen treffen zu müssen, letztlich ausschließlich eine systemeigene Konstruktion der Organisation darstellt, genauso ergibt sich die Möglichkeit, diesem Entscheidungsdruck durch organisationsinterne Entscheidungsprogramme zu begegnen, ebenfalls aus rein systeminternen Sachverhalten.[367]

Zusammenfassend kann damit festgehalten werden, dass Organisationen in der Lage sind, durch Entscheidungen über Entscheidungsprämissen und Entscheidungsprogramme ihre autopoietischen Reproduktionsprozess bereits im Vorfeld möglicher Entscheidungen zu strukturieren. Durch eine mögliche Beschränkung auf entscheidungsrelevante Sachverhalte und eine Beschreibung der gewünschten Abläufe von Entscheidungsprozessen reduziert die Organisation den selbstinduzierten Druck, permanent entscheiden zu müssen. Dies gelingt aber nur dann, wenn die Entscheidungsprämissen und die Entscheidungsprogramme nicht in jedem Augenblick wieder neu hinterfragt werden – was Organisationen wie bei allen anderen Entscheidungen aufgrund der von ihnen definierten Zeitkonstruktionen freilich jederzeit tun könnten. Damit wird erneut deutlich, dass es ausschließlich von den Einschätzungen der Organisation abhängt, wann und wie sie zu entscheiden gedenkt.

2.2.2.4 Mitglieder: Die spezifischen personalen Kommunikationskonstrukte von Organisationen

Voraussetzung für eine Entscheidung ist in jedem Fall eine Beobachtung der Realität. Alle sozialen Systeme können jedoch sich und ihre Umwelt lediglich komplexitätsreduzierend

---

[366]   Vgl. Luhmann (2000c), S. 256 ff.
[367]   Vgl. Luhmann (2000c), S. 275 ff.

beobachten. Sie tun dies, indem sie Kommunikation als Handlung ausweisen. Im hier betrachteten Spezialfall führt die Anwendung dieses Schemas dazu, dass für einen Beobachter die (kommunikativen) Entscheidungen einer Organisation als Handlungen der Mitglieder dieser Organisation sichtbar werden. So viel ist bereits bekannt.

Die wesentliche Voraussetzung, damit eine solche Zurechnung von Kommunikation auf Handlung gelingen kann, besteht nun darin, dass für einen Beobachter überhaupt die Möglichkeit eröffnet wird, eine bestimmte Kommunikation einer Organisation zuzuweisen. Dies gelingt insbesondere mit Hilfe des Kommunikationskonstruktes der Mitgliedschaft. Zunächst einmal gilt: Über die Mitgliedschaft zu einer Organisation entscheidet ausschließlich die Organisation selbst. So wird durch eine organisationsinterne Entscheidung eine Person als Mitglied dieser Organisation aufgenommen, und mittels einer Entscheidung dieser Organisation wird die Mitgliedschaft unter Umständen auch wieder aufgehoben. Damit eine Mitgliedschaft ihre soziale Wirkung entfalten kann, bedarf es jedoch mehr als nur der reinen Entscheidung: Sie muss zusätzlich beobachtbar werden – wenn die Organisation dies wünscht, sogar für einen außenstehenden Beobachter. Die Erteilung von Prokura für leitende Angestellte oder einer Erlaubnis zur Verwendung von Visitenkarten für Vertriebsmitarbeiter sind nur zwei Beispiele, die das Bemühen von Organisationen belegen, Mitgliedschaften auch nach außen hin sichtbar werden zu lassen.[368]

Gelingt dieses Sichtbarmachen von Mitgliedschaft, entsteht im Ergebnis für die Organisation selbst und auch für externe Beobachter ein extrem einfach zu verwendendes und zu kontrollierendes Instrument zur Zurechnung von Kommunikation auf Handlung. Fortan wird (innerhalb definierter Grenzen) einfach jede Kommunikation, an der das psychische System einer Person beteiligt ist, die als Mitglied dieser Organisation ausgewiesen ist, als Handlung dieses Mitglieds und damit dieser Organisation betrachtet. Beispielsweise müssen Arbeitnehmer damit rechnen, dass jede Kommunikation, die sie während ihrer Arbeitszeit im Unternehmen nach innen und nach außen tätigen, nicht nur als ihre persönliche Handlung, sondern auch als Handlung des Unternehmens, für das sie tätig sind, interpretiert wird. Natürlich gibt es immer Möglichkeiten, Kommunikation als privat und nicht der Organisation zugehörig zu kennzeichnen, nur müssen diese Optionen allgemein, d.h. durch die Organisation und ihre Umwelt, akzeptiert werden.[369]

Wie bei jeder anderen Entscheidung ziehen auch Entscheidungen über Mitgliedschaften immer einen weiteren Entscheidungsbedarf nach sich. So müssten beispielsweise ab einer ge-

---

[368]   Vgl. Luhmann (2000c), S. 94
[369]   Vgl. Luhmann (2000c), S. 81 ff.

wissen Organisationsgröße weitere Entscheidungen getroffen werden, wie einzelne Mitglieder der Organisation zueinander stehen oder wie ihre Kommunikation intern strukturiert werden soll, kurz: Es müssten Entscheidungsprämissen und Entscheidungsprogramme durch die Organisation definiert werden, die sich in einer Aufbau- und Ablauforganisation der Organisation manifestieren.[370] Luhmann stellt fest, dass die Entscheidungen der Organisation über ihre organisatorischen Grundprinzipien in der Regel in hierarchische Strukturen münden – zumindest an der Spitze. Er begründet dies mit der Tatsache, dass Organisationen nach außen und nach innen hin sichtbar bleiben wollen. Und in einer Gesellschaft, die Kommunikation Handlung zurechnet, muss dies über eine Person geschehen, deren Kommunikation als stellvertretend für die gesamte Organisation betrachtet werden kann. Diese steht dann an der Spitze der selbst definierten Organisation des Systems und muss in letzter Konsequenz aushalten, dass alle Kommunikation einer Organisation auf sie zugerechnet und als ihr Handeln interpretiert wird. Denn schließlich gilt: Nur dann, wenn Mitgliedschaft nach außen hin wahrnehmbar wird, entfaltet dieses Kommunikationskonstrukt die gewünschte Wirkung im Zusammenhang mit der Zurechnung von Kommunikation auf Handlung. Dies gilt gerade und insbesondere für die Person des Führers einer Organisation.[371]

Wer Mitglieder als Kommunikationskonstrukte definiert, der muss laut Luhmann im gleichen Atemzug auch Motive definieren, warum diese Mitglieder der Organisation angehören. Nur so wird das systemreduzierende Bild von dem Mitglied, das entscheidet, komplettiert und werden die Hintergründe dieser systemeigenen Konstruktion nachvollziehbar. Dass es sich bei den Motiven der Mitgliedschaft ebenfalls um komplexitätsreduzierte Abbilder der Realität handelt, muss in diesem Zusammenhang wohl nicht mehr betont werden. Die tatsächlichen Verhältnisse, was die Einflussnahmen der psychischen Systeme auf die Kommunikation angeht, bleiben unbeobachtbar und damit unbeschreibbar. Luhmann unterscheidet nun zwischen drei Sachverhalten, die regelmäßig zur Konstruktion von Motivlagen im Zusammenhang mit Mitgliedschaften in Organisationen verwendet werden: Ökonomische Nutzenkalkulation, Normbindung (z. B. durch einen Vertrag) sowie ein unterstelltes Karriereinteresse des Organisationsmitgliedes innerhalb der Organisation. Alle drei Komponenten sind offensichtlich geeignet, eine komplexitätsreduzierende Beschreibung der Mitgliedschaft einer Organisation für jedes einzelne Mitglied zu begründen – einzig und allein aus dem Grunde, weil es gesellschaftlich und damit kommunikativ akzeptiert wird. Wie es wirklich aussieht, muss offen bleiben.[372]

[370] Vgl. Luhmann (2000c), S. 112 f.
[371] Vgl. Luhmann (2000c), S. 302 ff.
[372] Vgl. Luhmann (2000c), S. 110

Im vergangenen Abschnitt ist die besondere Bedeutung der Konstruktion von Mitgliedschaften für Organisationen deutlich geworden. Durch sie wird es für einen Beobachter von Entscheidungen möglich, schnell, einfach und sicher diese Entscheidungen als Handlungen der Mitglieder einer Organisation auszuflaggen. Einzige Voraussetzung, damit das Kommunikationskonstrukt Mitgliedschaft seine Wirkung entfalten kann, ist, dass es beobachtet wird. Die Analyse hat weiterhin gezeigt, dass es in diesem Zusammenhang auch notwendig ist, geeignete Motivlagen für eine Mitgliedschaft zu konstruieren, um der Plausibilität des Bildes von Mitgliedschaft angemessen Rechnung zu tragen.

2.2.2.5 Wirtschaft als primär ausdifferenziertes Heimatsystem von Unternehmen

Zur Erinnerung: Luhmanns Beitrag zur Detaillierung des Bildes über die Funktionsweise von Unternehmen als autopoietische Systeme beschränkt sich streng genommen auf nur eine einzige Aussage. Danach stellen Unternehmen eine besondere Form von Organisationssystemen dar, deren Kommunikation sich hauptsächlich innerhalb des primär ausdifferenzierten Funktionssystems Wirtschaft bewegt. Während sich die vorangegangenen Abschnitte dem ersten Teil der Aussage zugewandt haben und im Ergebnis die Charakteristika von Organisationssystemen beschreiben konnten, werden die nachfolgenden Ausführungen erörtern, was es mit dem zweiten Teil des Luhmannschen Beitrages auf sich hat: der Funktionsweise des Wirtschaftssystems.

Das Wirtschaftssystem als primär ausdifferenziertes Funktionssystem der modernen Gesellschaft befriedigt laut Luhmann die gesellschaftliche Nachfrage nach der Regelung des Knappheitsproblems der Gesellschaft. Die gesellschaftliche Funktion der Wirtschaft ist es daher, einen Mechanismus zu etablieren und zu kontrollieren, der es erlaubt, den Zugriff auf knappe Ressourcen zu regulieren. Oder anders herum gesprochen: Eine spezifisch wirtschaftliche Kommunikation wird immer dann notwendig, wenn die Verteilung knapper Ressourcen für eine Gesellschaft zum Problem wird.[373]

Das Wirtschaftssystem in der modernen Gesellschaft setzt zur Lösung dieses Kommunikationsproblems ein so genanntes symbolisch generalisiertes Kommunikationsmedium ein, welches das Zustandekommen von Kommunikation erheblich erleichtert und deshalb auch als eine Art Katalysator für die erstmalige Ausdifferenzierung des Funktionssystems interpretiert werden kann. Die Rede ist von Geld.[374] Mittels Geld reproduziert das Funktionssystem Wirtschaft permanent das gesellschaftliche Knappheitsproblem in einen systeminternen Zustand.

---

[373] Vgl. Luhmann (1996b), S. 14
[374] Im ersten Teil der Arbeit wurden symbolisch generalisierte Kommunikationsmedien bereits umfassend vorgestellt, vgl. II.4.3.3

Zusätzlich zur Knappheit der Güter wird auch eine Knappheit des Geldes sichtbar. Der wichtigste Effekt von Geld aus gesamtgesellschaftlicher Perspektive liegt in der Beruhigung Dritter: Man kann, obwohl man selbst an den knappen Ressourcen interessiert ist, zusehen und ruhig bleiben, wenn jemand auf diese Ressourcen zugreift. Und das nur, weil er dafür zahlt. Obwohl man an dem Aushandeln der Konditionen selbst nicht beteiligt ist, fällt es doch leicht, den Vorgang zu akzeptieren, weil man weiß, dass die Gegenleistung in Geld erfolgt. Denn mit dieser Transaktion entsteht ein Sachverhalt, der dieses Medium regeneriert. Eine Zahlung dient schließlich nur dazu, eine neue Zahlung zu ermöglichen. So etwas wie die letzte Zahlung der Welt (wer möge sie tätigen?) ist schlichtweg nicht vorstellbar. Indem die Gesellschaft stets Zahlungen tätigt, geht sie davon aus, dass Geld auch zukünftig knapp gehalten wird, denn nur so kann das Wirtschaftssystem das Problem der knappen Ressourcen adäquat lösen.[375]

Im Ergebnis entsteht ein autopoietisch agierendes Funktionssystem Wirtschaft, welches aus nichts anderem besteht als aus Zahlungen. Zahlungen bilden die kommunikativen Letztelemente von Wirtschaft:[376] „Zahlungen haben alle Eigenschaften eines autopoietischen Elements: Sie sind nur aufgrund von Zahlungen möglich und haben im rekursiven Zusammenhang der Autopoiesis keinen anderen Sinn, als Zahlungen zu ermöglichen."[377] Informationen über Zahlungen bzw. Nicht-Zahlungen determinieren auch den binären Code, den das Wirtschaftssystem zur Identifikation der systemeigenen Sachverhalte verwendet. Demnach sind alle Kommunikationen, die Zahlungen auslösen, dem Funktionssystem zugehörig und alles andere eben nicht. Um die Kommunikation innerhalb des Wirtschaftssystems zusätzlich zu beschleunigen, sind die erwarteten Zahlungen für knappe Güter in der Regel bereits im Vorfeld einer Transaktion zu beobachten. Als das Ergebnis einer Beobachtung zweiter Ordnung, bei der man beobachtet, wie andere die wirtschaftliche Realität beobachtet haben, entstehen Preise.[378]

Aus der Beschreibung der gesellschaftlichen Funktion von Wirtschaft wird ersichtlich, dass eine prinzipielle Inklusion aller Personen in das Wirtschaftssystem nicht als eine Art notwendiges Übel bewertet werden kann, sondern vielmehr als eine essentielle Voraussetzung für die langfristige Existenz dieses Funktionssystems. Denn erst dann, wenn jedem die Möglichkeit eröffnet wird, am Wirtschaftssystem teilzuhaben, erfüllt dieses System seine ihm zugewiesene Funktion umfassend und für alle akzeptabel. Demnach stellt sich in der modernen Gesellschaft für jedermann weniger die Frage, ob überhaupt eine Teilhabe am Wirtschaftssystem

---

[375] Vgl. Luhmann (1996b), S. 68 ff.
[376] Vgl. Luhmann (1996b), S. 14
[377] Luhmann (1996b), S. 52
[378] Vgl. Luhmann (1996b), S. 17 ff.

erforderlich ist, sondern vielmehr, wann und mit wem Zahlungsvorgänge getätigt werden sollen.[379] Dennoch benötigt gerade das Wirtschaftssystem laufend Exklusionen und Diskriminierungen, die diesem Grundsatz der prinzipiellen Offenheit des Systems entgegenstehen. Die Knappheit des Geldes und seine Verteilung, nach welchen Kriterien sie auch immer erfolgt, muss im wahrsten Sinne des Wortes genauso organisiert werden wie der Zugriff auf knappe Güter und Dienstleistungen. Kurz: Es besteht ein dringender Bedarf nach spezifischen Organisationen im Wirtschaftssystem, die diese Aufgaben der Exklusion von Menschen aus dem Wirtschaftssystem übernehmen. Gleichzeitig benötigen alle Organisationen für den Aufbau und die Fortführung ihrer Autopoiesis wiederum die Existenz des Wirtschaftssystems. Organisieren kostet Geld und in dem Augenblick, in dem Organisationen Zahlungen tätigen, betreiben sie den Fortgang des Wirtschaftssystems.[380]

Zusammenfassend ist festzustellen, dass eine Reihe von spezifischen Kommunikationsstrukturen innerhalb des Wirtschaftssystems dazu beitragen, dass das System die ihm übertragene gesellschaftliche Funktion effizient erfüllen kann. Vor dem Hintergrund der allgemeinen Erkenntnisse über die Funktionsweise von Organisationen ist davon auszugehen, dass Unternehmen wesentliche Teile dieser Kommunikationsstrukturen in ihre eigenen Kommunikationszusammenhänge übernehmen. Dies macht eine Beschäftigung mit dem Funktionssystem Wirtschaft im Rahmen dieser Arbeit so lohnenswert. So kann beispielsweise nunmehr die begründete Hypothese aufgestellt werden, dass Unternehmen in Anlehnung an den spezifischen Code des Wirtschaftssystems regelmäßig Entscheidungsprämissen definieren, die sich durch Unterscheidungen entlang von Zahlungen auszeichnen. Bei Anwendung dieser Entscheidungsprämissen würden Unternehmen ähnlich wie das Funktionssystem Wirtschaft nur über die Kommunikationssachverhalte entscheiden, die solche Zahlungen betreffen, die man dem eigenen System zurechnen kann. Noch können Schlussfolgerungen dieser Art nur auf spekulativer Basis erfolgen, da Luhmann selbst sich nie intensiv mit der Funktionsweise von Unternehmen im Detail beschäftigt hat. Allerdings darf man angesichts der Fülle von Quellen, die im weiteren Verlauf dieses Teils der Arbeit noch analysiert werden sollen, zuversichtlich sein, dass die Lücke leicht geschlossen werden kann.

2.2.3 Subsystembildung und Steuerung von Unternehmen: Die Mikro-Ebene der Betrachtung

Die Beschreibung der Beiträge Luhmanns für die Erörterung der Mikro-Ebene der Betrachtung von Unternehmen ist kurz und knapp, denn es liegen schlichtweg keine Beiträge zu die-

---

[379]   Vgl. Luhmann (1996b), S. 105

[380]   Vgl. Luhmann (1996b), S. 302

ser Thematik vor. Aus der bereits zitierten, einzigen Bemerkung Luhmanns über Unternehmen lassen sich einfach keine Erkenntnisse für die Mikro-Ebene ableiten.

2.3 Statusbericht II: Unternehmen als autopoietische Systeme

Am Ende dieses Kapitels kann eine Einschätzung darüber erfolgen, ob es sich gelohnt hat, auch diesen zweiten Teil der Arbeit mit Erkenntnissen von Niklas Luhmann eröffnet zu haben. Zunächst schienen die Voraussetzungen dafür, dass aus den Ausführungen Luhmanns über Unternehmen ein Erkenntnisgewinn abzuleiten ist, nicht allzu gut. Genau genommen beschränken sich seine Analysen einzig und allein auf die Feststellung, dass es sich bei Unternehmen um Organisationssysteme handelt, die primär Kommunikation innerhalb des Wirtschaftssystems betreiben.

Doch auf der Grundlage der allgemeinen Ausführungen Luhmanns über die Funktionsweise von Organisationen und aus seiner Beschreibung des Wirtschaftssystems gelang auf der Makro-Ebene der Betrachtung von Unternehmen ein erstes „Ausfüllen" des Rahmens, den zuvor der erste Statusbericht dieser Art definieren konnte. Die wichtigsten der Erkenntnisse, die im Verlauf dieses Kapitels neu hinzu gewonnen werden konnten, werden daher in diesem zweiten Statusbericht nochmals zusammengefasst.

Die erste neue Erkenntnis bezieht sich auf die Letztelemente von Unternehmen. Mit Hilfe der Erörterungen Luhmanns konnten diese nicht nur identifiziert, sondern auch umfassend beschrieben werden. Es steht nunmehr fest, dass Unternehmen aus Sicht der modernen Systemtheorie aus nichts anderem bestehen als aus Entscheidungen. Diese sind wiederum das Resultat von Beobachtungen mittels Alternativen. Das Besondere an diesen Beobachtungen ist die Tatsache, dass sie theoretisch eigentlich unmöglich sind. Sie entstehen durch ein kommunikatives Zusammenführen von mehreren Unterscheidungen. Dies führt in der Konsequenz erstens dazu, dass die Notwendigkeit, überhaupt eine Entscheidung fällen zu müssen, für einen späteren Beobachter zweiter Ordnung überdeutlich hervortritt. Zweitens überdeckt eine derartige Konstruktion die jeder Beobachtung innewohnende Paradoxie, welche ansonsten wiederum für einen Beobachter zweiter Ordnung sichtbar werden könnte.

Der zweite Block an Erkenntnissen, der in diesem Kapitel identifiziert werden konnte, bezieht sich auf die selbstinduzierte Dynamik, die jeder Unternehmung innewohnt und die in der Analyse Luhmanns besonders eindrucksvoll beschrieben wird. So wurde deutlich, dass durch die systemeigene Konstruktion von Zeit in jedem Augenblick jede in der Vergangenheit getroffene Entscheidung durch die Unternehmung wieder in Frage gestellt werden kann – allein schon aus dem Grund, weil in der Zwischenzeit in der Wahrnehmung des Systems Zeit vergangen ist.

Entscheidend für die richtige Bewertung dieses Sachverhalts, aus dem für jedes Unternehmen ein permanenter Entscheidungsdruck erwachsen kann, ist die Betonung, dass es einzig und allein das System selbst ist, welches für diese Irritationen verantwortlich ist. Die Ursache für jeglichen Druck, Entscheidungen fällen zu müssen, ist systemdeterminiert. Zwar können Unternehmungen diesen Druck abschwächen durch – wie sollte es anders sein – geeignete Entscheidungen, d.h. durch einen systemindividuellen Sachverhalt. Durch Entscheidungen für die Implementierung von Entscheidungsprämissen oder Entscheidungsprogrammen gewinnt das System durch die Einschränkung seines Kommunikationshorizonts neue Möglichkeiten. Letztlich kann aber auch aus diesen strukturellen Mechanismen wiederum ein erneuter Entscheidungsdruck für die Unternehmung resultieren. Denn schließlich muss auch über die Gültigkeit und die Fortführung der Nutzung dieser Instrumente immer wieder in der Unternehmung neu entschieden werden.

Deutlich wurde durch die Analyse der Veröffentlichungen Luhmanns auch die besondere Bedeutung des Kommunikationskonstruktes der Mitgliedschaft für jedes Unternehmen. Es erlaubt der Organisation und auch anderen Beobachtern von Entscheidungen, Kommunikation rasch und zielsicher in Form von Handlung zu interpretieren und auszuflaggen. Hervorzuheben ist auch an dieser Stelle, dass die kommunikative Konstruktion von Mitgliedschaft wiederum ausschließlich durch die Organisation selbst determiniert wird. Und obwohl er zunächst für die Organisation zu einer Erleichterung der System- und Umweltbeobachtung beiträgt, zieht auch dieser Mechanismus weiteren Entscheidungsbedarf nach sich. Sobald eine bestimmte Menge von Mitgliedern einer Organisation angehört, bedarf es Entscheidungen über die Aufbau- und Ablauforganisation dieses Systemgebildes.

Schließlich ermöglichen die Ausführungen Luhmanns über das Funktionssystem Wirtschaft auch bereits einige Aussagen über die Besonderheiten von Unternehmen im Vergleich zu anderen Organisationen. Auch wenn der Autor selbst diese Schlüsse nicht zieht, so erscheinen die Resultate der möglichen Kombinationen aus Erkenntnissen über Organisationen sowie über das Funktionssystem Wirtschaft plausibel, insbesondere vor dem Hintergrund der Erkenntnisse der Betriebswirtschaftslehre. So kann beispielsweise davon ausgegangen werden, dass der Code Zahlungen/Nicht-Zahlungen des Wirtschaftssystems auch die unternehmensintern definierte Struktur von Entscheidungsprämissen entscheidend determiniert. Demnach würden Unternehmen immer dann einen Entscheidungsbedarf identifizieren, sobald monetäre Sachverhalte in ihrem eigenen Umfeld betroffen sind.

Viel mehr detaillierte Aussagen darüber, was Unternehmen im Vergleich zu anderen Organisationen auszeichnen, sind jedoch zum jetzigen Zeitpunkt nicht möglich. Auch Einschätzungen auf der Mikro-Ebene der Betrachtung von Unternehmen fehlen bisher völlig. Vor dem Hintergrund des breiten Erfahrungsschatzes der Betriebswirtschaftslehre kann jedoch erwartet werden, dass dieses Defizit mit Abschluss des folgenden Kapitels überwunden sein wird.

3 Aussagen zur Funktionsweise von Unternehmen als autopoietische Systeme in der Betriebswirtschaftslehre

3.1 Der produktivitäts- bzw. faktortheoretische Ansatz Gutenbergs

3.1.1 Einführung

Wenn man eine Rangliste aufstellen sollte, welche theoretischen Ansätze aus der Betriebswirtschaftslehre am ehesten dazu geeignet sein könnten, das beschriebene Erkenntnisdefizit zu schließen, dann würde zweifelsohne der produktivitäts- bzw. faktortheoretische Ansatz von Erich Gutenberg einen der vorderen Plätze belegen. Die betriebswirtschaftlichen Kommentatoren sind sich mittlerweile einig, dass Erich Gutenberg wie kein zweiter Forscher die Entwicklung der betriebswirtschaftlichen Theorie nach dem Zweiten Weltkrieg vorangetrieben hat. Seine dreibändige Veröffentlichung „Grundlagen der Betriebswirtschaftslehre"[381] gilt zahlreichen Beobachtern als das bedeutsamste Ereignis der modernen Geschichte dieser Wissenschaftsdisziplin.[382] So ist es nicht weiter verwunderlich, dass sich der in diesem Werk beschriebene Theorieansatz in den 50er und 60er Jahren rasch in der deutschsprachigen Betriebswirtschaftslehre durchsetzen konnte und die theoretische Diskussion auch heute noch entscheidend prägt. Wie im Folgenden noch deutlich werden wird, suchen die Theorieansätze jüngeren Datums noch immer die Referenz zu Gutenberg, nicht zuletzt deshalb, um aus der Abgrenzung zu seinen Theoriekonstruktionen Innovationsstärke für ihre eigenen Ideen dokumentieren zu können.[383]

Man darf also gespannt sein, welchen Beitrag der Gutenbergsche Ansatz für das Erreichen der Zielsetzung dieser Arbeit zu leisten in der Lage sein wird.

---

[381] Vgl. Gutenberg (1975), S. 1 ff.; Gutenberg (1984), S. 1 ff.; Gutenberg (1980), S. 1 ff.
[382] Vgl. u.a. Albach (2002), S. 39; Koch (1997), S. 107; Schmidt (2000), S. 4; Albach (2000), S. 58 ff.; Sabel (2000), S. 67 ff. sowie Wöhe (1990), S. 74 f.
[383] Vgl. z.B. Heinen (1971), S. 21 f.

3.1.2   Die Analyse der Strukturen des wissenschaftlichen Beobachtens

3.1.2.1   Die Zielsetzung des wissenschaftlichen Beobachtens

Um nachvollziehen zu können, welche Ziele Gutenberg mit der Definition seines theoretischen Ansatzes erreichen wollte, lohnt sich ein Blick zurück auf den Forschungsstand der Betriebswirtschaftslehre vor der ersten Veröffentlichungen Gutenbergs. In der Literatur wurden damals vor allem die folgenden drei wissenschaftstheoretischen Ansätze diskutiert. Die durch die Ausführungen von Schmalenbach definierte Ausrichtung, die Wöhe als empirisch-realistischen Ansatz beschreibt[384], repräsentiert die Auffassung, Betriebswirtschaftslehre solle als eine „Kunstlehre" betrieben werden. Unter diesem Begriff versteht Schmalenbach eine technologisch ausgerichtete Wissenschaft, die primär der betrieblichen Praxis zu dienen habe, indem sie nach allgemeinen Aussagen über die betriebliche Realität sucht und diese praxisgerecht aufarbeitet.[385] Diesem bewusst wertfrei definierten und stark empirisch geprägten Ansatz hat Nicklisch einen betriebswirtschaftlichen Ansatz entgegengesetzt, der sich zum Ziel setzt, die Realität zu gestalten, indem er normative Aussagen zur Gestaltung des Betriebsablaufs entwickelt. Ausgehend von übergeordneten Grundnormen, der sogenannten natürlichen Ordnung des Weltganzen, sieht Nicklisch die Aufgabe der Betriebswirtschaftslehre darin, betriebliche Sondernormen zu entwickeln, die Realität mit diesen Normen zu vergleichen und Wege zur Überwindung einer möglichen Soll-Ist-Abweichung aufzuzeigen.[386] Ihre kompromisslose Distanz zur Praxis betont dagegen die dritte Theorieschule, die vor allem auf die Grundsätze der Privatwirtschaftslehre nach Rieger rekurriert. Sie sucht nach Wegen zur Profitmaximierung privatwirtschaftlicher Unternehmen in kapitalistischen Wirtschaftssystemen. Anders als Schmalenbach lehnt jedoch Rieger jegliche Orientierung der wissenschaftlichen Aussagen an den betrieblichen Bedürfnissen der Praxis strikt ab. Aufgabe der Betriebswirtschaftslehre sei ausschließlich die Forschung und Lehre an sich.[387]

Enge Orientierung an der betrieblichen Praxis oder Betonung des wissenschaftlichen Status? – Empirische Vorgehensweise oder normativ geprägte Argumentation? – Einbettung in gesamtgesellschaftliche Zusammenhänge oder Betonung der mikroökonomischen Perspektive? Die Reihe der grundsätzlichen Fragen, die die junge Wissenschaftsdisziplin Betriebswirtschaftslehre in ihren ersten Jahren zu beantworten hatte, ließe sich wohl weiter fortsetzen. Die ersten Theorieangebote, dies hat bereits diese kurze Darstellung zeigen können, lieferten auch eine Reihe nachvollziehbarer Antworten. Ihnen allen haftete jedoch ein Makel an, darüber herrscht

---

[384]   Vgl. Wöhe (1990), S. 69
[385]   Vgl. Schmalenbach (1978), S. 35 ff.
[386]   Vgl. Nicklisch (1932), S. 25 ff.
[387]   Vgl. Rieger (2002), S. 179 ff. und Klein, Krebs (1998), S. 8 ff.

in der betriebswirtschaftlichen Diskussion mittlerweile Einigkeit: Es gelang keiner der drei genannten Schulen, ein tragfähiges Gesamtkonstrukt zu entwickeln, welches in der Lage gewesen wäre, sämtliche betriebswirtschaftlichen Erkenntnisse in ihrer Gesamtheit zu strukturieren und damit zu formen. Die große Meinungsvielfalt über die Ausrichtung der Betriebswirtschaftslehre in den ersten Jahren ihres Bestehens kann daher zu einem großen Anteil auch dadurch erklärt werden, dass ein umfassender Theorieansatz, der eine integrative Wirkung hätte entfalten können, zum damaligen Zeitpunkt fehlte.[388] Die Entwicklung eines solchen umfassenden Theorieentwurfs war nun das erklärte Ziel von Erich Gutenberg.

Am Anfang seiner Analyse steht eine exakte Definition der Untersuchungsgegenstände der Betriebswirtschaftslehre. Diese werden nach Auffassung Gutenbergs gebildet durch „die wirtschaftlichen Tatbestände des betrieblichen Geschehens in solchen Betrieben, die dem gewerblichen Bereiche der privaten und öffentlichen Wirtschaft angehören."[389] Der Betriebswirtschaftslehre kommt nun die Aufgabe zu, die systematischen Regelmäßigkeiten im betrieblichen Ablauf nach wissenschaftlichen Kriterien zu analysieren und zu beschreiben. Gutenbergs Interesse gilt damit „den Nervensystemen wirtschaftlicher Institutionen"[390] oder anders ausgedrückt: Sein Ziel ist es, „die innere Logik der Dinge aufzuspüren und die betrieblichen Sachverhalte geistig zu durchdringen."[391]

Koch bezeichnet diese Vorgehensweise als hypothetisch-deduktiv – eine Methodik, die in der Betriebswirtschaftslehre erstmalig von Gutenberg angewandt wurde. Im Zuge der Anwendung dieser Methodik „werden Annahmen über die Bestimmungsgrößen des jeweils zu analysierenden Zusammenhangs zwischen verschiedenen Unternehmensmerkmalen [...] gesetzt. Aus ihnen wird alsdann die erstrebte Aussage durch tautologische Umformung der Prämissen abgeleitet. Das Schwergewicht der Analyse liegt selbstverständlich in der Setzung der Prämissen (Modellbildung). Diese sollen nach Möglichkeit beobachtungskonform sein."[392] Das dahinter stehende Wissenschaftsziel Gutenbergs beschreibt Nienhäuser als Entwicklung einer reinen Theorie über den Faktorkombinationsprozess. Die Gestaltung oder Beeinflussung der Realität spielte in diesem Zusammenhang für Gutenberg immer nur eine untergeordnete Rolle.[393] Ähnlich bewerten auch Klein und Krebs die Zielsetzungen Gutenbergs: „Die Betriebswirtschaftslehre Gutenbergs ist auf das Verstehen betriebswirtschaftlicher Zusammenhänge ausgerichtet, wofür aber eine theoretische Durchdringung nach strengem methodischen Vor-

388 Vgl. Gutenberg (1957), S. 22 ff.; Gutenberg (1958), S. 14; Wöhe (1990), S. 72 f. und Koch (1997), S. 110 ff.
389 Gutenberg (1958), S. 9
390 Gutenberg (1929), S. 28
391 Gutenberg (1953), S. 340
392 Koch (1997), S. 110
393 Vgl. Nienhüser (1989), S. 23 f.

gehen [...] unabdingbar ist. Die Lösung von Problemen fällt jedoch nicht in den Aufgabenbe-
reich einer (wissenschaftlichen) Betriebswirtschaftslehre."[394]

Damit kann am Ende dieses Abschnitts festgehalten werden, dass die Zielsetzung Gutenbergs
klar herausgearbeitet werden konnte. Es ging ihm in erster Linie um die Ausarbeitung einer
theoretischen Basis für die Betriebswirtschaftslehre, die zur Erläuterung aller relevanten
Sachverhalte des Betriebsablaufs geeignet sein sollte. Dass sich aus der Anwendung dieser
Theorie Hinweise ergeben, die für die Gestaltung der unternehmerischen Praxis hilfreich sind,
ist nicht ausgeschlossen – es war jedoch nicht das Ziel Gutenbergs, ein hohes Maß an
Tauglichkeit seines Ansatzes für die betriebliche Praxis zu begründen.

3.1.2.2 Die im Zuge der Beobachtung verwendete Differenz

Nach der Identifikation der Zielsetzung des wissenschaftlichen Beobachtens bei Gutenberg
soll nun die Beobachtungsdifferenz beschrieben werden, die im Zuge dieser Beobachtung ihre
Anwendung findet. Denn entsprechend des am Ende des ersten Teils der Arbeit entwickelten
Flussdiagramms gilt: Nur im Falle einer Übereinstimmung dieser Differenz mit der von Luhmann verwendeten Unterscheidung lassen sich die Erkenntnisse Gutenbergs vorbehaltlos integrieren in das bislang skizzierte Bild von Unternehmen als autopoietische Systeme.

Den Ausgangspunkt der Überlegungen Gutenbergs bildet die Feststellung, dass „der Sinn
aller betrieblichen Betätigung [darin] besteht [...], Güter materieller Art zu produzieren oder
Güter immaterieller Art bereitzustellen."[395] Sowohl materielle als auch immaterielle Güter
könnten jedoch nur durch eine Kombination von Arbeitsleistungen und maschineller Appara-
tur produziert bzw. bereitgestellt werden. Gutenberg definiert nun auf der Basis dieser Erkenntnis ein System produktiver Faktoren zur Kategorisierung der einzelnen Sachverhalte des
Produktionsprozesses. Er differenziert dabei zwischen den drei Elementarfaktoren menschliche Arbeit, Betriebsmittel sowie gegebenenfalls Werkstoffe und den drei dispositiven Faktoren Geschäfts- und Betriebsleitung, Planung und Betriebsorganisation. Der Ertrag einer Unternehmung ergibt sich nun aus der innerbetrieblichen Kombination dieser Produktionsfaktoren.[396]

Die mit Hilfe dieser Beobachtungsunterscheidungen erfasste Realität lässt sich nun nach verschiedenen Gesichtspunkten ordnen oder entlang der typischen Ziele von Unternehmungen
optimieren. Weithin bekannt sind beispielsweise Gutenbergs Analysen über die optimalen

---

[394] Klein, Krebs (1998), S. 37 f.
[395] Gutenberg (1975), S. 1
[396] Vgl. Gutenberg (1958), S. 23

Faktorkombinationen unter der Annahme definierter Produktionsfunktionen.[397] Aber auch eher qualitative Aspekte wie die Probleme der innerbetrieblichen Willensbildung lassen sich mit Hilfe des aufgezeigten Schemas analysieren und erörtern.[398] In allen diesen Analysen hat sich Gutenberg immer an einigen wenigen Leitmaximen des unternehmerischen Handelns orientiert. So stellt die Produktivität einer Unternehmung als Beziehung zwischen Faktoreinsatz und Faktorertrag zwar eine zentrale Größe im Betriebsalltag dar. Eine mögliche Optimierung rein auf die Produktivität einer Unternehmung würde jedoch zu kurz greifen. Daher bedürften die Überlegungen zur Produktivität aus einer Gesamtperspektive noch wesentlicher Ergänzungen, die zum Teil durch das vorherrschende Wirtschaftssystem, in dem sich das Unternehmen bewegt, beeinflusst sind.[399] So sind Unternehmen in marktwirtschaftlichen Systemen nach dem erwerbswirtschaftlichen Prinzip tätig, das damit die erste Leitmaxime des unternehmerischen Handelns bildet. Danach versuchten Unternehmen „ihre geschäftlichen Maßnahmen so zu treffen, daß auf das in ihnen investierte Kapital auf die Dauer und unter Abwägung aller Risiken, aber unter Ausnützung aller Marktchancen, ein möglichst hoher Gewinn erzielt wird."[400] Die zweite Leitmaxime ist hingegen in allen Wirtschaftssystemen zu beobachten: das Prinzip der Wirtschaftlichkeit. Als dritte betriebspolitische Leitmaxime definiert Gutenberg das Prinzip der Aufrechterhaltung des finanziellen Gleichgewichts der Unternehmung.[401] Ein gewisses Maß an Komplexität erreichen die Analysen Gutenbergs regelmäßig dann, wenn Situationen eintreten, bei denen ein konsequentes Verfolgen aller drei genannten Leitmaximen zugleich nicht möglich ist.

In jedem Fall hat die Analyse der Vorgehensweise Gutenbergs beim Aufbau seines Theoriemodells deutlich werden lassen, dass er seine Beobachtungen anhand einer Differenz strukturiert, die zwischen ausgewählten produktiven Faktoren eines Unternehmens und dem Rest der Welt unterscheidet. Gutenberg beobachtet die betriebliche Realität anhand dieser Unterscheidung und interessiert sich ausschließlich für das, was im Zuge dieser Beobachtung als produktiver Faktor identifiziert wird. Alles wird danach beurteilt, ob es einen produktiven Faktor im Sinne dieser Definition darstellt oder nicht. Mit dem auf diesem Wege gewonnenen Abbild der Realität führt Gutenberg anschließend modellhafte Analysen durch, wobei er in diesem Zusammenhang regelmäßig Optimierungen seiner Beobachtungsergebnisse entlang sogenannter Leitmaximen des betrieblichen Handelns vorstellt.

[397] Vgl. Gutenberg (1975), S. 303 ff.
[398] Vgl. Gutenberg (1975), S. 486 ff.
[399] Vgl. Gutenberg (1957), S. 24 f.
[400] Gutenberg (1958), S. 39
[401] Vgl. Gutenberg (1958), S. 39 ff.

3.1.2.3 Das Programm zur Anwendung der Beobachtungsdifferenz

Der folgende Abschnitt widmet sich der Frage, nach welchen Grundsätzen Gutenberg die beschriebene Differenz von Produktionsfaktoren im Rahmen seiner Beobachtungen der Realität anwendet. Zunächst ist zu bemerken, dass sich für Gutenberg die Frage nach einem Programm zur Anwendung seiner Beobachtungsdifferenz in anderer Weise stellt als für Luhmann. Während Luhmann radikal konstruktivistisch argumentiert, Realität als nicht allgemeingültig erfassbar deklariert und daher dem Programm zur Anwendung der Beobachtungsdifferenz eine entscheidende Rolle bei der Erstellung eines komplexitätsreduzierenden Bildes der Realität zuschreibt, argumentiert Gutenberg innerhalb seines Theoriemodells durchgängig positivistisch. Er geht davon aus, dass es möglich ist, die Realität gleichartig, d.h. gewissermaßen objektiv, zu beobachten, ganz gleich wer mit dieser Beobachtung betraut ist. In diesem Zusammenhang betrachtet er auch die betrieblichen Produktionsfaktoren als Entitäten, die in Summe den gesamtbetrieblichen Prozess ergeben und die jedermann ganz einfach beobachten könnte, wenn er denn nur möchte. Denn schließlich sind sie für alle gleichermaßen in der Realität gegeben.[402] Damit besteht kein Zweifel daran, dass Gutenbergs Programm zur Anwendung seiner Beobachtungsdifferenz entlang von Produktionsfaktoren einen strikt ontologischen Charakter aufweist.

3.1.3 Fazit: Tauglichkeit des Gutenbergschen Ansatzes für eine Ergänzung des Bildes von Unternehmen als autopoietische Systeme

Obwohl der Beitrag der Erkenntnisse Gutenbergs für die Entwicklung der Betriebswirtschaftslehre als eigenständige Wissenschaftsdisziplin nicht hoch genug eingeschätzt werden kann, kommt die Analyse im Rahmen dieser Arbeit bereits nach kurzer Zeit zu einem ernüchternden Urteil, was die Tauglichkeit des Ansatzes für das Erreichen der Ziele dieser Arbeit angeht. Danach kann der produktivitäts- bzw. faktortheoretische Ansatz Gutenbergs keinen Beitrag dazu leisten, das Bild von Unternehmen als autopoietische Systeme zu detaillieren.

Grund hierfür sind die völlig unterschiedlichen Beobachtungsstrukturen bei Luhmann auf der einen und bei Gutenberg auf der anderen Seite. So hat die von Gutenberg verwendete Beobachtungsdifferenz auf der Basis von Produktionsfaktoren keinerlei Ähnlichkeiten mit der von Luhmann genutzten Unterscheidung von System und Umwelt. Zudem macht ein Vergleich der Anwendungsprogramme der Differenzen beider Forscher die grundsätzlich unterschiedlichen Auffassungen in der Beurteilung der Beobachtbarkeit von Realität deutlich. Ein

---

[402]   Vgl. Gutenberg (1958), S. 23

radikal konstruktivistisch argumentierender Luhmann auf der einen Seite trifft auf der anderen Seite auf einen strikt ontologisch denkenden und forschenden Gutenberg.

Im Ergebnis sind die strukturellen Unterschiede in der Anlage der Beobachtung, die nach Einschätzung der modernen Systemtheorie die Beobachtungsergebnisse entscheidend determinieren, zwischen den beiden Autoren so unterschiedlich, dass kein Zusammenführen ihrer Erkenntnisse erfolgen kann. Vor diesem Hintergrund kann im Rahmen dieser Arbeit auch auf eine umfassende Darstellung der Inhalte des Gutenbergschen Ansatzes verzichtet werden.

Wenn schon keine unmittelbare Ergänzung der bisherigen Aussagen über Unternehmen als autopoietische Systeme mit Hilfe Gutenbergs möglich ist, so ist dennoch die Verortung seiner Unternehmenstheorie als alternative Beobachtung des Wissenschaftssystems im Luhmannschen Gesellschaftsbild denkbar. Danach stehen die Erkenntnisse Gutenbergs über die Funktionsweise von Unternehmen gleichberechtigt neben denen von Luhmann. Ihre unterschiedlichen Ergebnisse sind als das Resultat der Anwendung verschiedener Beobachtungsdifferenzen zu interpretieren. In dieser Interpretation können die Erkenntnisse aus der Systemtheorie Luhmanns genutzt werden, um als Beobachter zweiter Ordnung die Stärken und Schwächen des Gutenbergschen Ansatzes herauszukristallisieren. Man betrachtet die Beobachtungsstrukturen Gutenbergs gewissermaßen durch die Brille der modernen Systemtheorie und wird bei dieser Beobachtung – wie sollte es in einer autologischen Theorie auch anders sein – immer Kritikpunkte an dem alternativen Theorieansatz identifizieren können.

Zunächst zu der allgemein anerkannten Stärke des Ansatzes: Die große Leistung Gutenbergs ist darin zu sehen, dass er durch die Einführung des Differenzierungskriteriums der produktiven Faktoren erstmals eine wissenschaftliche Beobachtung von Unternehmen mit Hilfe eines allgemeingültigen Differenzierungskriteriums ermöglicht hat. Das gesteckte Ziel seiner theoretischen Ausarbeitungen, die Ausarbeitung einer umfassenden betriebswirtschaftlichen Theoriegrundlage, hat er damit erreicht. Für die Betriebswirtschaftslehre leistete er so Pionierarbeit. Einige Autoren sehen Gutenberg aus diesem Grunde auch als den Begründer der modernen Betriebswirtschaftslehre an.[403]

Im Ergebnis entstand ein Theoriemodell, mit dem tatsächlich alle betriebswirtschaftlichen Sachverhalte umfassend und zusammenhängend analysiert werden können. Alles das, was für die Betriebswirtschaftslehre von Interesse ist, fällt in den durch die produktiven Faktoren strukturierten Beobachtungsrahmen. Die Universalität der Beobachtungsdifferenz ist auch der Grund dafür, dass mit Hilfe der Unternehmenstheorie Gutenbergs zu einem späteren Zeit-

---

[403] Vgl. für diese Einschätzung z. B. Sabel (2000), S. 77

punkt Sachverhalte analysiert werden konnten, an die der Autor selbst bei der Ausarbeitung seiner Theorie noch überhaupt nicht denken konnte, da sie in der damaligen wissenschaftlichen Diskussion nicht thematisiert wurden. Zu nennen sind hier beispielsweise die Ausarbeitungen von Albach, dem sowohl eine eher verhaltensorientierte Analyse über die Position der Menschen im Unternehmen mit Hilfe des Gutenbergschen Ansatzes gelingt[404] als auch die vertragstheoretische Interpretation einer Unternehmenstheorie mit den Begriffen von Gutenberg erklären kann[405] – beide Aspekte beziehen sich auf Inhalte, deren Erörterung in der Betriebswirtschaftslehre erst in den letzten 20 Jahren in Mode kamen. Weiterhin sei auf die Arbeit von Dinkelbach verwiesen, der die Auswirkung der Einführung von Emissionszertifikaten auf Unternehmen mit Hilfe des Gutenbergschen Ansatzes analysiert.[406]

Schenkt man den Kritikern Gutenbergs Glauben, so liegt die größte Schwäche des Ansatzes in seiner Praxisferne. Einige Autoren haben Gutenberg in diesem Kontext gar vorgeworfen, er würde die Betriebswirtschaftslehre mathematisieren und damit entfremden.[407] Durch die Brille der modernen Systemtheorie betrachtet, werden die Hintergründe dieser Vorwürfe gut sichtbar. Wie aus der Systemtheorie Luhmanns deutlich wurde, flaggen soziale Systeme Kommunikation gezwungenermaßen komplexitätsreduzierend als Handlung aus. Dies gilt, wie mittlerweile bekannt ist, auch für Unternehmen. Unternehmerische Probleme werden danach von den Unternehmen selbst als Entscheidungsprobleme identifiziert, die durch ein zielgerichtetes Handeln ihrer Entscheidungsträger behoben werden sollen. Das Schema, mit dem Unternehmen ihre Realität beobachten, ist damit klar handlungsorientiert. Im Gegensatz dazu wählt Gutenberg nun als Grundlage für seine wissenschaftliche Beobachtung die Differenz produktiver Faktoren. Betriebliche Herausforderungen werden in dieser Sichtweise als Schwierigkeiten in der Kombination dieser produktiven Faktoren angesehen.

Größer könnte die Differenz zwischen den beiden Unterscheidungen nicht sein: Während die systeminterne Beobachtung von einem handlungsorientierten Ansatz ausgeht und damit den Menschen in den Mittelpunkt der Beobachtung stellt, taucht der Mensch bei Gutenberg im Kombinationsprozess lediglich als ein dispositiver Faktor auf – unter vielen anderen Produktionsfaktoren. Damit liegt die von Gutenberg ausgewählte Leitdifferenz für seine Beobachtungen tatsächlich weit entfernt von den Kriterien, mit denen Unternehmen und andere soziale Systeme ihre Beobachtungen tätigen. Diese Differenz bildet letztlich die Ursache für die von den Kritikern vorgebrachte Praxisferne des Gutenbergschen Ansatzes.

[404] Vgl. Albach (1982), S. 1 ff.
[405] Vgl. Albach (1997), S. 1 ff.
[406] Vgl. Dinkelbach (1997), S. 28 ff.
[407] Vgl. Koch (1997), S. 116 f.

Allerdings ist zu betonen, dass wissenschaftliche Beobachtung, ganz gleich welche Differenz sie verwendet, niemals Anschlusskommunikation in den Untersuchungsobjekten in der Umwelt des Wissenschaftssystems erreichen wird. Es ist ein Trugschluss zu glauben, dass aus einer höheren „Praxisnähe" der wissenschaftlichen Beobachtungskriterien automatisch eine schnellere und bessere Adaption der wissenschaftlichen Ergebnisse in der Praxis folgt. Wissenschaftliche Kommunikation genügt ausschließlich wissenschaftlichen Kriterien und kann nur im Wissenschaftssystem unmittelbare Anschlusskommunikation auslösen. Alle soziale Systeme sind nun einmal autopoietische Systeme und betreiben daher ausschließlich Reproduktion im Selbstkontakt. Wer Praxisnähe erreichen möchte, der muss sich in die Praxis begeben und innerhalb von Unternehmungen Kommunikation produzieren – dann genügen diese Kommunikationselemente jedoch nicht mehr wissenschaftlichen Kriterien.

Natürlich lassen sich, wie noch zu zeigen sein wird, auch andere Unterscheidungen als Grundlage wissenschaftlicher Beobachtungen von Unternehmungen festlegen, die näher an den Beobachtungsmechanismen der Unternehmen selbst liegen. Allerdings wird es selbst mit Hilfe dieser Unterscheidungen nie gelingen, Anschlussfähigkeit zwischen der betriebswirtschaftlichen Kommunikation und der betrieblichen Realität herzustellen. Würde dies gelingen, dann wäre in diesem Augenblick die Wissenschaftlichkeit der Kommunikation zwangsläufig verloren gegangen. Der oft beschworene Mangel der Gutenbergschen Theorie, sie sei praxisfern, kann also nachvollzogen werden. Bei allen Ambitionen, die Praxisorientierung zu erhöhen, sei jedoch erwähnt, dass bei allen Bemühungen dieses Ziel niemals umfassend erreicht werden kann. Wie im Folgenden noch näher erörtert werden wird, tun sich große Teile der Betriebswirtschaftslehre bis heute schwer, diesen Sachverhalt zu akzeptieren.

Abschließend sei bemerkt, dass der Blickwinkel der modernen Systemtheorie einen weiteren Nachteil des Gutenbergschen Ansatzes erkennbar werden lässt: das völlige Fehlen einer konstruktivistischen Theoriekomponente. Dies kann leicht dadurch erklärt werden, dass Gutenberg in den Jahren der Veröffentlichung der Grundlagen der Betriebswirtschaftslehre selbstverständlich noch keine Kenntnisse über die Grundgedanken des Konstruktivismus haben konnte.[408] Eine solche Erklärung ändert jedoch nichts an den Schwächen des Theoriemodells, die durch das Fehlen dieser Komponente entstehen. Im Ergebnis ist die Theorie Gutenbergs ausschließlich eindimensional ontologisch orientiert. So fehlen im Theoriekonzept unter anderem Einschätzungen über die zweifelsohne vorhandene Selbstbezüglichkeit der Unternehmenstheorie, über die prinzipielle Unmöglichkeit, die Realität umfassend zu beobachten, und

---

[408] Zwar werden im Nachhinein bereits die Ausführungen Parsons, die dieser Anfang der 50er Jahre veröffentlicht hat, als erste Ansätze für eine konstruktivistische Argumentation interpretiert; die eigentliche Diskussion über konstruktivistisch wissenschaftliche Positionen wurde intensiv erst in den 70er Jahren des 20. Jahrhunderts geführt. Vgl. dazu Haller (1999), S. 202 ff.

über die jeder Beobachtung innewohnende Paradoxie. Die daraus resultierenden Mängel werden insbesondere dann deutlich, wenn der Versuch unternommen wird, die Theorieergebnisse in der Praxis zu verwenden. Auch wenn Gutenberg darauf hinweist, dass eine Anwendung der Theorieerkenntnisse in der Praxis nur mit größter Sorgfalt vorgenommen werden kann, so weckt er durch den Aufbau seiner Theorie dennoch Hoffnungen, dass eine solche Adaption leicht gelingen könnte.[409] Schließlich geht er in seinem Theoriemodell ja davon aus, dass die Realität objektiv beobachtet und bewertet werden kann. Also dürfte doch auch ein Rückschluss von den Theorieergebnissen, die ja auf dieser objektiven Beobachtung basieren, auf die tatsächliche Realität einfach möglich sein. Dass jedoch bereits dieses Unterfangen vor dem Hintergrund der Mängel einer jeder Beobachtung in einer großen Zahl von Fällen zum Scheitern verurteilt ist und dass es darüber hinaus sein kann, dass sich die Ergebnisse, die die Theorie prognostiziert hat, in der Realität nicht so recht einstellen wollen, bleibt unausgesprochen. Im Gegenteil: Die ontologische Ausrichtung der Theorie Gutenbergs suggeriert einem Beobachter geradezu, es gäbe eine objektive Realität und damit auch eine optimale Lösung für alle Fragen des betrieblichen Alltags. Man müsse sich nur entsprechend der in der Theorie aufgezeigten Art und Weise verhalten. Falls diese Lösungen in der Realität scheitern, lässt die Theoriekonstruktion selbst nur einen Schluss zu: Es lag an der falschen Anwendung der Theorieergebnisse.

Der Unmut der Kritiker Gutenbergs, die ihm vorwerfen, sein Theorieansatz sei praxisfremd, kann daher ein Stück weit nachvollzogen werden. Tatsächlich hat die Analyse mittels der modernen Systemtheorie gezeigt, dass das Potential an Enttäuschungen, welches das Theoriemodell Gutenbergs aus Sicht eines Praktikers in einem Unternehmen beinhaltet, nicht unerheblich ist. Es ist nicht allein die Tatsache, dass der Aufbau der Theorie ganz und gar nicht der Struktur entspricht, wie Unternehmen sich und ihre Umwelt beobachten. Hinzu kommt, dass die Theorie suggeriert, sie kenne zweifelsfrei den Schlüssel zu einer besseren Welt – nur bei der Anwendung der Theorieerkenntnisse könne es vorkommen, dass sich diese bessere Welt nicht einstellen will. Und die einzige Begründung, die die Theorie dem Anwender für diese Enttäuschung liefern kann, ist die Aussage, dass es an der falschen Anwendung, also an ihm selbst, liegen muss.

Es wird sich zeigen, ob die neueren Ansätze der Betriebswirtschaftslehre sich dadurch auszeichnen, dass sie diese Schwächen angehen und beheben. Für die vorliegende Arbeit konnten die Erkenntnisse Gutenbergs jedenfalls unabhängig von der Diskussion um die vermeintliche

---

[409]   Zumal Gutenberg selbst diese Hoffnung nährt, indem er beispielsweise in seiner Idealvorstellung der Betriebswirtschaftslehre eine Position zuschreibt, in der diese „die Wirtschaft zu beherrschen versteht". (Gutenberg (1957), S. 38)

Praxisferne des Ansatzes keinen Beitrag dazu leisten, das Bild von Unternehmen als autopoietische Systeme zu ergänzen.

3.2 Der entscheidungsorientierte Ansatz

3.2.1 Einführung

Auch wenn der Gutenbergsche Ansatz keinen Beitrag zur Zielerreichung im Rahmen dieser Arbeit leisten konnte, so besteht dennoch kein Anlass, an der prinzipiellen Tauglichkeit der betriebswirtschaftlichen Erkenntnisse für die moderne Systemtheorie zu zweifeln. Schließlich begann in den 70er Jahren eine tiefgreifende Diskussion über die Notwendigkeit einer theoretischen Neuorientierung der Betriebswirtschaftslehre. Einer der Ansätze, die zu diesem Zeitpunkt neu vorgestellt wurden, war der entscheidungsorientierte Ansatz. Er basiert wesentlich auf den Veröffentlichungen von Edmund Heinen, die daher auch die Grundlage für die nachfolgenden Erörterungen dieses Unterkapitels bilden.[410]

3.2.2 Die Analyse der Strukturen des wissenschaftlichen Beobachtens

3.2.2.1 Die Zielsetzung des wissenschaftlichen Beobachtens

Man muss nicht allzu tief in die Veröffentlichungen von Heinen einsteigen, um identifizieren zu können, in welche Richtung er die Betriebswirtschaftslehre mit Hilfe des entscheidungsorientierten Ansatzes weiterentwickeln wollte. So betont er, dass die Betriebswirtschaftslehre sowohl eine Erklärungs- als auch eine Gestaltungsaufgabe wahrnehmen sollte: „Objektbereich des betriebswirtschaftlichen Forschens sind Tätigkeiten und menschliche Handlungen in der Betriebswirtschaft. Das Bestreben der verantwortlichen Entscheidungsträger in der Betriebswirtschaft ist darauf gerichtet, die Handlungsabläufe so zu gestalten, daß der Erreichungsgrad der Ziele möglichst hoch ist. Die Hilfestellung, die ihnen die Betriebswirtschaftslehre dabei bieten kann, besteht in der Formulierung entsprechender Verhaltensregeln. Darin ist die Gestaltungsaufgabe der praktisch-normativen Betriebswirtschaftslehre zu erblicken. [...] Die Gestaltung eines Entscheidungsfelds setzt eine beschreibende Analyse der in diesem Entscheidungsfeld enthaltenen Tatbestände und Zusammenhänge voraus. Eine solche „Erklärung" des Entscheidungsfeldes steht im Mittelpunkt der Erklärungsfunktion der praktisch-normativen Betriebswirtschaftslehre."[411]

---

[410] Vgl. grundlegend Heinen (1980), S. 9 ff., aber auch Griem (1968), S. 1 ff.
[411] Heinen (1980), S. 26 f.

Damit konzipiert Heinen Betriebswirtschaftslehre als einen Wissenschaftszweig mit zwei unterschiedlichen Bestimmungen, die allerdings in eine klare Rangordnung gebracht werden können. An erster Stelle steht für ihn zweifelsfrei die Gestaltungsaufgabe der Betriebswirtschaftslehre. Jede Wissenschaftsdisziplin sollte nach Ansicht Heinens den Menschen zur Bewältigung seiner Daseinsprobleme Hilfestellungen anbieten.[412] Dies gelte im Besonderen für die Betriebswirtschaftslehre in ihrer Funktion als Unterstützer der Führungskräfte in der betrieblichen Praxis. Den geeigneten Schlüssel, um dieses Ziel zu erreichen, und damit gewissermaßen das geeignete Mittel zum Zweck bildet die Erklärungsfunktion von Betriebswirtschaftslehre. Daraus ergibt sich eine klare Hierarchisierung der beiden genannten Aufgaben: An erster Stelle steht die Gestaltungsaufgabe und erst an zweiter Stelle die Erklärungsaufgabe von Betriebswirtschaftslehre, die nur deshalb benötigt wird, um die Gestaltungsaufgabe tatsächlich erfüllen zu können.[413]

Wenn die Betriebswirtschaftslehre, so Heinen weiter, ihre Gestaltungsaufgabe bestmöglich ausfüllen wolle, so müsse sie zwangsläufig interdisziplinär wirken. Auf die traditionellen Grenzen der Wissenschaftsdisziplinen könnten bei dem Streben nach Hinweisen zur besseren Bewältigung der Praxis keine Rücksicht mehr genommen werden. So müssten betriebswirtschaftliche Analysen auch Erkenntnisse anderer Wissenschaftsdisziplinen, wie etwa der Psychologie oder der Soziologie, mit berücksichtigen. Ihre Einheit erhält die Wissenschaftsdisziplin nach seinem Verständnis ausschließlich über den Untersuchungsgegenstand, der Betriebswirtschaft.[414]

Eine weitere Konsequenz, die sich beinahe zwangsläufig aus dem Wissenschaftsverständnis Heinens ergibt, ist seine Forderung nach der absoluten Werturteilsfreiheit wissenschaftlicher Aussagen. Die Betriebswirtschaftslehre könne ihrer allgemeingültigen Gestaltungsfunktion nur dann nachkommen, wenn sie auf Werturteile vollständig verzichte: „Es ist bisher nicht gelungen, ein wissenschaftlich befriedigendes Verfahren zu entwickeln, das den Geltungsanspruch von Werturteilen begründet. Folglich darf die Wissenschaft keine Werturteile abgeben. Sie hat objektive, d.h. in ihrer Gültigkeit nicht von persönlichen Einstellungen und Überzeugungen abhängige Aussagen zu gewinnen (Objektivitätskriterium)."[415] So strebe die Betriebswirtschaftslehre zwar Gestaltungsempfehlungen mit Aufforderungscharakter bei der Lösung konkreter Problemstellungen an, diese müssten aber nach den Vorstellungen Heinens immer einen strikt wertneutralen Charakter aufweisen.[416]

---

[412] Vgl. Heinen (1980), S. 15 sowie Nienhüser (1989), S. 25
[413] Vgl. Heinen (1980), S. 27 f.
[414] Vgl. Heinen (1980), S. 260
[415] Heinen (1980), S. 28
[416] Vgl. Heinen (1978), S. 39 ff.

Was auch immer die Betriebswirtschaftslehre unternimmt, den Entscheidungsprozess umfassend zu determinieren, werde ihr nicht gelingen; dies muss sich auch Heinen eingestehen: „Wie nah auch die Betriebswirtschaftslehre einmal der Erfüllung ihres Wissenschaftsprogramms kommen mag, eines wird sie trotz aller Vervollkommnung der Modellformulierung nie erreichen und auch nicht anstreben: den Menschen in der betriebswirtschaftlichen Praxis die Entscheidungen abzunehmen. Sie will und soll ihm aber eine wertvolle Hilfe dabei sein."[417]

In den vergangenen Absätzen konnte die Zielsetzung des entscheidungsorientierten Ansatzes klar und deutlich herausgearbeitet werden: Es geht den Vertretern des Ansatzes offensichtlich primär um eine Gestaltung und Veränderung der Realität in den Unternehmen. Die Methoden des wissenschaftlichen Erkennens stellen dabei die Hilfsmittel dar, die benötigt werden, um dieses Ziel zu erreichen.

3.2.2.2 Die im Zuge der Beobachtung verwendete Differenz

Die folgenden beiden Sätze Heinens erläutern die Zusammenhänge zwischen den Zielen des entscheidungsorientierten Ansatzes und der Beobachtungsdifferenz, die speziell für diese Zielerreichung ausgewählt wurde, kurz und prägnant: „Die Betriebswirtschaftslehre hat einen Beitrag zur Lösung praktischer Probleme zu leisten. Die Probleme der Praxis lassen sich wissenschaftlich nur untersuchen und lösen, wenn sie in der gleichen Form betrachtet werden, wie sie sich in der Praxis darbieten, nämlich als Entscheidungsprobleme."[418] Heinen macht damit deutlich, dass auf die Einschätzung, nach der Betriebswirtschaftslehre primär eine gestaltende Aufgabe im Hinblick auf die praktischen Probleme im Betriebsalltag zu erfüllen hat, konsequenterweise auch die Entscheidung folgen muss, Entscheidungsprobleme als Ausgangspunkt der wissenschaftlichen Erörterung zu bestimmen.

Heinen unterstreicht, dass die Fokussierung der wissenschaftlichen Erörterung auf Entscheidungssachverhalte nicht gleichbedeutend ist mit einer Konzentration auf den Willensakt des Entscheiders an sich, der am Ende eines jeden Entscheidungsprozesses steht. Vielmehr beschäftigt sich der entscheidungsorientierte Ansatz mit dem gesamten Entscheidungsprozess und seinen Phasen Willensbildung und Willensdurchsetzung. Überlagert werden beide Phasen von einer Kontrollphase, welche Abweichungen zwischen Ist- und Sollzuständen aufzeigt und ggf. zu Adjustierungen und damit zu neuen Entscheidungen führt. Generell gilt es weiterhin,

---

417   Heinen (1980), S. 260
418   Heinen (1980), S. 260

148

zwischen den in einer Unternehmung zu treffenden Ziel- und Mittelentscheidungen zu differenzieren. Während durch Zielentscheidungen die Intentionen und Absichten des wirtschaftlichen Handelns des Unternehmens definiert werden, legen Mittelentscheidungen die Wege
fest, auf welche Art und Weise diese Ziele erreicht werden. Sie sind somit abhängig von den
zuvor getroffenen Zielentscheidungen.[419]

Innerhalb des auf diese Art und Weise strukturierten Betriebsablaufs können nun auch die
Gestaltungs- und Erklärungsaufgaben der Betriebswirtschaftslehre exakt verortet werden.
Nach Ansicht von Heinen hat sich die Betriebswirtschaftslehre zunächst im Rahmen einer
Zielforschung den betrieblichen Zielen bzw. dem Entscheidungsprozess hinter der Zielfin-
dung zu widmen. In diesem Zusammenhang seien die möglichen Ziele einer Unternehmung
(z. B. Gewinn-, Umsatz-, Rentabilitäts- oder Sicherheitsziele) zu analysieren und die Wechselwirkungen zwischen diesen Zielen aufzuzeigen.[420] Anschließend könnte die Betriebswirtschaftslehre im Rahmen einer Systematisierungsaufgabe typische betriebswirtschaftliche Ent-
scheidungstatbestände, z. B. aus dem Produktions-, Absatz- oder Finanzbereich, identifizieren
und klassifizieren.[421] Betriebswirtschaftliche Erklärungsmodelle sind in einem nächsten
Schritte in der Lage, Entscheidungsfolgen zu erklären und vorherzusagen. Sie bestehen aus
Erklärungsgleichungen, welche die Handlungsmöglichkeiten einer Unternehmung und die
aufgrund der Datenlage der Umwelt zu erwartenden Folgen der jeweiligen Handlungsweisen
wiedergeben. Typischerweise sind die Handlungsoptionen durch Nebenbedingungen (z. B.
Liquiditäts- oder Kapazitätsrestriktionen) beschränkt. Die Auswahl der relevanten Erwar-
tungsvariablen, welche die Folgen der einzelnen Handlungen abbilden, ergibt sich in der Regel unmittelbar oder mittelbar aus dem Zielsystem einer Unternehmung.[422] Um ihrer Gestaltungsaufgabe gerecht werden zu können, muss die Betriebswirtschaftslehre letztlich immer bestrebt sein, die vorgestellten Erklärungsmodelle durch betriebswirtschaftliche Entscheidungsmodelle zu ergänzen. Dies gelinge regelmäßig durch die Erweiterung eines Erklä-
rungsmodells um die konkrete mathematische Formulierung betriebswirtschaftlicher Ziele.
Als Beispiele, bei denen dies idealtypisch gelungen ist, könnten Entscheidungsmodelle zur
optimalen Produktionsprogrammplanung oder Modelle aus der Investitionsrechnung genannt
werden. Im Ergebnis weist der entscheidungsorientierte Ansatz der Betriebswirtschaftslehre
damit, zumindest in der Form, wie ihn Heinen vertritt, eine stark quantitative Komponente
auf.[423]

[419] Vgl. Heinen (1980), S. 22 f.
[420] Vgl. Heinen (1980), S. 93 ff.
[421] Vgl. Heinen (1980), S. 123 ff.
[422] Vgl. Heinen (1980), S. 155 ff.
[423] Vgl. Heinen (1980), S. 213 ff.

Den übergreifenden Referenzpunkt der betriebswirtschaftlichen Analysen in allen genannten Feldern, soviel ist in den vergangenen Abschnitten deutlich geworden, bilden die innerbetrieblichen Entscheidungen. Damit kann der entscheidungsorientierte Ansatz als ein Wissenschaftsprogramm definiert werden, welches den Untersuchungsgegenstand Betriebswirtschaft mit Hilfe der Unterscheidung „Entscheidung – Nicht-Entscheidung" beobachtet. Alles was eine betriebliche Entscheidung betrifft, was sie ausmacht und beeinflusst, ist für den entscheidungsorientierten Ansatz der Betriebswirtschaftslehre von Interesse, alles andere bleibt im Dunkeln. Hintergrund der Wahl gerade dieser Differenz ist, wie Heinen deutlich gemacht hat, das Bestreben dieses Ansatzes, wissenschaftliche Beobachtungen zu tätigen, die sich möglichst an den Gegebenheiten der Realität orientieren und deren Erkenntnisse auf diese Weise rasch und ohne größeren Transformationsaufwand gestalterische Wirkung in der Praxis entfalten können.

3.2.2.3 Das Programm zur Anwendung der Beobachtungsdifferenz

Ähnlich wie im zuvor vorgestellten Gutenbergschen Ansatz stellt sich auch für den entscheidungsorientierten Ansatz die Frage nach den Kriterien der Anwendung des beschriebenen Beobachtungsschemas eigentlich nicht. Die Argumentation erfolgt auch hier strikt ontologisch, d.h. es wird davon ausgegangen, dass es möglich ist, die Realität objektiv zu erfassen und zu begreifen. Gerade diese wertneutrale Erfassung von Realität, aus der dann Handlungsempfehlungen für die Praxis abgeleitet werden können, stellt ja aus Sicht von Heinen auch die Hauptaufgabe von Wissenschaft dar. Konsequenterweise beschränkt sich die Erörterung des Anwendungsprogramms der Beobachtungsdifferenz im entscheidungsorientierten Ansatz dann auch auf die Frage nach der richtigen Definition von Entscheidungen. Dabei tritt das handlungsorientierte Realitätsbild dieses Ansatzes der Betriebswirtschaftslehre deutlich zu Tage: Entscheidungen werden im Rahmen des entscheidungsorientierten Ansatzes als zielgerichtetes Handeln wirtschaftender Menschen angesehen.[424] Demnach stellt für den entscheidungsorientierten Ansatz der Mensch als Träger und Auslöser seiner Handlungen das zentrale Analyseobjekt dar.

3.2.3 Fazit: Tauglichkeit des entscheidungsorientierten Ansatzes für eine Ergänzung des Bildes von Unternehmen als autopoietische Systeme

Zunächst scheint es, als hätten die Beobachtungsstrukturen, die die moderne Systemtheorie verwenden, und die, die im entscheidungsorientierten Ansatz der Betriebswirtschaftslehre Anwendung finden, gewisse Ähnlichkeiten. Zumindest der Begriff Entscheidung spielt in

---

[424] Vgl. Heinen (1980), S. 22 ff.

beiden Varianten eine zentrale Rolle. Eine genauere Analyse der Inhalte zeigt jedoch, dass es sich dabei ausschließlich um semantische Übereinstimmungen handelt. Tatsächlich sind die Beobachtungsdifferenzen und ihre Handhabung des Luhmannschen Ansatzes und des entscheidungsorientierten Ansatzes der Betriebswirtschaftslehre nicht miteinander kompatibel. Während die moderne Systemtheorie die Realität mittels der Unterscheidung System – Umwelt beobachtet und dabei Entscheidungen als Letztelemente von Organisationssystemen konstruiert, betrachtet der entscheidungsorientierte Ansatz die Realität unmittelbar mit Hilfe der Differenz Entscheidung – Nicht-Entscheidung. Die damit verbundenen gravierenden Unterschiede in der Handhabung semantisch gleicher Begrifflichkeiten werden deutlich, wenn man die Programme zur Anwendung der Beobachtungsunterscheidungen einander gegenüberstellt. Auf der einen Seite steht die konstruktivistisch geprägte moderne Systemtheorie, die die Letzteinheiten aller Systeme als Kommunikation beschreibt und sich damit deutlich von den Annahmen einer handlungsorientierten Sozialwissenschaft distanziert. Auf der anderen Seite befindet sich der entscheidungsorientierte Ansatz der Betriebswirtschaftslehre, der gerade diese handlungsorientierte Perspektive mit ontologisch geprägter Selbstverständlichkeit einnimmt. Diese Unterschiedlichkeit in den Beobachtungsstrukturen der beiden Wissenschaftsprogramme führt nun dazu, dass ihre Erkenntnisse nicht miteinander vereinbar sind. Sie stehen beide als gleichberechtigte Beobachtungen des Wissenschaftssystems nebeneinander.

Wie auch im Falle von Gutenberg soll im Folgenden jedoch die Gelegenheit genutzt werden, diesen alternativen Theorieansatz durch die Brille der modernen Systemtheorie kritisch zu analysieren. Zunächst ist festzuhalten, dass es den Vertretern des entscheidungsorientierten Ansatzes – wie zuvor auch Gutenberg – offensichtlich gelungen ist, Unternehmen mit Hilfe einer allgemeingültigen Unterscheidung umfassend zu beobachten. Die von ihnen verwendete Beobachtungsunterscheidung Entscheidung – Nicht-Entscheidung kann universell zur Erfassung aller betrieblich relevanten Ereignisse eingesetzt werden. Damit hat Heinen gezeigt, dass auch andere wissenschaftliche Unterscheidungen als die der produktiven Faktoren, die von Gutenberg genutzt wurden, geeignet sind, eine umfassende betriebswirtschaftliche Theorie einer Unternehmung zu begründen.

Zu den Kritikpunkten aus Sicht der modernen Systemtheorie: Wie der Gutenbergsche Ansatz, so leidet auch das entscheidungsorientierte Wissenschaftsprogramm erheblich an den Folgen des Fehlens sämtlicher konstruktivistischen Theorieelemente. Diese Konsequenzen wiegen freilich im Vergleich zum faktortheoretischen Ansatz Gutenbergs weitaus schwerer. Dies gilt vor allem deshalb, weil die Vertreter des entscheidungsorientierten Ansatzes ihre Vorgehensweise mit einem anderen Anspruch als zuvor Gutenberg begründet haben. So kann der Versuch, einen entscheidungsorientierten Ansatz innerhalb der Betriebswirtschaftslehre zu etablieren, durchaus als eine Replik auf die in der Wissenschaftsdisziplin bis dato dominierende Gutenbergsche Denktradition verstanden werden. Der entscheidungsorientierte Ansatz wagte das Experiment, der Betriebswirtschaftslehre eine neue Identität verschaffen zu wollen. Dabei wurde die betriebliche Praxis als natürlicher Partner der Betriebswirtschaftslehre identifiziert – nicht nur als Erkenntnisobjekt, sondern auch als der primäre Abnehmer betriebswirtschaftlicher Forschungsergebnisse. Statt theoretische Durchdringung der Sachverhalte als das eigentliche Ziel des wissenschaftlichen Forschens zu verstehen, sollte es fortan darum gehen, die Realität zu verändern. Wissenschaftliche Erkenntnisse waren dabei nur das Mittel zum Erreichen dieses eigentlichen Zwecks wissenschaftlichen Handelns.[425]

Wenn man nun betrachtet, wie viel von diesem Ziel in der Realität tatsächlich verwirklicht werden konnte, wird eine tiefe Kluft zwischen dem Anspruch und der Realität bei der Verwendung der Erkenntnisse des entscheidungsorientierten Ansatzes in der Praxis deutlich. Gutenberg spricht dem entscheidungsorientierten Ansatz gar jegliche Wirkung auf die betriebliche Praxis ab.[426] Und das, obwohl auch die systemtheoretische Analyse zeigt, dass es eine geeignetere Theoriekonstruktion, um die im entscheidungsorientierten Ansatz definierten Ziele zu erreichen, kaum geben kann. Unternehmen beobachten ihre Realität komplexitätsreduzierend als Handlungen und erkennen so Entscheider und ihre Entscheidungen. Es scheint plausibel, dass Wissenschaft dann ein höchstmögliches Maß an Praxisrelevanz für ihre Aussagen erzielen wird, wenn sie ebenfalls diese Strukturen für ihre Beobachtungen nutzt. Genau das tut der entscheidungsorientierte Ansatz.

Die Begründung für diese Diskrepanz wird erst dann deutlich, wenn man die Beobachtung von einer ontologischen auf eine konstruktivistische Grundausrichtung umstellt. Dann wird nämlich ersichtlich, dass der Anspruch des entscheidungsorientierten Ansatzes, der Realität objektive und wertneutrale Aussagen zur Gestaltung der Realität zur Verfügung stellen zu wollen, niemals zu erfüllen sein wird. Die Realität lässt sich nun mal nur komplexitätsreduzierend beobachten. Da diese Erkenntnis im entscheidungsorientierten Ansatz jedoch nicht sichtbar wird, bestehen auch keinerlei Möglichkeiten, innerhalb der Theorie ein etwaiges Scheitern der Theorieanwendung in der Praxis zu erklären. Als Folge entsteht bei Anwendern und Beobachtern des entscheidungsorientierten Ansatzes zwangsläufig der Eindruck, Schwächen in der praktischen Anwendung der Theorieergebnisse seien entweder darauf zurückzuführen, dass das Theoriemodell noch nicht detailliert genug ausgearbeitet wurde oder dass die Adaption der Erkenntnisse in der Praxis nicht in der Form vorgenommen wurde, wie das Theoriemodell dies vorsah. Beide Erkenntnisse führen nicht unbedingt dazu, das Vertrauen in die

---

[425]   Wie noch zu zeigen sein wird, gelten diese Aussagen in noch extremerer Ausprägung auch für den systemorientierten Ansatz der Betriebswirtschaftslehre.
[426]   Vgl. Gutenberg (1989), S. 165

Tauglichkeit der Erkenntnisse des erkenntnistheoretischen Ansatzes für die Praxis zu erhöhen, vor allem dann nicht, wenn auch nach einer Korrektur der scheinbaren Schwächen ein vergleichbares Resultat konstatiert werden muss.

Damit findet sich der entscheidungsorientierte Ansatz schließlich im Rahmen der systemtheoretischen Interpretation auf der gleichen Ebene wieder wie die Gutenbergschen Überlegungen zur Unternehmenstheorie. Beide können für die Zielsetzung dieser Arbeit keinen Beitrag leisten. Es lassen sich zwar Unterschiede bei den Erkenntnissen über die Funktionsweise von Unternehmen als Resultat einer veränderten Beobachtungsdifferenz feststellen. Das Versprechen des entscheidungstheoretischen Ansatzes, die Realität zielgerichtet beeinflussen zu können, kann jedoch genauso wenig erfüllt werden wie im Falle von Gutenberg. Der gravierende Unterschied zwischen beiden Ansätzen besteht jedoch darin, dass der entscheidungsorientierte Ansatz genau dies in Aussicht gestellt und seine Theorie scheinbar optimal auf das Erreichen dieses Zieles hin konstruiert hat. Erst mit Hilfe der Systemtheorie moderner Prägung konnte sichtbar gemacht werden, aus welchen Gründen es niemals gelingen wird, dieses Versprechen allgemeingültig umzusetzen.

3.3   Der verhaltensorientierte Ansatz

3.3.1   Einführung

Die bereits im Falle des entscheidungsorientierten Ansatzes zu beobachtende Tendenz, sich innerhalb der Betriebswirtschaftslehre von dem produktionsorientierten Ansatz Gutenbergs stärker in Richtung humanorientierter Beobachtungsdifferenzen zu entwickeln, wird durch den verhaltensorientierten Ansatz auf die Spitze getrieben. Er stellt das Individuum in den Mittelpunkt aller Analysen.[427] In seiner Extremform wird der verhaltensorientierte Ansatz der Betriebswirtschaftslehre von Günther Schanz vertreten, dessen Analysen daher auch die Grundlage für die Erörterung im folgenden Abschnitt bilden.

Vor Beginn der eigentlichen Analyse soll nicht unerwähnt bleiben, dass die Erwartungen hinsichtlich der Nutzbarkeit der Erkenntnisse des verhaltensorientierten Ansatzes für die Ergänzung des Bildes von Unternehmen als autopoietische Systeme nur als gering eingestuft werden können. Dies liegt nicht allein an den Erfahrungen der vorangegangenen Unterkapitel. Auch das Theoriedesign des verhaltensorientierten Ansatzes, das sehr stark auf den Menschen hin fokussiert ist, lässt es nicht unbedingt erwarten, dass sich Übereinstimmungen in der Struktur des wissenschaftlichen Beobachtens mit der modernen Systemtheorie ergeben wer-

---

[427]   Vgl. z. B. Schanz (1977), S. 4; Schanz (1990), S. 194; Schanz (1979), S. 9; Koch, Krebs (1998), S. 51

den. Dennoch soll im Folgenden der verhaltensorientierte Ansatz in gleicher Form einer Prüfung auf seine Tauglichkeit unterzogen werden, wie dies bei den beiden Ansätzen zuvor geschehen ist, nicht nur deshalb, um der Vollständigkeit zu genügen, sondern auch um nicht vorschnell eine Möglichkeit für einen überraschenden Erkenntnisgewinn zu vergeben.

3.3.2 Die Analyse der Strukturen des wissenschaftlichen Beobachtens

3.3.2.1 Die Zielsetzung des wissenschaftlichen Beobachtens

Die Ziele eines wissenschaftlichen Erkenntnisprozesses können nach Einschätzung von Schanz nur dann sinnvoll festgelegt werden, wenn man sich vorab Klarheit über dessen Verlauf verschafft hat. Danach sei die wichtigste Voraussetzung, um überhaupt neue wissenschaftliche Erkenntnisse produzieren zu können, eine exakte Abgrenzung von methodologischen Leitideen. Sie bilden die nicht mehr zu hinterfragenden Axiome einer Theorie, mit der anschließend eine Realitätsbeobachtung ermöglicht wird. Erst durch einen Vergleich verschiedener methodologischer Leitideen werde Wissenschaft befähigt, vorhandene Theorien kritisch zu überprüfen, die positiven Aspekte dieser Theorien herauszukristallisieren und so einen Erkenntnisfortschritt zu erzielen.[428]

Was ist nun die Leitidee, auf der der verhaltensorientierte Ansatz seine wissenschaftliche Beobachtungen aufbaut? Die Antwort, die Schanz auf diese Frage gibt, lautet: Es ist die Idee des methodologischen Individualismus. Wie in der Einführung zu diesem Abschnitt bereits angedeutet wurde, stellt er durch die Wahl dieser Leitidee konsequent den Menschen in seiner Gesamtheit in den Mittelpunkt der wissenschaftlichen Analyse. Hintergrund für diese Wahl ist für Schanz die Einschätzung, dass es sich bei der Betriebswirtschaftslehre um eine Sozialwissenschaft handelt. Eine derartige Zuordnung impliziere für ihn, dass sämtliche Fragestellungen zwangsläufig als „vom Menschen herkommend"[429] bewertet werden müssten.[430]

Insgesamt ist festzuhalten, dass Schanz sich bei der Wahl seiner Leitidee weniger von praktischen Gesichtspunkten leiten ließ als von theoretischen Überlegungen. Dementsprechend steht er auch der von Heinen geforderten starken Praxisorientierung der Betriebswirtschaftslehre eher skeptisch gegenüber. In Anlehnung an Popper definiert Schanz wissenschaftlichen Erkenntnisfortschritt als Wachstum des Informationsgehalts von Theorien. Darauf habe sich Wissenschaft zu konzentrieren, wenn sie erfolgreich sein wolle. Dies gelinge aber nur dann, wenn Betriebswirtschaftslehre nicht als Tageswissenschaft konzipiert wird, die ihre Kapazitä-

---

[428]   Vgl. Schanz (1990), S. 99 ff.; Schanz (1977), S. 10 ff.
[429]   Schanz (1977), S. 4
[430]   Vgl. Schanz (1977), S. 4 f.

ten dadurch bindet, dass sie ausschließlich Probleme aus der Alltagspraxis löst:[431] „Wer sich dieser Interpretation anschließt, wird zu dem Ergebnis kommen, daß eine allzu enge Bindung zwischen beiden Bereichen nicht nur zur Austrocknung der Wissenschaft, sondern letztlich auch zu Verödung der Praxis führen muß."[432]

Die Betonung der Wissenschaftlichkeit von Betriebswirtschaftslehre führt in den Augen von Schanz jedoch nicht dazu, dass deren Erkenntnisse für die Praxis nutzlos seien. Es sei vielmehr das genaue Gegenteil der Fall. Erst durch die Vermittlung und die Weiterentwicklung von Theorien würden die Absolventen eines betriebswirtschaftlichen Studiums in ausreichender Weise in analytischem Denken geschult. Erst diese Kompetenz befähige sie zur Systematisierung von Detailwissen – und gerade dies sei die zentrale Anforderung der Unternehmenspraxis.[433]

Damit ist zusammenfassend festzuhalten, dass Schanz das Vorantreiben des wissenschaftlichen Erkenntnisfortschritts als das primäre Ziel seiner Beobachtungen definiert. Aus der Einschätzung, Betriebswirtschaftslehre sei nur als Sozialwissenschaft zu verstehen, folgert er, dass betriebswirtschaftliche Beobachtungen zwangsläufig auf der Basis der Leitidee des methodologischen Individualismus zu erfolgen hätten. Nur aufgrund des hohen Grades an theoretischer Fundierung können die Aussagen des verhaltensorientierten Ansatzes im Ergebnis auch ein gewisses Maß an Relevanz für die betriebliche Praxis aufweisen.

3.3.2.2 Die im Zuge der Beobachtung verwendete Differenz

Was verbirgt sich nun genau hinter dem Leitgedanken des methodologischen Individualismus, mit dessen Hilfe der verhaltensorientierte Ansatz der Betriebswirtschaftslehre die betriebliche Realität beobachten möchte? Der methodologische Individualismus geht davon aus, dass soziale Prozesse und damit die Gesellschaft insgesamt mit Hilfe von Gesetzen über das individuelle Verhalten erklärt werden können. Die Gesellschaft kann demnach als Summe der Verhaltensweisen der einzelnen Individuen begriffen werden: „Alle komplexen Situationen, Institutionen oder Ereignisse sind das Ergebnis einer bestimmten Konfiguration von Individuen, ihren Neigungen, Situationen, Überzeugungen, ihrer physikalischen Hilfsmittel und ihrer Umgebung."[434]

---

[431]   Vgl. Schanz (1977), S. 18 f.
[432]   Schanz (1977), S. 19
[433]   Vgl. Schanz (1977), S. 19 ff.
[434]   Schanz (1977), S. 67 f.

Damit sich aus der Anwendung des methodologischen Individualismus eine umfassende wissenschaftliche Theorie ergibt, ist die Anwendung eines weiteren Axioms erforderlich. Schanz bezeichnet diesen zweiten Grundsatz des verhaltensorientierten Ansatzes als das theoretische Leitprinzip. Es handelt sich dabei um das Grundprinzip der Gratifikation.[435] Durch die in diesem Prinzip verankerten Aussagen „[...] soll zum Ausdruck kommen, dass in (erwarteten oder auch vorweggenommenen) Belohnungen bzw. Bestrafungen – allgemein: in Gratifikationen – von Verhaltens- und Handlungsweisen die maßgeblichen Kräfte individuellen Verhaltens und Handelns erblickt werden; eine Formulierung, die den motivationalen, den kognitiven und den lerntheoretischen Aspekten individuellen Verhaltens und Handelns gleichermaßen Rechnung trägt. Verhalten und Handeln wird, mit anderen Worten, als Ergebnis des Zusammenspiels von Motivationen, Kognitionen und Vergangenheitserfahrungen betrachtet."[436] In anderen Veröffentlichungen hat Schanz diesen Sachverhalt auch mit dem Streben nach individueller Nutzenmaximierung bezeichnet.[437]

Durch Anwendung der beiden genannten Leitprinzipien entsteht ein Theoriegebilde, welches soziale Realitäten in ihrer Gesamtheit als Folge eines mehr oder weniger zielgerichteten, individuellen Handelns beschreibt. Im Zuge einer Fokussierung widmet sich Schanz zum einen den Individuen in ihrer Rolle als Mitglieder einer Organisation, also als Organisationsteilnehmer, und zum anderen den Konsumenten oder Marktteilnehmern einer Gesellschaft. In beiden Bereichen identifiziert Schanz ein Gratifikationsreservoir, nach dem Individuen trachten. Im Falle von Organisationen geht Schanz davon aus, dass die Mitgliedschaft eines Individuums in einer Organisation als Mittel zum Zweck angesehen wird. Sie ermögliche es, in den Besitz von Gratifikationen zu gelangen, die anschließend dazu verwendet werden können, um die Bedürfnisse dieser Individuen zu befriedigen.[438] Der Ort, an dem diese Bedürfnisbefriedigung in entwickelten Gesellschaften erfolgen könne, sei der Markt. Dort trete das Individuum als Konsument in Erscheinung, der mittels Kaufentscheidungen das Problem der Bedürfnisbefriedigung zu lösen versucht. So halte auch der Markt ein Gratifikationsreservoir für jedes Individuum vor.[439]

Insgesamt können die wissenschaftlichen Beobachtungen im Rahmen des verhaltensorientierten Ansatzes daher als Anwendung einer Differenz verstanden werden, die zwischen Handlungen und Nicht-Handlungen von Individuen innerhalb und im Umfeld von Unternehmen unterscheidet. Alles, was als Handlung in dem definierten Bereich deklariert wird, ist für den

---

[435] Vgl. Schanz (1984), S. 251 ff.
[436] Schanz (1977), S. 99
[437] Vgl. z. B. Schanz (1984), S. 253 f.; Schanz (1979), S. 72
[438] Vgl. Schanz (1977), S. 185
[439] Vgl. Schanz (1977), S. 294 ff.

verhaltensorientierten Ansatz von Interesse, alles andere nicht. Damit ist der Beobachtungsfokus im verhaltensorientierten Ansatz sehr viel breiter angelegt, als dies im entscheidungsorientierten Ansatz der Fall ist. Identisch ist bei beiden Ansätze die Fokussierung auf den Menschen als Ausgangs- und Mittelpunkt für die Beobachtung der gesellschaftlichen Realität.

3.3.2.3 Das Programm zur Anwendung der Beobachtungsdifferenz

Auch für Schanz stellt sich wie schon im Falle des Gutenbergschen Ansatzes und des entscheidungsorientierten Ansatzes die Frage nach der Ausarbeitung eines detaillierten Programms zur Anwendung der Beobachtungsdifferenz nicht. Handlungen von Menschen bilden eine soziale Realität, die prinzipiell für jeden gleichermaßen objektiv beobachtet und bewertet werden kann. Diesem Grundsatz folgend ist es dann auch ausreichend, sich im Zuge der Festlegung eines Programms für die Anwendung der Beobachtungsdifferenz ausschließlich auf eine Definition der Begrifflichkeiten, die im Rahmen der Theorie Anwendung finden, zu beschränken.

Bei einer Betrachtung dieser Definitionen sowie ihrer Anwendung bei Schanz fällt sofort die absolute handlungstheoretische Ausrichtung des verhaltensorientierten Ansatzes ins Auge. Handlungen werden danach zweifelsfrei Menschen zugeordnet und durch endogene oder exogene Faktoren zu erklären versucht.[440] Zudem ist festzustellen, dass sich auch der verhaltensorientierte Ansatz auf einer strikt ontologischen Argumentationsebene bewegt. Konstruktivistische Aspekte sucht man innerhalb des Theoriegebäudes vergeblich.

3.3.3 Fazit: Tauglichkeit des verhaltensorientierten Ansatzes für eine Ergänzung des Bildes von Unternehmen als autopoietische Systeme

Was am Anfang dieses Abschnittes erwartet wurde, hat sich bestätigt: Wie zuvor für die Ansätze von Gutenberg sowie für den entscheidungsorientierten Ansatz muss auch für den verhaltensorientierten Ansatz festgestellt werden, dass dessen Ergebnisse nicht dazu beitragen können, das bislang formulierte Bild von Unternehmen als autopoietische Systeme zu ergänzen. Die vom verhaltensorientierten Ansatz genutzte Struktur zur Beobachtung der Realität ist mit der von Luhmann verwendeten Differenz absolut nicht kompatibel. Während die eine Seite den Menschen und seine Handlungen als den Ausgangspunkt aller Analysen definiert, ist der Mensch für die andere Seite lediglich eine komplexitätsreduzierende Fiktion, die dadurch zustande kommt, dass eine Vielzahl autopoietischer Systeme zu einem Konstrukt zu-

---

[440] Vgl. Schanz (1977), S. 179 ff.

sammengefasst werden, das erforderlich wird, um Kommunikation handhabbar werden zu lassen.

Dementsprechend können auch die Erkenntnisse der beiden wissenschaftlichen Beobachtungen nicht unmittelbar miteinander in Verbindung gebracht werden. Aus Sicht der modernen Systemtheorie sind die Aussagen des verhaltensorientierten Ansatzes als alternative wissenschaftliche Beobachtungen zu bewerten, die gleichberechtigt neben den eigenen Beobachtungen des Ansatzes sowie den Erkenntnissen des entscheidungsorientierten Ansatzes und denen des Gutenbergschen Ansatzes stehen.

Abschließend kann wiederum die Gelegenheit genutzt werden, die durch den verhaltensorientierten Ansatz strukturierte alternative wissenschaftliche Beobachtung der Betriebsrealität aus Sicht der modernen Systemtheorie kritisch zu hinterfragen. Viele neue Aspekte werden jedoch daraus nicht ersichtlich. Ins Auge fällt wie schon bei den zuvor vorgestellten Ansätzen das Fehlen konstruktivistischer Ansätze im Theoriedesign. Die Konsequenzen, die aus diesem Mangel resultieren, wurden ja bereits hinlänglich beschrieben. Im Falle des verhaltensorientierten Ansatzes fallen sie vor allem deshalb nicht so stark ins Auge, weil die Protagonisten des Ansatzes keinen Anspruch erheben, die Realität verändern zu wollen. Allerdings wird auch nicht ersichtlich, dass sie sich der zwangsläufigen Schemenhaftigkeit ihrer Aussagen bewusst sind – jedenfalls wird dies innerhalb der eigenen Theorie nicht thematisiert.

Weiterhin könnte man dem verhaltensorientierten Ansatz aus Sicht der modernen Systemtheorie vorwerfen, dass er sich auf einem erkenntnistheoretischen Holzweg befindet. Es kann nicht zielführend sein, die Realität mit Hilfe von Kommunikationskonstrukten erklären zu wollen, zumal der Beobachter offensichtlich nicht erkennt, dass es bei dem, was er analysiert, lediglich um komplexitätsreduzierte Abbilder der Realität handelt. Doch die theoretische Diskussion rund um die autologische Theoriearchitektur Luhmanns aus dem ersten Teil der Arbeit hat gezeigt, dass man problemlos auch der modernen Systemtheorie vorwerfen könnte, ihre Beobachtungen nicht nach den richtigen Grundsätzen auszurichten. Es ist allein eine Frage der Beobachterperspektive.

3.4   Der systemorientierte Ansatz

3.4.1   Einführung

Im Jahr 1964 schloss sich eine Gruppe von Dozenten der Betriebswirtschaftslehre der Hochschule St. Gallen zusammen, um einen neuartigen Theorieansatz zu begründen, der sich in seinem Theorieaufbau wesentlich auf die Erkenntnisse des damaligen Standes der Systemtheorie stützt.[441] Auch wenn dieser Wissensstand nicht mit den ab Mitte der 80er Jahre des 20. Jahrhunderts veröffentlichten Ausarbeitungen Luhmanns verglichen werden kann, so stimmt die grundsätzliche Theoriekonstruktion des systemorientierten Ansatzes der Betriebswirtschaftslehre dennoch optimistisch. Die mit Luhmann identischen Wurzeln des Ansatzes lassen erwarten, dass es nun endlich gelingen wird, das bisherige Bild von Unternehmen als autopoietische Systeme durch betriebswirtschaftliche Erkenntnisse sinnvoll zu ergänzen.

Die Grundzüge des systemorientierten Ansatzes, seine Intentionen und Stoßrichtungen sowie die für ihn typischen Vorgehensweisen wurden erstmals umfassend in den Veröffentlichungen von Hans Ulrich beschrieben. Vor diesem Hintergrund rekurriert der nachfolgende Abschnitt in erster Linie auf seine Arbeiten, berücksichtigt aber auch substantielle Weiterentwicklungen des Ansatzes jüngeren Datums.

3.4.2 Die Analyse der Strukturen des wissenschaftlichen Beobachtens

3.4.2.1 Die Zielsetzung des wissenschaftlichen Beobachtens

Vertreter des systemorientierten Ansatzes bekennen sich dazu, die Systemtheorie als Basis für ihr wissenschaftliches Schaffen vor allem deshalb ausgewählt zu haben, um eine bestimmte Auffassung über den Sinn und Zweck von Betriebswirtschaftslehre verfolgen zu können.[442] Konkret gehe es ihnen darum, Betriebswirtschaftslehre als anwendungsorientierte Sozialwissenschaft zu positionieren, die dann „eine notwendige Vorstufe zu einem sinnvollen praktischen Handeln der sogenannten Führungskräfte in zweckorientierten sozialen Systemen, insbesondere in Unternehmungen"[443] darstellen soll. Dementsprechend kann das Ziel von Betriebswirtschaftslehre aus Sicht des systemorientierten Ansatzes definiert werden als das Bestreben, relevantes Wissen für das zukünftige praktische Handeln in Unternehmen zu gewinnen und in einer Art und Weise darzustellen, welche auf die praktische Lösung typischer Führungsprobleme zugeschnitten ist.[444]

Nach dieser Definition entstehen die Probleme von Betriebswirtschaftslehre als angewandter Wissenschaft erst im Praxiszusammenhang. Der Praxisbezug sei somit für die Betriebswirtschaftslehre konstitutiv und weise nicht allein einen akzessorischen Charakter auf, wie dies bei einer Grundlagenwissenschaft der Fall wäre. Praktische Fragestellungen stünden am An-

[441] Vgl. Ulrich (2001), S. 21
[442] Vgl. Ulrich (2001), S. 22
[443] Ulrich (2001), S. 22
[444] Vgl. Ulrich (2001), S. 22

fang und am Ende eines typischen Forschungszyklus der Betriebswirtschaftslehre. Zu Beginn definieren die Praxis und ihre aktuellen Probleme die Untersuchungsfelder der Wissenschaft. Nach einer wissenschaftsinternen Erörterung gehe es schlussendlich darum, zu überprüfen, ob und inwieweit die von der Betriebswirtschaftslehre entwickelten Gestaltungsmodelle in der Praxis auch tatsächlich Anwendung gefunden haben. Damit schließt sich dann der Kreis der wissenschaftlichen Erkenntnisgewinnung rund um praktische Probleme.[445]

Der beschriebene Anspruch des systemorientierten Ansatzes, Betriebswirtschaftslehre als anwendungsorientierte Sozialwissenschaft zu definieren, hat zur Folge, dass der Erörterung der Wertbezogenheit wissenschaftlicher Aussagen besondere Aufmerksamkeit zu schenken ist. Dies wurde bereits im Rahmen der Vorstellung des entscheidungsorientierten Ansatzes deutlich. Ulrich unterscheidet in diesem Zusammenhang drei Ebenen der Erkenntnisgewinnung: eine materielle, eine biologische und eine kulturelle Ebene. Auf der materiellen Ebene erfasse Wissenschaft den Aufbau und die Struktur von Materie und erkläre die Zusammenhänge durch Naturgesetze. Die biologische Ebene widmet sich den Lebewesen in ihrer Gesamtheit und den Spielregeln ihres Überlebens. Erst auf der kulturellen Ebene schließlich widme sich Wissenschaft den Spezifika menschlichen Verhaltens in einer sozialen Umgebung. Gerade diese dritte Ebene sei jedoch die Entscheidende, wenn es darum gehe, alltagstaugliche Gestaltungsmodelle für die unternehmerische Praxis zu entwerfen. Doch auch wissenschaftliches Handeln selbst werde erst in dieser dritten Betrachtungsebene sichtbar und kann dann nicht mehr eine privilegierte Position außerhalb dieser Betrachtungsebene für sich reklamieren:[446] „Denn erst auf dieser dritten Ebene erhalten Dinge Bedeutung, entsteht Sinn für den Menschen, indem wir Phänomenen Werte zuordnen, ist praktisch Vernunft erst möglich, und der anwendungsorientierte Wissenschaftler selbst ist wie alle anderen Menschen Teil dieser kulturellen Sphäre und kann nicht so tun, als ob ihn das alles so wenig angehe wie den Astronomen ein ferner Stern."[447] Damit produziere Betriebswirtschaftslehre als anwendungsorientierte Wissenschaft Wissen zur Verwendung in einem sozialen Kontext, den es durch entsprechende Interpretationen auf der dritten definierten Betrachtungsebene erst konstituiert hat.[448]

Mit dieser Festlegung wendet sich Ulrich energisch gegen das nach seiner Einschätzung in der Betriebswirtschaftslehre noch immer vorherrschende neopositivistische Wissenschaftsbild. Dieser sich am Wissenschaftsideal und der Methodik der Physik orientierende Ansatz gehe davon aus, dass Wissenschaft durch eine vorurteilsfreie und damit objektive Beobachtung der Realität allgemeine Gesetzmäßigkeiten erkennt, die im Idealfall eine deduktive Ableitung

---

[445] Vgl. Ulrich (2001), S. 167 ff.
[446] Vgl. Ulrich (2001), S. 208 f.
[447] Ulrich (2001), S. 209
[448] Vgl. Ulrich (2001), S. 209

aller Zustände und Geschehnisse der Natur ermöglichen. Für die Erforschung sozialer Phänomene sei dieser Ansatz aufgrund der beinahe unendlichen Verhaltensvariabilität von Menschen jedoch ungeeignet.[449] Dennoch hielten weite Teile der Betriebswirtschaftslehre unbeirrt
an dem positivistischen Paradigma fest: „Die heutigen Wirtschafts- und Sozialwissenschaften
weisen unübersehbare Mängel auf, die auch von den Wissenschaftlern selbst zugegeben werden, so der absolute Mangel an allgemeinen Theorien, die mit denjenigen der Naturwissenschaften vergleichbar wären, die Widersprüchlichkeit der Ergebnisse von empirischen Untersuchungen über denselben Forschungsgegenstand, die hohe Fehlerquote selbst bei kurzfristigen Prognosen, die Unfähigkeit, bestimmte Ergebnisse vorauszusagen und die geringe Anwendung quantitativer Methoden in der Praxis. Die Kritik an diesem unbefriedigenden Zustand erfolgt jedoch innerhalb des positivistischen Paradigmas und führt in aller Regel zum
Schluss, dass er durch vermehrte Anstrengungen in derselben Richtung überwunden werden
könne."[450]

Erforderlich sei stattdessen ein Paradigmenwechsel innerhalb der Betriebswirtschaftslehre.
Dieser sollte aus Sicht der Vertreter des systemorientierten Ansatzes am besten durch Anwendung der Erkenntnisse aus der Systemtheorie erfolgen, weil durch diese Vorgehensweise
die Wissenschaft ihrem praktischen Gestaltungsauftrag in idealer Weise nachkommen könnte.
In der konkreten Umsetzung dieses Auftrages gelte es jedoch zu berücksichtigen, dass es sich
bei Unternehmungen und anderen Sozialgebilden jeweils um hochkomplexe Systeme handelt,
die definitionsgemäß nicht vollständig und umfassend beschreibbar sind und deren Verhalten
nicht kausalanalytisch erklärbar ist.[451] Ulrich akzeptiert diesen Sachverhalt für die Betriebswirtschaftslehre und nimmt damit auch Abstand von der Fiktion faktisch beherrschbarer Systeme. Er unterstreicht, dass die Betriebswirtschaftslehre sich verabschieden müsse von der
Vorstellung, einfache und mechanistische Erklärungsmodelle der Realität produzieren zu
können. Vor dem Hintergrund der Erkenntnisse der allgemeinen Systemtheorie sei dies niemals zu erreichen.[452] In zweiter Konsequenz müsse die Betriebswirtschaftslehre auch ihren
Fokus abwenden von der aktuellen betrieblichen Realität, da deren umfassende Beschreibung
sowieso niemals gelingen kann. Stattdessen gilt es, die Bemühungen hinsichtlich der zukünftigen Gestaltung der Wirklichkeit zu intensivieren: „Die akademisch gebildeten Betriebswirte
benötigen Wissen, das ihnen ermöglicht, ihr auf Veränderung und Neugestaltung der Wirklichkeit gerichtetes Handeln rational zu lenken. Was sie brauchen und was die Betriebswirtschaftslehre demzufolge auch anstreben sollte, sind weniger Erklärungen über die bestehende

---

[449]   Vgl. Ulrich (2001), S. 126 ff.
[450]   Ulrich (2001), S. 131
[451]   Vgl. Ulrich (2001), S. 21 ff.
[452]   Vgl. Ulrich (2001), S. 23 ff.

Wirklichkeit als Vorstellungen über mögliche zukünftige Wirklichkeiten und Handlungsmaximen für die Realisierung dieser Vorstellungen."[453]

Doch auch bei der Betrachtung der Zukunft bleibe das Problem der Komplexität des Systems und seiner Umwelt erhalten. Demzufolge könne die Betriebswirtschaftslehre selbst im Falle einer konsequenten Zukunftsorientierung keine fertigen Problemlösungen anbieten. Es gehe vielmehr darum, Modelle für die Gestaltung der Unternehmung und ihrer Subsysteme zu entwickeln, die genügend Variationsmöglichkeiten besitzen, um durch die Führungskräfte in Unternehmungen auf die konkreten Problemfelder der Praxis adaptiert zu werden. Nicht konkrete Handlungsanweisungen seien gefragt, sondern Leitlinien für Handlungen der Führungskräfte, die es jeweils durch diese zu konkretisieren gelte.[454]

Neben der strikten Anwendungsorientierung, der notwendigen Werthaltigkeit der Aussagen, der Konzentration der Gestaltungsaussagen auf die Zukunft sowie der Akzeptanz des Modellcharakters aller erarbeiteten Lösungen sei die Interdisziplinarität eine weitere Konsequenz, die sich für die Betriebswirtschaftslehre ergibt, wenn man sie entsprechend den Überlegungen des systemorientierten Ansatzes als anwendungsorientierte Wissenschaft definiert. Wie bereits erläutert, ergebe sich erst aus einer Kombination von materieller, biologischer sowie kultureller Betrachtungsebene eine umfassende Perspektive auf das Objekt Unternehmung. Das Einnehmen einer solch exponierten Beobachterposition, die sämtliche verfügbaren Erkenntnisse zusammenführt, stelle jedoch eine wesentliche Voraussetzung dafür dar, den Führungskräften praxistaugliche Gestaltungsmodelle für die Zukunft anreichen zu können. Aufgrund wissenschaftshistorischer Entwicklungen sei jedoch eine Situation eingetreten, die sich dadurch auszeichnet, dass die wesentlichen Erkenntnisse aus den drei genannten Ebenen auf verschiedene Grundlagenwissenschaften verteilt sind. Wolle die Betriebswirtschaftslehre die ihr zugewiesene Gestaltungsaufgabe wahrnehmen, so gehöre es zwangsläufig auch zu ihren Aufgaben, diese Erkenntnisse aus den unterschiedlichen Wissenschaftsdisziplinen zu bündeln und zusammenzuführen.[455]

Zur Zusammenfassung der Ziele des systemorientierten Ansatzes der Betriebswirtschaftslehre: Die vorstehenden Ausführungen haben verdeutlicht, dass die primäre Zielsetzung des Ansatzes darin liegt, Offerten zur Problemlösung für die unternehmerische Praxis zu erarbeiten. Probst bringt die Motivation für sein wissenschaftliches Handeln, die durchaus als prototypisch für den systemorientierten Ansatz insgesamt betrachtet werden kann, pointiert in folgender Aussage zum Ausdruck: „Ich hatte keine Lust mehr, für zehn Professoren oder für

---

453   Ulrich (2001), S. 23
454   Vgl. Ulrich (2001), S. 115 f.
455   Vgl. Ulrich (2001), S. 180 ff.

fünfzig Studenten zu schreiben. Ich hatte Lust, für die Leute zu schreiben, die in den Systemen genau die Rolle spielen, über die ich immer rede. Ich wollte die Führungskräfte möglichst breit erreichen."[456] Obwohl Ulrich dies in seinen Veröffentlichungen selten in dieser Klarheit ansprach, richtete sich der systemorientierte Ansatz in seinen Intentionen und Zielen damit auch unmittelbar gegen die zum damaligen Zeitpunkt vorherrschende Gutenbergsche Konzeption.[457] Der strikten Theorieorientierung Gutenbergs setzten die Protagonisten des systemorientierten Ansatzes die beschriebene Konzeption von Betriebswirtschaftslehre als anwendungsorientierter Sozialwissenschaft entgegen.

Aus einer derartigen Konzeption ergeben sich zahlreiche Konsequenzen für die Selbsteinschätzung der Wissenschaftsdisziplin, die in den vergangenen Abschnitten umfassend erläutert wurden. Abschließend sei erwähnt, dass die gesamte Konzeption des systemorientierten Ansatzes sowie das Selbstverständnis ihrer Vertreter sich auf die Annahme der prinzipiellen Steuerbarkeit von Unternehmungen stützt. Nur wenn man davon ausgeht, dass zum einen Führungskräfte in Unternehmen in der Lage sind, diese zu beeinflussen, und dass zum anderen wissenschaftliche Expertisen geeignet sein können, wiederum das Verhalten dieser Führungskräfte zu determinieren, nur dann macht eine Vorgehensweise, wie sie im systemorientierten Ansatz der Betriebswirtschaftslehre beschrieben wird, überhaupt Sinn.

Der systemorientierte Ansatz der Betriebswirtschaftslehre geht sogar so weit, den Erfolg seiner Aktivitäten daran zu messen, welche Wirkungen die daraus resultierenden Erkenntnisse in der Praxis erzielt haben. Nach Einschätzung von Ulrich habe sich der Ansatz an der Nützlichkeit seiner Ergebnisse in der Praxis zu messen und nicht länger Wahrheit als Forschungsregulativ zu verwenden, wie dies noch bei den theoretischen Wissenschaften traditionell der Fall war. Danach sei Wissenschaft dann besonders erfolgreich, wenn sie der Praxis einen besonders hohen Nutzen beschert.[458] Wie kein anderer Theorieansatz innerhalb der Betriebswirtschaftslehre hat sich damit der systemorientierte Ansatz in eine Abhängigkeit begeben, die durch den Grad der Adaption der betriebswirtschaftlichen Erkenntnisse in der Praxis definiert wird.

3.4.2.2 Die im Zuge der Beobachtung verwendete Differenz

Die Frage, wie im systemorientierten Ansatz der Betriebswirtschaftslehre die Beobachtung von Unternehmen erfolgt, lässt sich leicht beantworten. Auf der Basis der zum Zeitpunkt der

---

[456]   Probst (2001), S. 188
[457]   Vgl. Pfriem (2001), S. 333
[458]   Vgl. Gegenüberstellung bei Ulrich (2001), S. 530

Erstellung des Ansatzes aktuellen Erkenntnisse der Systemtheorie[459] und der Kybernetik[460] betrachten die Vertreter dieses Ansatzes die Realität mit Hilfe der Unterscheidung von System und Umwelt. Eine Unternehmung wird als reales System beschrieben, welches bestimmte charakteristische Eigenschaften aufweist. All das, was das System im Vergleich zu seiner Umwelt auszeichnet, wird beobachtet – alles andere wird bewusst außer Acht gelassen.[461]

Damit ergibt sich bei der Beobachtungsdifferenz erstmals eine Überstimmung mit der Differenz, die auch Luhmann für seine Beobachtungen verwendet. Die Unterscheidung zwischen System und Umwelt bildet auch bei ihm die Grundlage für seine wissenschaftlichen Argumentationen.

3.4.2.3 Das Programm zur Anwendung der Beobachtungsdifferenz

Zu überprüfen ist nun allerdings noch, ob auch die Art und Weise der Anwendung dieser Beobachtungsdifferenz im systemorientierten Ansatz mit der Vorgehensweise von Luhmann übereinstimmt.

Der im systemorientierten Ansatz verwendete Systembegriff wird für eine Betrachtung der Unternehmung aus verschiedenen Perspektiven genutzt. So definiert Ulrich Systeme als aus Elementen und deren Verknüpfungen aufgebaute Ganzheiten, die eine innere Ordnung oder Struktur aufweisen und ein bestimmtes äußeres Verhalten zeigen.[462] Was im Zuge der betriebswirtschaftlichen Analyse genau als Elemente des Systems angesehen wird, ist dabei abhängig von der Intention des Beobachters. So sei es möglich, ausschließlich die Güterströme eines Unternehmens zu analysieren und so das System aus materieller Sicht zu analysieren. Darüber hinaus könne eine informative, soziale oder auch kommunikative Sicht auf das Unternehmen erzeugt werden – in Abhängigkeit von dem jeweils in das Zentrum der Beobachtung gestellten Sachverhalt. Ulrich betont weiterhin explizit, dass damit die Liste der möglichen Analyseformen nicht abgeschlossen ist: Auch andere Formen der Analyse seien im systemorientierten Ansatz problemlos möglich. Einen echten Mehrwert lieferten diese Einzelsichten jedoch nur, wenn es gelingt, diese zu einem übergreifenden Gesamtbild zusammenzufügen. Gerade dies sei Ziel des Ansatzes des ganzheitlichen Denkens.[463]

[459]   Vgl. grundlegend Parsons (1977), S. 17 ff.
[460]   Vgl. grundlegend Wiener (1963), S. 241 ff.
[461]   Vgl. Ulrich (2001), S. 28
[462]   Vgl. Ulrich (2001), S. 28
[463]   Vgl. Ulrich (2001), S. 30 ff. sowie Ulrich, Probst (1991), S. 105 ff.

Auf den ersten Blick scheint es, als ob es Ulrich gelingt, eine Vielzahl unterschiedlicher Beobachtungsperspektiven unter dem Dach des systemorientierten Ansatzes zusammenzuführen. Kritiker werfen dem systemorientierten Ansatz nicht zuletzt aus diesem Grund mitunter auch Beliebigkeit in der Verwendung des Systembegriffs vor.[464] Selbst die von Luhmann verwendete Option, Kommunikation als Letztelemente von Systemen anzusehen, findet sich in der Aufzählung Ulrichs und scheint somit Bestandteil des systemorientierten Ansatzes zu sein. Sind damit auch die Interpretationen der Beobachtungsdifferenz System-Umwelt zwischen Luhmann und den Vertretern des systemorientierten Ansatzes identisch?

Trotz oder gerade wegen der Identität der Begrifflichkeiten lohnt sich ein zweiter Blick auf die dahinter stehenden Interpretationen. Den Ausgangs- und Referenzpunkt für diesen Vergleich bildet dabei wie gewohnt die Systemtheorie Luhmanns. In diesem Zusammenhang fällt auf, dass es sich bei den Beobachtungsperspektiven des systemorientierten Ansatzes trotz der scheinbar unbegrenzten Offenheit bereits um eine scharf selektierte Auswahl von Optionen handelt. Hintergrund ist die Festlegung aller Vertreter des systemorientierten Ansatzes, bei ihren Beobachtungen von umweltoffenen Systemen auszugehen. Diese Festlegung findet sich in den grundlegenden Arbeiten Ulrichs[465] genauso wie in aktuellen Veröffentlichungen von Probst[466] oder Malik[467]. Die Autoren orientieren sich im Rahmen der Nutzung des Bildes von offenen Systemen am Kenntnisstand der „traditionellen" Systemtheorie und Kybernetik rund um die Veröffentlichungen von Parsons und Wiener.[468] Wichtiger Nebeneffekt dieser Festlegung: Sie ermöglicht die prinzipielle Realisierbarkeit der Ziele des systemorientierten Ansatzes. Umweltoffene Systeme haben Kontakte zur Umwelt und lassen sich damit auch durch Veränderungen in der Umwelt beeinflussen. Demnach können prinzipiell auch Unternehmen von betriebswirtschaftlichen Analysen beeinflusst werden. Nur wer von diesen Grundprämissen der Systemtheorie ausgeht, für den macht es auch Sinn, die Qualität von wissenschaftlicher Kommunikation danach messen zu wollen, welche Wirkungen in der Praxis erzielt werden. Daraus ergibt sich, wie noch genauer auszuführen sein wird, eine für den systemorientierten Ansatz delikate autologische Komponente innerhalb des Theoriedesigns: Nur dann, wenn die Annahme umweltoffener Systeme tatsächlich richtig ist, nur dann macht auch ein Wissenschafts- und Theorieverständnis, wie es der systemorientierte Ansatz vorträgt, wirklich Sinn.

---

[464] Vgl. z. B. Gutenberg (1989), S. 169 f.
[465] Vgl. z. B. Ulrich (2001), S. 28
[466] Vgl. Probst (1987), S. 53 ff.
[467] Vgl. Malik (2000), S. 75 ff.
[468] Vgl. Parsons (1977), S. 17 ff., Wiener (1963), S. 241 ff.

Durch die Erkenntnisse Luhmanns und seine Weiterentwicklungen der Systemtheorie ist nun aber deutlich geworden, dass das Bild der umweltoffenen Systeme nur eine komplexitätsreduzierende Fiktion darstellen kann, die im Zuge einer Beobachtung von Kommunikation entsteht. In ihrem Reproduktionsverhalten sind soziale Systeme geschlossene Systeme. Sie produzieren das, aus dem sie bestehen, fortlaufend im Rahmen eines autonomen und operativ geschlossenen Reproduktionsprozesses immer wieder eigenständig neu. Damit steht aus Sicht der modernen Systemtheorie fest, dass derjenige, der ein Modell von offenen Systemen als Grundlage seiner Beobachtung verwendet, seine Argumentation bereits auf einer zuvor getätigten Beobachtung aufbaut. Denn offene Systeme entstehen erst, wenn zuvor Kommunikation als Handlung ausgewiesen wird oder wenn andere Mechanismen zur Bewältigung der überkomplexen Realität Anwendung gefunden haben. Erst innerhalb eines komplexitätsreduzierten Abbildes von Realität wird der Aufbau der Fiktion von Umweltoffenheit möglich. Innerhalb des Bildes erscheint die Realität dann erklärbar, aber sobald man eine erneute Beobachtung dieser Beobachtung vollzieht, wird deutlich, wie schemenhaft die ganze Angelegenheit konstruiert ist.

Somit ist das Spektrum der Interpretationen der Unterscheidung von System und Umwelt, die der systemorientierte Ansatz zu berücksichtigen in der Lage ist, innerhalb des Horizonts, der durch die Anwendung der Systemtheorie in der Spielart von Parsons aufgespannt wurde, zwar prinzipiell unbegrenzt. Allerdings ist er bereits vorab durch die Nutzung dieser Spielart der Systemtheorie beschränkt worden, nämlich auf Beobachtungen zweiter Ordnung. Nur deshalb entsteht bei den Beobachtern des systemorientierten Ansatzes die Einschätzung, man habe es mit umweltoffenen Systemen zu tun.

Damit bleibt festzuhalten, dass beim systemorientierten Ansatz der Betriebswirtschaftslehre bzw. bei der System- und Gesellschaftstheorie Luhmanns offensichtlich unterschiedliche Programme zur Verwendung der identischen Beobachtungsdifferenz System – Umwelt genutzt werden. Während der systemorientierte Ansatz von umweltoffenen Systemen ausgeht und damit die Anwendung der Beobachtungsdifferenz bereits entscheidend einschränkt, basieren Luhmanns Analysen auf der Annahme autopoietischer Systeme. Daraus resultiert ein kleiner, aber feiner Unterschied mit gewichtigen Auswirkungen. Im Ergebnis unterscheiden sich die Einschätzungen der beiden Ansätze erheblich, was die Beobachtbarkeit der Realität angeht, hinsichtlich der Positionierung des wissenschaftlichen Beobachters oder bezüglich der Steuerbarkeit von Systemen – um nur einige wenige Aspekte zu nennen. In einer Gesamtbetrachtung erscheinen die Erkenntnisse des systemorientierten Ansatzes aus der Perspektive der modernen Systemtheorie betrachtet damit merkwürdig eindimensional und beinahe beliebig. So wird bei aller Komplexität in der Darstellung der Erkenntnisse des systemorientierten Ansatzes einem Beobachter, der um die Prozesse weiß, die hinter diesen Beobachtungen ablaufen, deutlich, welchen grob modellhaften und schemenhaften Charakter diese Aussagen tatsächlich aufweisen. Und was wesentlich gravierender zu bewerten ist als dieser unvermeidliche Sachverhalt, ist die Tatsache, dass der systemorientierte Ansatz diese Unzulänglichkeiten nicht hinreichend thematisiert: „Diese Managementlehre schnitt den vermeintlich alten Zopf der theoretischen Analyse ab [...] und generierte einen Wissenstyp, an dem sich die zuversichtsgesättigte Machermentalität der Manager laben konnte. [...] Wer – so meine Lesart der u.a. mit der Person Bleicher verbundenen Fortschreibung des St. Galler Managementansatzes – nur genügend ganzheitlich und vernetzt dächte, der würde die Welt schon in den Griff bekommen, mindestens die seines Unternehmens [...].“[469]

3.4.3 Fazit: Tauglichkeit des systemorientierten Ansatzes für eine Ergänzung des Bildes von Unternehmen als autopoietische Systeme

Insgesamt ist damit zu konstatieren, dass auch der systemorientierte Ansatz der Betriebswirtschaftslehre mit seinen Erkenntnissen nicht dazu beitragen kann, das Bild von Unternehmen als autopoietische Systeme zu ergänzen. Trotz der mit dem Luhmannschen Ansatz identischen Theoriewurzeln lassen sich die Ergebnisse des Ansatzes nicht in das vorstrukturierte Schema der modernen Systemtheorie hinsichtlich der Funktionsweise von Unternehmen integrieren. Zu unterschiedlich sind die Interpretationen in der Handhabung der Beobachtungsdifferenz System – Umwelt zwischen den beiden Theorieansätzen. Während Luhmann im Rahmen seiner Beobachtung von autopoietisch agierenden Systemen ausgeht, gründen die Vertreter des systemorientierten Ansatzes ihre Beobachtungen auf der Annahme offener Systeme.

Im Ergebnis kann damit aus Sicht der Luhmannschen Systemtheorie der systemorientierte Ansatz der Betriebswirtschaftslehre wie die übrigen betriebswirtschaftlichen Theoriemodelle zuvor auch als das Ergebnis einer alternativen wissenschaftlichen Beobachtung interpretiert werden. Die unterschiedlichen Erkenntnisse resultieren aus einer verschiedenartigen Anwendung der Beobachtungsdifferenz System – Umwelt, wobei der systemorientierte Ansatz aus der Perspektive der modernen Systemtheorie sich bei der Begründung der Wahl dieses Anwendungsprogramms auf systemtheoretische Annahmen stützt, die längst durch einen vollzogenen Paradigmenwechsel auf der Ebene der allgemeinen Systemtheorie hinfällig geworden sind.

Dies ist jedoch nicht einmal das bemerkenswerteste Ergebnis, das der unvermeintlich kritische Blick aus der Position der modernen Systemtheorie auf den systemorientierten Ansatz zu

---

[469]   Pfriem (2001), S. 334

Tage fördert. Betrachtet man einige Veröffentlichungen von Ulrich, dem wichtigsten Protagonisten des systemorientierten Ansatzes, so scheint es fast so, als würde er schon sehr früh
die strukturellen Probleme erahnt haben, die sich aus der Entscheidung für ein Theoriedesign
auf der Basis der Systemtheorie in der Spielart von Parsons für die eigene Position und für die
Bewertung der Erkenntnisse des systemorientierten Ansatzes ergeben. So fällt auf, dass bereits Ulrich in einigen seiner frühen Aufsätze immer wieder konstruktivistische Positionen
vertritt, freilich ohne sie explizit mit dieser Vokabel zu bezeichnen. Beispielsweise bemerkt
er, dass Probleme nicht als objektive Tatsachen wahrgenommen werden können, sondern als
gedankliche Konstruktionen, die von Menschen gemacht werden.[470] Man denke weiterhin an
die drei Ebenen der Erkenntnisgewinnung zurück, durch die Ulrich bemerkt, dass Wissenschaft die Realitätsebene, auf der sie argumentiert, durch ihre eigene Argumentation immer
wieder mit begründet. Darüber hinaus betont der systemorientierte Ansatz immer wieder die
Tatsache, dass alle Systeme per Definition nicht umfassend begriffen werden können. Und
schließlich fragt Ulrich unter Verweis auf Watzlawick, einen der bekanntesten Begründer des
konstruktivistischen Wissenschaftsprogramms, ob der viel beschworene Wandel, dem die
Unternehmen scheinbar ausgesetzt sind, denn tatsächlich in der Realität vorhanden ist oder
doch eher durch die Unternehmen selbst konstruiert wird.[471]

In den ersten Jahren versuchten die Protagonisten des systemorientierten Ansatzes offensichtlich, diesen strukturellen Schwächen in ihrem Theoriegebäude durch allerlei Argumentati-
onswendungen zu begegnen. Der Erkenntnis, dass Systeme nie umfassend, sondern allenfalls
komplexitätsreduzierend beschrieben werden können, hielten die Vertreter aus St. Gallen entgegen, man kümmere sich ja auch nicht um die Gegenwart, sondern um die zukünftige Entwicklung des Unternehmens. Die bei der wissenschaftlichen Modellierung der Zukunft
zwangsläufig entstehenden Freiräume und Variabilitäten, die entstehen, da Systeme nie umfassend beschrieben werden können, seien gewollt, denn nur so hätten die Führungskräfte in
den Unternehmen die Möglichkeit, diese anschließend selbständig zu füllen.[472] Offen und
unthematisiert blieb allerdings schon zu der damaligen Zeit die Frage, woraus Wissenschaft in
einer Welt, die durch ihre ganz eigenen und, wie bereits Ulrich erkannt hat, stark normativ
geprägten Beobachtungen auf der kulturellen Ebene erst entsteht und sichtbar wird, überhaupt
ihren Anspruch ableiten kann, Ratschläge und Leitlinien für andere Systeme zu entwerfen.
Mehr noch: Wenn diese für das Wissenschaftssystem geltenden Sachverhalte auch für allen
anderen Systeme, d. h. auch für Unternehmen, Gültigkeit besitzen, welchen Sinn macht es
dann, den Maßstab, mit dem die Güte der wissenschaftlichen Kommunikation bewertet werden soll, de facto davon abhängig zu machen, wie Unternehmen ihre Realität beobachten?

---

[470]   Vgl. Ulrich (2001), S. 118
[471]   Vgl. Ulrich (2001), S. 577
[472]   Vgl. Ulrich (2001), S. 491 ff.

Man mag den St. Gallener Autoren der damaligen Zeit zugute halten, dass ihnen keine vergleichbare Veröffentlichung zur Systemtheorie Luhmannscher Spielart vorlag, die ihnen die Defizite und Widersprüche ihres Ansatzes derart schonungslos aufzeigen konnte.

An diesem Zustand hat sich jedoch seit Mitte der 80er Jahre objektiv etwas geändert. Seit diesem Zeitpunkt liegen die Veröffentlichungen Luhmanns zur Weiterentwicklung der Systemtheorie vor und es besteht kein Zweifel daran, dass die darin enthaltenen Innovationen den Vertretern des systemorientierten Ansatzes nicht verborgen geblieben sind.[473] Vor dem Hintergrund dieser Ausgangsposition verwundert es zunächst ein wenig, dass der systemorientierte Ansatz der Betriebswirtschaftslehre bislang keinerlei Anstrengungen unternommen hat, die Erkenntnisse der modernen Systemtheorie für sich nutzbar zu machen. Schließlich sind die Voraussetzungen für ein solches Unterfangen mehr als günstig. Beide, sowohl der systemorientierte Ansatz der Betriebswirtschaftslehre als auch die Systemtheorie Luhmanns, basieren im Kern auf den gleichen theoretischen Grundannahmen der Systemtheorie. Zudem konnte der systemtheoretische Ansatz bereits unter Beweis stellen, dass es möglich ist, Neuentwicklungen in der Systemtheorie sinnvoll in das vorhandene Theoriegebäude zu integrieren – beispielsweise im Falle des Konzeptes der Selbstorganisation von Systemen.[474]

Es drängt sich unweigerlich die Frage nach dem Warum auf. Warum gelingt es dem systemorientierten Ansatz nicht, das Gedankengut Luhmanns in die bisherige Konzeption zu integrieren? Warum verharren ihre Protagonisten im Zuge ihrer Argumentation auf einem Status der Systemtheorie, der die Resultate der modernen Systemtheorie unberücksichtigt lässt – obwohl ihnen offensichtlich schon seit längerer Zeit die Mängel dieser Vorgehensweise bekannt sein müssten? Es ist Peter Gomez, der das Dilemma des systemorientierten Ansatzes mit folgender Aussage auf den Punkt bringt: „Man kann den Bären nicht waschen, ohne das Fell nass zu machen!"[475] Will heißen: Solange der systemorientierte Ansatz seiner historischen Intention entsprechend seinen Erfolg daran misst, wie stark es ihm gelingt, die betriebliche Realität zu verändern, solange verbietet sich einfach eine Adaption der Systemtheorie Luhmanns. Denn schließlich würden im Falle einer Erweiterung des bisherigen Theoriemodells in dieser Richtung nicht nur die Mängel der bisherigen Denkweise deutlich werden, es würde vor allem sichtbar werden, dass das Selbstverständnis der Vertreter dieses Ansatzes nicht mit den Erkenntnissen der modernen Systemtheorie in Einklang zu bringen ist. Das

---

[473]   So äußern sich Probst, Malik und Gomez u.a. zu radikal-konstruktivistischen Ansätzen im Sammelband von Bardmann, Groth (2001b): Vgl. Gomez (2001), S. 301 ff.; Malik (2001), S. 315 ff.; Probst (2001), S. 173 ff.

[474]   Vgl. Probst (1987), S. 9 ff.; Ulrich (1984), S. 80 ff.; Malik (1984), S. 121 ff. In diesem Zusammenhang sei erwähnt, dass das Konzept der Selbstorganisation durchaus als eine Vorstufe des Konzeptes der autopoietischen Reproduktion der Systemelemente angesehen werden kann.

[475]   Gomez (2001), S. 312

Fundament, auf das der systemorientierte Ansatz seine Argumentation aufbaut, würde bis auf die Grundmauern erodieren. Das Dilemma, in dem der systemorientierte Ansatz steckt, lässt sich tatsächlich mit dem Bild von Gomez gut beschreiben: Man kann den Bären nicht waschen wollen, d.h. mit dem Anspruch antreten, Unternehmen Hilfestellungen anbieten zu wollen, sie verändern zu wollen, und gleichzeitig so tun, als könne dies gelingen, ohne das Fell des Bären nass zu machen – will heißen: ohne Kompromisse eingehen zu müssen.

Der Kompromiss, den der systemorientierte Ansatz bereit ist einzugehen, um das Ziel seines Handelns weiter aufrechterhalten zu können, besteht offensichtlich darin, die neuen Erkenntnisse der modernen Systemtheorie unberücksichtigt zu lassen. Zu offensichtlich ist es, dass eine Adaption der Erkenntnisse Luhmanns mehr als nur unbequeme Fragen provozieren würde – insbesondere auf der Seite derjenigen, die empfänglich sein sollen für die Erkenntnisse der Forscher: die Praxis. Die Grundkonzeption autopoietischer, d.h. geschlossener Systeme verträgt sich schlichtweg nicht mit dem verfolgten Steuerungs- und Interventionsanspruch des systemorientierten Ansatzes der Betriebswirtschaftlehre, der der Wissenschaft immer auch ein Stück weit eine privilegierte Position zuschreiben muss, um den eigenen Anspruch nicht aufgeben zu müssen. Man muss die Systemtheorie moderner Prägung nicht bis in die letzten Verästelungen begriffen haben, um diese Schlussfolgerung ziehen zu können. Kurzum: Den Vertretern des systemorientierten Ansatzes sind die Schwächen ihres Theoriekonzeptes durchaus bewusst, mit großer Wahrscheinlichkeit erkennen sie auch die Lösungsmöglichkeiten, die ihnen eine Adaption der Grundgedanken der modernen Systemtheorie ermöglichen würde. Nur ändern wollen sie an der Situation bislang nichts, wohl vor allem deswegen, weil dies eine völlige Neudefinition der Ziele und der Vorgehensweise dieses Theorieansatzes erforderlich machen würde. Fraglich ist jedoch, wie lange eine solche Position vor dem Hintergrund wachsender Kritik[476] am systemorientierten Ansatz der Betriebswirtschaftslehre noch aufrechterhalten werden kann.

3.5 Fazit: Tauglichkeit betriebswirtschaftlicher Erkenntnisse für eine Ergänzung des Bildes von Unternehmen als autopoietische Systeme

Das Ergebnis des vorliegenden Kapitels fällt ernüchternd aus: Keiner der untersuchten Theorieansätze der Betriebswirtschaftslehre ist geeignet, das bislang durch die moderne Systemtheorie skizzierte Bild von Unternehmen zu ergänzen. Die Analyse der Beobachtungsmechanismen betriebswirtschaftlicher Forschung hat ergeben, dass die Strukturen der wissenschaftlichen Beobachtung sowie die Programme ihrer Anwendung weit weg von denen liegen, die Luhmann im Rahmen seiner Analyse verwendet. Am nächsten an diese Strukturen heran

---

[476]   Vgl. z. B. Pfriem (2001), S. 333 ff.; Hilse (2001), S. 191 ff.

reichte zweifelsohne die Beobachtungsstruktur des systemorientierten Ansatzes. Die Analyse hat jedoch gezeigt, dass vor allem das von ihren Protagonisten mit großer Vehemenz vorgetragene Selbstverständnis dieses Ansatzes eine Adaption der Luhmannschen Beobachtungsstrukturen verhindert, obwohl sie theoretisch leicht möglich wäre. Entsprechend der Inhalte des Flussdiagramms, welches zur Strukturierung der weiteren Vorgehensweise im ersten Teils der Arbeit vorgestellt wurde, bleibt angesichts dieser Erkenntnisse keine andere Wahl, als die untersuchten betriebswirtschaftlichen Forschungsansätze als alternative Beobachtungen von Unternehmen innerhalb des Wissenschaftssystems zu positionieren.

Dennoch lässt sich diesem Ergebnis auch ein positiver Effekt abgewinnen: Die Positionierung der untersuchten betriebswirtschaftlichen Ansätze als alternative wissenschaftliche Beobachtungen erlaubt eine Analyse der Beobachtungsstrukturen dieser Theoriemodelle mit Hilfe der modernen Systemtheorie, die – wie bereits mehrfach erwähnt wurde – zwangsläufig immer auch Kritik zu Tage fördert. Die wichtigsten Erkenntnisse dieser Analysen wurden in den vergangenen Kapiteln ja bereits vorgestellt und brauchen daher an dieser Stelle nicht erneut wiederholt zu werden. Stattdessen soll im Folgenden der Versuch unternommen werden, diese Bewertungen konstruktiv zu verarbeiten, indem untersucht wird, entlang welcher Leitlinien sich die Ausrichtung der betriebswirtschaftlichen Forschung zu verändern habe, wenn man gewillt wäre, der beschriebenen Kritik der modernen Systemtheorie Rechnung zu tragen.

Aus dem Blickwinkel der modernen Systemtheorie ist es vor allem eine Leitlinie für eine zukünftige betriebswirtschaftliche Forschung, die über allen anderen Aspekten steht, die es zu berücksichtigen gilt. Sie lautet: **Absolutes Bekenntnis zur Theorieorientierung wissenschaftlicher Kommunikation.** Die gesellschaftliche Analyse Luhmanns ist an dieser Stelle glasklar: Betriebswirtschaftslehre kann Unternehmen nur mit Hilfe von Kriterien beobachten, die im und durch das Wissenschaftssystem festgelegt wurden. Diese sind so definiert, dass der wissenschaftliche Erkenntnisgewinn im Zentrum aller Überlegungen steht. Wer betriebliche Praxis betreiben möchte, der muss in die betriebliche Praxis gehen und dort Kommunikationsleistungen erbringen – die dann aber auch anderen Gesichtspunkten folgen müssen, als dies bei einer wissenschaftlichen Kommunikation der Fall ist. Wissenschaftliche Kommunikation, die einen direkten Widerhall in der unternehmerischen Praxis findet – das ist in der modernen Gesellschaft mit ihren primär ausdifferenzierten Funktionssystemen nicht möglich. Zweifelsohne können wissenschaftliche Untersuchungsergebnisse von Unternehmen wahrgenommen werden und es ist durchaus nicht ausgeschlossen, dass sie die Initialzündung für Veränderung bilden. Nur: Ob oder vor allem in welcher Art und Weise die Wahrnehmung gelingt, entscheidet das Unternehmen selbst – und das, nach Kriterien, die das Unternehmen vorher selbst definiert hat.

Aus Sicht der modernen Systemtheorie würde die Betriebswirtschaftslehre gut daran tun, diese grundsätzlichen Sachverhalte über die Kennzeichen von wissenschaftlicher Kommunikation zu verinnerlichen. Nur so kann es gelingen, einerseits die eigene Beobachtungsposition und die damit verbundenen Potentiale realistisch einzuschätzen und andererseits genügend Freiräume für wissenschaftliches Arbeiten zu erhalten. In diesem Sinne stellt Luhmann fest: „Es ist deshalb nicht einzusehen, weshalb die Theorie, wie man oft hört, sich bemühen müsste, für Praktiker verständlich zu sein. Weshalb sollte sie die damit verbundenen Einschränkungen akzeptieren? [...] Eine Theorie erhält ihr eigenes Ameliorationsprogramm. Sie kann nur nach Maßgabe ihrer eigenen Problemstellung verbessert werden, gegebenenfalls auch durch eine Neubeschreibung ihrer Problemstellung mit Hilfe einer anderen Metaphorik, mit Hilfe anderer Letztentscheidungen. [...] Darauf kann aber die Frage, ob und mit welchen Kosten und Nebenfolgen die Praxis mit Hilfe von Theorie ihre Ziele erreicht, keine Antwort geben (obwohl diese Frage natürlich theoretisch expliziert werden kann)."[477] Erst ein gewisses Maß an Distanz von den Beobachtungsdifferenzen der Praxis sichert der wissenschaftlichen Beobachtung ihre Eigenständigkeit und damit auch ihre Existenzberechtigung.

Ein absolutes Bekenntnis zur Theorieorientierung betriebswirtschaftlicher Kommunikation umfasst auch die Forderung, die tatsächlichen Gegebenheiten der Realität, so wie sie aus dem Blickwinkel der modernen Systemtheorie sichtbar werden, offensiv zu kommunizieren. Dies betrifft insbesondere den Grundsatz, nach dem Realität immer nur komplexitätsreduzierend beobachtet werden kann – und zwar auch dann, wenn das Wissenschaftssystem diese Beobachtung ausführt. Damit gilt es zu akzeptieren, dass Betriebswirtschaftslehre der Gesellschaft niemals abschließende Aussagen über die betriebliche Realität präsentieren kann. Die Beobachtungen des Wissenschaftssystems sind auf der Grundlage wissenschaftlich fundierter Beobachtungsstrukturen und Beobachtungsprogramme zustande gekommen – dessen kann sich ein Beobachter dieser Erkenntnisse in der Regel sicher sein. Mehr darf er jedoch nicht erwarten.

Betrachtet man die in diesem Kapitel vorgestellten Theorieansätze der Betriebswirtschaftslehre, so wäre eine Umsetzung der Aufforderung nach einem absoluten Bekenntnis zur Theorieorientierung zweifelsohne mit einem grundlegenden Richtungswechsel der Forschungsstrategie verbunden. Schließlich waren die betriebswirtschaftlichen Forscher in den vergangenen Jahren mehrheitlich bestrebt, in Abgrenzung zu der als stark praxisfern wahrgenommenen Unternehmenstheorie Gutenbergs durch Variationen der Beobachtungsdifferenzen neue Theorieansätze zu entwickeln, deren Erkenntnisse vor allem dazu beitragen sollten, die Unterneh-

477   Luhmann (2000c), S. 473 f.

menspraxis aktiv beeinflussen. Entsprechende Zieldefinitionen finden sich vor allem im entscheidungs- und systemorientierten Ansatz. Mittlerweile werden mehr und mehr die Grenzen einer solchen Vorgehensweise auch in der Betriebswirtschaftslehre offen diskutiert.[478] Dennoch, und das zeigt exemplarisch das beschriebene Dilemma des systemorientierten Ansatzes, tut sich die Mehrzahl der Forscher mit einem schnellen Perspektivenwechsel schwer, vor allem weil ihr Selbstverständnis bislang von anderen Zielen bestimmt wurde.

Würde die Betriebswirtschaftslehre das (sowieso niemals zu erreichende) Ziel eines möglichst hohen Praxisbezuges ihrer Forschung zugunsten einer absoluten Orientierung am Wissenschaftssystem aufgeben, so würde es auch nicht weiter notwendig, althergebrachte Reflexe zum Teil wider besseren Wissens permanent wiederholen zu müssen. Beispiel: Ontologische Argumentationsstrukturen. Betriebswirtschaftliche Analysen argumentieren in der Regel klassisch ontologisch: Kunden, Lieferanten, Konkurrenten oder Produkte – immer wird davon ausgegangen, dass dies tatsächlich und unmissverständlich für alle und jedermann in der Realität zu beobachten ist. Welche komplexitätsreduzierenden Beobachtungen hinter den Begriffen stehen und welche Konstellationen sich ergeben, wenn man die Beobachterposition einmal ändert, all dies bleibt in der Regel im Dunkeln. Man fragt sich, ob Betriebswirtschaftslehre nicht anders argumentieren kann, und die Antwort lautet, dass sie es wohl tatsächlich so lange nicht kann, wie der Grundsatz einer höchstmöglichen Praxisorientierung als Zielvorgabe aufrechterhalten wird.

Unternehmen stehen, wie in der Analyse gezeigt, unter einem zwar selbsterzeugten, aber dennoch permanent vorhandenen Entscheidungsdruck. Sie verlangen nach konkreten Lösungen für ihre Entscheidungsprobleme, die aus der Zurechnung von Kommunikation auf Handlung resultieren. Wenn Betriebswirtschaftslehre die Rolle des Lösungsgebers spielen möchte, wären Optionen, die den Grundsätzen des radikalen Konstruktivismus Rechnung tragen, als Antworten mit hoher Wahrscheinlichkeit eine denkbar schlechte Lösung. Sie würden von den Unternehmen in der Regel als wenig tauglich zurückgewiesen werden – und das vollkommen zu Recht, denn für jemanden, der nicht konstruktivistisch, sondern primär handlungsorientiert denkt, führen konstruktivistische Überlegungen nicht zu einer Lösung des konkreten Problems, sondern lediglich zu einer zeitlichen Verzögerung der Lösungsfindung. Jetzt wird das Dilemma deutlich, in der sich die Betriebswirtschaftslehre befindet, wenn sie sich eine hohe Praxisorientierung auf die Fahnen schreibt: Ein solches Zurückweisen durch die unternehmerische Praxis wäre für eine Betriebswirtschaftslehre, die sich selbst daran messen möchte, wie stark es ihr gelingt, durch ihre Erkenntnisse die Realität zu verändern, ein Fanal. Sie müsste

---

[478]   Vgl. z. B. Kießler (1994), S. 55 ff.; Freimann (1994), S. 7 ff.; Pfriem (1994), S. 113 ff. oder Baecker (1999d), S. 297 ff.

sich eingestehen, ihre selbst gesteckten Ziele nicht annähernd erreicht zu haben. Schlimmer noch: Es wäre abzusehen, dass sie diese Ziele niemals erreichen kann. Mit anderen Worten: Praxisorientierung der Betriebswirtschaftslehre erfordert fast zwangsläufig eine ontologische Betrachtungs- und Kommunikationsweise, weil der intendierte Adressat der Kommunikation, die Unternehmen, anders geartete Antwortstrukturen nicht akzeptieren würde. Damit schließt sich der Kreis und es ist beinahe unmöglich, ihn zu durchbrechen, ohne die Ziele von betriebswirtschaftlicher Forschung anzupassen.

Beim zweiten typischen Reflex von Betriebswirtschaftslehre, der regelmäßig zu beobachten ist, handelt es sich um das Beklagen des Fehlens einer einheitlichen Theorieperspektive. Die tiefere Ursache für diese seit langem schwelende Diskussion über die negativen Folgen einer Theorienvielfalt innerhalb der Betriebswirtschaftslehre liegt wohl vor allem darin, dass in weiten Teilen der Wissenschaftsdisziplin unverändert die Suche nach endgültigen Antworten auf die Fragen der betrieblichen Praxis vorherrscht. Nur: Diese Antworten wird es niemals geben – das zeigt die Analyse des Wissenschaftssystems der modernen Systemtheorie. Sie hat auch aufgezeigt, dass Wissenschaft der Gesellschaft immer einen bunten Strauß von Erkenntnissen aus unterschiedlichen Beobachterperspektiven anbieten wird und dass diese mit der gleichen Berechtigung nebeneinander stehen. Die Theorienvielfalt insbesondere innerhalb der Sozialwissenschaften ist somit nicht nur unvermeidlich – aus ihr resultieren auch positive Auswirkungen. Schließlich tragen alle diese Beobachtungen zu einem zusätzlichen wissenschaftlichen Erkenntnisgewinn und damit zu einer weiteren Reproduktion des Wissenschaftssystems bei. Nur jemand, der andere Ziele verfolgt als die der Steigerung des wissenschaftlichen Erkenntnisgewinns, kann mit einer solchen Situation unzufrieden sein. Genau das ist damit das Problem weiter Teile der modernen Betriebswirtschaftslehre.

Der Leser, der das bis dato Ausgeführte nur mit Skepsis zur Kenntnis genommen hat, stellt zu Recht die Frage nach den Alternativen zu den skizzierten Vorschlägen für eine Neuausrichtung der Betriebswirtschaftslehre auf der Basis des Bekenntnisses zur absoluten Theorieorientierung. Natürlich könnte die Betriebswirtschaftslehre auch weiterhin in ihren Theoriemodellen radikal konstruktivistische Gedankengänge weitgehend ignorieren. Im Ergebnis würde sie damit wie bisher auch eine ontologisch geprägte Forschungsarchitektur begründen, die von ihrer Grundkonzeption her optimal auf die Bedürfnisse der Praxis zugeschnitten ist. Ein ausschließliches Bekenntnis zur Wissenschaftlichkeit wäre in diesem Fall nicht nur unnötig, sondern kontraproduktiv. Die Aufmerksamkeit der Praktiker wäre den Wissenschaftlern damit schließlich auch weiterhin sicher. Dies allerdings wäre der einzige Vorteil dieser Option – und auch dieser wäre vermutlich nicht von langer Dauer. Denn spätestens bei der Erklärung der Schwierigkeiten in der Übertragung der theoretischen Erkenntnisse auf die Praxis käme die

Betriebswirtschaftslehre in Schwierigkeiten. Die Theorie suggeriert, dass eigentlich jedes Unternehmen erfolgreich sein müsste, wenn es nur handeln würde, wie die Betriebswirtschaftslehre dies vorgibt. Die Realität wird jedoch in jedem Fall anders aussehen, dazu bedarf es keiner detaillierten Prognose. Da zur Erklärung dieses Phänomens jedes Eingeständnis von generellen Schwächen im wissenschaftlichen Beobachtungsprozess die selbst gewählte Rolle des externen Praxisratgebers unterminieren würde, kommen im ontologischen Grundmodell der Betriebswirtschaftslehre nur ein mangelnder Detaillierungsgrad der Theorie oder Defizite bei den für die Umsetzung zuständigen Führungskräften der Unternehmung als Begründung für das Theorie-Praxis-Dilemma in Frage. Beide Aspekte gehen, wie durch die Luhmannsche Systemtheorie deutlich wurde, nicht nur weit an der eigentlichen Problematik wissenschaftlichen Beobachtens vorbei, sie drängen die Betriebswirtschaftslehre zusätzlich auch in eine eigentümlich defensive und reaktive Position. Denn schließlich bietet sich für das Scheitern wissenschaftlicher Konzepte in der Praxis, ganz gleich welches Forschungsniveau bereits vorliegt, immer eine einfache Erklärung an: Wenn es eine ontologisch vorhandene, für alle einheitlich beobachtbare Realität gibt und das Unternehmen in der Bewältigung der Realität trotz der Anwendung wissenschaftlicher Erkenntnisse nicht die gewünschten Erfolge erzielt, dann muss Wissenschaft eben ihre Bemühungen intensivieren und noch detaillierter forschen als in der Vergangenheit. In der Folge ist die Betriebswirtschaftslehre gezwungen, einen merkwürdigen Rechtfertigungskampf zu führen, den sie nicht gewinnen kann.

Die Nichtbeachtung von Erkenntnissen kann daher kein geeigneter Weg sein, um die Position von Betriebswirtschaftslehre als anerkannte Wissenschaftsdisziplin zu stärken – so viel ist klar. Dem Beobachter drängt sich nun aber die Frage auf, ob nicht gerade das Eingeständnis der Schwächen von wissenschaftlicher Beobachtung im Endeffekt erst recht dazu führen würde, dass die Betriebswirtschaftslehre die in den letzten Jahrzehnten mühsam aufgebaute Reputation rasch wieder verliert. Schließlich ist deutlich geworden, dass das Wissenschaftssystem sich in der modernen Gesellschaft gerade deshalb ausdifferenziert hat, um der Gesellschaft belastbares Wissen zur Verfügung zu stellen. Man muss eingestehen, dass einfache Antworten, die diese Bedenken ausräumen könnten, nicht existieren. Die Analyse hat deutlich gemacht, dass ein Ansehensverlust von Wissenschaft nicht ausgeschlossen ist, wenn man den beschriebenen Weg der absoluten Theorieorientierung einschlägt – zumindest was die Anerkennung durch einen Beobachter außerhalb des Wissenschaftssystems angeht. Deutlich wurde aber auch, dass wissenschaftstypische Möglichkeiten existieren, die Paradoxien von wissenschaftlicher Beobachtung für einen Beobachter zweiter Ordnung zu überdecken. Dazu zählen beispielsweise die Thematisierung der genutzten Beobachtungsstrukturen und Beobachtungsprogramme sowie ein offen geführter wissenschaftlicher Diskurs. Erfolgsgarantien, dass diese Maßnahmen beim Beobachter wissenschaftlicher Erkenntnisse tatsächlich fruchten, kann niemand geben. Allerdings zeigt die moderne Systemtheorie auch, dass letztlich eigentlich kein Weg daran vorbei führt, Wissenschaft genau in der Art und Weise zu betreiben, wie es die moderne Systemtheorie vorgibt. Nur: Wer erwartet hat, in einer autologischen Theorie eine andere Antwort vorzufinden, dem ist anzuraten, sich nochmals mit den Besonderheiten einer solchen Theorie auseinander zu setzen. Schließlich taucht genau diese Theorie innerhalb der autologischen Theorie als „optimale" wissenschaftliche Theorie wieder auf.

4 Aussagen zur Funktionsweise von Unternehmen als autopoietische Systeme in verschiedenen Einzelveröffentlichungen

4.1 Einführung

Der folgende Abschnitt widmet sich einer Reihe von Einzelveröffentlichungen, die von ihrem Charakter her geeignet zu sein scheinen, das Bild von Unternehmen als autopoietische Systeme insbesondere dort zu ergänzen, wo bislang die größten Erkenntnisdefizite liegen: auf der Mikro-Ebene der Analyse. Den betrachteten Veröffentlichungen ist gemein, dass sie nicht versuchen, einen neuartigen Theorieansatz in ihrer Wissenschaftsdisziplin zu begründen, sondern dass sie sich ausschließlich ausgewählten Fragestellungen im Zusammenhang mit der Steuerung von Unternehmen widmen. Die Tatsache, dass sie dafür die Systemtheorie Luhmannscher Provenienz als bevorzugtes Analyseinstrument verwenden, qualifiziert sie für eine genauere Analyse im Rahmen dieses Kapitels.

Den Anfang macht die Darstellung von Veröffentlichungen einiger Luhmann-Schüler, die sich eindringlicher als Luhmann selbst mit der Beantwortung innerbetrieblicher Fragestellungen unter Nutzung der Systemtheorie Luhmanns beschäftigt haben.[479] Anschließend erfolgt im dritten Unterkapitel eine Analyse der Forschungsbemühungen von Werner Kirsch.[480] Als einer der wenigen betriebswirtschaftlichen Autoren hat er sich intensiv mit der möglichen Verwendung der Erkenntnisse der modernen Systemtheorie innerhalb der Betriebswirtschaftslehre auseinander gesetzt. Die Erörterung wird zeigen, inwieweit seine Erkenntnisse für die vorliegende Arbeit genutzt werden können. Das daran anschließende Unterkapitel richtet seinen Blick auf die Arbeitsweise eines Teilbereichs der systemischen Unternehmensberatung, der zumindest nach außen hin den Eindruck vermittelt, seine Beratungsgrundsätze auf der Basis der Erkenntnisse der modernen Systemtheorie definiert zu haben.[481] Das Kapitel wird immer dann von erneuten Statusberichten unterbrochen, wenn die zuvor gesammelten Er-

---

479   Vgl. insbesondere Baecker (1999d) und Drepper (2001), S. 14 ff.
480   Vgl. z. B. Kirsch (1997c), S. 67 ff.
481   Vgl. z. B. Wimmer (1991), S. 45 ff.

kenntnisse dazu beitragen konnten, das bislang vorliegende Bild über die Funktionsweise von Unternehmen substantiell zu ergänzen.

4.2 Das Managementverständnis von Baecker und Drepper: Die permanente Suche nach einem Ausgleich

4.2.1 Abgleich der Beobachtungsdifferenzen und ihrer Handhabung

Wie schon in den vorangegangenen Kapiteln, so gilt es auch im Vorfeld der Analyse der hier betrachteten Einzelveröffentlichungen jeweils zu überprüfen, ob die von den jeweiligen Autoren verwendeten Beobachtungsdifferenzen und ihre Handhabung mit denen Luhmanns übereinstimmen. Nur in diesem Fall könnten die Erkenntnisse unmittelbar zur Zielerreichung im Rahmen dieser Arbeit genutzt werden.

Die Durchführung eines solchen Abgleichs fällt für die in diesem ersten Abschnitt vorgestellten Veröffentlichungen besonders leicht. Bereits zu Lebzeiten Luhmanns fanden sich an der Universität Bielefeld eine Reihe von Wissenschaftlern zusammen, die die Systemtheorie Luhmanns dazu nutzen wollen, mehr über die sozialen Zusammenhänge innerhalb von Unternehmungen zu erfahren. Zu nennen ist in diesem Zusammenhang insbesondere der Autor Dirk Baecker, der mehrere Veröffentlichungen zu dieser Thematik veröffentlicht hat,[482] aber auch die Ausarbeitung von Christian Drepper[483]. Die beiden Autoren sehen sich als Forscher, die ausschließlich die Systemtheorie Niklas Luhmanns anwenden, um zu neuen Erkenntnissen zu gelangen.[484] Demnach ist davon auszugehen, dass die Unterscheidungen der wissenschaftlichen Beobachtungen und ihre Handhabung bei den betrachteten Autoren identisch sind mit denen bei Luhmann. Damit können die Erkenntnisse der genannten Autoren unmittelbar in den bisher erarbeiteten Zusammenhang eingefügt werden.

---

[482] Vgl. vor allem Baecker (1994), S. 10 ff., Baecker (1991), S. 13 ff., Baecker (1999c), S. 13 ff. und Baecker (1999d), S. 9 ff.

[483] Vgl. Drepper (2001), S. 13 ff. Beachtenswert ist weiterhin ein Aufsatz von Borger, vgl. Borger (1999), S. 83 ff.

[484] Vgl. Baecker (1999c), S. 13 ff. und Drepper (2001), S. 48 ff.

4.2.2 Erörterung der Inhalte

4.2.2.1 Die Position von Unternehmen im gesellschaftlichen Kontext: Die Makro-Ebene der Betrachtung

Bei einer Betrachtung der selbst formulierten Ziele der beiden Autoren wird schnell deutlich, dass die Makro-Ebene der Betrachtung explizit nicht im Mittelpunkt ihres Interesses steht. So weist Drepper in seiner Einleitung darauf hin, dass er sich mit Hilfe der Systemtheorie Luhmannscher Provenienz den Steuerungsproblemen von Unternehmen widmen möchte, also der Mikro-Ebene der Analyse von Unternehmen.[485] Und auch Baecker analysiert in einer Vielzahl von Texten Einzelprobleme des Managements mit Hilfe eben dieses Werkzeuges.[486] Dennoch finden sich in ihren Veröffentlichungen auch einige neue Erkenntnisse, die die Makro-Ebene der Analyse von Unternehmen betreffen. Diese sollen im Weiteren kurz vorgestellt werden, soweit sie dazu dienen, den bisherigen Erkenntnisstand zu vertiefen.

Die vor dem Hintergrund der Zielsetzung dieser Arbeit wohl interessante Beobachtung liefert Baecker durch die Einführung und Erörterung des Begriffs Geschäft.[487] Ein Geschäft ist für Baecker ein Kommunikationskonstrukt, welches in der modernen Gesellschaft dazu genutzt wird, die Beobachtungen von Unternehmen zu strukturieren. Es diene damit der Beobachtung zweiter Ordnung und finde sowohl bei den Unternehmen selbst als auch bei externen Beobachtern von Unternehmungen breite Anwendung.[488] Baecker stellt nun fest, dass durch eine nach dem Prinzip des Geschäfts strukturierte Beobachtung zweiter Ordnung vergangene Entscheidungen von Unternehmen dahingehend beobachtet werden, inwieweit diese Entscheidungen dazu beigetragen haben, den monetären Gewinn der Unternehmung zu erhöhen. Auf diesem Wege entsteht das Geschäft als ein komplexitätsreduziertes Abbild der Entscheidungen einer Unternehmung, welches mittels einer retrospektiven Anwendung des Grundsatzes der Gewinnorientierung durch einen Beobachter zweiter Ordnung entstanden ist. So lassen sich auch die relevanten Sachverhalte komplexer Entscheidungsreihen von Unternehmen für einen Beobachter zweiter Ordnung leicht strukturieren und analysieren.[489]

Die Ausführungen von Baecker untermauern damit die bereits geäußerten Vermutungen hinsichtlich der von Unternehmungen typischerweise verwendeten Entscheidungsstrukturen und -prämissen. Zur Erinnerung: Den Hintergrund für diese Vermutungen bildeten die Erkenntnis-

---

[485] Vgl. Drepper (2001), S. 13 ff.
[486] Vgl. z. B. Baecker (1994), S. 10 ff.
[487] Vgl. Baecker (1999d), S. 147 ff.
[488] Vgl. Baecker (1999c), S. 202 ff.
[489] Vgl. Baecker (1999d), S. 240 f.

178

se Luhmanns, nach denen Unternehmen wie alle Organisationssysteme primär innerhalb eines gesellschaftlichen Funktionssystems kommunizieren. In diesem Zusammenhang nehmen sie wesentliche Teile der Kommunikationsstrukturen dieser Funktionssysteme in ihre eigenen Systemstrukturen auf, um so ihrer gesellschaftlich zugewiesenen Rolle überhaupt gerecht werden zu können. Unternehmen kommunizieren primär im Wirtschaftssystem, welches systemeigene Elemente mit Hilfe des Codes Zahlungen – Nicht-Zahlungen identifiziert. So viel war bereits bekannt. Durch die Beobachtung von Baecker kommt nun die Bestätigung, dass eine solche Adaption der monetär geprägten Beobachtungsstrukturen des Wirtschaftssystems durch Unternehmungen tatsächlich stattfindet.

In diesem Zusammenhang soll jedoch nochmals betont werden: Die Tatsache, dass Unternehmen und andere Sozialsysteme die Entscheidungen der Unternehmen in Form von Geschäften beobachten, ist eine Entscheidung, die diese Systeme selbst getroffen haben. Nach Ansicht von Baecker „erlaubt es das Gewinnkriterium, die Erwartungen an die Bedingungen zu formulieren, unter denen die Organisation ihre eigenen Grenzen aufrechterhalten zu vermag."[490] Das Gewinnkriterium bildet somit für einen Beobachter zweiter Ordnung eine Art spezifische Orientierungshilfe, die es erlaubt, verlässliche Annahmen über die zukünftige Existenz der Unternehmung zu definieren. Man glaubt zu wissen, dass im Falle einer ausreichenden Gewinnorientierung der Fortbestand des Unternehmens gesichert ist, und strukturiert seine Entscheidungen sowie die Beobachtung seiner Entscheidungen entsprechend. So entsteht die beschriebene Konstruktion des Geschäftes. Nochmals: Die Strukturierung der Beobachtung von Entscheidungen in Unternehmen am Gewinnkriterium ist dem Beobachter zweiter Ordnung keineswegs von außen aufoktroyiert. Gewinnorientierung ist nach dieser Konstruktion auch nicht das Ergebnis einer zur Organisation gewordenen Verwirklichung individuellen Erwerbsstrebens. Vielmehr ist es die autonome Entscheidung des Beobachters zweiter Ordnung, seine Kommunikation entsprechend dieses Kriteriums auszugestalten, in der Hoffnung, die Gesellschaft wird auch in der Zukunft eine Verhaltensweise der Unternehmung honorieren, die den Grundsätzen der Gewinnmaximierung folgt.[491]

4.2.2.2 Subsystembildung und Steuerung von Unternehmen: Die Mikro-Ebene der Betrachtung

Nachfolgend soll sich das Augenmerk auf die eigentlichen Schwerpunkte der Untersuchungen richten, die in diesem Abschnitt vorgestellt werden: Es geht um die Mikro-Ebene der Analyse von Unternehmungen. Die beiden Autoren stellen zunächst fest, dass es vor allem eine Frage

[490] Baecker (1999d), S. 240
[491] Vgl. Baecker (1999d), S. 242 ff.

ist, um die sich die Erörterungen auf dieser Ebene der Betrachtung von Unternehmen immer ranken: Welche Möglichkeiten der Steuerung und Intervention in Unternehmen existieren überhaupt, wenn man akzeptiert, dass es sich bei allen sozialen Systemen um autopoietische, d.h. operativ geschlossene Systeme handelt?[492]

Diese Frage stelle sich insbesondere ab dem Zeitpunkt, ab dem Unternehmen für sich entscheiden, sich intensiver mit der Komplexität in der Umwelt des Systems oder mit der eigenen Komplexität auseinander setzen zu wollen. Ein neuer Markt soll bearbeitet werden, neue Produkte sollen erstellt werden oder das interne Berichtswesen soll professionalisiert werden. Der gängige Weg, den Unternehmen einschlagen, um eine Zielerreichung in diesen Feldern voranzutreiben, ist die Entscheidung über die Ausdifferenzierung von spezialisierten Subsystemen: Ein Controllingsystem wird eingerichtet oder ein neuer Vertrieb aufgebaut. In der Folge des Aufbaus dieser Substrukturen innerhalb der Unternehmung verbessert das System seine Fähigkeiten, die Realität innerhalb des Unternehmens und in der Umwelt des Unternehmens beobachten zu können: „Die Schaffung arbeitsteiliger Binnenstrukturen ist ein Organisationsmechanismus, der die Selektivität der Komplexitätsbearbeitung des Systems erhöht, indem er das Prinzip der Systembildung im Inneren der Organisation wiederholt und es so dem System ermöglicht, hinreichende und der Komplexität der Umwelt entsprechende Eigenkomplexität in selbstbezüglicher Weise aufzubauen."[493] Diese interne Spezifikation hat nicht nur zur Folge, dass die entstehenden Subsysteme eigene Methoden und Sprachen entwickeln und kultivieren, sondern auch eigene Handlungslogiken, Erwartungen, Präferenzen und Wissensbestände erschaffen. Kurz: Es entstehen autopoietisch agierende und damit geschlossene Subsysteme innerhalb der Unternehmung. Plötzlich kommt es innerhalb des Unternehmens zu einer Spezialisierung in Fragen des Marketings, des Rechts, der Strategie oder der Wettbewerbsbeobachtung – und genau das ist von der Unternehmung ja prinzipiell auch gewollt.[494]

Schließlich ergeben sich durch die Subsystembildung und die damit verbundenen Interdependenzunterbrechungen im Systembetrieb erst die Möglichkeiten, bestimmte Sachverhalte in der Umwelt des Unternehmens oder im Unternehmen wahrzunehmen: Ein regional spezialisierter Vertrieb wird die regionalen Aktivitäten eines Wettbewerbers in der Regel sehr viel genauer beobachten können als eine globale Vertriebseinheit. Das Unternehmen wird mittels Subsystembildung somit durch eigene Entscheidungen und durch eigene Beobachtungen in seiner Gesamtheit umweltoffener, gerade weil die hochspezialisierten Subsysteme nur eine hochselektive Umweltbeobachtung vornehmen. Andererseits erfordere gerade diese Spezialisierung

[492] Vgl. Drepper (2001), S. 48 ff.
[493] Drepper (2001), S. 92
[494] Vgl. für eine systemtheoretische Interpretation der Funktion des Rechnungswesens Borger (1999), S. 83 ff.

aus Sicht der Gesamtorganisation immer auch ein erhöhtes Maß an Koordination. Je autonomer und je spezieller auf der einen Seite die Subsysteme einer Unternehmung ihre Kommunikation strukturieren, desto eher werden die mit der Subsystembildung beabsichtigten Ergebnisse einer verstärkten Umweltorientierung des Unternehmens auch erreicht, desto stärker wächst auf der anderen Seite aber auch der Bedarf nach einer Strukturierung und Steuerung der Subsysteme im Sinne der Gesamtorganisation.[495] „Die These, die das Bisherige zusammenfaßt, lautet, daß gleichzeitig mit Prozessen der Differenzierung nach Funktionen und allgemeiner im Zuge von Arbeitsteilung eine selbstgenerierte Komplexität entsteht, die sich niederschlägt als Prozeß der zunehmenden semantischen Diskontinuitäten der Spezialsprachen, Sprachspiele, Relevanzstrukturen, Wissensbestände und Lösungsmuster der einzelnen Teilsysteme der Organisation."[496] Drepper sieht in der Wechselwirkung zwischen Spezialisierungsnutzen und Koordinationskosten einen Sachverhalt, der als Problem prinzipiell jedem Unternehmen in der modernen Gesellschaft inhärent ist, der gleichzeitig aber auch die Voraussetzung für die Leistungsfähigkeit moderner Unternehmen darstellt.[497]

Anschließend prüft er verschiedene, derzeit in der Wissenschaft diskutierte Offerten zur Lösung der beschriebenen Problematik auf ihre Tauglichkeit. An erster Stelle steht dabei die Organisation der Organisation. Kann es Unternehmen gelingen, durch adäquate Organisationsstrukturen die Schwierigkeiten aus der internen Differenzierung von Subsystemen zu überwinden? Drepper betrachtet zunächst das evolutionär wohl erfolgreichste Strukturierungsprinzip organisationaler Komplexität: die hierarchische Ordnung. Zur Erinnerung: Im Rahmen seiner Organisationstheorie begründet Luhmann ausführlich, warum Hierarchie für Organisationen als Organisationsform besonders attraktiv erscheint. Die Quintessenz: Mittels Hierarchie werden Organisationen nach außen hin sichtbar und wird ihre Kommunikation beobachtbar. Auf allen Ebenen können Entscheidungen auf Personen zugerechnet werden. Somit können mittels Hierarchien Konflikte leicht nach innen gelöst und die Lösung nach außen kommuniziert werden. Eine nach den Gesichtspunkten der Hierarchie strukturierte Aufbauorganisation bietet jeder Organisation demnach unzweifelhafte Vorteile.[498]

Doch gerade für das aufgeworfene Problem der notwendigen Koordination autarker Subsysteme in Unternehmen bietet die Hierarchie, so Drepper und Baecker übereinstimmend, keine probate Lösung. Bei steigender Komplexität der Sachverhalte werde es zunehmend unwahrscheinlicher, dass übergeordnete Instanzen sämtliche aufgeworfenen Probleme lösen können,

---

[495] Vgl. Drepper (2001), S. 96 ff.
[496] Drepper (2001), S. 99
[497] Vgl. Drepper (2001), S. 99 f.
[498] Vgl. für die Bedeutung von Hierarchie in Luhmanns Organisationstheorie z. B. Luhmann (2000c), S. 302 ff.

die in den ihnen zugeordneten Einheiten auftreten. In der Folge werde entweder unter unzureichenden Informationen entschieden oder das Berichtswesen bzw. die Zahl der entscheidungsvorbereitenden Vermerke nehme überdimensionale Umfänge an. Derartige Situationen übermäßiger Komplexität, die eine hierarchische Steuerung regelmäßig vor Probleme stellen, werden aber gerade durch die Bildung von Subsystemen innerhalb von Unternehmen provoziert. Demzufolge gilt: Je stärker das angestrebte Ziel der Arbeitsteilung erreicht wird, desto weniger ist Hierarchie ein geeignetes Organisationskonzept, um die Folgeprobleme der Koordination der autarken Subsysteme in den Griff zu bekommen.[499]

Beide Autoren gehen sogar in ihren Analysen noch einen Schritt weiter. Hierarchische Strukturen sind ihrer Meinung nach nicht nur ungeeignet, spezialisierte Subsysteme innerhalb eines Unternehmens gesamthaft zu steuern, sondern sie würden auch die mit der Subsystembildung beabsichtigten Zielsetzungen unterminieren. Indem sie die Systeme dazu zwingen, zu beobachten, was von der nächsthöheren Instanz als unterscheidenswert kommuniziert wird, schränken sie die Autonomie und den Grad der Ausbildung eigener Spezifikation innerhalb der Subsysteme erheblich ein. Im Ergebnis beobachten die Subsysteme das Wenige, was die hierarchisch strukturierte Gesamtorganisation beobachtet haben möchte, dieses aber besonders aufmerksam und mit besonders hohem Aufwand. Der gewünschte Spezialisierungs- und Autonomieeffekt der Subsystembildung verpufft wirkungslos.[500]

Als mögliche Alternative zur hierarchischen Organisation behandeln beide Autoren heterarchische Strukturen. Sie zeichnen sich laut Drepper dadurch aus, dass sie in Organisationen mehr Beobachtung zulassen und dabei auf die Notwendigkeit einer einzelnen Spitze verzichten. Dieses Prinzip findet beispielsweise in von Foersters Konzept der potentiellen Führung Berücksichtigung. Danach erlangt jeweils die Einheit in komplexen, netzwerkartig strukturierten Systemen zeitlich befristet Führung, die situativ über die gerade zur Problemlösung benötigten Informationen verfügt.[501]

Zweifelsohne unterstützt das Organisationsprinzip der Heterarchie die Erhöhung der Resonanzfähigkeit von Unternehmen, die mit der Ausdifferenzierung von Subsystemen auch angestrebt wurde. Doch offen ist, ob Unternehmen mit den Konsequenzen einer derartigen Organisationsstruktur leben können. Erhöhte Resonanzfähigkeit bedeutet immer auch erhöhte Unsicherheit und erhöhte Abhängigkeit von beobachteten Veränderungen in der Umwelt der Unternehmung. Das Unternehmen wird störanfällig. Und in dem Moment, in dem es dem Unternehmen unter Einsatz heterarchischer Organisationsstrukturen gelingt, seine Störanfälligkeit

---

[499] Vgl. Drepper (2001), S. 124 ff.; Baecker (1999c), S. 122 ff.
[500] Vgl. Baecker (1999c), S. 126 f.
[501] Vgl. Drepper (2001), S. 134 f.

durch die Bildung von Subsystemen zu erhöhen, fehlen plötzlich die systeminternen Mechanismen zur Lösung der auftretenden Konflikte. Denn schließlich zeichnen sich heterarchische Organisationsstrukturen gerade dadurch aus, dass auftretende Konflikte nicht sofort und nicht zweifelsfrei gelöst werden. Anders als in hierarchischen Strukturen fehlt eine übergeordnete Instanz, die bei Differenzen verlässlich entscheidet. Dies muss nicht nur das Unternehmen akzeptieren, sondern auch Systeme in der Umwelt des Unternehmens, die dieses beobachten. Denn die Beobachtung gestaltet sich sehr viel schwieriger als im Falle hierarchisch strukturierter Unternehmen. Nur mühsam können Entscheidungen Entscheidern zugerechnet werden, wenn denn dann eindeutige Entscheidungen des Unternehmens überhaupt sichtbar werden.[502] Als Konsequenz aus einer heterarchischen Organisationsstruktur lässt sich somit festhalten, „daß man [...] sowohl mit mehr unüberbrückbaren Differenzen als auch mit größerer Störanfälligkeit rechnen muß als je zuvor. Die Heterarchie ist so unprognostizierbar wie reich an querschießenden Effekten, so inkonsistent (nach den Standards der Beobachter, die Transitivität erwarten) wie selbstorganisationsfähig."[503]

Zusammenfassend stellt Drepper fest, dass beide betrachteten grundsätzlichen Organisationsstrukturen jeweils spezifische Konsequenzen nach sich ziehen, mit denen das Unternehmen zwangsläufig zu leben hat, wenn es sich für eine der beiden Varianten entscheidet. Während hierarchische Strukturen die Fähigkeit von Unternehmen, überraschende Beobachtungen an sich selbst oder an der Umwelt zu tätigen, auf ein Minimum reduzieren, und damit die Vorzüge einer zuvor vorgenommenen Spezialisierung im Extremfall vollständig verpuffen lassen, führen heterarchische Strukturen zu Störanfälligkeiten und in der Folge zu unternehmensinternen Konflikten, die sich nur noch schwer kontrollieren lassen. Jedoch stelle gerade das Zulassen dieser Konflikte eine wesentliche Voraussetzung für den Aufbau eines dezentralen Reflexionspotentials innerhalb von Unternehmen dar. Ideal wäre daher für Unternehmen ein permanentes Wechselspiel zwischen den beiden Extremen. Mal könnte so die notwendige Offenheit für die Aufnahme relevanter Sachverhalte aus der Unternehmung oder aus der Umwelt der Unternehmung erzeugt werden, mal könnte die Geschlossenheit herbeigeführt werden, um die Konflikte zu schlichten, die aus diesen Beobachtungen resultieren.[504]

Es bleibt jedoch die Aufgabe, diesen permanenten Wechsel zwischen mehr und weniger Umweltoffenheit des Systems zu organisieren. In einem nächsten Schritt prüft Drepper daher, ob und inwieweit das Management einer Organisation dazu in der Lage sein könnte. Dabei stellt er zunächst fest, dass in der gesellschaftlichen Kommunikation die Einflussmöglichkeiten einzelner Personen, namentlich die des Top-Managements in Unternehmen, auf die Entschei-

---

[502] Vgl. Drepper (2001), S. 135 ff.; Baecker (1999c), S. 126 ff.
[503] Baecker (1999c), S. 130
[504] Vgl. Drepper (2001), S. 149

dungen des Unternehmens erheblich überschätzt werden. Zurückzuführen sei dies auf die gesellschaftliche Praxis, Kommunikation auf Handlung und damit auf Personen zuzurechnen, um sie greifbar zu machen und so Anschlusskommunikation sicherzustellen. Letztlich ist es aber die Kommunikation, die kommuniziert, und nicht einzelne Menschen. In einem undurchschaubaren Wechselspiel von Information, Mitteilung und Verstehen unter Nutzung verschiedener sozialer Rahmenbedingungen entsteht Kommunikation, nicht durch die Kommunikationsabsicht einzelner Personen. Diese können Kommunikation lediglich irritieren, nicht aber vollständig determinieren. Dies gelte natürlich auch für die Manager eines Unternehmens. Wenn Drepper und Baecker in ihren Veröffentlichungen die Aufgaben des Managements ansprechen, dann analysieren sie entsprechend dieser theoretischen Vorgabe ausschließlich die Kommunikationsleistungen eines betrieblichen Subsystems, nicht die Bedeutung einzelner Manager für ein Unternehmen.[505]

Was zeichnet nun aber die Kommunikation dieses Subsystems der Unternehmung aus? Baecker glaubt festzustellen, dass es heute in Theorie und Praxis ungewisser als in der Vergangenheit geworden ist, worin die Aufgaben des Managements denn nun eigentlich bestehen. Die klassischen Konstruktionen gingen davon aus, „es käme auf Vorhersage, Organisation, Anweisung, Koordination und Kontrolle an: Die Vorhersage ermöglicht den Entwurf von Handlungsprogrammen, die Organisation die Abstimmung von materiellen und sozialen Leistungen, die Anweisung die Arbeit der Leute, die Koordination die Einheit von Handlungen und Ergebnissen und die Kontrolle die Aufrechterhaltung der Regeln und die Anerkennung der Befehle."[506]

Heute entdecke man jedoch zunehmend, dass die Aufgaben des Managements nicht mittels einfacher Kausalmechanismen erklärt werden können. In einer Welt autopoietischer Systeme kann auch das Managementsystem einer Unternehmung nicht unmittelbar Einfluss nehmen auf die Subsysteme der Organisation – so gern es dies auch tun würde. Das Managementsystem kann wie alle anderen Systeme auch nur kommunizieren in der Hoffnung, dass die Systeme, die durch diese Kommunikation angesprochen werden sollen, diese Kommunikation beobachten und entsprechend handeln.

Wenn man diese Sachverhalte akzeptiert, so Baecker weiter, gilt es zu konstatieren, dass die Aufgaben des Managements, entgegen der in der Gesellschaft weit verbreiteten Intuition, die sich aus der klassischen Konstruktion ergibt, darin bestehen, das Unternehmen mit Störungen zu versorgen. Management muss immer das Ruder herumreißen – mal ist mehr Öffnung, dann

---

[505]   Vgl. für diese Abgrenzung Drepper (2001), S. 151 ff. und Baecker (1999c), S. 157 ff.
[506]   Baecker (1999c), S. 158

wieder mehr Schließung der Subsysteme der Unternehmung erforderlich. Damit zeigt das Management dem Unternehmen permanent Differenzen auf zwischen dem, was ist, und dem, wie es sein soll. Und idealer Weise weist es im Zuge der Störung auf Wege hin, wie diese Differenzen verringert werden können. Zugespitzt heißt dies nichts anderes, als dass die Aufgabe des Managements darin besteht, andere Systeme innerhalb des Unternehmens bei ihrer Kommunikation zu stören. Es weist permanent darauf hin, dass man es besser machen könnte, als es in der Vergangenheit geschehen ist. Und das Paradoxe dabei ist: Man weiß schon vorher, dass die gerade aktuelle Störung des Managements im nächsten Augenblick von einer anderen Störung ersetzt wird und irgendwann einmal zumindest die Tendenz der alten Störung wieder die aktuelle sein wird. Schließlich unternimmt das Management permanent den Versuch, die Organisation optimal zwischen mehr Offenheit und mehr Geschlossenheit zu positionieren, wobei theoretisch aufzeigt werden konnte, dass kein solches Optimum existiert. Wenn sich die Waagschale in die eine Richtung senkt, ist ein Intervenieren auf der anderen Seite der Waagschale erforderlich usw. Damit resultiert die Notwendigkeit für eine Managementkommunikation in einer Unternehmung aus den Störungen, die das Managementsystem zuvor selbst erstellt hat.[507]

Bestätigt man diese Bewertungen über die Funktionsweise von Management, dann gilt es, auch die klassischen Einschätzungen über die Hintergründe von Kontinuität und Diskontinuität innerhalb eines Unternehmens umzukehren. In der gesellschaftlichen Diskussion wird häufig noch immer das Management eines Unternehmens für die Kontinuität im Betriebsablauf verantwortlich gemacht. Ginge es nach den Mitarbeitern, liefe alles auseinander. Baecker bemerkt, dass dieses Bild allenfalls in den Tagen der ersten Industrialisierung korrekt war, als es darum ging, ehemalige Bauern mit der Funktionsweise moderner Industriearbeit vertraut zu machen. Heute dagegen liege die Aufgabe des Managements gerade darin, Kontinuitäten aufzubrechen und Diskontinuitäten im Betriebsablauf zu schaffen. Es gehe darum, das immer gleiche organisatorische Prozessieren im Unternehmen zu hinterfragen. Management solle die Eigenwerte durcheinander bringen, die die einzelnen Arbeitsvorgänge im Unternehmen sich selbst geschaffen haben. Dies gelte insbesondere für die hochspezialisierten Subsysteme von Unternehmen. Hier ist es Aufgabe des Managements, die Virtuosität in der Spezialisierung der einzelnen Systeme zu stören – mal durch eine Betonung ihrer Spezialisierung und mal durch eine Einschränkung.[508]

Baecker fasst seine Ausführungen über die Aufgaben des Managements in Unternehmen wie folgt zusammen: „Das Management eines Unternehmens ist die personifizierte Beobachtung

---

[507] Vgl. Baecker (1999c), S. 161 ff.; Baecker (1999d), S. 242 ff. und Drepper (2001), S. 157 ff.
[508] Vgl. Baecker (1999c), S. 165 ff.

zweiter Ordnung. Es ist auf die Beobachtung aller Arbeitsabläufe im Hinblick auf ihren Abstimmungsbedarf mit allen anderen spezialisiert (wobei dieser Abstimmungsbedarf auch darin
bestehen kann, bestimmte Verknüpfungen von Arbeitsabläufen für einen bestimmten Zeitraum auszuschließen und bestimmte Vorgänge gegeneinander abzuschotten)."[509] Als Beobachter zweiter Ordnung beobachtet das Management permanent, wie andere beobachtet haben
– im Unternehmen und in der Umwelt des Unternehmens. Aus diesen Beobachtungen zieht es
die Rückschlüsse für die eigene Kommunikation in Richtung mehr oder weniger Öffnung der
Subsysteme der Unternehmung.

Eine Garantie, dass diese Interventionen auch tatsächlich Erfolg haben werden, kann niemals
gegeben werden – so viel ist bereits bekannt. Es kann sogar nicht einmal gewährleistet werden, dass die Maßnahmen des Managements überhaupt sichtbar werden. Allerdings könne das
Management durch entsprechende Kommunikationsinhalte oder durch die Auswahl der richtigen Mitteilungsoptionen die Chancen für die Wahrnehmung ihrer Kommunikation bei den
Subsystemen der Unternehmung erhöhen. Dies kann beispielsweise durch ein Hinterlegen der
Störungen mit entsprechenden Daten und Fakten geschehen. Vor diesem Hintergrund komme
der informativen Versorgung des Managements in jedem Unternehmen eine besondere Bedeutung zu.[510]

Zusammenfassend ist festzuhalten, dass Baecker und Drepper den Versuch unternehmen,
Wege und Möglichkeiten aufzeigen, wie Unternehmen das selbst induzierte Problem lösen,
einerseits den Subsystemen ihrer Organisation die notwendigen Freiräume zur Bewältigung
der ihnen zugetragenen Aufgaben zu gewähren und andererseits dennoch die Gesamtausrich-
tung der Unternehmung aufrechtzuerhalten. Da es eine Organisationsform, deren Implementierung quasi automatisch zu einem idealen Gleichgewicht zwischen Offenheit und Geschlossenheit der Unternehmung führen würde, nicht geben kann, benötigt die Unternehmung einen
institutionalisierten Beobachter zweiter Ordnung: das Management. Aufgabe des Managements ist es, immer wieder auf der Grundlage von Beobachtungen zweiter Ordnung den Versuch zu unternehmen, Störungen zu initiieren, deren Wahrnehmung durch die Subsysteme der
Organisation dazu führen könnten, das Pendel, was sich zwischen Erhöhung und Reduzierung
organisationsinterner Komplexität bewegt, in die eine oder die andere Richtung ausschlagen
zu lassen. Aufgrund der autopoietischen Reproduktionsstrukturen der Subsysteme der Unternehmung kann freilich weder mit Gewissheit prognostiziert werden, dass einzelne Maßnahmen des Managements erfolgreich sein werden, noch kann im Nachhinein bewertet werden,

[509] Baecker (1999c), S. 165 f.
[510] Vgl. Baecker (1999c), S. 163 ff.

ob für einen Erfolg oder Misserfolg vorherige Kommunikationsleistungen des Managements ursächlich waren.

4.2.3   Statusbericht III: Unternehmen als autopoietische Systeme

Die Ausführungen haben deutlich werden lassen, dass die Erkenntnisse der beiden Autoren Baecker und Drepper geeignet sind, das bisherige Verständnis von Unternehmen als autopoietische Systeme insbesondere auf der Mikro-Ebene der Betrachtung zu verbessern. Zusätzlich ist es ihnen gelungen, eine bereits bestehende Vermutung auf der Makro-Ebene der Analyse von Unternehmen zu bestätigen: Unternehmen beobachten sich und ihre Umwelt mittels zahlungsorientierter Unterscheidungsmerkmale. Auf diesem Wege entsteht das Kommunikationskonstrukt des Geschäfts als Beobachtung zweiter Ordnung.

Auf der Mikro-Ebene der Analyse von Unternehmen konnte durch die Ausführungen der beiden Autoren verdeutlicht werden, welch diffiziles Geschäft das Management einer Unternehmung ist. Seine Existenz verdankt es der Tatsache, dass keine optimale Lösung für das Maß an Sensibilität einer Organisation existiert. Mal ist eine Erhöhung der Sensibilität angezeigt, die z. B. durch den Aufbau weiterer Subsysteme bzw. durch die Steigerung der Autonomie ihrer Beobachtungsstrukturen erreicht werden kann, dann ist wieder eine Beschränkung der Sensibilitäten notwendig, allein schon um die Konflikte zu lösen, die aus der zuvor gesteigerten Sensibilität resultieren. Damit ist allein schon die Existenzberechtigung für das Managementsystem einer Organisation hochparadox: Es arbeitet permanent an einem Problem, was sich nicht abschließend lösen lässt. Aber nur weil es sich nicht lösen lässt, wird das Management innerhalb einer Unternehmung überhaupt benötigt.

Hinzu kommt, dass das Management die Frage, ob und wie es die Adressaten seiner Kommunikation erreicht, nicht selbst beeinflussen kann. Unternehmen bestehen aus einer Vielzahl autopoietisch strukturierter und damit operativ geschlossener Subsysteme, die eigenständig entscheiden, welche von ihnen beobachteten Einflüsse aus der Umwelt des Systems ihre Kommunikation wie beeinflussen und welche nicht. Damit ist Managementkommunikation in Unternehmen abhängig von den Kommunikations- und Beobachtungsstrukturen der Subsysteme in Unternehmen – und kann an dieser Beziehung nichts Grundlegendes ändern, so sehr es sich auch darum bemüht. Daraus resultiert aber auch, dass weder der Erfolg noch der Misserfolg einer Managementkommunikation mit abschließender Sicherheit bewertet werden kann. Kommunikation kommuniziert, d.h. im Falle von Unternehmen: die Subsysteme der Organisation entscheiden, und welche Einflüsse dabei eine Rolle gespielt haben, ist schlichtweg nicht feststellbar. Niemand kann beobachten, ob eine bestimmte Kommunikation eines

Subsystems einer Unternehmung nur deshalb zustande gekommen ist, weil es zuvor eine Kommunikation des Managementsystems beobachtet hat oder gerade deswegen, weil es die Kommunikation nicht beobachtet hat. Damit hat Management mit einer weiteren Paradoxie zu kämpfen: Das Problem, an deren Lösung es so intensiv arbeitet, kann durch Aktivitäten des Managementsystems direkt überhaupt nicht beeinflusst werden.

Auf die Frage, wie es dem Management gelingt, diese Paradoxien in der laufenden Kommunikation zu überdecken, d.h. für einen Beobachter dieser Kommunikation weitgehend unsichtbar werden zu lassen, geben Baecker und Drepper den Hinweis, dass dies mit Hilfe von Informationen gelingen kann. In dem Augenblick, in dem das Managementsystem seine organisationsinternen Störungen durch Informationen zu hinterlegen vermag, werden die vermeintlichen Hintergründe dieser Störung auch für die Subsysteme der Organisation transparent. Die Paradoxien der Tätigkeit des Managements rücken für den Beobachter der Kommunikation in den Hintergrund, weil die Kommunikationsinhalte durch Informationen scheinbar objektiv bestätigt werden können. Der weitere Verlauf der Arbeit wird zeigen, so viel sei bereits schon jetzt vorweggenommen, dass dem Management eine Reihe von weiteren Instrumenten zur Verfügung steht, um die Paradoxie der eigenen Kommunikation für einen Beobachter überdecken zu können.

Die Beschreibung von Management als Tätigkeit, deren Inhalt darin besteht, permanent einen Ausgleich zwischen zwei Extrempositionen zu finden, wird in vergleichbarer Form auch von anderen Autoren bestätigt. So kommen beispielsweise Gebert und Boerner in ihrer Studie über die Wechselwirkungen zwischen Gesellschaftsstruktur und Unternehmenscharakteristika zu dem Ergebnis, dass sich die Grundkonzepte von offener und geschlossener Gesellschaft durchaus auf Unternehmen übertragen lassen. Es sei in diesem Zusammenhang als eine der vornehmsten Aufgaben des Managements anzusehen, durch eine kluge Politik des Ausbalancierens zwischen den beiden Extremen, die positiven Aspekte beider Grundprinzipien für das Unternehmen nutzbar zu machen.[511]

4.3 Argumentationen entlang der offenen Flanke in der Systemtheorie Luhmanns: Die Veröffentlichungen Werner Kirschs

4.3.1 Abgleich der Beobachtungsdifferenzen und ihrer Handhabung

Entgegen der in der Betriebswirtschaftslehre vorherrschenden und im Rahmen dieser Arbeit bereits umfassend dokumentierten Tendenz, konstruktivistische Theorieansätze weitgehend

---

[511]   Vgl. Gebert, Boerner (1995), S. 339 ff.

zu ignorieren, hat sich Werner Kirsch in seinen Veröffentlichungen intensiv mit der Frage auseinander gesetzt, ob es sinnvoll ist, den Erkenntnissen der Systemtheorie moderner Spielart Eingang zu verschaffen in die Betriebswirtschaftslehre.[512] Im Folgenden werden seine Bewertungen dahingehend überprüft, ob sie im Sinne der Zielsetzung dieser Arbeit weiterhelfen, das Bild von Unternehmen als autopoietische Systeme weiter zu komplettieren. Zu diesem Zweck soll wiederum in einem ersten Schritt die Vergleichbarkeit der Beobachtungsdifferenzen und ihrer Handhabung zwischen Luhmann und Kirsch überprüft werden.

Bereits auf den ersten Blick fällt auf, dass sich die von Kirsch in seinen Analysen gewählte Vorgehensweise vom Aufbau der Systemtheorie Luhmanns grundlegend unterscheidet. So stellt Kirsch an den Beginn seiner Ausführungen die Frage, ob Organisationen und damit Unternehmen überhaupt als autopoietische Systeme betrachtet werden können oder sollen. Damit wird der Grundsatz der autopoietischen Reproduktion nicht als Erkenntnis der allgemeinen Systemtheorie vorausgesetzt, wie Luhmann dies tut, sondern offensichtlich als eine mögliche Ausprägungsform identifiziert, über deren Existenz man unterschiedlicher Meinung sein kann.[513] In diesem Zusammenhang stellt Kirsch drei mögliche Optionen vor:

Die erste Möglichkeit, die eingangs gestellte Frage nach der Sinnhaftigkeit der Anwendung des Autopoiesiskonzeptes auf soziale Systeme zu beantworten, sei, eine derartige Konzeption rundweg abzulehnen. Dies ist, laut Kirsch, beispielsweise dann der Fall, wenn man von der Überlegung ausgeht, dass Menschen die Letztelemente sozialer Systeme repräsentieren. In diesem Fall ist es unstrittig, dass Menschen stets eine Mehrzahl sozialer Systeme gleichzeitig konstituieren, die weder geschlossen sind noch sich selbst reproduzieren – denn schließlich steht es den Menschen frei, zwischen Systemen zu wechseln, mit der Umwelt zu interagieren oder diese Systeme aufzulösen. Als prominenten Vertreter dieser Forschungstradition nennt Kirsch Hejl.[514]

In der zweiten Option, so Kirsch, werden sämtlichen sozialen Systeme von vornherein als autopoietische Systeme konzipiert und damit die Frage, ob Organisationen als autopoietische Systeme zu behandeln sind, sozusagen durch die Grundausrichtung der Theorie bejaht. Kirsch zählt Luhmann zu einem Vertreter dieser Forschungsrichtung.

Einen dritten Weg zwischen den vorgestellten Extrempositionen erkennt Kirsch in den Ausarbeitungen von Teubner. Dieser interpretiere Autopoiesis als höchste empirisch erreichbare Stufe der Autonomie eines sozialen Systems, von dem angenommen wird, dass es aus Hand-

---

[512] Vgl. z. B. Kirsch (1996), S. 332 ff.; Kirsch (1997a), S. 269 ff.; Kirsch (1997b), S. 693 ff.
[513] Vgl. Kirsch (1997a), S. 327
[514] Vgl. Kirsch (1997a), S. 329 ff.

lungen einzelner Individuen besteht. Danach seien bei allen gesellschaftlichen Teilsystemen verschiedene Abstufungen in ihrem Autonomiegrad festzustellen. Teubner differenziere in diesem Zusammenhang zwischen Selbstbeobachtung, Selbstkonstitution und Autonomie. In der modernen Gesellschaft sei zu beobachteten, dass sich gesellschaftliche Teilsysteme mehr und mehr in Richtung Autonomie entwickeln, dabei jedoch vorab die vorstehenden Entwicklungsstufen durchlaufen, und erst nach Abschluss dieser Evolution autopoietische Systeme darstellen. Kirsch bezeichnet die Überlegungen Teubners daher auch als gradualistisches Autonomiekonzept für Organisationen.[515]

Kirsch entscheidet sich nun dafür, diesem von Teubner skizzierten dritten Weg zu folgen. Daher definiert er Unternehmen als soziale Systeme, die in verschiedenen evolutionären Lebensphasen auch verschiedene Phasen der Autonomie durchlaufen, wobei eine vollständige Autonomie und damit eine umfassende Autopoiesis von Organisationen aus seiner Sicht unwahrscheinlich erscheint.[516] Dem Management eines Unternehmens kommt nun die Aufgabe zu, insbesondere auf der strategischen Ebene durch eine entsprechende Führungskonzeption Unternehmen in ihrer Höherentwicklung in ihrer evolutionären Weiterentwicklung voranzutreiben.[517]

Als Begründung, warum er sich gerade für die von Teubner vorgeschlagene Option eines gradualistischen Autonomiekonzeptes entschieden hat, gibt Kirsch offen zu, dass nur diese Variante es zulässt, gleichzeitig auf den (traditionellen) Grundsätzen des methodologischen Individualismus zu beharren und dabei parallel die (innovative) Idee von autopoietisch agierenden Systemen aufzugreifen. Offensichtlich sieht Kirsch darin den rettenden Ausweg für die Betriebswirtschaftslehre insgesamt: Es scheint offensichtlich doch eine Möglichkeit zu geben, auf den angestammten Positionen eines handlungsorientierten Ansatzes zu verharren und dennoch vom innovativen Charakter der modernen Systemtheorie profitieren zu können.[518] Seine folgende Aussage fasst die Hintergründe, die zu seiner Entscheidung geführt haben, besonders anschaulich zusammen: „Schon in der Einleitung wurde aber darauf hingewiesen, daß es weniger eine Frage ist, welche Theoriestrategie verfolgt werden kann, sondern eher, welche Theoriestrategie verfolgt werden soll. [...] Es ist vor dem Hintergrund wohl wenig überraschend, daß wir den Grund, warum die Theorie autopoietischer Systeme im Sinne eines gradualistischen, auf der semantischen Ebene der Selbstbeobachtungen und Selbstbeschrei-

---

[515] Vgl. Kirsch (1997a), S. 340 ff.
[516] Vgl. Kirsch (1997b), S. 824 ff.
[517] Vgl. Kirsch (1996), S. 175 ff. sowie Kirsch (1997a), S. 33 ff. Eine identische konzeptionelle Auffassung zum Autopoiesiskonzept vertritt auch Liebig. Vgl. Liebig (1997), S. 79. Aschenbach hingegen verwendet lediglich den Begriff der Beobachtung im Sinne des Brownschen Formenkalküls für seine Analyse und blendet so die Diskussion um die Autopoiesis von Unternehmungen aus; vgl. Aschenbach (1996), S. 8 ff.
[518] Vgl. Kirsch (1997a), S. 355 ff.

bungen ansetzenden Konzeptes fruchtbar gemacht werden soll, in den Ausprägungen jenes Theorieprogramms sehen, an dem wir seit einer Reihe von Jahren arbeiten."[519]

Was ist von der Entscheidung Kirschs zu halten? Ist es tatsächlich möglich und sinnvoll, die Erkenntnisse Luhmanns in dieser Art und Weise für die Betriebswirtschaftslehre nutzbar zu machen? War die umfassende Darstellung der Theoriegrundlagen der modernen Systemtheorie im Rahmen dieser Arbeit letztlich unnötig, da sowieso nur eine einzelne Idee aus dem Theoriegebäude für die Nutzung innerhalb der Betriebswirtschaftslehre in Frage kommt? Betrachtet man zunächst die wissenschaftliche Rezeption zu den Ausführungen Kirschs, so fällt die deutliche Kritik des von ihm verfolgten Kurses ins Auge. So bemerkt beispielsweise Witt: „Was den Bezug von Kirsch auf Luhmann anbelangt, so bleibt dieser, unter evolutionären Aspekten, schlicht unverständlich, denn Kirsch akzeptiert die Trennung von Operationen psychischer und sozialer Systeme und folglich auch die Emergenz (Entstehung) von Handlung durch kommunikationsinterne Zurechnungsprozesse bei Luhmann nicht. Dann aber ist Luhmanns Theorie sozialer Systeme lediglich eine besonders komplizierte Handlungstheorie, ohne daß irgendein analytischer Vorteil aus ihrer Kompliziertheit gezogen werden kann."[520] Drepper argumentiert in die gleiche Richtung, indem er bemerkt: „Autopoietische Systeme sind operativ geschlossene Systeme. Es ist darauf hinzuweisen, daß operative Schließung und autopoietische Operationsweise entweder vorliegen oder nicht. Mit Luhmann und gegen Teubner, wird im folgenden von der Annahme ausgegangen, daß eine Gradualisierung von Selbstreferenz und Autopoiesis theorieimmanent inkonsistent ist."[521]

Im Rahmen dieser Arbeit wird der durch die beiden Autoren vorgetragenen Kritik gefolgt. Zweifelsohne ist durch die umfassende Darstellung der Hintergründe der Luhmannschen Systemtheorie im ersten Teil der Arbeit deutlich geworden, dass im Grundsatz mehrere Referenzpunkte existieren, an denen Kritik an dieser Spielart der Systemtheorie problemlos ansetzen könnte. So kann in Zweifel gezogen werden, ob die Hinwendung auf der Ebene der allgemeinen Systemtheorie in Richtung Autopoiesis tatsächlich statthaft und sinnvoll ist. Denkbar ist auch, ganz einfach die Existenz von Systemen zu verneinen und so das zentrale Axiom der allgemeinen Systemtheorie zu unterminieren. Denn schließlich können problemlos andere Unterscheidungen als Grundlage für eine wissenschaftliche Beobachtung definiert werden, um so im Ergebnis zu völlig anderen Erkenntnissen über die soziale Realität zu gelangen.

Als nur wenig sinnvoll muss jedoch eine Vorgehensweise bewertet werden, die lediglich eine einzelne Idee über die Funktionsweise von Systemen aus dem Gedankengebäude der System-

[519]   Kirsch (1997b), S. 718 f.
[520]   Witt (1995), S. 286
[521]   Drepper (2001), S. 56

theorie Luhmanns herauspickt und sie so interpretiert, dass sie mit den bisherigen handlungstheoretischen Aussagen harmonisiert, um im Ergebnis dann zu der Einschätzung zu gelangen,
man habe dieser Handlungstheorie ein modernes Antlitz verschafft. Dass die daraus resultierenden Erkenntnisse in keiner Weise mit den Grundaussagen der modernen Systemtheorie
korrespondieren, bleibt unberücksichtigt und unthematisiert. Schließlich habe man ja durch
die Adaption des Kerngedankens der modernen Systemtheorie dieser in ausreichendem Umfang Rechnung getragen. Genau in dieser Art und Weise gehen jedoch Teubner und in zweiter
Konsequenz auch Kirsch vor. Sie greifen sich die Idee der autopoietischen Reproduktion von
Systemen aus dem Gedankengebäude Luhmanns heraus und interpretieren sie handlungstheo-
retisch, mit der klaren Zielsetzung, den Grundgedanken von Selbstbezüglichkeit in ihrem eigenen Theoriegebäude in irgendeiner Form unterzubringen. Falls die beiden Autoren allerdings die hinter dem Autopoiesiskonzept liegenden theoretischen Grundlagen ebenfalls berücksichtigt hätten, wie beispielsweise die zwingende Notwendigkeit autopoietischer Reproduktion als Reaktion auf die Komplexität in der Umwelt von Systemen, so hätte beiden deutlich werden müssen, dass eine gradualistische Interpretation des Begriffs theorieimmanent
ausgeschlossen ist. Entweder man akzeptiert, dass ein System autopoietisch agiert, oder man
vertritt einen komplett anderen wissenschaftlichen Standpunkt. Andere Optionen sind nur
dann möglich, wenn man mutwillig gegen die Theorieaxiome der Luhmannschen Systemtheorie verstößt.

Es scheint fast so, als wäre Kirsch erleichtert, dass er mit Hilfe der Ausführungen von Teubner ein Konzept von Autopoiesis entdeckt und für sich nutzbar gemacht hat, welches es einerseits ermöglicht, nach außen hin eine vermeintliche Adaption wesentlicher Theoriebausteine
der modernen Systemtheorie darzustellen, aber es gleichzeitig erlaubt, die bisher gewonnenen
Forschungsergebnisse nicht vollkommen umschreiben zu müssen. So gibt er mehr oder weniger offen zu, dass er sich vor allem deshalb für die beschriebene Interpretation der Luhmannschen Systemtheorie entschieden hat, um seinen handlungstheoretischen Ansatz weiter aufrechterhalten zu können.[522] Aufgrund der gravierenden theoretischen Mängel stellt diese Vorgehensweise jedoch keine Alternative im Rahmen dieser Arbeit dar.

Zur Verteidigung der Statthaftigkeit in der Vorgehensweise von Kirsch soll abschließend
nicht unerwähnt bleiben, dass er und auch Teubner mit ihren Argumentationen geschickt an
einer „offenen Flanke" im Theoriegebäude Luhmanns ansetzen. Wie im vorherigen Teil der
Arbeit deutlich wurde, unterlässt es Luhmann, eine analytische Begründung dafür vorzunehmen, warum gerade Kommunikation und nicht beispielsweise Handlung als Letzteinheit sozialer Systeme fungiert. Dennoch: Es bleibt festzuhalten, dass die Interpretation eines
~~gradualistischen Autopoiesis~~konzeptes von Kirsch nicht mit zahlreichen Grundaussagen auf

[522] Vgl. Kirsch (1997b), S. 717 ff.

tischen Autopoiesiskonzeptes von Kirsch nicht mit zahlreichen Grundaussagen auf der Ebene der allgemeinen Systemtheorie moderner Spielart vereinbar ist.

4.3.2 Fazit: Tauglichkeit der Argumentation Kirschs für eine Ergänzung des Bildes von Unternehmen als autopoietische Systeme

Daher ist zusammenfassend zu konstatieren, dass die Ausführungen und Erkenntnisse Kirschs nicht dazu beitragen können, das bisherige Verständnis über die Funktionsweise von Unternehmen als autopoietische Systeme weiter zu vertiefen. Aus seiner gradualistischen Interpretation des Begriffs Autopoiesis resultiert eine Verwendung der Unterscheidung System-Umwelt im Zuge seiner wissenschaftlichen Beobachtung, die sich von der Luhmanns grundlegend unterscheidet. Während Luhmann aus den Erkenntnissen der allgemeinen Systemtheorie folgert, dass alle sozialen Systeme zwangsläufig eine autopoietische Reproduktion betreiben, wendet Kirsch eine Interpretation der Beobachtungsdifferenz im Sinne offener und geschlossener Systeme an. Nach diesem Konzept sei lediglich in extremen Sondersituationen eine vollständige Autonomie von sozialen Systemen zu beobachten. Diese Interpretation des Autopoiesisbegriffs erlaubt es Kirsch, seine handlungsorientierte Forschungsperspektive unverändert aufrechtzuerhalten. Für die Zielsetzungen dieser Arbeit sind diese Forschungsergebnisse damit jedoch nicht verwendbar.

4.4 Angewandte Systemtheorie: Systemische Organisationsberatung

4.4.1 Abgleich der Beobachtungsdifferenzen und ihrer Handhabung

Seit Anfang der 90er Jahre hat sich in der Praxis der Organisationsberatung nach und nach eine besondere Schule der Beratung entwickelt, die sich (zumindest in der hier vorgestellten Stoßrichtung)[523] in ihrem theoretischen Selbstverständnis explizit auf die Luhmannsche Systemtheorie bezieht. Die Rede ist von der systemischen Organisationsberatung. Zu den profiliertesten Wissenschaftlern, die für sich in Anspruch nehmen, die theoretischen Grundlagen der systemischen Organisationsberatung im deutschsprachigen Raum ausgearbeitet zu haben, gehört zweifelsohne Rudolf Wimmer.[524] Der folgende Abschnitt überprüft daher vor allem auf der Grundlage seiner Veröffentlichungen, inwieweit die propagierten Ansätze der systemischen Organisationsberatung helfen können, innerhalb des Bildes von Unternehmen als autopoietische Systeme insbesondere das Verständnis über die Aufgaben des Managements weiter zu vertiefen.

---

[523]   Vgl. für die verschiedenen Schulen der systemischen Organisationsberatung Groth (1996), S. 10 f.
[524]   Vgl. für diese Einschätzung Kühl (2001), S. 221

Der unvermeidliche Abgleich der von der systemischen Beratung verwendeten Beobachtungsdifferenzen und ihrer Handhabung mit der Beobachtungspraxis Luhmanns kann in diesem Fall schnell abgeschlossen werden. Wimmer und auch andere Vertreter der systemischen
Organisationsberatung nennen explizit die Systemtheorie Luhmanns als Basis, auf deren
Grundlage sie ihre eigene Beratungstheorie aufbauen.[525] Da offensichtlich beide Autoren gleiche Beobachtungsdifferenzen in gleicher Art und Weise nutzen, ist es möglich, die Erkenntnisse der systemischen Organisationsberatung unmittelbar in die bisherige Analyse von Unternehmen als autopoietische Systeme zu integrieren.

4.4.2   Erörterung der Inhalte

4.4.2.1 Die Position von Unternehmen im gesellschaftlichen Kontext: Die Makro-Ebene
der Betrachtung

Auch wenn die systemische Organisationsberatung den Veränderungsoptimismus der klassischen Beratungsansätze weit von sich weist, so strebt sie dennoch Interventionen innerhalb
bestehender Organisationen an.[526] Der Fokus ihrer Beobachtung und Kommunikation liegt
demnach typischerweise gerade nicht auf der Makro-Ebene der Betrachtung von Unternehmen, sondern auf den Binnenstrukturen der Betriebe.

4.4.2.2 Subsystembildung und Steuerung von Unternehmen: Die Mikro-Ebene der Be-
trachtung

Die Autoren, die in ihren Veröffentlichungen die wissenschaftliche Basis für die systemische
Organisationsberatung beschreiben, beginnen ihre Analyse in der Regel mit einer Beschreibung der Ausgangssituation in den Unternehmen, die eine externe Beratung überhaupt erforderlich macht. Die Erkenntnisse dieser Analysen erinnern stark an die Beschreibungen von
Baecker und Drepper. Auch für Wimmer liegt der Kern der Schwierigkeiten, komplexe Organisationen zielorientiert steuern zu wollen, in der Unmöglichkeit von dauerhafter Kooperation
und Koordination zwischen den autonomen Subsystemen einer Unternehmung.[527] Die systemische Organisationsberatung geht nun davon aus, dass vor dem Hintergrund der autopoietischen Reproduktion aller unternehmensinternen Subsysteme nur solche externen Interventio-

[525]   Vgl. z. B. Nagel, Wimmer (2002), S. 92 ff.; Scherf (2002), S. 17 ff.; Wimmer (1999b), S. 159 ff.
[526]   Vgl. Wimmer (1992), S. 59 ff.
[527]   Vgl. Wimmer (1992), S. 73 f.

nen Aussicht auf dauerhaften Erfolg im Sinne der Interventionsziele hätten, die sich an den spezifischen Beobachtungsdifferenzen dieser Subsysteme orientieren.[528]

In einem ersten Schritt stünden systemische Organisationsberater daher vor der Herausforderung, die spezifischen Mechanismen der Umweltbeobachtung des zu beratenden Systems überhaupt zu erkennen: „Sie müssen in irgendeiner Form verstehen, welche Spiele nach welchen Regeln in der Organisation gespielt werden, wer die Regeln vorgibt, wer Schiedsrichter, Anführer, Mitläufer etc. ist. Vergleichbar ist die Situation vielleicht mit der von Außerirdischen, die zum ersten Mal ein Fußballspiel verfolgen, sich langsam herantasten, was auf dem Spielfeld passiert, um danach Regelmäßigkeiten im Spiel herauszufinden."[529] Diese Informationen müssten in einem zweiten Schritt vom Berater dazu verwendet werden, um Ansatzpunkte für Verbesserungen im Systemverhalten zu identifizieren. Anschließend gelte es, unter Verwendung der Informationen über die besonderen Beobachtungsstrukturen des Systems geeignete Interventionsstrategien zur Vermittlung dieser Verbesserungsoptionen abzuleiten.[530]

Die mannigfaltigen Paradoxien, die die systemische Beratung in diesem Zusammenhang zu überwinden hat, liegen auf der Hand. Es ist nicht allein die Tatsache, dass die externen Berater an einem Problem arbeiten, was sich – wie die Analysen von Baecker und Drepper gezeigt haben – niemals abschließend lösen lassen wird. Hinzu kommt die Tatsache, dass sich auch die externen Berater bei der Konzeption ihrer Beratungsinhalte auf Beobachtungen stützen müssen, die die Realität nur schemenhaft und in einer paradoxen Struktur abbilden. Auch der systemische Organisationsberater kann für sich nicht in Anspruch nehmen, eine Beobachterperspektive einzunehmen, die in irgendeiner Weise privilegiert ist. Schließlich macht die besondere Konstruktion der systemischen Organisationsberatung zudem deutlich, dass Interventionsansätze, die sich an vorhandenen Beobachterstrukturen der Subsysteme der Unternehmung orientieren, per Definition immer dadurch gekennzeichnet sind, dass sie die Schwachstellen des Systems in einer Form thematisieren, die diese Defizite zuvor erst hervorgerufen hat. Nur so könne es gelingen, die sich autonom reproduzierenden Subsysteme der Unternehmung überhaupt zu erreichen.[531]

Zur Überdeckung dieser Paradoxien für einen Beobachter der Kommunikation von systemischer Beratung könne diese auf ein spezifisches Repertoire an Interventionsmechanismen zurückgreifen, die sich insbesondere in der systemischen Familientherapie bewährt hätten.

[528] Vgl. für das Konzept der Kontextsteuerung grundlegend Teubner, Willke (1984), S. 4 ff. sowie Groth (1996), S. 100 ff.
[529] Groth (1996), S. 103
[530] Vgl. Wimmer (1992), S. 78 ff.; Kühl (2000), S. 188 ff.
[531] Vgl. Groth (1996), S. 105

Diesen Interventionsmechanismen ist gemein, dass sie sich dadurch auszeichnen, dass die Aufmerksamkeit des Beobachters von Kommunikation auf andere Sachverhalte gelenkt werden als die Paradoxie der systemischen Beratung. Sie ist weiterhin unverändert vorhanden, allerdings rücken andere Sachverhalte in den Vordergrund. Um überhaupt von den autonom agierenden Subsystemen einer Unternehmung wahrgenommen zu werden, müssten die Interventionsmechanismen sich zudem an den Beobachtungsstrukturen orientieren, mit denen diese Subsysteme sich und ihre Umwelt beobachten.

Zu nennen sei diesbezüglich an erster Stelle das Instrument der zirkulären Fragestellung. Dabei werden Mitglieder einer Organisation reihum über die Unterschiede und Beziehungen anderer Mitglieder befragt. Daraus ergibt sich ein mehrdimensionales, zirkulär-kausales Abbild der Organisation, welches einerseits die spezifischen Reproduktionsmechanismen der autonomen Subsysteme berücksichtigt, andererseits aber gerade auf dieser Basis etwaige Schwachstellen im Zusammenspiel dieser Systeme für die Organisation selbst erkennbar werden lässt. Die Paradoxie der Beratung wird in diesem Fall überdeckt durch die Thematisierung die Unterschiedlichkeit der Beobachtungsstrukturen der einzelnen Subsysteme der Unternehmung.[532] Als zweites Instrumentenbündel zur Intervention im Rahmen der systemischen Organisationsberatung sollen an dieser Stelle einige Methoden zur paradoxen Intervention vorgestellt werden. Diese Maßnahmen folgten dem Leitgedanken, die Symptomverhalten einer Organisation gerade nicht pathogen, sondern positiv zu beurteilen, um so die Organisation ihre Schwachstellen selbst erkennen zu lassen und Verbesserungsprozesse zu initiieren. Die Paradoxie in der Kommunikation des externen Beraters wird dadurch überdeckt, dass die Paradoxie des Unternehmens thematisiert wird. Dies könne beispielsweise über eine positive Konnotation des als problematisch zu beurteilenden Verhaltens der Organisation durch den externen Berater geschehen. Denkbar ist in einem weiteren Schritt auch, dass der externe Berater der Organisation genau dieses Verhalten vorschreibt und so den Kontext, in dem das Verhalten einen Sinn hatte, bewusst sprengt. Als drittes Maßnahmenpaket stünden dem systemischen Berater aus Sicht der theoretischen Beobachter eine Fülle analoger Techniken zur Verfügung. Dabei würden die Mitglieder einer Organisation aufgefordert, die Ergebnisse ihrer Beobachtung dem Rest der Organisation in einer anderen Form darzulegen. Denkbar seien beispielsweise Zeichnungen, Erzählungen oder Sketche. Auch hier steht die Thematisierung der unternehmenseigenen Paradoxie im Mittelpunkt.[533]

Wie bereits angesprochen wurde, ist allen drei genannten Interventionsmechanismen gemein, dass sie Organisationen auf mögliche Schwachstellen in ihrer autopoietischen Reproduktion

[532] Vgl. Simon, Stierlin (1993), S. 391
[533] Vgl. für die vorgestellten Interventionsmechanismen insbesondere Königswieser, Exner, Pelikan (1995), S. 53 ff. und Titschler (1991), S. 309 ff.

hinweisen, dabei jedoch eine Kommunikation genau entlang der Strukturen dieser autopoieti-schen Reproduktion entfachen – und durch diese Vorgehensweise im Idealfall die Paradoxie in den Beobachtungen der Berater überdecken. Vertreter des systemorientierten Beratungsan-satzes glauben damit Möglichkeiten identifiziert zu haben, um Organisationen trotz ihrer ei-gentlich geschlossenen Reproduktionsmechanismen von außen verändern bzw. steuern zu können. In diesem Zusammenhang sei jedoch zum wiederholten Male betont: Für das Gelin-gen einer derartigen Intervention können keinerlei Garantien abgegeben werden. Anders als die Vertreter eines expertenorientierten Beratungsansatzes suggerieren, können auch durch ausgefeilte Interventionsstrategien die Grundsätze der autopoietischen Reproduktion von Sys-temen nicht ausgehebelt werden.[534]

Systemische Berater übernehmen daher im Rahmen ihrer Beratung in der Regel auch keiner-lei Verantwortung für die Ergebnisse ihres Handelns. Sie betonen, dass sie zwar Irritationen im Klientensystem anregen könnten, wie diese Irritation aufgegriffen werden und welche Fol-gen sie innerhalb des Systems haben, ist jedoch ausschließlich abhängig vom Klientensystem selbst.[535] Es ist gerade dieser Punkt, den die Kritiker von systemischer Beratung als Aus-gangspunkt ihrer Erörterungen wählen. Indem die systemischen Berater jegliche Verantwor-tung für einen Erfolg ihrer Beratungsaktivitäten von sich weisen – was systemtheoretisch zweifelsohne korrekt ist – würden sie damit auch die Paradoxie ihrer Beobachtung und Kom-munikation offensiv thematisieren. Sie machen transparent, dass sie an einem Problem arbei-ten, das sich durch ihre Kommunikation jedoch überhaupt nicht lösen lässt. Damit laufen sie jedoch gleichzeitig auch Gefahr, sämtliche Aktivitäten zu unterminieren, die sie zuvor zur Überdeckung der Paradoxien ihrer Kommunikation eingeleitet haben. Wem die Schwächen der eigenen Beobachtung vorgehalten werden, der erkennt insbesondere dann, dass auch der-jenige, der diese Schwächen durch eigene kommunikative Aktivitäten zum Thema machen möchte, von ihnen nicht ausgenommen ist, wenn dieser diese Schwächen für die eigene Kommunikation ebenfalls offensiv thematisiert. Daraus entstünde ein problematisches und nicht auflösbares Verhältnis zwischen Berater und Klientensystem im Hinblick auf die Ak-zeptanz externer Beratung.[536]

In diesem Zusammenhang lohnt sich auch ein Blick auf den Marktanteil systemischer Bera-tung am Gesamtmarkt der Beratungsdienstleistungen. Nach einer Schätzung von Staehle lag dieser Anfang der 90er Jahre bei nur 1%.[537] Es scheint damit offensichtlich eine Diskrepanz zu bestehen zwischen dem Umfang der wissenschaftsinternen Diskussion über den systemi-

---

[534] Vgl. Wimmer (1999b), S. 159 ff.
[535] Vgl. Horn (1994), S. 203 ff.
[536] Vgl. Iding (2000), S. 186 und Wimmer (1992), S. 112
[537] Vgl. Staehle (1991), S. 19 ff.

schen Ansatz der Beratung und der tatsächlichen Nachfrage nach diesen Dienstleistungen in der Praxis. Vor dem Hintergrund der bisherigen Erkenntnisse dieser Arbeit verwundert dieses Ergebnis kaum. Wenn man sich die Funktionsweise von Unternehmen als autopoietische Systeme in Erinnerung ruft, wird deutlich, dass systemische Beratungsansätze zwar von einem theoretischen Standpunkt aus die Chancen und Risiken einer externen Intervention umfassend und korrekt beschreiben, jedoch damit nicht die Nachfrage befriedigen, die Unternehmen an externe Berater stellen. Wer sich selbst unter permanenten Entscheidungsdruck setzt, der fragt primär nach schnellen Lösungen für die drängenden Entscheidungsprobleme. In diesem Falle möchte man gerade keine Analysen über die Hintergründe der Beobachtungssystematik der Subsysteme des Unternehmens und man möchte keine Berater, die die Verantwortung für den Erfolg oder Misserfolg der sich aus der Beratung ergebenden Maßnahmen regelmäßig ablehnen. Mit anderen Worten: Die in der systemischen Unternehmensberatung skizzierten Instrumente sowie die Restriktionen im Einsatz dieser Instrumente sind aus Sicht der Luhmannschen Systemtheorie logisch korrekt abgeleitet, sie widersprechen jedoch dem, was eine Unternehmung von einem externen Berater erwartet. Dass diese Einschätzung nicht nur theoretischer Natur sein kann, zeigt sich am bescheidenen Erfolg der systemischen Beratung in der Praxis.

Zusammenfassend kann damit abschließend festgehalten werden, dass sich aus den theoretischen Grundlagen der systemischen Organisationsberatung Wege ableiten lassen, wie einerseits Irritationen der autopoietischen Subsysteme einer Unternehmung ermöglicht werden können und wie andererseits die existierenden Paradoxien, die zwangsläufig entstehen, sobald ein Dritter einzelne Sachverhalte der existierenden Beobachtungsstrukturen dieser Systeme thematisiert, so überdeckt werden können, dass sie für einen Beobachter dieser Kommunikation nicht direkt ins Auge fallen. Doch trotz umfassender theoretischer Vorbereitung kann selbst die systemische Organisationsberatung keinen Weg aufzeigen, der garantiert, dass die Subsysteme der Unternehmung ihre Kommunikationsstrukturen tatsächlich verändern. Im Gegenteil: Kritiker des Ansatzes werfen ihm sogar vor, dass er einen solchen Erfolg verhindert, gerade weil er die Unzulänglichkeiten in diesen Kommunikationsstrukturen offensiv thematisiert. Dies gilt insbesondere für die eigene Position: Systemische Beratung bewegt sich immer innerhalb eines nicht auflösbaren Paradoxiedilemmas: Einerseits muss der Berater die Paradoxien der eigenen Kommunikation überdecken, um überhaupt von den Klientensystemen wahrgenommen zu werden. Schließlich führt eine als paradox empfundene Kommunikation in der Regel nicht dazu, die eigenen Kommunikationsstrukturen zu überdenken. Andererseits muss der Berater die Paradoxie der eigenen Kommunikation auch betonen, um nicht für den Erfolg oder Misserfolg seiner Beratungsaktivitäten verantwortlich gemacht zu werden.

Kurz gesagt: Die strukturellen Paradoxien in der Steuerung autopoietischer Systeme können auch durch systemische Beratung nicht aufgehoben werden.

4.4.3   Statusbericht IV: Unternehmen als autopoietische Systeme

Wie helfen die beschriebenen Erkenntnisse über die Praxis der systemischen Organisationsberatung im Hinblick auf die Zielsetzung dieses Kapitels, der Detaillierung des Bildes über die Funktionsweise autopoietischer Systeme, nun konkret weiter? Zunächst ist festzustellen, dass die Hürden, die externe Berater bei ihren Versuchen, Interventionen innerhalb dritter Systeme anzustoßen, strukturell durchaus mit den Schwierigkeiten verglichen werden können, die das Managementsystem eines Unternehmens bei der Steuerung der unternehmensinternen Subsysteme zu bewältigen hat. Hier wie dort geht es darum, autopoietische und damit operativ geschlossene Systeme zielgerichtet von außen zu beeinflussen. Selbstverständlich sind das Managementsystem und die übrigen Subsysteme einer Unternehmung enger miteinander verknüpft als die Teilsysteme des Betriebs und ein externer Berater. Man kann davon ausgehen, dass für die Subsysteme eines Unternehmens die Beobachtung des Managementsystems im Zuge ihrer autopoietischen Reproduktionsprozesse eine entscheidende Bedeutung besitzt und das Management daher eher weniger Anstrengungen unternehmen muss, um überhaupt von den Subsystemen wahrgenommen zu werden. Dennoch befinden sich beide – der externe Berater und das Management einer Unternehmung – strukturell in einer vergleichbaren Situation.

Daher kann eine ganze Reihe von Erkenntnissen aus den Theoriegrundlagen des systemischen Beratungsansatzes auch dafür herangezogen werden, mehr über die Hintergründe des Managements einer Unternehmung zu erfahren. So konnte beispielsweise durch die Ausführungen nochmals die Tatsache unterstrichen werden, dass das Management einer Organisation im Zusammenhang mit seiner eigenen Kommunikation gewaltige Paradoxien zu bewältigen hat. Es versucht offensichtlich nicht nur permanent an einer Situation zu arbeiten, die sich nicht abschließend lösen lässt und die das Management durch eigene Kommunikation unmittelbar überhaupt nicht verändern kann. Es muss sich zudem bei dem Versuch, diese Situation zu verändern, offensichtlich an Strukturen orientieren, die dazu geführt haben, dass diese Situation erst entstanden ist. Und das Management muss akzeptieren, dass es selbst diese Strukturen nur komplexitätsreduzierend beobachten kann.

Die systemische Organisationsberatung bietet nun einen Strauß von Instrumenten an, deren Anwendung dazu führen kann, dass diese Paradoxien für einen Beobachter nicht unmittelbar erkennbar werden. Alle diese Optionen zeichnen sich dadurch aus, dass sie die Paradoxien bzw. Mängel in den Beobachtungsstrukturen der Unternehmen in einer Art und Weise thematisieren, die der entspricht, mit der diese Subsysteme sich und ihre Umwelt beobachten. Ziel der Anwendung dieser Instrumente ist es mithin, die Subsysteme dazu zu bewegen, die Mängel in ihren Beobachtungsstrukturen selbst zu erkennen und entsprechende Anpassungen vorzunehmen. Zirkuläre Fragen, paradoxe Interventionen und analoge Techniken können daher prinzipiell als Interventionsmechanismen verstanden werden, denen sich auch das Management bedienen könnte, um seiner Aufgabe, die Initiierung des Wechselspiels zwischen mehr und weniger Autonomie der Subsysteme, gerecht zu werden.

Allerdings zeigt die systemtheoretische Analyse der systemischen Beratung zweifelsohne auch die Risiken in der Anwendung derartiger Techniken auf. Es ist nicht allein die Tatsache, dass der systemische Berater alle Bemühungen, die Paradoxie in der eigenen Kommunikation zu überdecken, unterminiert, indem er im Rahmen von Beratung diese Paradoxie offensiv thematisiert, beispielsweise im Zusammenhang mit der Ablehnung von Konsequenzen der Beratung. Eine vergleichbare Haltung des Managements in einer Unternehmung ist dauerhaft schlichtweg nicht vorstellbar – auch wenn sie systemtheoretisch korrekt wäre. Entscheidend ist darüber hinaus, dass Interventionsmaßnahmen, die sich bewusst an radikal konstruktivistischen Leitlinien orientieren, der gängigen Erwartungshaltung von Unternehmen widersprechen. Genauso wenig wie ein Unternehmen konstruktivistische Analysen auf der Basis einer theoretisch perfekt austarierten Vorgehensweise von externen Beratern erwartet, genauso wenig erhofft es sich ein solches Verhalten von seinem Management – jedenfalls nicht dauerhaft. Das Management einer Organisation hat Entscheidungen zu fällen und so den durch die Organisation selbst aufgebauten Entscheidungsdruck zumindest kurzzeitig zu lindern. In dieser Hinsicht abweichendes Verhalten, welches die grundsätzlichen Beobachtungsstrukturen von Unternehmen hinterfragt, wird dem Management trotz möglicher positiver Effekt allenfalls in einem dafür vorgesehenen Rahmen, beispielsweise in speziellen Teambuilding-Workshops, gestattet. Hinzu kommt die Gefahr, dass Subsysteme in Unternehmen, denen die eigenen Schwächen der Beobachtung vor Augen geführt werden, plötzlich erkennen, dass auch das Management einer Unternehmung nicht frei von diesen Schwächen ist. Die Beobachtung, dass die eigenen Beobachtung per Definition immer paradox ist, könnte dazu genutzt werden, auch die Position des Managementsystems innerhalb des Unternehmens kritisch zu hinterfragen – und das Management hätte kaum eine Möglichkeit, dieser Kritik zu begegnen, es sei denn, durch ein weiteres Überdecken der ihrer Kommunikation innewohnenden Paradoxien.

Abschließend bleibt festzuhalten: Die theoretische Fundierung der systemischen Organisationsberatung konnte dazu beitragen, das Verständnis von Unternehmen als autopoietische Systeme auf der Mikro-Ebene der Betrachtung zu vertiefen.

5   Fazit: Unternehmen als autopoietische Systeme

Am Ende des zweiten Teils dieser Arbeit ist es an der Zeit, ein Resümee zu ziehen. Das erklärte Ziel der vergangenen Kapitel war es, das bereits am Ende des ersten Teils der Arbeit
vorliegende, aber zum damaligen Zeitpunkt noch als holzschnittartig zu charakterisierende
Bild über die Funktionsweise von Unternehmen als autopoietische Systeme so weit wie möglich zu detaillieren. Zu diesem Zweck wurden unterschiedliche Quellen aus den Wissenschaftsdisziplinen Betriebswirtschaftslehre und Soziologie zunächst dahingehend überprüft,
ob sie von ihrem theoretischen Grundaufbau überhaupt geeignet sind, mit ihren Erkenntnissen
zu einer solchen Detaillierung beizutragen. In den Fällen, in denen dies möglich war, wurden
anschließend die zentralen Inhalte dieser Theorieansätze mit Blick auf die zum jeweiligen
Zeitpunkt existierenden Erkenntnisdefizite vorgestellt. Wenn man nun die in den einzelnen
Statusberichten der vergangenen Abschnitte beschriebenen Ergebnisse zusammenfasst, so
kann das Gesamtresultat durchaus zufrieden stellen. Dies wird auch aus nachfolgender Tabel-
le ersichtlich, die einen kurzen Überblick über die wichtigsten Ergebnisse dieses zweiten Teils
der Arbeit bieten soll.

Quel-le[538]	Analyse der verwen-deten Beobachtungs-differenz und deren Handhabung		Ergebnis des Ver-gleichs mit Luh-mann	Beitrag zur Komplettierung des Bildes von Unternehmen als autopoietische Systeme	
	Differenz	Handha-bung		Makro-Ebene	Mikro-Ebene
Luh-mann	System – Umwelt	Berück-sichtigung der Vorga-be autopoi-etischer Reproduk-tion aus der allgemei-nen Sys-temtheorie -> kon-struktivisti-sche Per-spektive	Überein-stimmung	• Besonderheiten von Entscheidun-gen als Letzteinhei-ten sozialer Syste-me • Beschreibung des selbst induzierten Entscheidungsdru-ckes innerhalb von Unternehmungen • Entscheidungsprä-missen und Ent-scheidungspro-gramme als Optio-nen zum kurzfristi-gen Abbau des Entscheidungs-drucks	

---

[538]   Angegeben ist jeweils der primär berücksichtigte Autor

				• Mitgliedschafts-konstruktionen als Voraussetzungen für die Zurechnung von Kommunikation auf Handlung • Typische Kommunikationsstrukturen des Wirtschaftssystems als das Heimatsystem von Unternehmen	
Guten-berg	Produkti-vitätsfaktoren	Ontolo-gisch	Keine Überein-stimmung		
Heinen	Entscheidungen	Ontolo-gisch	Keine Überein-stimmung		
Schanz	Personen	Ontolo-gisch	Keine Überein-stimmung		
Ulrich	System-Umwelt	Festhalten an der Konzeption offener bzw. geschlossener Systeme -> ontologische Perspektive	Keine Überein-stimmung		
Drepper, Baecker	System – Umwelt	Berücksichtigung der Vorgabe autopoietischer Reproduktion aus der allgemeinen Systemtheorie -> konstruktivistische Perspektive	Überein-stimmung	• Geschäft als Beobachtungskonstrukt zweiter Ordnung für die Beobachtung von Unternehmen	• Management als Versuch der Initiierung eines permanenten Wechselspiels zwischen Steigerung und Reduzierung der Autonomie der Subsysteme einer Unternehmung • Paradoxien von Managementkommunikation und die Möglichkeiten ihrer Überdeckung für einen Beobachter
Kirsch	System – Umwelt	Prüfung der Adaption konstruktivisti-	Keine Überein-stimmung		

		scher Konzepte -> schließlich doch Entscheidung für die Beibehaltung einer handlungsorientierten Perspektive				
Wimmer	System – Umwelt	Berücksichtigung der Vorgabe autopoietischer Reproduktion aus der allgemeinen Systemtheorie -> konstruktivistische Perspektive	Übereinstimmung			• Vorstellung weiterer Paradoxien von Managementkommunikation und zusätzlicher Möglichkeiten für ihre Überdeckung

Tab.1: Zusammenfassung der Erkenntnisse des zweiten Teils der Arbeit

So ist es auf der Makro-Ebene der Betrachtung von Unternehmen gelungen, mit Hilfe der Veröffentlichungen von Luhmann und Baecker, die Spezifika im autopoietischen Reproduktionsprozess dieses Systemtypus im Vergleich zu anderen Sozialsystemen nachzuzeichnen. Dabei ist deutlich geworden, dass Entscheidungen als kommunikative Letztelemente von Unternehmungen eine Vielzahl von Besonderheiten aufweisen, die sich im Zusammenhang mit den systeminternen Zeitkonstruktionen zu einer extremen Entscheidungsdynamik kumulieren können. In diesem Zusammenhang haben die beiden Autoren sehr detailliert beschrieben, dass Unternehmen unter einem permanenten Entscheidungsdruck stehen, wobei die Ursachen für diese Notwendigkeit, permanent Entscheidungen fällen zu müssen, ausschließlich durch die Unternehmen selbst determiniert werden. Über eine Vielzahl von Maßnahmen, wie beispielsweise Entscheidungen über Entscheidungsprämissen, Entscheidungsprogramme oder entsprechende Organisationsstrukturen, können sich Unternehmen von diesem Entscheidungsdruck lösen – allerdings bieten diese Maßnahmen zum einen immer nur temporär eine Befreiung vom selbst definierten Entscheidungsdruck und zum anderen ziehen diese Entscheidungen immer wieder den Bedarf für neue Entscheidungen nach sich. Neben diesen allgemeinen Erkenntnissen, die für alle Organisationssysteme Gültigkeit besitzen, konnten auch einige Aussagen zusammengetragen werden, die auf der Makro-Ebene der Betrachtung den Besonderheiten von Unternehmen als Organisationssystemen, die primär Kommunikation im Wirtschaftssystem betreiben, Rechnung tragen. Dazu zählt beispielsweise die Erkenntnis, dass das Beobachtungskonstrukt des Geschäfts regelmäßig zur Beobachtung zweiter Ordnung der zuvor getätigten Unternehmensentscheidungen verwendet wird.

Auch auf der Mikro-Ebene der Betrachtung von Unternehmen ist es gelungen, die eingangs des zweiten Teils der Arbeit nur rudimentär vorhandenen Erkenntnisse sukzessive zu ergänzen. Insbesondere die Arbeiten von Baecker und Drepper haben aufgezeigt, mit welchen Schwierigkeiten der Versuch einer zielorientierten Steuerung der Subsysteme einer Unternehmung behaftet ist. Management ist demnach zu vergleichen mit dem Versuch, ein permanentes Wechselspiel zwischen zwei Extremen auszugleichen: Einerseits gilt es zu vermeiden, die Organisation durch eine Steigerung der Umweltsensibilität zu stark zu verunsichern. Andererseits muss Management auch der Gefahr vorbeugen, dass das Unternehmen solche Entwicklungen im System oder in der Umwelt des Systems nicht wahrnimmt, die möglicherweise die Existenz der Unternehmen gefährden. Nur aufgrund der Tatsache, dass offensichtlich keine optimale Organisationsstruktur existiert, die diese Problematik automatisch einer optimalen Lösung zuführt, benötigen Unternehmen einen institutionalisierten Beobachter zweiter Ordnung: das Management. In diesem Zusammenhang konnte aufgezeigt werden, dass die einzige Aufgabe des Managements darin besteht, Kommunikation zu betreiben, die dem Rest des Unternehmens signalisiert, dass es anders zu gehen hat als in der Vergangenheit. Durch dieses permanente Hinterfragen vergangener Entscheidungen der Unternehmung erzeugt das Management eine fortlaufende Kommunikation mit der Zielsetzung, ein Wechselspiel zwischen Öffnung und Schließung der Unternehmung, zwischen mehr und weniger selbstinduzierter Irritation zu initiieren.

Die Ausführungen in den vergangenen Kapiteln haben aber auch deutlich gemacht, dass Managementkommunikation in jedem Fall mit einer Vielzahl von Paradoxien verbunden ist. Das Management versucht nicht nur ein Problem zu lösen, für das keine abschließende Lösung existiert. Es kommt hinzu, dass die Kommunikation, die Management erzeugt, genau genommen überhaupt nichts dazu beitragen kann, das Pendel in die eine oder die andere Richtung der Extrempositionen zu bewegen. Schließlich entscheiden die Subsysteme der Unternehmung, die schließlich für den Grad der Irritation der Unternehmung verantwortlich sind, autonom, auf welche Art und Weise sie Kommunikation betreiben. Und welchen Anteil letztlich das Managementsystem am Zustandekommen einer Kommunikation hatte, kann im Nachhinein ebenfalls nicht bewertet werden. Das ist aber nicht alles an Paradoxie, die jeder Managementkommunikation inhärent ist: Die Ausführungen zu den theoretischen Grundlagen der systemischen Organisationsberatung haben verdeutlicht, dass immer dann, wenn Management versucht, seine Kommunikationsinhalte so zu strukturieren, dass sie von den Subsystemen der Unternehmung möglichst optimal wahrgenommen werden, diese Strukturierung streng genommen auf dem Status Quo basiert, den es durch die Managementkommunikation eigentlich zu verändern gilt. Und zusätzlich hat auch das Managementsystem mit den Paradoxien zu kämpfen, die jeder Beobachtung innewohnen: Sie kann sich im Moment der Beobachtung nicht selbst beobachten und sie kann die Realität immer nur komplexitätsreduzierend erfassen. Somit kann (theoretisch) jedes Subsystem einer Unternehmung dem Management immer problemlos entgegnen, es hätte die Realität nicht richtig beobachtet.

Mittlerweile ist jedoch auch eine Reihe von Instrumenten bekannt, die es dem Management einer Unternehmung ermöglichen, diese Paradoxien für einen Beobachter ihrer Kommunikation zu überdecken. An erster Stelle sind in diesem Zusammenhang Informationen zu nennen, mit denen das Management die Inhalte seiner Kommunikation hinterlegen kann. Somit erscheinen die Beobachtungen des Managements für einen Dritten scheinbar objektiv – die dahinter liegende Paradoxie verschwindet nicht, sie wird jedoch nicht weiter thematisiert. Eine weitere Möglichkeit, die Paradoxien der eigenen Kommunikation zu überdecken, ist die Thematisierung der Paradoxien in der Kommunikation der Systeme, in deren Strukturen man eine Veränderung herbeiführen möchte. Die Beschreibung der theoretischen Grundlagen der systemischen Organisationsberatung hat jedoch auch gezeigt, wie schnell sich Management in dem Wirrwarr der vorhandenen Paradoxien verlieren kann, sobald diese an einer Stelle thematisiert werden. Letztlich kann dies dazu führen, dass das Managementsystem sich eingestehen muss, dass es den Ansprüchen, die die Organisation an das System richtet, nicht mehr gerecht werden kann – mit fatalen Folgen für die interne Akzeptanz der zukünftigen Systemkommunikation.

Trotz dieser unbestrittenen Erfolge innerhalb des zweiten Teils der Arbeit soll jedoch nicht verschwiegen werden, dass der Detaillierungsgrad der Beschreibung der Funktionsweise von Unternehmen als autopoietische Systeme bei weitem nicht an das Niveau heranreicht, welches betriebswirtschaftliche Analysen im Normalfall für sich beanspruchen können. Verwundern kann dieses Ergebnis nicht – schließlich liegt, was die Verwendbarkeit sämtlicher betriebswirtschaftlicher Ansätze im Sinne Luhmanns angeht, gewissermaßen ein Totalausfall vor. Keiner der gängigen Theorieansätze aus der Betriebswirtschaftslehre eignet sich in den bisher vorliegenden Ausgestaltungen zur Ergänzung der Luhmannschen Denkanstöße.

Noch enttäuschender als die Tatsache, dass die Betriebswirtschaftslehre derzeit keinerlei Beiträge zu einer konstruktivistisch geprägten Unternehmensanalyse leisten kann, sind jedoch die strukturellen Defizite im Wissenschaftsprogramm zu bewerten, die eine rasche Veränderung dieses Zustandes unwahrscheinlich machen. Wer, wie weite Teile der Betriebswirtschaftslehre, den Anspruch erhebt, Wissen zu produzieren, welches ein hohes Maß an Praxisrelevanz aufweist, und dabei das Ziel verfolgt, die Gegebenheiten in den Unternehmungen mit Hilfe dieses produzierten Wissens zu verändern, der muss sich konstruktivistischen Ansätzen fast zwangsläufig verschließen. Dies zeigen nicht nur die theoretischen Analysen, sondern indirekt auch die bescheidenen Erfolge der systemischen Organisationsberatung in der Praxis. Stattdessen gilt es eine Nachfrage zu befriedigen, die schnelle und unzweifelhafte Erklärungen und Hilfestellungen für die drängenden Entscheidungsprobleme auf allen Ebenen des Unternehmensalltags verlangt. Genau diese, aus Sicht der Unternehmen „perfekten", Antworten kann es jedoch niemals geben, weder durch Wissenschaft noch durch andere Sozialsysteme – dies verdeutlicht zweifelsohne die Systemtheorie Luhmanns unmißverständlich.

In besonderem Ausmaß ist der systemorientierte Ansatz von dem beschriebenen Dilemma betroffen. In Reaktion auf die als unmodern und stark theorielastig geltenden Ansätze Gutenbergs hat man den Anspruch der Praxisorientierung der Betriebswirtschaftslehre auf das maximal mögliche Maß hochgeschraubt. Der Erfolg von Betriebswirtschaftslehre sollte nicht mehr am Maßstab Wahrheit gemessen werden, sondern inwieweit das produzierte Wissen praktische Probleme des Betriebsalltags zu lösen in der Lage ist. Doch der Schein, den der systemorientierte Ansatz zu vermitteln versucht, dass die Welt mit Hilfe betriebswirtschaftlicher Analysen und Erkenntnisse beherrschbar zu machen ist, trügt. Das gegebene Versprechen kann nicht eingehalten werden, jedenfalls nicht verlässlich, was bei allen Beteiligten verständlicherweise große Enttäuschung hervorruft. Dieses Ergebnis der Analyse ist umso bemerkenswerter, da einige Autoren des systemorientierten Ansatzes schon früh die theorieimmanenten Schwächen identifiziert zu haben schienen – für die daraus resultierenden Probleme aber keine Lösungen angeboten haben. Fast schon als Ironie der Geschichte ist dabei zu bewerten, dass gerade durch neue Ansätze in der Systemtheorie, also genau der Theorie, welche die Grundlage des systemorientierten Ansatzes bildet, diejenigen Defizite in den wissenschaftlichen Beobachtungen dieses Ansatzes verdeutlicht werden, die die ursprünglich verfolgte Zielsetzung als unsinnig erscheinen lassen. Es lässt sich kaum noch verleugnen, dass sich insbesondere der systemorientierte Ansatz der Betriebswirtschaftslehre selbst in eine erkenntnistheoretische Sackgasse manövriert hat.

Die Alternative zum „Weiter so" entlang einer klassisch ontologischen Forschungstradition wurde im Rahmen dieses zweiten Teils der Arbeit bereits beschrieben. Er erfordert vor allem eine radikale Abkehr von der bisherigen Praxisorientierung der Betriebswirtschaftslehre. Nüchtern betrachtet gibt es zumindest innerhalb des Theoriegebäudes der modernen Systemtheorie zu dieser grundlegenden Neuausrichtung der Wissenschaftsdisziplin entlang der skizzierten Leitlinie keine Alternative – was allerdings aufgrund der autologischen Komponente der Theorie auch nicht weiter verwunderlich ist. Ein Mittelweg zwischen radikaler Neuausrichtung und Beharren auf dem Status Quo ist jedenfalls kaum möglich. Dies zeigen insbesondere die im Rahmen dieses Teils vorgestellten Bemühungen von Kirsch. Die Sprengwirkung der radikal konstruktivistischen Denkstrukturen auf die Erkenntnisposition der Betriebswirtschaftslehre ist einfach zu radikal, als dass punktuelle Adaptionen bei gleichzeitiger Beibehaltung des bisherigen Erkenntnisstandes möglich wären.

Wie nach einer derartigen Neuausrichtung die Grundstrukturen eines Verständnisses über Unternehmen als autopoietische Systeme aussehen könnten, wurde im Verlauf dieses Teils der Arbeit deutlich. Unbeantwortet blieb bislang jedoch die Frage, welcher Erkenntnisgewinn auf der Ebene von betriebswirtschaftlichen Einzelfragen durch die Anwendung der System- und Gesellschaftstheorie zu erwarten ist. Was sind nun die konkreten Konsequenzen für typische betriebswirtschaftliche Fragestellungen, wenn Unternehmen als autopoietische Systeme begriffen werden? Mit der exemplarischen Beantwortung dieser Frage für einen ausgewählten Teilbereich der Betriebswirtschaftslehre beschäftigt sich der abschließende dritte Teil dieser Arbeit.

IV   Die Ableitungen: Beantwortung ausgewählter Fragestellungen aus dem Bereich der strategischen Managementtheorie

1   Einleitung

Im folgenden dritten Hauptteil dieser Arbeit soll der konkrete Nutzen für ausgewählte betriebswirtschaftliche Einzelfragen verdeutlicht werden, der sich aus der Analyse von Unternehmen mittels der modernen Systemtheorie ergeben kann. Die Basis für diese Darstellung bilden die Erkenntnisse über die Funktionsweise von Unternehmen als autopoietische Systeme, die im zweiten Teil dieser Arbeit aus verschiedenen Quellen zusammengetragen werden konnten, und die im Folgenden mit Blick auf ausgewählte betriebswirtschaftliche Einzelfragen konkretisiert werden.

Um das beschriebene Ziel zu erreichen, gilt es in einem ersten Schritt, einen für diese Zwecke geeigneten Teilbereich der Betriebswirtschaftslehre zu identifizieren, der dann als Quelle für die zu bearbeitenden singulären Problemstellungen genutzt werden kann. Als geeignet im Sinne der beschriebenen Zielsetzung dieses Teils der Arbeit soll ein Teilbereich der Betriebswirtschaftslehre dann gelten, wenn er die folgenden drei Bedingungen erfüllt. Erstens ist der Anspruch an ihn zu richten, dass er innerhalb der Betriebswirtschaftslehre eine gewisse inhaltliche und konzeptionelle Relevanz besitzen sollte, die auch eine etwaige Übertragung der neuen Erkenntnisse, die aus der Anwendung der Luhmannschen Systemtheorie resultieren, auf andere Teilbereiche der Wissenschaftsdisziplin lohnenswert erscheinen lässt. Es wäre wohl zweifelsohne eher unbefriedigend, wenn der unbestritten große Aufwand für die Vorarbeiten der Theorieanwendung letztlich nur dafür genutzt werden würde, sich intensiv mit einem „Orchideenthema" der Betriebswirtschaftslehre zu beschäftigen. Zweitens sollte der Forschungsstand dieses Teilbereichs nicht so weit gefestigt sein, dass sich die Ausarbeitung neuer Aspekte bestenfalls in marginalen Modifikationen der herrschenden Meinung erschöpft. Nur dort, wo noch nicht alles unzweifelhaft erforscht ist, macht es Sinn, sich mit einem innovativen Theorieansatz dem Untersuchungsgegenstand zu nähern. Oder anders ausgedrückt: Nur dort, wo auch noch um Grundsätzliches gestritten wird, können neue Perspektiven, die aus einer alternativen Theorieanwendung resultieren, grundsätzliche Wirkung erzielen. Drittens sollten die Grundfragestellungen des auszuwählenden Teilbereichs so ausgestaltet sein, dass die Luhmannsche Systemtheorie ihre besonderen Stärken, wie beispielsweise ihre universale Anwendbarkeit, voll ausspielen kann. Vor dem Hintergrund, dass die Luhmannsche Systemtheorie erstmals umfassend innerhalb der Betriebswirtschaftslehre Anwendung findet, erscheint auch ein solches Herauspicken der für diesen Theorieansatz besonders geeigneten Rosinen als gerechtfertigt.

Der Teilbereich der Betriebswirtschaftslehre, der alle drei genannten Anforderungskriterien erfüllt und damit hervorragende Voraussetzungen für einen erfolgreichen wissenschaftlichen Praxistest der Luhmannschen Systemtheorie bietet, ist der Bereich der strategischen Managementtheorie. Dies wird ersichtlich, wenn man den Erfüllungsgrad der definierten Kriterien im Einzelnen der Reihe nach überprüft.

Zweifelsohne besitzt die strategische Managementtheorie innerhalb der Betriebswirtschaftslehre eine herausgehobene Position. Dies liegt zuallererst am grundlegenden Charakter der Fragen, mit denen sich dieser Teilbereich der Betriebswirtschaftslehre beschäftigt.[539] So determinieren beispielsweise die Antworten auf diese Fragen innerhalb eines konsistenten Planungsmodells alle operativen Sachverhalte und Aktivitäten einer Unternehmung und liefern damit die entscheidende Weichenstellung für den zukünftigen Unternehmenserfolg.[540] Wissenschaftler und Praktiker sind sich darin einig, dass Fehler innerhalb des strategischen Managementprozesses fatale Folgen haben können, die im Extremfall sogar die Existenz des Gesamtunternehmens gefährden. Nicht umsonst wird die strategische Managementtheorie auch als die „Königsdisziplin" der Betriebswirtschaftslehre bezeichnet.[541] Damit ist die Wahrscheinlichkeit als hoch zu bewerten, dass neuartige Erkenntnisse auf der Ebene der strategischen Managementtheorie über diesen Bereich hinausgehend auch andere Teilbereiche der Betriebswirtschaftslehre beeinflussen könnten. Damit ist die erste der definierten drei Voraussetzungen erfüllt.

Auch hinsichtlich der Erfüllung des zweiten Tauglichkeitskriteriums bietet die strategische Managementtheorie beinahe ideale Ergebnisse. In wohl keinem anderen Bereich der Betriebswirtschaftslehre liegt eine derartige Fülle von Veröffentlichungen vor, die sich durch große Uneinheitlichkeit und Meinungsvielfalt auszeichnen. Trotz oder gerade wegen der mittlerweile meterweise vorhandenen Standardwerke zur strategischen Unternehmensführung lassen sich nur schwer übergreifende Leitlinien und Forschungsparadigmen in diesem Forschungsgebiet identifizieren.[542] Wie bereits eingangs erwähnt, bietet gerade ein derartiger Forschungsstand für einen neuen Theorieansatz gute Voraussetzungen, seinen wissenschaftlichen Nutzen unter Beweis zu stellen, indem er in der Lage ist, die bislang divergierenden Ansätze neu zu strukturieren und Gemeinsamkeiten oder sogar neue Erkenntnisse aufzuzeigen.

[539] Vgl. z. B. die Auflistung bei Knyphausen (1995), S. 2
[540] Vgl. z. B. das Modell der strategischen Unternehmungsführung bei Hahn (1997a), S. 28 ff.
[541] Vgl. Nagel, Wimmer (2002), S. 14
[542] Vgl. Mintzberg (1990), S. 171; Zajac (1992), S. 69 ff. sowie die Darstellung der verschiedenen Ansätze bei Knyphausen (1995), S. 50 ff. Auch Hahn spricht davon, dass „sich ein generell gültiger Stand der strategischen Planung nicht beschreiben läßt." (Hahn (1997b), S. 2)

Schließlich sei erwähnt, dass auch eine Überprüfung des dritten Kriteriums für den Bereich der strategischen Managementtheorie positive Ergebnisse liefert. Die Systemtheorie, ganz gleich in welcher Ausprägung, hat schon immer eine ideale Grundlage für die Beantwortung der typischen Fragen dieses Feldes der Betriebswirtschaftslehre abgegeben. Aufgrund ihrer ganzheitlichen Ausrichtung erlaubt sie es, betriebswirtschaftliche Analysen zu erstellen, die ihren Fokus nicht allein auf das Unternehmen beschränken. Stattdessen wird es möglich, die gesellschaftlichen Rahmenbedingungen des Unternehmenserfolgs sichtbar und damit analysierbar werden zu lassen. In einer strategischen Betrachtung werden typischerweise gerade diese Rahmenbedingungen entscheidend. Ohne an dieser Stelle bereits eine ausufernde Diskussion über die Definition von strategischem Management anfachen zu wollen, so kann doch festgehalten werden, dass das Ziel des strategischen Managements darin besteht, die Dauerhaftigkeit des Unternehmenserfolgs sicherzustellen. Eine Theorie, die in der Lage ist, sämtliche Parameter, die Einfluss nehmen könnten auf diese Größe, in einem konsistenten Theoriemodell abzubilden, bietet demnach eine ideale Basis für die Erörterung von Problemen des strategischen Managements. Genau dies leistet die Systemtheorie. Die Erfolge des systemorientierten Ansatzes der Betriebswirtschaftslehre auf dem Gebiet der Theorie der strategischen Unternehmensführung wurden bereits in dieser Arbeit erwähnt und bestätigen die besondere Eignung der Systemtheorie in diesem Untersuchungsfeld.[543] Da die moderne Systemtheorie Luhmannscher Prägung auf den theoretischen Grundlagen der Systemtheorie aufbaut, die auch der systemorientierte Ansatz der Betriebswirtschaftslehre nutzt, ist nicht zu erwarten, dass sich an diesem Sachverhalt grundlegend etwas ändert.

Die Ausgangsbedingungen für eine positive Darstellung des konkreten Nutzens aus dem Verständnis der Funktionsweise von Unternehmen als autopoietische Systeme könnten demnach kaum besser sein. Mit dem Bereich der strategischen Managementtheorie wurde ein Segment identifiziert, welches aufgrund der Struktur seiner typischen Fragestellungen und seines Entwicklungsstandes zu der Vermutung Anlass gibt, dass insbesondere in diesem Teilbereich der Betriebswirtschaftslehre die moderne Systemtheorie einen wertvollen Beitrag zum Erkenntnisgewinn leisten kann.

In einem zweiten Schritt gilt es nun, aus diesem Teilbereich der Betriebswirtschaftslehre eine grundlegende Fragestellung herauszukristallisieren, die im weiteren Verlauf dieses Teils der Arbeit mittels Anwendung der modernen Systemtheorie analysiert werden soll. An diese Fragestellung ist der Anspruch zu richten, dass sie zum einen innerhalb des Bereichs der strategischen Managementtheorie kontrovers diskutiert wird und dass sie zum anderen eine gewisse

---

[543]   Vgl. für die aktuelle Innovation auf dem Gebiet des strategischen Managements aus der St. Gallener Schule den St. Gallener Management Navigator, vgl. Müller-Stewens, Lechner (2001), S. 20 ff.

inhaltliche Relevanz für die strategische Managementtheorie aufweist. Beide Voraussetzungen treffen in besonderem Maße auf die wohl älteste und grundsätzlichste Kontroverse innerhalb der strategischen Managementtheorie zu. Die Rede ist vom Streit zwischen den Anhängern eines strikt rational konzipierten, präskriptiven Modells der strategischen Planung und den Vertretern eines stärker inkremental strukturierten Ansatzes. Die Diskussion kann durchaus auch als prototypisch für eine generelle Richtungsentscheidung der Betriebswirtschaftslehre insgesamt angesehen werden, da in ihr ein Stück weit die immer latent vorhandene Kontroverse zum Ausdruck kommt, ob Betriebswirtschaftslehre stärker einen normativ präskriptiven Ansatz auf der Grundlage rationaler Entscheidungsmodelle vorantreiben oder sich doch eher einem real sozialwissenschaftlichen Ansatz zuwenden sollte.

Vor dem Hintergrund der beschriebenen Voraussetzungen und der bisher gesammelten Erkenntnisse darf man gespannt sein, welchen Beitrag die moderne Systemtheorie Luhmannscher Prägung leisten kann, um diesem Richtungsstreit zwischen den Planern und den Inkrementalisten möglicherweise eine neue Wendung zu geben. In jedem Fall ergeben sich aufgrund des besonderen Charakters dieser Grundsatzfrage aus der systemtheoretischen Perspektive eine Vielzahl weiterer Anknüpfungspunkte, wie im dritten Kapitel dieses Teils der Arbeit deutlich werden wird. Soviel sei bereits jetzt vorweggenommen: Die dort vorgenommene Analyse der Kommunikationsstrukturen rund die Kardinalfrage der strategischen Managementtheorie mit Hilfe der modernen Systemtheorie liefert eine Fülle von Ansätzen für mögliche Anschlussforschungen.

Zunächst jedoch werden im sich anschließenden Kapitel die konträren Positionen, die derzeit in der wissenschaftlichen Diskussion zu dieser Grundfrage der strategischen Managementtheorie vertreten werden, in Kürze vorgestellt. Um die ganze Breite des Spektrums wissenschaftlicher Erörterungen hervorzuheben und vorhandene Konflikte aufzudecken, werden dabei bewusst auch Extrempositionen einzelner Autoren wiedergegeben, falls diese wiederum Reaktionen innerhalb des wissenschaftlichen Diskurses erfahren haben und so eine nachvollziehbare Relevanz aufweisen. Der dritte Teil der Arbeit schließt mit einem kurzen Fazit über die zuvor gewonnenen Erkenntnisse.

2 Der Grundkonflikt der strategischen Managementtheorie: Der Streit zwischen den rationalen Planern und den Inkrementalisten

2.1 Die Geburtsstunde der strategischen Managementtheorie: Aufstieg des rational präskriptiven Planungsmodells

Erste Bemühungen, Fragen der Strategieentwicklung und -umsetzung innerhalb von Unternehmungen zu analysieren, sind in der Betriebswirtschaftslehre erst seit Mitte der 60er Jahre des 20. Jahrhunderts zu beobachten. Eine Vielzahl von Autoren führt dies darauf zurück, dass in dieser Zeit erstmals größere gesellschaftliche Umbrüche zu beobachten waren, denen die Unternehmungen mit Hilfe strategischer Planung begegnen wollten.[544] Andere Autoren nennen als Gründe für das verstärkte Aufkommen eines institutionalisierten strategischen Denkens innerhalb von Unternehmen die wachsende Bedeutung von Groß- und Mehrproduktunternehmen, die aufgrund gestiegener Fixkostenblöcke zu einer strategischen Planung tendieren, da kurzfristige Anpassungen nur noch schwer möglich sind.[545]

Aufgrund der sich schlagartig entwickelnden Nachfrage nach Unterstützung im Rahmen der strategischen Planung sowie aufgrund der Erkenntnis, dass die traditionellen Ansätze der Investitionsrechnung diese nicht befriedigen konnten,[546] entwickelten sich in der Betriebswirtschaftslehre erste Ansätze präskriptiver Modelle für die strategische Unternehmensplanung. Diese zeichneten sich dadurch aus, dass sie eine möglichst vollkommene Rationalität der strategischen Entscheidungen anstreben.[547] Die Bezeichnung „präskriptiv" signalisiert, dass diese Modelle Gestaltungsempfehlungen für idealtypische Strategieprozesse in Unternehmungen beschreiben. In der Folgezeit erfreute sich dieser rational-präskriptive Modellansatz sowohl innerhalb der wissenschaftlichen Diskussion als auch unter den Vertretern der Unternehmenspraxis großer Beliebtheit. So konstatiert Schreyögg, dass die Zahl der wissenschaftlichen Veröffentlichungen, die zu der Kategorie der präskriptiven Planungsansätze zu zählen sind, seit Mitte der 70er Jahre sprunghaft angestiegen ist. Mittlerweile würden eine Vielzahl von Einzeltechniken und Partialansätzen zu den typischen Elementen des propagierten Ansatzes der strategischen Planung existieren.[548] Parallel zu dieser umfangreichen wissenschaftlichen Erörterung trugen zahlreiche Unternehmensberatungen im Rahmen von Kundenprojekten die Idee der strategischen Planung in die Unternehmen und erweiterten die wissenschaftlichen

[544] Vgl. grundlegend Ansoff (1965), S. 13 ff. sowie Hinterhuber (1980), S. 5; Herbek (2000), S. 13 ff. oder Wild (1980), S. 20 f.
[545] Vgl. Schreyögg (1984), S. 69 ff.
[546] Vgl. Ansoff, Declerck, Hayes (1997), S. 105
[547] Vgl. grundlegend wiederum Ansoff (1965), S. 48 ff. aber auch Learned u.a. (1965), S. 1 ff., denen Mintzberg entscheidenden Anteil an der Ausgestaltung der Design School zuschreibt (vgl. Mintzberg (1990), S. 172), sowie Gilmore, Brandenburg (1962), S. 61 ff.
[548] Vgl. Schreyögg (1984), S. 79

Ansätze zum Teil durch eigene Ideen.[549] Trotz der Fülle der Veröffentlichungen zum präskriptiven Planungsmodell, konnten bereits einige Autoren erfolgreich unter Beweis stellen, dass es dennoch möglich ist, die Grundprämissen sowie die wesentlichen Inhalte dieses Ansatzes pointiert zusammenzufassen.[550]

Ausgangspunkt aller rational-präskriptiven Modelle zum strategischen Planungsprozess bildet nach Einschätzung dieser Autoren die Überlegung, dass die Strategie eines Unternehmens aufgrund ihrer herausragenden Bedeutung für den Unternehmenserfolg systematisch durchdrungen werden muss und nicht dem Zufall überlassen werden darf.[551] Daraus resultiert der Anspruch der Vertreter des Ansatzes, den Verantwortlichen für die strategische Unternehmensführung formalisierte, rational-konzipierte und auf quantitative Methoden gestützte Handlungsanleitungen zu präsentieren, mit denen sie optimale Strategien definieren und implementieren können. Der strategische Managementprozess solle demnach ein kontrollierter und bewusster Prozess sein, der nach vorab definierten Kriterien und Kategorien abläuft, um

- das Risiko von Fehlentscheidungen in strategischen Fragen zu verringern,
- die Spannbreite möglicher strategischer Handlungsmöglichkeiten sowie die daraus abgeleiteten Chancen und Risiken für das Unternehmen zu veranschaulichen,
- einen konsistenten Planungsprozess bis in die letzten Ebenen der operativen Planung zu gewährleisten und
- ein möglichst effizientes Verfahren zu konstituieren, welches die Unternehmung zwingt, sich in regelmäßigen Abständen mit strategischen Fragestellungen zu beschäftigen.[552]

Am Anfang des Prozesses stehen dabei regelmäßig die Spezifikation und Bestimmung der langfristigen Unternehmensziele. Im Rahmen der vorliegenden Darstellung kann es als unerheblich bewertet werden, ob die Formulierung von Zielen bereits als ein Ergebnis des Strategieprozesses bewertet wird[553] oder die Zielbestimmung dem eigentlichen Prozess der Strategieformulierung vorausgeht.[554] Beide Interpretationen werden in der betriebswirtschaftlichen

[549] Vgl. für eine umfassende Übersicht der von Unternehmensberatungen genutzten Konzeptionen und Modelle Bamberger, Wrona (2002), S. 1 ff.
[550] Vgl. wesentlich Schreyögg (1984), S. 77 ff.; Mintzberg (1990), S. 175 ff. und differenzierter Mintzberg, Ahlstrand, Lampel (1999), S. 37 ff. Die Autoren differenzieren innerhalb der präskriptiven Strategieansätze zusätzlich drei verschiedene Schulen.
[551] Vgl. Hofer, Schendel (1978), S. 5
[552] Vgl. für die Begründung der strategischen Planung Schreyögg (1984), S. 80 f. sowie Mintzberg, Ahlstrand, Lampel (1999), S. 37 ff.
[553] Vgl. Steiner (1969), S. 34
[554] Vgl. z.B. Hofer, Schendel (1978), S. 16 ff. Hahn (1997a), S. 32 ff. definiert elegant die generelle Zielplanung zwar als Kernaufgabe der strategischen Unternehmensführung, die jedoch der strategischen Planung vorangestellt ist.

Literatur vertreten. Nach Einschätzung von Schreyögg handelt es sich bei dieser Diskussion jedoch lediglich um eine „Frage darstellungstechnischer Zweckmäßigkeit"[555].

An zweiter Stelle der geordneten Schrittfolge des strategischen Planungsprozesses stehe eine umfassende Bestandsanalyse. Gegenstand dieser Analyse seien vor allem die Stärken und Schwächen der eigenen Organisation sowie die Chancen und Risiken, die sich aus einer Prognose der Veränderungen in der relevanten Umwelt der Unternehmung ergeben.[556] Aber auch der Erfolg der bislang durch das Unternehmen verfolgten Strategie sollte im Rahmen dieser Bestandsanalyse thematisiert werden.[557] Durch eine Gegenüberstellung der Erkenntnisse aus der bisherigen Strategie, der Stärken und Schwächen der Unternehmung, der prognostizierten Umweltentwicklung auf der einen mit den strategischen Zielen des Unternehmens auf der anderen Seite werde im nächsten Schritt der Handlungsbedarf auf der strategischen Ebene deutlich. Zur Problemlösung seien alternative Strategien zu entwickeln und mit ihren Wirkungen anhand von Kriterien zu bewerten, die sich aus den vorher definierten Zielen ableiten. Anschließend wird diejenige Strategie ausgewählt, die innerhalb dieses Bewertungsverfahrens die besten Resultate erbracht hat.[558]

Erst nach Abschluss der beschriebenen Prozessschritte sollte damit begonnen werden, die Strategie auch tatsächlich zu implementieren. Der rational-präskriptive Ansatz der Strategieentwicklung unterscheidet mithin streng zwischen der Formulierung einer Strategie und ihrer Implementierung. Während im Zuge der Formulierung ein hohes Maß an Kreativität gefordert ist, stelle die Implementierung der Strategie eine stärker administrativ geprägte Aufgabe dar.[559] In den Rahmen dieser Tätigkeit falle vor allem die systematische Erstellung der detaillierten Programme, Kurzfristpläne und Budgets für die dezentralen Einheiten der Unternehmung aus der verabschiedeten Strategie.[560] Aber auch die Konzeptionierung und Implementierung einer strategiekonformen Aufbau- und Ablauforganisation sowie eines entsprechenden Führungssystems seien Tätigkeiten, die es im Rahmen der Strategieumsetzung zu erledigen gilt.[561] Im Ergebnis soll die Verwendung des strategischen Planungsansatzes im diesem Sinne sicherstellen, dass „alle Aktionsfelder der Unternehmung zu einem „kohärenten Handlungssystem verknüpft"[562] werden. Wird im Rahmen der Kontrolle der ausgewählten Strategie und

[555] Schreyögg (1984), S. 87
[556] Vgl. Mintzberg, Ahlstrand, Lampel (1999), S. 40 ff.
[557] Vgl. Hinterhuber (1980), S. 36 ff.
[558] Vgl. Schreyögg (1984), S. 114 ff.
[559] Vgl. Hinterhuber (1997), S. 61 oder Mintzberg, Ahlstrand, Lampel (1999), S. 47
[560] Vgl. beispielhaft für eine integrierte ergebnis- und liquiditätsorientierte Planungs- und Kontrollrechnung Hahn (1997c), S. 646 ff. bzw. Hahn, Hungenberg (2001), S. 117 ff.
[561] Die in diesem Zusammenhang häufig zitierte Leitlinie „Structure follows strategy!" spiegelt das Verständnis der präskriptiven Literatur wider. Vgl. Christensen, Andrews, Bower (1973), S. 673 ff.
[562] Schreyögg (1984), S. 134

ihrer Umsetzung im Zeitablauf festgestellt, dass diese sich nur schwer realisieren lässt oder andere Strategien mittlerweile erfolgversprechender erscheinen, so ist der strategische Plan entsprechend zu revidieren.[563]

Strategische Entscheidungen determinieren die zukünftige Entwicklung des Unternehmens als Ganzes. Sie stellen daher aus Sicht des präskriptiven Ansatzes eine originäre und, zumindest was die Entscheidung über die grundsätzliche strategische Ausrichtung des Unternehmens angeht, nicht delegierbare Aufgabe des Top-Managements einer Unternehmung dar.[564] Mintzberg geht in seiner Interpretation des präskriptiven Ansatzes sogar so weit, dem CEO die alleinige Verantwortlichkeit für den Strategieprozess zuzuweisen: „That person is THE strategist."[565]

Einen gewaltigen Schub nach vorne sowohl innerhalb der wissenschaftlichen Erörterung als auch in der praktischen Umsetzung der Vorgaben des Planungsmodells erhielt der rational-präskriptive Ansatz in den 80er Jahren durch die Veröffentlichungen von Michael Porter.[566] Mit seinen Erkenntnissen befriedigte er nach Einschätzung von Mintzberg das zunehmende Bedürfnis nach Konkretisierung der als eher allgemein wahrgenommenen Ansätze der „klassischen" präskriptiven Schule.[567] Während diese den Umfang der für ein Unternehmen möglichen Strategieoptionen in ihren Modellen in der Regel nicht eingrenzten, argumentiert Porter, dass nur ein bestimmter Typus von Strategien für eine Unternehmung geeignet ist, dauerhaften Erfolg sicherzustellen. Dabei würde es sich um solche Strategien handeln, die auch gegen bestehende und zukünftige Konkurrenten verteidigt werden können.[568] Mit dieser Fokussierung des rational-präskriptiven Grundmodells von strategischer Planung ist es Porter gelungen, die Handhabbarkeit dieses Ansatzes insbesondere für die Praxis deutlich zu erhöhen.

Aber auch bereits ohne die Erweiterungen des Grundmodells des rational-präskriptiven Planungsansatzes durch die Erkenntnisse Porters ist zu konstatieren, dass es den Protagonisten dieses Ansatzes gelungen ist, eine Vorlage für einen idealtypischen Planungsprozess auf der strategischen Ebene zu definieren, welcher aus einem rationalen Blickwinkel schlichtweg nicht angreifbar ist. Wer entsprechend der Grundsätze der Wirtschaftlichkeit denkt und handelt, der, so scheint es, kommt nicht darum herum, die Strategie seines Unternehmens entsprechend dieser Vorgaben zu entwickeln und zu implementieren. Dies gilt umso mehr, weil mittlerweile für beinahe jede Branche und für jeden Prozessschritt eine Fülle von Detailausar-

[563] Vgl. Hinterhuber (1997), S. 61
[564] Vgl. sehr differenziert Bleicher (1997), S. 697 ff.
[565] Mintzberg (1990), S. 176
[566] Vgl. Porter (1983), S. 13 ff.; Porter (1992), S. 19 ff.
[567] Vgl. Mintzberg, Ahlstrand, Lampel (1999), S. 101
[568] Vgl. Porter (2001), S. 25 ff.

beitungen vorliegen. Damit sind die Einzelschritte einer Strategieentwicklung für jedes Unternehmen durch die Vorgaben des rational-präskriptiven Ansatzes vermeintlich bestmöglich definiert – es gilt sie nur noch anzuwenden.

2.2 Widersprüche zwischen Theorie und Praxis: Die Erkenntnisse der deskriptiven Strategiestudien

Doch trotz dieser umfassenden Bemühungen der Vertreter der rational-präskriptiven Planungsschule wurde bereits früh deutlich, dass deskriptive Studien über den tatsächlichen Verlauf der strategischen Planung bzw. über die Inhalte des strategischen Managements in Unternehmungen überraschenderweise ein ganz anderes Bild der Realität zeichnen als das vom Planungsansatz proklamierte Ideal. So konstatiert Ringbakk im Jahre 1969: „Organized corporate long range planning is neither as well accepted nor as well practiced as suggested by the literature on the subject."[569] Auch wenn der Zeitpunkt der Veröffentlichung dieser Studie mehr als dreißig Jahre zurückliegt[570], so lässt sich die zitierte Aussage doch als eine Art Überschrift interpretieren, unter der sich eine Vielzahl der vorliegenden empirischen Arbeiten zu Fragen des strategischen Managements subsumieren lassen. Es scheint demnach offensichtlich Unterschiede zu geben zwischen dem von der Wissenschaft definierten Idealmodell strategischer Unternehmensführung und der Realität in den Betrieben.[571]

Trotz dieses identischen Grundtenors einer Fülle von empirischen Studien fällt eine zusammenfassende Analyse ihrer Inhalte nicht leicht. Erschwert wird dieses Unterfangen zum einen durch die große Fülle der mittlerweile veröffentlichten Arbeiten.[572] Zum anderen unterscheiden sich die einzelnen Studien mitunter erheblich bezüglich ihrer Zielsetzungen und Vorgehensweisen.[573] Dennoch ist es Schreyögg gelungen, eine Kategorisierung der verschiedenen deskriptiven Forschungsarbeiten vornehmen, die auch im Folgenden als Grundlage für die Vorstellung der Erkenntnisse der einzelnen Studien verwendet werden soll.[574]

Zunächst könnten die deskriptiven Studien der Strategieforschung danach unterschieden werden, wie stark sie bei der Festlegung dessen, was empirisch analysiert werden soll, auf das rational-präskriptive Modell strategischer Unternehmensführung zurückgreifen. Empirische Arbeiten, die dies in besonders ausgeprägter Weise tun und damit darauf abzielen, empirisch

---

[569] Ringbakk (1969), S. 46
[570] Hahn, Oppenländer und Scholz beobachten gerade in diesem Zeitraum eine Intensivierung der langfristig orientierten Planungsaktivitäten im Rahmen ihrer empirischen Untersuchung, vgl. Hahn, Oppenländer, Scholz (1997), S. 1091
[571] Vgl. die sehr ausführliche Darstellung bei Mintzberg (1995), S. 113 ff.
[572] Vgl. Kötzle (1997), S. 29; Knyphausen (1997), S. 74 oder Klaus (1987), S. 50 ff.
[573] Vgl. Schreyögg (1984), S. 141
[574] Vgl. Schreyögg (1984), S. 141 ff.

fundierte Gestaltungsempfehlungen für das theoretisch definierte Modell des strategischen Managements zu generieren, fasst Schreyögg unter dem Schlagwort „Empirische Planungsforschung" zusammen. Inhaltliche Schwerpunkte der empirischen Planungsforschung seien natürlich zum einen die Überprüfung, inwieweit die Praxis von den Geboten der rational-präskriptiven Strategielehre tatsächlich Gebrauch macht, aber auch die Identifikation typischer Fehler im Prozess des strategischen Managements, die die positiven Wirkungen der normativen Vorgaben in der Praxis abschwächen. Darüber hinaus würde eine Vielzahl von Studien existieren, welche die positiven Wirkungen eines strukturierten strategischen Managementprozesses auf den Unternehmenserfolg nachzuweisen versuchen oder aber generell nach branchen- oder unternehmensspezifischen Spezifika suchen, die geeignet erscheinen, den rational-präskriptiven Managementprozess sinnvoll zu ergänzen.[575]

Gerade weil die Analysen der empirischen Planungsforschung das Grundmodell des rational-präskriptiven Managementansatzes methodisch nicht in Frage stellen, sondern ihre Realitätsbeobachtungen an den Grundprämissen dieses Modells ausrichten, haben ihre Ergebnisse zum Aufkommen eines alternativen Strategieverständnisses beigetragen. Denn schließlich zeigen die Ergebnisse der Studien auf, dass bei weitem nicht in allen Unternehmen strategisches Management nach den Mustern abläuft, welche nach der reinen Lehre die besten Lösungen für die Unternehmen versprechen. Offensichtlich existieren in einer Vielzahl von Unternehmen entweder keinerlei formale Planungssysteme oder diese weisen andere Strukturen auf als das theoretische Idealbild. Dennoch können auch diese Unternehmen Erfolge in ihrem unternehmerischen Handeln vorweisen. Es sei daher für die Betriebswirtschaftslehre von besonderem Interesse, die Besonderheiten des strategischen Managements dieser Unternehmen zu erforschen. Analysen, die diesen Versuch unternehmen und sich dem Phänomen der strategischen Unternehmensführung unvoreingenommen, d.h. ohne Rückgriff auf rational-präskriptive Planungsmodelle, nähern, fasst Schreyögg unter der Überschrift „Deskriptive Strategieanalysen" zusammen.[576]

Im Rahmen der Darstellung der Erkenntnisse der deskriptiven Strategieforschung unterscheidet Schreyögg zwischen vier Grundmustern.[577] Das erste Muster, das Schreyögg als Paradigma des rationalen Aktors bezeichnet, findet insbesondere bei der Beschreibung erfolgreicher unternehmerischer Strategien in Tageszeitungen oder in populärwissenschaftlichen Unternehmensdarstellungen Anwendung.[578] Darin wird die gesamte Unternehmung oder häufig

---

[575]   Vgl. Schreyögg (1984), S. 143 ff.
[576]   Vgl. Schreyögg (1984), S. 147 ff.
[577]   Vgl. Schreyögg (1984), S. 151 ff.
[578]   Schreyögg verweist auch auf die von Chandler zusammengetragenen Studien, vgl. Chandler (1991), S. 52 ff.

auch der Top-Manager an der Spitze als Individualaktor beschrieben, der rational handelt und zudem in der Lage ist, sämtliche Handlungen der Unternehmung entsprechend der ausgewählten Strategie koordiniert auszurichten. Der große Vorteil dieser Kategorie von deskriptiven Strategieansätzen liegt zweifelsohne in der Möglichkeit, schnell und einfach vermeintliche Strategien von Unternehmen identifizieren und so eindrucksvolle Erfolgsgeschichten erstellen zu können. Schreyögg widmet ihr dennoch keine große Beachtung. Nach seiner Einschätzung würden derartige Studien lediglich eine deskriptive Interpretation wesentlicher Elemente des rational-präskriptiven Modells vornehmen. Die empirische Planungsforschung habe jedoch gerade aufgezeigt, dass offensichtlich Unterschiede zwischen dem rational-strukturierten Managementprozess der Theorie und dem tatsächlichen Geschehen in der Realität existieren.[579]

Gerade auf die Unmöglichkeit, Unternehmen als komplexe Gebilde umfassend rational steuern zu wollen, verweist eine zweite Kategorie von deskriptiven Strategieanalysen. Ihr Strategieverständnis ist nach Einschätzung von Schreyögg entscheidend durch das Organisationsprozess-Paradigma beeinflusst. Danach stünden insbesondere Großunternehmen permanent einer Vielzahl von Ansprüchen unterschiedlicher Individuen und Interessensgruppen gegenüber, die sich oftmals konfliktär zueinander verhalten. Mitarbeiter, Shareholder oder Kunden seien typische Gruppen mit jeweils spezifischen Interessen, die auf jedes Unternehmen einwirken. Diese Ausgangssituation beeinflusse entscheidend den Ablauf sämtlicher Entscheidungsprozesse innerhalb der Unternehmung – und damit auch den Prozess des strategischen Managements. Strategische Entscheidungen sind demnach in diesem Verständnis sehr viel stärker determiniert von den scheinbar oder tatsächlich vorhandenen Ansprüchen und Anforderungen der Interessensgruppen, mit denen das Unternehmen in Kontakt steht, als ein Ergebnis eines formalen Optimierungsprozesses. Die Forscher konstatieren daher, dass bei der Formulierung und Durchsetzung von Strategien Verhandlungsbereitschaft und Kompromissfähigkeit sehr viel stärker gefragt sind als analytische Fähigkeiten. Zudem seien alle strategischen Managementprozesse in Unternehmen immer auch determiniert durch die begrenzten Informationsverarbeitungsfähigkeiten der Führungskräfte und die Individualisierungsbestrebungen der Subsysteme der Unternehmung. Dies führe zu der Tendenz, dass die Suche nach einer Problemlösung bereits abgebrochen wird, sobald eine erste akzeptable Lösung vorliegt, statt weiter nach einem möglichen Optimum zu suchen. Insgesamt seien Strategien von Unternehmen als das Resultat eines unternehmensspezifischen Organisationsprozesses anzusehen, der in der Regel eine Vielzahl von Inhalten aufweist, die ein externer Beobachter als irrational kennzeichnen würde, die sich aber durch den Einfluss verschiedener Interessensgruppen auf die Organisation erklären lassen.[580] Als Beispiel für eine derartige empirische Studie

---

[579]   Vgl. Schreyögg (1984), S. 151 ff.
[580]   Vgl. Schreyögg (1984), S. 153 ff.

nach dem Organisationsprozess-Paradigma nennt Schreyögg eine Studie von Aharoni, der die Strategieentwicklung von 38 US-amerikanischen Unternehmen deskriptiv untersuchte und dabei zu den beschriebenen Ergebnissen gelangte.[581]

Einen spezifischen Aspekt aus diesem Verständnis, Strategien als das Ergebnis von Organisationsprozessen zu betrachten, rückt ein dritter Ansatz der deskriptiven Strategieanalyse in das Zentrum seiner Argumentation. Diese Untersuchungen, die den Prämissen folgen, die von Schreyögg unter der Überschrift „Kampfspiel-Paradigma" zusammengefasst werden, interpretieren strategische Entscheidungen als das Resultat politischer Spiele. Hintergrund dieser Einschätzung ist das Wissen um die umfassende Tragweite strategischer Entscheidungen: Sie bringen in der Regel eine Neuverteilung organisatorischer Ressourcen mit sich, die für einzelne Personen oder Interessengruppen eine Perspektive ergibt, ihre Ziele und Forderungen besser als in der Vergangenheit verwirklichen zu können. Andere hingegen fürchten bei Umsetzung der Strategien eine Bedrohung ihres heute existierenden Status. Daraus ergebe sich eine besondere Dynamik, die sich in politischen Kampfspielen entlädt. Diese laufen nach definierten Regeln des Machterhalts bzw. des intendierten Machtausbaus der konkurrierenden Parteien ab und beziehen meist eine Vielzahl von Personen aus dem Management der Unternehmung ein. Die Festlegung einer Strategie als das Ergebnis eines derartigen Machtspiels könne damit keineswegs als eine optimale Lösung für ein Unternehmen angesehen werden. Ein strategischer Plan stelle vielmehr diejenige Option dar, für die im Unternehmen am meisten Unterstützung und Macht mobilisiert werden konnte.[582] Als Beispiel für ein solches Machtspiel benennt Schreyögg eine empirische Studie über die Strategieentwicklung bei der englischen Handelskette „Brian Michaels".[583]

Eine vierte Gruppe von deskriptiven Strategieanalysen löst sich am weitesten von tradierten Erklärungsmustern für das Entstehen von Entscheidungen in Unternehmen. Nach Schreyögg nutzen sie das Paradigma der „organisierten Anarchie". Eine Entscheidung kann nach dem Verständnis der Anhänger dieser Spielart der deskriptiven Unternehmensanalyse weder als Ergebnis eines rationalen Kalküls noch als Ausdruck eines zielgerichteten Organisations- oder Machtprozesses begriffen werden. Stattdessen sei das Zustandekommen von Entscheidungen gekennzeichnet durch ein nicht zielgerichtetes Zusammentreffen verschiedener Sachverhalte innerhalb einer Organisation.[584] In einem weit verbreiteten Konzept verdeutlichen Cohen, March und Olsen diesen Sachverhalt durch das Bild eines Mülleimers („garbage can"). Danach seien Entscheidungssituationen in Organisationen vergleichbar mit einem Mülleimer, in

---

[581]   Vgl. Aharoni (1966), S. 1 ff.
[582]   Vgl. Schreyögg (1984), S. 177 ff.
[583]   Vgl. Pettigrew (1973), S. 1 ff.
[584]   Vgl. Schreyögg (1984), S. 201 ff.

den unregelmäßig Probleme, Lösungen, Teilnehmer, die nach Problemen oder Entscheidungsnotwendigkeiten Ausschau halten, oder Entscheidungsarenen hinein geworfen wurden. Das Zusammentreffen der einzelnen Ströme ist stark situationsabhängig und kaum zu prognostizieren, da sie erheblich von emergenten Strukturen innerhalb der Organisation abhängen. Im Ergebnis proklamiert damit das Mülleimer-Modell der Entscheidungsfindung in Unternehmen eine scharfe Trennung von Problemen und Problemlösungen. Eine Problemlösung ist demnach nicht die Umsetzung einer Entscheidung, die mit Hilfe eines wohl strukturierten Prozesses vorab nach rationalen Gesichtspunkten definiert wurde, sondern schlichtweg das Zusammentreffen verschiedener Strömungen in Unternehmen, die in nicht unerheblichem Umfang von Zufällen gesteuert werden.[585] Dies gelte auch für die Entstehung von Strategien, wie Schreyögg am Beispiel einer Studie von Cyert, Dill und March aufzeigt.[586]

2.3 Die Reaktion: Entwicklung eines inkrementalen Planungsverständnisses als Alternative zum rational-präskriptiven Planungsansatz

Strategie als das Ergebnis gruppendynamischer Prozesse, politischer Schachzüge oder schlicht als Resultat von Zufällen, für das erst im nachhinein Ursache und Wirkung konstruiert wird: Die Mehrzahl der Erkenntnisse der deskriptiven Strategieanalyse zeichnen ein Bild von der Realität des strategischen Managements in Unternehmungen, welches nur wenig Gemeinsamkeiten aufweist mit dem Strategieverständnis, das vom rational-präskriptiven Ansatz proklamiert wird. Die strategische Managementtheorie stand daher vor der Notwendigkeit, die Frage zu beantworten, wie diese beiden Erkenntnisse zusammenpassen. Signalisieren die Ergebnisse der deskriptiven Strategieanalyse, dass ein rein rationales Planungsverständnis der Realität in den Unternehmen nicht gerecht werden kann? Oder aber zeigen die Erkenntnisse lediglich den immensen Nachholbedarf vieler Unternehmen im Bereich des strategischen Managements, bei dessen Abbau der rational-präskriptive Planungsansatz unverändert als anzustrebender Idealzustand fungieren kann? Gibt es unter Umständen sogar einen Mittelweg zwischen beiden Ansätzen?

Für einige Autoren aus dem Bereich der strategischen Managementforschung liegt die Tendenz, welche die Antworten auf die aufgeworfenen Fragen aufweisen sollten, klar auf der Hand. Sie schließen aus den Erkenntnissen der zahlreichen deskriptiven Studien, dass ein umfassend planerischer Ansatz der Strategiebildung mit einem strikt rational strukturierten Prozessdesign, der von Lindblom[587] auch als synoptischer Ansatz bezeichnet wird, in der Realität nicht funktionieren kann. Als Gründe für das Versagen des vermeintlichen Idealablaufs von

585 Vgl. für das Mülleimer-Modell Cohen, March, Olsen (1972), S. 1 ff.
586 Vgl. Schreyögg (1984), S. 209 ff.
587 Vgl. Lindblom (1969), S. 42

220

strategischem Management werden u.a. folgende Sachverhalte benannt: Die begrenzte Problemlösungskapazität des Menschen, die mangelnde Verfügbarkeit und Unsicherheit der Informationsbasis, ein variables Zielsystem bei Menschen und Organisationen sowie die Tatsache, dass in einer sich verändernden Umwelt der Prozess der Informationsgewinnung niemals abgeschlossen werden kann. Die aufgeführten Aspekte würden somit aufzeigen, dass der synoptische Planungsansatz in seiner theoretischen Konzeption von Prämissen ausgeht, die in der Realität niemals zu beobachten sein werden. Nimmt man diese Einschätzung ernst, dann hat dies zur Folge, dass das beschriebene rational-präskriptive oder synoptische Planungsmodell nicht nur aus praktischen, sondern auch aus theoretischen Überlegungen abgelöst werden sollte durch alternative Ansätze, die von Annahmen ausgehen, die in der Realität auch erreichbar sind. Für die Identifikation von Grundprämissen möglicher Alternativansätze könnten die Ergebnisse der deskriptiven Analysen über die Strategieentwicklung in Unternehmen herangezogen werden.[588]

Vor dem Hintergrund dieser Überlegungen formuliert Lindblom einen besonders weitgehenden Alternativansatz zum klassischen synoptischen Planungsmodell. Sein darin zum Ausdruck kommendes Strategieverständnis beschreibt er selbst als „science of muddling through" (Wissenschaft des Sich-Durchwurstelns).[589] Wie dieser Titel bereits vermuten lässt, bildet sein Konzept der inkrementalen Planung das exakte theoretische Gegenstück zum klassischen, rational strukturierten Planungsansatz. Danach sollen sich die Führungskräfte einer Unternehmung nur mit solchen Ziel- und Mittelalternativen beschäftigen, die in unmittelbarer Nachbarschaft des bereits Vertrauten liegen, und die sie vor dem Hintergrund ihrer eigenen Erfahrung für wesentlich halten. Damit werden Konfusion und Verunsicherung vermieden, die sich unweigerlich einstellen würden, wenn der Versuch unternommen werden würde, die Ideale des rational-präskriptiven Planungsprozesses im Zuge der Strategiefindung zu verfolgen. Dementsprechend soll der Planungsverantwortliche auch keinen systematischen Plan entwerfen, der einen erwünschten Zukunftszustand beschreibt, sondern ausschließlich kleine Veränderungen in seinem Alltagshandeln vornehmen, die bei Bedarf, d.h. bei Nicht-Erfolg, auch rasch wieder zurückgenommen werden könnten. Jeder Schritt habe nur zur Lösung eines Einzelproblems beizutragen („Stückwerktechnologie"), wobei die einzelnen Schritte keiner übergreifenden Koordination bedürfen. Sie fügen sich vielmehr in Summe und im Zeitablauf zu einem Entwicklungspfad zusammen, der als organisatorische Lernkurve betrachtet werden kann. Auch Zieldebatten zur Beurteilung der Handlungsalternativen bei der Lösung der Einzelprobleme seien unnötig. Eine Alternative soll dann verwirklicht werden, wenn sie als Ergebnis eines Verhandlungsprozesses zwischen den Beteiligten als geeignet eingestuft wurde.

[588] Vgl. Braybrooke, Lindblom (1963), S. 41 ff. oder Mintzberg (2001), S. 459 ff.
[589] Vgl. Lindblom (1969), S. 41 ff.

Im Ergebnis entstehe auf diese Art und Weise eine Unternehmung, die sich durch organisatorisches Lernen rasch an veränderte Umweltanforderungen anpassen kann und daher all jenen Unternehmen überlegen sei, die gezwungen sind, Veränderungsprozesse erst mühselig und kostenintensiv durch einen rational strukturierten, synoptischen Planungsprozesses zu initiieren.[590]

Angesichts der fundamentalen Unterschiede im Aufbau und Zielsetzung der vorgestellten Ansätze zur strategischen Planung verwundert es nicht, dass sich in der Vergangenheit Vertreter beider Schulen heftige Diskussionen darüber geliefert haben, welchem Ansatz in Theorie und Praxis der Vorzug einzuräumen ist.[591] Einige Autoren versuchen aufzuzeigen, dass beide Ansätze ihre Existenzberechtigung besitzen und kein eindeutig bester Weg existiert. Vielmehr habe jede Unternehmung in Abhängigkeit von ihrer jeweiligen Situation den für sie aktuell passenden Ansatz auszuwählen: Mal liefere der synoptische, mal der inkrementale Planungsansatz bessere Ergebnisse.[592] Trotz der hohen Attraktivität dieser konvergierenden Perspektive innerhalb der strategischen Managementtheorie sind die Versuche, ein einheitliches Kontextmodell für beide Planungsschulen zu errichten, bislang fehlgeschlagen. So argumentieren sowohl Mintzberg, als Vertreter eines eher inkremental geprägten Ansatzes, als auch Ansoff, einer der Begründer von rational-präskriptiven Planungsmodellen, dass die jeweils andere Schule ausschließlich in relativ stabilen, wenig komplexen und damit in der Realität kaum vorhandenen Kontexten einsetzbar ist.[593] Andere empirische Studien führen ebenfalls nicht zu einheitlichen Resultaten.[594]

Eine leicht abgeschwächte Form des inkrementalen Planungsansatzes präsentiert Quinn im Rahmen seines präskriptiven Konzeptes des logischen Inkrementalismus. Danach habe der Anstoß für die Formulierung von Unternehmensstrategien in den dezentralen Einheiten einer Unternehmung zu erfolgen. Dem Top-Management komme anschließend eine Prozesssteuerungsaufgabe zu. Diese beinhalte explizit nicht eine Entwicklung optimaler Strategien, sondern lediglich ein Aufgreifen der Vorschläge, Impulse und Strategieentwürfe aus den Subsystemen und die Zusammenführung dieser Einzelaspekte zu einer Gesamtstrategie für die Unternehmung. Zur Vorsteuerung dieses Verfahrens habe das Top-Management strategische

---

[590]   Vgl. Braybrooke, Lindblom (1963), S. 81 ff.

[591]   Ein breites Publikum hat dabei die Auseinandersetzung zwischen Mintzberg und Ansoff gefunden, die zweifelsohne einer gewissen Schärfe und Polemik nicht entbehrt. Vgl. Mintzberg (1990), S. 171 ff.; Ansoff (1991), S. 449 ff. und Mintzberg (1991), S. 463 ff..

[592]   Vgl. für diese Versuche beispielsweise Anderson, Paine (1975), S. 815

[593]   Vgl. Mintzberg (1990), S. 190 ff. bzw. Ansoff (1991), S. 458 ff.

[594]   Vgl. Frederickson, Mitchell (1984), S. 399 ff., die ermitteln, dass die Anwendung der synoptischen Planung in stabilen Umwelten sich positiv auf die Unternehmensperformance auswirkt, während die inkrementale Planung in instabilen Situationen vorteilhafter ist. Slevin, Covin (1997), S. 189 ff. kommen hingegen zu einem exakt entgegengesetzten Ergebnis.

Globalziele zu entwickeln, die an die Subsysteme zu kommunizieren sind. Die Formalisierung des Prozesses diene anders als im klassischen synoptischen Modell der Planung ausschließlich dazu, das Top-Management bei seiner integrierenden Steuerungsaufgabe bestmöglich zu unterstützen. Dies wird auch an der Einschätzung deutlich, wonach die strategischen Pläne in Unternehmen nur als grobe Richtlinie zu verstehen sind. Auf diese Art und Weise soll dem Unternehmen das notwendige Maß an Ambiguität und Unbestimmtheit im alltäglichen Handeln erhalten bleiben.[595] Die Erkenntnisse des logischen Inkrementalismus haben unter den Sympathisanten eines eher inkremental ausgerichteten Strategieansatzes breite Zustimmung gefunden, so dass er bis in die jüngste Gegenwart als stilbildend für diese Schule des Strategieverständnisses gilt.[596]

2.4 Zusammenfassung

Innerhalb der strategischen Managementtheorie schwelt offensichtlich bereits seit einigen Jahren ein Konflikt darüber, wie strategisches Management in Unternehmen konzeptionell auszugestalten ist. Vertreter eines rational-präskriptiven oder synoptischen Planungsansatzes plädieren für die Implementierung eines nach rationalen Kriterien strukturierten Planungs-, Steuerungs- und Kontrollprozesses auf der strategischen Managementebene. Nur durch ein solches Verfahren könne sichergestellt werden, dass ein Unternehmen alle relevanten Aspekte, die seine zukünftige Entwicklung beeinflussen können, analytisch durchdringt und auf dieser Informationsbasis die rational beste Entscheidung trifft.

Empirische Studien über die Unternehmenspraxis im strategischen Management, die sehr häufig Abweichungen vom Idealbild einer synoptischen Planung dokumentieren konnten, haben jedoch Zweifel darüber genährt, ob die Umsetzung des proklamierten Ansatzes von strategischem Management in der Realität überhaupt gelingen kann. Aus der Kritik der Prämissen des synoptischen Strategieverständnisses entwickelte sich schließlich ein inkrementales Verständnis von strategischem Management. Danach gleiche erfolgreiche strategische Unternehmensführung eher einem "muddling through" - einem Durchwursteln - als einem wohl definierten Prozessablauf. Dem Top-Management einer Unternehmung komme dabei allenfalls die Aufgabe zu, die von den dezentralen Einheiten entwickelten Initiativen zu einer Gesamtstrategie für die Unternehmung zusammenzuführen.

---

[595] Vgl. für den logischen Inkrementalismus Quinn (1978), S. 7 ff. und Quinn (1980), S. 7 ff.
[596] Vgl. Mintzberg, Quinn (1996), S. 95 ff.

3 Die Interpretation mit Hilfe der modernen Systemtheorie

3.1 Planung als paradoxes Kommunikationsinstrument zur Erzeugung von Sicherheit

Um beschreiben zu können, wie mit Hilfe der modernen Systemtheorie neue Aspekte in die beschriebene Diskussion eingebracht werden können, ist es zunächst notwendig, ein Verständnis darüber zu entwickeln, was strategische Planung bzw. strategisches Management im Rahmen einer Beschreibung von Unternehmen als autopoietische Systeme überhaupt auszeichnet. Beginnen wir zunächst mit dem Begriff der Planung. Wir wissen bereits, dass Unternehmen, wie alle anderen sozialen Systeme auch, sich ausschließlich in der Gegenwart bewegen. Eine Unternehmung ist gezwungen, laufend Entscheidungen zu fällen – über Produkte, Preise, die Annahme eines Angebots, darüber, wer als Wettbewerber zu gelten hat oder mit welcher anderen Organisation das Unternehmen zusammenarbeiten möchte. Permanent kommuniziert das Unternehmen Entscheidungen, weil auch permanent ein Bedarf dafür besteht, der durch die Unternehmung selbst konstruiert wird. Alle diese Entscheidungen, die das Unternehmen als soziales System erst definieren und somit gesellschaftliche Realität erst entstehen lassen, können sich auf die Vergangenheit oder auf zukünftige Entwicklungen beziehen. Sie entfalten ihre Wirkung jedoch ausschließlich im konkreten Vollzug der Gegenwart. In dem Augenblick, in dem Kommunikation entsteht, konstituiert sich auch soziale Realität – und ist im nächsten Moment schon wieder verschwunden. Diese Zeitpunktbezogenheit von Kommunikation begründet auch ihre Eindimensionalität und Naivität. Kommunikation kommuniziert und kann sich in diesem Augenblick weder hinterfragen noch beobachten. Dies gilt auch für die spezifische Kommunikation von Unternehmungen: Sie entscheiden einfach. Eine Thematisierung dieser Entscheidungen ist erst mit einem zeitlichen Abstand und durch Konstitution einer Beobachterperspektive möglich.

Diese Beobachterperspektive kann vielfältige Formen annehmen und unterschiedliche Dimensionen aufweisen. Im Verlauf der Arbeit ist ja bereits deutlich geworden, dass für das Unternehmen ausschließlich diejenigen Beobachtungen der Realität von Interesse sind, die in einem unmittelbaren oder mittelbaren Zusammenhang mit dem eigentlichen Kommunikationszweck einer Unternehmung stehen, die sich also an den Kommunikationsstrukturen orientieren, die das primär ausdifferenzierte Funktionssystem Wirtschaft determinieren, in dem sich Unternehmen als wirtschaftsspezifische Organisationen bewegen. Sie tragen dazu bei, dass ein systemspezifischer re-entry von System und Umwelt entsteht, welcher die laufende Reproduktion der Unternehmung als geschlossenes System erst ermöglicht. Andere Systeme mögen Unternehmen nach anderen Gesichtspunkten beobachten – z.B. die Politik, ob dort in ausreichendem Maße Ausbildungsplätze geschaffen oder Umweltstandards erfüllt wurden.[597] Unternehmen beobachten sich und ihre Umwelt mittels Beobachterstrukturen, die sich am binären Code Zahlungen/Nicht-Zahlungen des Wirtschaftssystems orientieren – auch dies ist bereits bekannt. Im Zuge einer Beobachtung zweiter Ordnung kann so das Geschäft als zusammenfassendes Kommunikationskonstrukt definiert werden. In vergleichbarer Art und Weise entsteht das interne und externe Rechnungswesen als das Ergebnis einer Beobachtung, die sämtliche vergangenen Entscheidungen einer Unternehmung auf ihre finanzwirtschaftlichen Auswirkungen hin überprüft. Und so entstehen verschiedene Kommunikationskonstrukte in der Umwelt der Unternehmung, wie Kunden, Lieferanten oder Konkurrenten, die das Resultat einer unternehmensinternen Beobachtung darstellen, welche abgeschlossene Entscheidungen des Unternehmens dahingehend durchmustern, welche Systeme in der Umwelt der Unternehmung Einfluss hatten auf die zahlungsspezifischen Inhalte dieser Entscheidungen. Immer bilden die Beobachtungen somit komplexitätsreduzierende Abbilder der Realität, die innerhalb der Unternehmen und durch die Kommunikation der Unternehmen erst entstehen. Nur so gelingt es ihnen, ihre Umwelt und sich selbst begreifbar zu machen. Aber, und dies kann man nicht oft genug betonen, es gelingt ihnen nur unter der Bedingung der Komplexitätsreduktion. Es entsteht, auch bei einer noch so umfassenden Beobachtung, immer nur ein Zerrbild der Realität.

Was zeichnet nun aber Entscheidungen von Unternehmen über Planungen aus? Als Erstes ist festzuhalten, dass Planungen bekanntermaßen immer zukunftsgerichtet sind. Innerhalb der Planung wird die zukünftige Entwicklung des Unternehmens für die dort hinterlegten Parameter, wie z. B. Umsatz oder Kosten, beschrieben. Die Basis bilden jedoch immer Beobachtungen aus der Vergangenheit. Jede Planung benötigt einen Ausgangspunkt, der sich aus vergangenen Entscheidungen konstituiert. Eine Liquiditätsplanung benötigt beispielsweise zunächst Informationen über die bisherigen liquiditätsbeeinflussenden Entscheidungen der Unternehmung, die den aktuellen Liquiditätsstand definieren.

Damit wird deutlich, dass eine Planung immer das Resultat einer Beobachtung zweiter oder höherer Ordnung ist. Das planende System beobachtet, wie das Unternehmen in der Vergangenheit seine Entscheidungen beobachtet hat und erstellt aus diesen Beobachtungen der Beobachtungen ein neues Kommunikationsprodukt: die Planung. Damit sich die retrospektive Beobachtung zweiter Ordnung zu Planungen weiterentwickeln kann, ist zusätzlich eine systeminterne Konstruktion von Zeit erforderlich. Der Beobachter zweiter Ordnung weist seine Beobachtungen der Vergangenheit zu und entwickelt im Rahmen der Planung zusätzlich eine

[597] Für die Selbstbeobachtung von Unternehmen sind diese Sachverhalte nur dann von Interesse, wenn auch wirtschaftliche Sachverhalte betroffen sind, wenn also die Ereignisse aktuell oder in der Zukunft Zahlungen zur Folge haben könnten.

Zukunftsperspektive. Diese gibt Auskunft, wie sich aus Sicht des Planers die beobachteten Parameter aus der Vergangenheit in der Zukunft entwickeln werden. Planungen sind somit Entscheidungen über die Soll-Bewegung eines definierten Parameters, der als Resultat einer Beobachtung zweiter Ordnung im Zuge dieser Beobachtung erst entsteht. Von entscheidender Bedeutung für das Verständnis des Planungsbegriffs im hier vorgestellten Sinne ist mithin die Rolle des kommunikativen Beobachters zweiter Ordnung. Er ist es, der durch seine spezifischen kommunikativen Leistungen auf der Basis seiner individuellen Beobachtung zweiter Ordnung Planungen erst entstehen lässt. Planungen bzw. Planinhalte sind demnach keine objektiven Sachverhalte, sondern individuelle Konstruktionen eines einzelnen Systems.

Damit ist klar, dass prinzipiell alle sozialen Systeme die Kompetenz und die Möglichkeiten besitzen, Planungen über die Entwicklung von Teilbereichen einer Unternehmung oder für die Unternehmen als Ganzes anstellen zu können. Jedes System, welches die Beobachtungen der Entscheidungen einer Unternehmung beobachtet, kann auf dieser Basis Planungen anstellen. Die örtliche Politik plant die durch ein Unternehmen zukünftig zu erwartenden Steuereinnahmen auf der Basis der Veröffentlichungen der Unternehmung, die privaten Aktienbesitzer planen die Kursentwicklung der Unternehmung oder das örtliche Krankenhaus die Zahl der zu erwartenden Arbeitsunfälle. Für die Betriebswirtschaftslehre von besonderem Interesse sind natürlich die Planungen, die das Management als der institutionalisierte Beobachter zweiter Ordnung innerhalb der Unternehmen erstellt. Vom Managementsystem einer Organisation wird erwartet, dass es mittels systemeigener Kommunikation den Versuch unternimmt, ein permanentes Wechselspiel zwischen Irritation und Beruhigung der Organisation zu initiieren. Zur Bewältigung dieser Aufgabe greift das Management offensichtlich gerne und häufig auf das Kommunikationsinstrument der Planung zurück.

Die Gründe dafür liegen auf der Hand: Eine Planung eröffnet für das Management die Option, die Organisation sowohl umweltoffener als auch geschlossener und damit umweltresistenter zu gestalten, je nachdem, wie die Planungsinhalte und die Planungsstrukturen ausgestaltet werden. So kann ein Plan eine Gefährdung einer Unternehmung beschreiben und die Subsysteme dazu auffordern, sich und ihre Umwelt sehr viel intensiver als in der Vergangenheit zu beobachten. Problemlos kann aber auch eine Planung zu einer Beruhigung der Organisation beitragen, indem sie aufzeigt, dass alles im Wesentlichen so weiter laufen kann wie bisher. Die Kommunikation einer Planung ist damit für das Management einer Unternehmung zunächst deshalb so attraktiv, weil sie es ihm erlaubt, seiner Aufgabe in jeder Situation gerecht zu werden. Planung stellt ein Instrumentarium bereit, dass sich problemlos auf jede denkbare Situation anpassen lässt.

Diese Begründung allein reicht jedoch nicht aus, um die breite Verwendung von Planung im Management von Unternehmen erklären zu können. Es muss weitere Gründe dafür geben, dass Planung für ein Management so beliebt ist. Die Antwort, die im Rahmen dieser Arbeit gegeben werden soll, lautet: Planung stellt vor allem deshalb für das Management einer Unternehmung ein hoch attraktives Kommunikationsinstrument dar, weil eine Beobachtung von Planungen durch die Organisation und ihre Umwelt in hohem Maße dazu beitragen kann, Sicherheit für das Zustandekommen und den Erfolg zukünftiger Kommunikationsaktivitäten bereits in der Gegenwart zu erbringen. Sicherheit in dem hier vorgestellten Sinne soll dabei einen sozialen Mechanismus beschreiben, der Kommunikation in einer eigentlich kommunikationsfeindlichen Umgebung erst ermöglicht. Wer sich in einer nicht durchschaubaren Realität auf eine vollkommen unsichere Zukunft hinbewegt, für den stellt das Eingehen einer Kommunikation immer ein Risiko dar. Man kann nie wissen, ob Kommunikation überhaupt Sinn macht, wenn sich im nächsten Augenblick alles ändern kann. Unter der Überschrift „Doppelte Kontingenz" wurde die Unwahrscheinlichkeit, dass unter diesen Voraussetzungen überhaupt Kommunikation entstehen kann, ja im ersten Teil der Arbeit ausführlich beschrieben. Sicherheit ist nun eines der symbolisch generalisierten Kommunikationsmedien, die dazu beitragen, dass dennoch laufend Kommunikation in der Gesellschaft entsteht. Trotz der strukturell nicht abzubauenden Kommunikationshindernisse entscheiden sich soziale Systeme für den Aufbau einer Kommunikation, weil sie die Sicherheit voraussetzen, dass diese Kommunikation tatsächlich Sinn macht. Sicherheit kann somit als eine Art Schmiermittel oder ein Katalysator für das Zustandekommen von Kommunikation begriffen werden. Sicherheit kann Thema von Kommunikation werden und so soziale Realität entfalten: Einzelne Systeme können über Sicherheit diskutieren, können sich fragen, ob sie genügend Sicherheit für den Aufbau einer Kommunikation haben oder können Sicherheit einfordern. Letztlich entsteht Sicherheit systemindividuell durch Beobachtungen der Realität. Ein System ist sich sicher, dass der Aufbau der Kommunikation mit einem anderen System Sinn macht, weil es beispielsweise zuvor beobachtet hat, wie gleichartige Kommunikationen erfolgreich abgewickelt wurden.

Sicherheit als symbolisch generalisiertes Kommunikationsmedium besitzt insbesondere für Organisationen eine besondere Relevanz. Denn ihr Erfolg ist prinzipiell in jedem Moment fraglich, da er immer auch abhängig ist von der Kommunikation anderer Systeme. Ein Unternehmen kann sich nicht sicher sein, im nächsten Augenblick noch Kunden zu finden. Eine Partei kann sich nicht sicher sein, im nächsten Augenblick noch einen Wähler überzeugen zu können. Alle Organisationen treten mit dem Anspruch an, eine zielgerichtete Kommunikation nach außen vorantreiben zu wollen. Der Erfolg dieses Unterfangens ist in einer Welt autopoietischer, d.h. geschlossener Systeme, jedoch immer abhängig von anderen Systemen und nicht von der Organisation selbst. In jedem Moment kann eine Organisation scheitern, wenn die anderen sie scheitern lassen wollen. Grundsätzlich ist damit die Kommunikation mit einer Organisation für jedes System hochriskant. Wer möchte schon der letzte Kunde einer Unternehmung oder der einzige Wähler einer Partei sein? Sicherheit ist für eine Organisation der entscheidende soziale Mechanismus, der Systeme dazu veranlasst, trotz dieser Risiken Kommunikationsbeziehungen mit der Organisation einzugehen. Man entschließt sich zum Kauf eines Produktes zu einem beobachteten Preis, obwohl man sich im nächsten Augenblick, in dem man zur Tat schreiten möchte, weder sicher sein kann, dass die Organisation noch existiert bzw. der Preis sich nicht verändert hat. Grund dafür ist allein die Existenz eines Sicherheitsmechanismus: Die Systeme gehen am Beginn ihrer Kommunikation davon aus, dass genau diese negativen Effekte nicht eintreten – auch wenn sie jederzeit eintreten könnten. Und in dem Augenblick, in dem die Kommunikation begründet wird, sind diese Effekte nicht eingetreten – der Sicherheitsmechanismus hat seinen Zweck erfüllt.

Wie kann nun die Beobachtung von Planungen dazu beitragen, Sicherheit für den Aufbau einer Kommunikation zu erzeugen? Insgesamt drei Gründe sprechen dafür, dass die Beobachtung von kommunizierten Planungen des Managements einer Organisation durch soziale Systeme einen positiven Einfluss darauf hat, dass sich diese Systeme zum Aufbau einer Kommunikation mit dieser Organisation trotz widriger Rahmenbedingungen entscheiden, dass also bei diesen Systemen das symbolisch generalisierte Kommunikationsmedium Sicherheit entsteht.

Erstens zeigt eine Planung in einer überkomplexen, unüberschaubaren Realität und einer nicht beeinflussbaren Zukunft Wege auf, wie die Organisation sich prinzipiell entwickeln könnte. Entscheidungen über Planungen bilden erwartete oder gewünschte Zustände in der Zukunft ab und alleine schon aus der Möglichkeit, die Zukunft strukturiert abbilden zu können, kann für einen Beobachter ein Stück weit Sicherheit resultieren, da bereits diese Abbildung eine mögliche Option der Zukunftsbewältigung klar aufzeigt. Mit Planung ist eine Variante beschrieben, wie die Organisation auch zukünftig noch erfolgreich Kommunikation betreiben könnte. Man kann sich durch Beobachtung von Planung sicher sein, dass zumindest diese eine Perspektive der erfolgreichen Zukunftsbewältigung durch die Unternehmung besteht.

Zweitens zeigt Planung einem Beobachter bereits in der Gegenwart auf, wie eine zukünftige Beobachtung zweiter Ordnung auf die primären Ereignisse einer Organisation aussehen könnte. Wer beobachtet, dass im Rahmen einer Planung die Umsätze einer Unternehmung die entscheidende Größe für die zukünftige Entwicklung der Unternehmung bilden, der kann daraus die Sicherheit ableiten, dass im nächsten Augenblick eine in dieser Hinsicht strukturierte Beobachtung zweiter Ordnung tatsächlich Sinn macht. Schließlich weist der Plan, der Auskunft gibt über die gewünschte Entwicklung der Unternehmung, diese Größe explizit als kritische Größe aus. Man weiß schon heute, wie man zukünftig die Welt beobachten könnte. Fortan müssten weder die geeigneten Beobachtungsstrukturen mühsam neu festgelegt noch die Interpretationen der Beobachtungen situativ erörtert werden. Dies alles hat der Plan in einer möglichen und erstrebenswerten Option bereits erledigt und strukturiert.

Drittens könnte sich durch die Beobachtung eines Planes Sicherheit dadurch ergeben, dass diese Beobachtung in der Zukunft immer wieder dazu genutzt werden kann, Anschlusskommunikationen zu generieren. Durch Planung entsteht bereits im Jetzt ein Bild der Zukunft, dass nach vollzogener Kommunikation u.a. immer wieder dazu genutzt werden kann, einen Abgleich mit der Wirklichkeit vorzunehmen. Eine Beobachtung von Planung in einer Organisation kann demnach ein System dazu animieren, eine Kommunikation mit der Organisation aufzunehmen, weil es – wie auch immer das Ergebnis dieser Kommunikation ausfällt – immer eine erneute Möglichkeit hat, mit der Organisation kommunikativ in Kontakt zu treten. Die Kommunikation eines Plan-Ist-Abgleichs wird in der Zukunft immer möglich sein und genau diese Option wird im Zuge einer Planbeobachtung transparent.

Durch Beobachtung einer kommunizierten Planung kann demnach Sicherheit entstehen – und das gleich in dreifacher Hinsicht. Doch für welche Systeme ist dieser soziale Mechanismus überhaupt erforderlich, um ihre Kommunikation mit der Unternehmung zu begründen? Wer profitiert von Planung?

An erster Stelle ist in jedem Fall das beobachtende System selbst, also das Managementsystem einer Unternehmung, als ein Nutznießer von Planungen zu nennen. Der „institutionalisierte Beobachter zweiter Ordnung" einer Unternehmung erkennt in den Planungen, die das System selbst erstellt hat, nicht nur das Zukunftspotential seiner Organisation, sondern auch sinnvolle Optionen für zukünftige Beobachtungen zweiter Ordnung der Unternehmung. Mit Hilfe von Planung definiert das Managementsystem einer Unternehmung für sich bereits im Voraus seine zukünftigen Arbeitsstrukturen, d.h. seine Beobachtungen zweiter Ordnung. Gleichzeitig liefert der Plan auch für die Zukunft eine Existenzberechtigung für das Managementsystem einer Unternehmung. Wie bereits hinreichend beschrieben, besteht die Aufgabe des Managementsystems einer Organisation darin, ihr permanent Differenzen aufzuzeigen zwischen dem, wie es ist, und dem, wie es sein soll. Eine Planung liefert dem Management die fortlaufende Berechtigung, genau dieses zu tun, indem sie der Wirklichkeit einen Plan gegenüberstellt und damit die Möglichkeit eröffnet, die Differenzen zwischen diesen beiden Größen und Entwicklungen permanent zu thematisieren.

Doch nicht nur für das Managementsystem als den institutionalisierten Beobachter zweiter Ordnung innerhalb von Unternehmungen kann die Beobachtung von Planungen dazu beitragen, Sicherheit bezüglich der Aufnahme von Kommunikationsbeziehungen mit der Organisation zu erzeugen. Dieser Effekt kann bei jeder Beobachtung von Planung durch andere Systeme entstehen. Immer erkennen beobachtende Systeme durch Planung Zukunftsoptionen für die Gesamtorganisation, können sie geeignete Beobachtungsstrukturen zweiter Ordnung identifizieren und sich sicher sein, in jedem Fall zukünftig mit dem System über Plan-Ist-Abweichungen kommunizieren zu können. Dies gilt insbesondere für die Subsysteme der Unternehmung außerhalb des Managementsystems. Das Vertriebssystem einer Unternehmung kann durch Beobachtung der Planungen erkennen, wie die Zukunft der Gesamtorganisation aussehen könnte und welche Schwerpunkte das Management der Organisation in seinen zukünftigen Beobachtungen der Entscheidungen der Unternehmung zu setzen beabsichtigt. Es kann auch erkennen, dass eine zukünftige Kommunikation, die sich an den Inhalten der Planungen orientiert, aus der Perspektive der Gesamtorganisation Sinn macht. Daraus resultiert Sicherheit, genau dieses zu tun, auch wenn sich die Rahmenbedingungen für das Gelingen dieser Kommunikation durch die Kommunikation von Planung kaum verändert haben.

Doch auch Systeme in der Umwelt der Unternehmung können von den Beobachtungen der Planungen des Managementsystems profitieren. Ein potentieller Fremdkapitalgeber erkennt aus den Planungen des Managements die Zukunftspotentiale der Unternehmung. Ein potentieller Kunde erkennt aus den Preislisten die Planungen des Managements bezüglich der beabsichtigten Umsatzerlöse je Produkteinheit. Beide Sachverhalte sind Beispiele, die aufzeigen, wie die Beobachtung einer Planung durch Systeme außerhalb der Unternehmung dazu beitragen kann, Sicherheit entstehen zu lassen, die das Zustandekommen der beabsichtigten Kommunikation dieser Systeme mit der Unternehmung überhaupt erst ermöglicht. Durch die aus der Beobachtung von Planung resultierende Beschreibung eines möglichen Zukunftsbildes der Unternehmung, das Aufzeigen einer möglichen Struktur für die zukünftigen Beobachtungen zweiter Ordnung sowie durch das Erkennen einer Perspektive für eine mögliche Anschlusskommunikation auf der Grundlage der beobachteten Planung kann diese Beobachtung auch für dritte Systeme außerhalb der Unternehmung dazu beitragen, dass bei ihnen Sicherheit hinsichtlich der prinzipiell unsicheren Kommunikation mit der Unternehmung entsteht. Die Aufnahme oder die Fortführung von Kommunikation mit der Unternehmung erscheint unter Umständen vor dem Hintergrund der Beobachtung von Planung als sinnvoll und lohnenswert.

Zusammenfassend ist damit festzustellen, dass die Kommunikation von Planungen, die im Zuge einer Beobachtung zweiter Ordnung erst entstehen, offensichtlich für das Management einer Unternehmung grundsätzlich besonders attraktiv ist. Es eröffnet nicht nur die Möglichkeit, durch die Verwendung eines einzigen Kommunikationskonstruktes die dem Management zugeschriebenen Aufgaben zu erfüllen, ganz gleich in welche Richtung das Pendel, welches permanent zwischen Öffnung und Schließung der Organisationen hin und her schwankt, bewegt werden muss. Planung kann in der Lage sein, immer das richtige Instrument zum richtigen Zeitpunkt darzustellen – es kommt nur darauf an, die richtigen Inhalte von Planung festzulegen. Planung kann darüber hinaus auch dazu beitragen, dass beim Beobachter der Kommunikation von Planung ein symbolisch generalisiertes Kommunikationsmedium entsteht, welches für Organisationen besonders relevant ist, nämlich Sicherheit. Sicherheit kann dazu führen, dass Systeme sehr viel häufiger mit der Unternehmung in kommunikativen Kontakt treten als es ohne die Existenz dieses Mediums der Fall wäre, obwohl sich an der deprimierenden Ausgangssituation streng genommen nichts Grundsätzliches geändert hat. Von diesem Sachverhalt profitiert nicht nur das Management, sondern auch die Subsysteme der Unternehmung und andere Systeme in der Umwelt der Unternehmung. Ihnen allen kann Planung signalisieren, dass es Sinn macht, sich auf eine Kommunikation mit der Unternehmung einzulassen.

Dem Leser ist mit Sicherheit nicht verborgen geblieben, dass die sozialen Zusammenhänge, die rund um das Thema Planung entstehen, in den vergangenen Abschnitten ausschließlich im Konjunktiv beschrieben wurden. Dies ist natürlich kein Zufall. Letztlich sind die Mechanismen, die dazu führen, dass aus einer Beobachtung von Planung schließlich Sicherheit entsteht, als auch die Sachverhalte, die dazu beitragen, dass auf der Grundlage von Sicherheit Kommunikation entsteht, weder durchschaubar noch erklärbar. Es mag so sein, dass die Beobachtung von Planung und entsprechende Kommunikationsaktivitäten in einem engen Zusammenhang stehen. Die Realität kann aber auch ganz anders aussehen. Es handelt sich letztlich um überkomplexe, systeminterne Prozesse. Welche Aspekte dazu beitragen, dass ein soziales System, also Kommunikation, entsteht, ist nicht einmal durch das System selbst umfassend zu beobachten. Es ist schlichtweg das Ergebnis von vorheriger Kommunikation, deren Hintergründe durch jedes System allenfalls komplexitätsreduzierend und damit schemenhaft wahrgenommen werden können. Dies gilt natürlich auch für die Kommunikation im Rahmen dieser Arbeit.

Wenn schon nicht die Wirkung der Kommunikation von Planung exakt beschrieben werden kann, so lässt sich mit Hilfe der modernen Systemtheorie eines mit Sicherheit feststellen: die Paradoxie, die jeder Kommunikation von Planung in gleich vierfacher Hinsicht innewohnt. Die vier Paradoxien von Planung werden ersichtlich, wenn man die Erkenntnisse des vorangegangenen Teils der Arbeit auf den Sonderfall der Kommunikation von Planung durch das Management einer Unternehmung anwendet. Erstens: Wie jede Kommunikation des Managementsystems versucht sich auch die Kommunikation von Planung an der Lösung eines Problems, für das es keine Lösung gibt. Wie im vergangenen Abschnitt deutlich wurde, existiert keine optimale Lösung für die Ausgestaltung der Systemarchitektur hinsichtlich des benötigten Grades an Offenheit bzw. Geschlossenheit der Subsysteme der Unternehmung. Dieser Grundsatz kann auch durch die Kommunikation einer Planung nicht ausgehebelt werden. Sie kann bestenfalls dazu beitragen, die Beobachtungsstrukturen der Subsysteme der Unternehmung in die eine oder andere Richtung zu lenken. Man kann Planung also immer zu Recht vorwerfen, sie sei nutzlos, weil sie die Probleme der Unternehmung nicht abschließend zu lösen vermag.

Zweitens: Jede Planung ist das Ergebnis einer Beobachtung zweiter Ordnung, bei der das beobachtende System der Beobachtung eine Zukunftsprojektion hinzufügt, also zusätzlich zur eigentlichen Beobachtung auch eine Zeitkonstruktion erstellt. Damit wird die Planung gleich im doppelten Sinne ein ganz individuelles Produkt – und ist zugleich im doppelten Sinne mit den Paradoxien einer Beobachtung konfrontiert. So kann die Realität durch Planung in gleich doppelten Sinne nur komplexitätsreduzierend und schemenhaft beschrieben werden: einerseits durch die der Planung zugrundeliegende Beobachtung und andererseits durch die systeminterne Konstruktion von Zeit. Zudem weist damit jede Planung auch zwei „blinde Flecke" auf, da sich die jeweiligen Systemkonstruktionen im Moment der Beobachtung nicht selbst beobachten können. Im Ergebnis ist es daher auch besonders leicht, den Inhalten einer Planung zu widersprechen. Zum einen schon deshalb, weil seit der Kommunikation von Planung Zeit vergangen ist und allein durch diesen Sachverhalte jederzeit die Definition einer neuen Planung begründet werden kann. Zum anderen dadurch, dass man dem planenden System vorwirft, es habe seine Planung auf einer unrichtigen Beobachtung der Vergangenheit begründet – ein Vorwurf, der in jedem Fall immer richtig ist, da die Beobachtung ja wie bereits beschrieben, zwangsläufig immer nur ein schemenhaftes Abbild der vergangenen Realität darstellen kann.

Drittens: Was man auch immer als den beabsichtigten Erfolg von Planung definieren mag, eines steht in jedem Fall fest: Die Kommunikation von Planung hat unmittelbar keinerlei Einfluss auf diese Größe. Es kann gut sein, dass die Subsysteme der Unternehmung in der Zukunft mehr oder weniger Umweltkontakt zulassen, weil genau dies in der Planung entsprechend beschrieben war. Es kann aber genauso gut auch ganz anders sein. Es kann gut sein, dass die Beobachtung von Planung dazu führt, dass bei den beobachtenden Systemen von Planung Sicherheit entsteht, die dann wiederum dazu führt, dass diese Systeme eher dazu bereit sind, Kommunikation mit der Unternehmung zu betreiben. Genauso gut ist aber auch ein anderes Zusammenspiel sozialer Ereignisse denkbar. Ob und wie soziale Systeme die Kommunikation von Planung beobachten, kann schlichtweg nicht umfassend beschrieben oder prognostiziert werden. Daraus folgt automatisch, dass auch die Wirkung von Planung nicht abgeschätzt werden kann. Denn schließlich sind es immer andere Systeme als das Managementsystem, die mit ihrer Kommunikation das beeinflussen, was man gesellschaftlich als den Erfolg von Planung ansieht. Man wird Planung also immer mit Recht vorwerfen können, dass sie im Grunde genommen keinen Beitrag zum Erfolg einer Unternehmung geleistet hat. Gleiches gilt allerdings auch im Falle eines Misserfolgs.

Viertens: Damit die Inhalte von Planungen überhaupt von anderen Systemen wahrgenommen werden, sind die Kommunikationsinhalte so auszugestalten, dass sie von den Beobachtungsunterscheidungen dieser Systeme erfasst werden. Soll durch die Planung weiterhin ein bestimmter Effekt bei diesen Systemen erzielt werden, so müssen die Inhalte von Planung den Verhaltensmustern dieser Systeme folgen, die zwar weder beobachtet noch beschrieben werden können, die aber dennoch vorhanden sind. Ansonsten wird die Planung zwar beobachtet, aber die Beobachtung bleibt ohne Folgen, da die beobachtenden Systeme mit diesen Beobachtungen nichts anzufangen wissen. Beide Sachverhalte zeigen damit, dass eine Kommunikation von Planung sich zwangsläufig immer an bestehenden Kommunikationsstrukturen orientieren muss. Dies gilt auch dann, wenn sie anstrebt, diese tradierten Kommunikationsstrukturen zu verändern. Damit wird man Planung immer vorhalten können, sie zementiere die existierenden Beobachtungsstrukturen – und dieser Vorwurf ist sogar dann berechtigt, wenn mit Hilfe der Kommunikation von Planung eigentlich das Gegenteil erreicht werden soll.

Mit Hilfe dieser Interpretation von Planung können auch scheinbar widersprüchliche Entwicklungen im Zusammenhang mit der Handhabung von Planungen gut erläutert werden. Vorstellbar ist beispielsweise eine Situation, bei der ein Beobachter des Managementsystems einer Unternehmung im Zuge seiner Beobachtungen davon überzeugt ist, Planungsaktivitäten zu beobachten und daraus Sicherheit für seine Kommunikation ableitet, obwohl das Managementsystem selbst eine derartige Kommunikation nie vollzogen hat. Obwohl Planung in diesem Falle nie stattgefunden hat, treten doch die positiven Effekte, die man sich von einer Planung erhofft, innerhalb der sozialen Realität ein. Gleichzeitig findet tagtäglich eine Vielzahl von Kommunikationsaufnahmen mit Organisationen statt, ohne dass vorab überhaupt das Ergebnis einer Planung dieser Organisation beobachtet werden konnte. Offensichtlich kann es Unternehmen gelingen, Sicherheit mittels anderer Mechanismen als durch explizite Planungen herzustellen. Die Beobachtungen zeigen, dass persönliche Beziehungen oder einfach Gewöhnung im betrieblichen Alltag für die Beteiligten häufig einen weitaus höheren Sicherheitsaspekt bieten als die Beobachtung von expliziten Planungen dies ermöglichen.

Lässt man die bisherigen Erkenntnisse über Planungen, die durch die Anwendung der modernen Systemtheorie zusammengetragen werden konnten, Revue passieren, so erscheint die Kommunikation von Planung einerseits als besonders geeignetes Instrument für das Management einer Unternehmung. Andererseits wird deutlich, dass bei jeder Nutzung dieses Instruments das Management auch immer Gefahr läuft, dass für einen Beobachter dieser Kommunikation die ihr innenwohnenden Paradoxien sichtbar werden. Es ist zu vermuten, dass sich in diesem Fall die ursprünglich beabsichtigten Wirkungen von Planungen nicht einstellen werden. Wenn also das Management einer Unternehmung sich dazu entschließt, Planungen zu kommunizieren, dann muss es besonderen Wert darauf legen, Mechanismen in die Kommunikation einzuflechten, die diese Paradoxien für einen Beobachter überdecken. Dies gilt, wie im Folgenden aufzeigt wird, im besonderen für den Fall der strategischen Planung.

3.2 Strategische Planung als möglicher Initiator von Vertrauen

Im Anschluss an die vorgenommene Klärung des Planungsbegriffs im Sinne der modernen Systemtheorie soll nun die Frage beantwortet werden, was die strategische Planung von anderen Formen und Ebenen der Unternehmensplanung unterscheidet. Eines steht in diesem Zusammenhang mittlerweile fest: Die Betriebswirtschaftslehre ist sich einig, dass sich der Unterschied zwischen strategischer und operativer Planung nicht alleine in der Zeitkomponente manifestiert. Strategische Planung ist mehr als eine Fortführung der operativen Planung über längere Zeiträume.[598]

Im Rahmen dieser Arbeit soll nun die These vertreten werden, dass sich die strategische Planung dadurch auszeichnet, dass sämtliche Parameter, die aus der Beobachtung zweiter Ordnung der Vergangenheit entstehen und damit die Grundlage für die Planung bilden, im Zuge der Konstruktion einer Zukunftsperspektive im Rahmen von Planung als prinzipiell variabel angesehen werden. Damit wird alles das, was bisher gegolten hat, durch die strategische Planung systematisch in Frage gestellt. Sie reflektiert so die Tatsache, dass sich prinzipiell alles innerhalb und außerhalb des Gesellschaftssystems ändern könnte. Die Besonderheiten der strategischen Planung im Vergleich zur operativen Planung resultieren somit aus strukturellen Unterschieden bei der Definition der Prognose. Im Falle der operativen Planung ergibt sich die Zukunftsperspektive durch ein weitgehendes Festhalten an den Strukturdaten des Status Quo. Das soll anhand des folgenden Beispiels verdeutlicht werden: Unter der Annahme der Weiterführung des Produktionsstandortes mit gleicher Intensität sowie gleichbleibender Nachfrage am Absatzmarkt wird die Kostenstruktur dieses Standortes für die kommenden zwölf Monate geplant. Nur einige wenige Parameter, wie z. B. unterstellte Kostensteigerun-

[598] Vgl. Gälweiler (1997), S. 354 ff. oder Knyphausen (1995), S. 18 ff.

gen für Rohstoffe, werden variiert. Es handelt sich dabei um eine operative Planung, da dieser Planung eine Prognose zugrunde legt, welche sich ganz bewusst nur marginal von dem Bild unterscheidet, das bereits als Resultat der Beobachtungen zweiter Ordnung entstanden ist. Der Planer unterstellt im Rahmen der operativen Planung, dass alles weitgehend so weiter läuft wie bisher, weil die Erfahrungen zeigen, dass die Wahrscheinlichkeit dafür am größten ist, auch wenn sich zumindest alles Soziale sofort ändern könnte.

Erst im Rahmen der strategischen Planung wird diese Einschränkung prinzipiell aufgehoben. Das Wissen über die prinzipielle Veränderlichkeit aller bisherigen Beobachtungen zweiter Ordnung rückt in das Zentrum der Prognosen des Beobachters. Seine Zukunftsperspektive basiert wie auch im Falle der operativen Planung auf seinen bisherigen Beobachtungen zweiter Ordnung. Allerdings abstrahiert er im Rahmen der strategischen Planung umfassend vom Status Quo, hinterfragt die Zukunftstauglichkeit der einzelnen Elemente der Beobachtung der Vergangenheit, identifiziert Tendenzen, die stilbildend für die Zukunft sein könnten, und erstellt so aus dieser Fülle unterschiedlicher Beobachtungen zweiter Ordnung seine ganz individuelle Zukunftsperspektive, bei der nichts von dem, was in der Vergangenheit gegolten hat, auch in der Zukunft gilt. Das heißt nicht, dass der Beobachter zweiter Ordnung im Rahmen einer strategischen Planung nicht zu der Erkenntnis gelangen könnte, dass Teilaspekte der Zukunft genau die gleiche Gestalt aufweisen wie die Gegenwart. Doch anders als im Rahmen der operativen Planung, bei der das Thematisieren von möglichen Veränderungen quasi bewusst unterbunden wird, um schneller zu einem exakten Planungsergebnis zu gelangen, ist Konstanz im Rahmen der strategischen Planung das Resultat eines Bewertungsprozesses des Beobachters zweiter Ordnung. Er ist es, der prinzipiell berücksichtigt hat, dass sich alle Sachverhalte auch ändern könnten und dennoch zu dem Ergebnis gelangt ist, dass manches so bleibt wie zuvor. Denn strategische Planung zeichnet sich dadurch aus, dass sie prinzipiell die Möglichkeiten eröffnet, alle Beobachtungen aus der Vergangenheit auf ihre Zukunftsfähigkeit zu überprüfen: Kundenbedürfnisse der Vergangenheit werden nicht als unveränderlich angesehen, sondern als prinzipiell veränderbar. Die Existenz von Zulieferindustrien, die über lange Zeitraum mit dem Unternehmen zusammengearbeitet haben, wird in Frage gestellt. Die Liste der Beispiele ließe sich endlos fortsetzen. Kurz: Die strategische Planung basiert zwar auf den Beobachtungen der Vergangenheit, weist jedoch einen Weg in eine Zukunft, der berücksichtigt, dass diese Zukunft völlig anders ausgestaltet sein kann als die Gegenwart.

Zeit ist nach diesem Verständnis von strategischer Planung eine Komponente, welche die Planung nicht determiniert, sondern eher als abhängige Variable angesehen werden kann. In Abhängigkeit von der Veränderungsgeschwindigkeit der unterstellten Umbrüche kann eine strategische Planung längere oder kürzere Zeiträume abbilden. So ist es auch zu erklären, warum in äußerst schnelllebigen Branchen, wie z. B. Softwareentwicklung, strategische Planungszyklen sehr viel kürzere Zeiträume umfassen als in Branchen, in denen relevante Veränderungen sehr viel länger brauchen, wie z. B. in der Rohstoffindustrie. Wenn die Strukturen der Wirklichkeit so beschaffen sind, dass sich auch radikale Veränderungen in nur kurzer Zeit bewerkstelligen lassen, dann kann selbst eine strategische Planung einen relativ kurzfristigen Charakter aufweisen.

Es stellt sich nun die Frage, welche Wirkungen von der Beobachtung einer kommunizierten strategischen Planung ausgehen können. Die zuvor getätigten allgemeinen Ausführungen über mögliche Konsequenzen der Kommunikation von Plänen haben gezeigt, dass im Falle einer Beobachtung von Planungen prinzipiell zwei Wirkungen möglich zu sein scheinen: Zum einen besitzt das Management einer Unternehmung als der institutionalisierte Beobachter zweiter Ordnung die Möglichkeit, durch die Kommunikation einer Planung zu dokumentieren, welches Maß an Umweltoffenheit die Subsysteme der Unternehmung zukünftig aus Sicht des Managements aufweisen sollten. Zum anderen wurde deutlich, dass durch die Beobachtung einer Planung innerhalb des beobachtenden Systems ein symbolisch generalisiertes Kommunikationsmedium entstehen kann, nämlich Sicherheit. Dieses führt dazu, dass Systeme auch dann Kommunikationsbeziehungen zu einer Organisation aufnehmen, wenn die Ausgangsbedingungen dafür eigentlich nicht besonders gut erscheinen.

Beide Wirkungen sind selbstverständlich auch im Falle der Beobachtung einer strategischen Planung möglich – allerdings mit unterschiedlicher Akzentuierung, wie im Folgenden deutlich werden wird. Zunächst zur erstgenannten Wirkung: Die Aufgaben des Managements einer Unternehmung bestehen darin, den Versuch zu unternehmen, durch Kommunikation ein permanentes Wechselspiel zwischen mehr und weniger Umweltoffenheit, zwischen mehr und weniger Irritation der Organisation zu initiieren. So viel ist bekannt. Mit einer strategischen Planung steht ihnen zweifelsohne ein taugliches Instrument zur Erfüllung dieser Aufgabe zur Verfügung. Es beschreibt, auf welche Aspekte sich die Subsysteme der Unternehmung bei ihrer Umweltbeobachtung zukünftig aus Sicht des Managementsystems zu konzentrieren haben. Damit selektiert eine strategische Planung aus der unendlichen Fülle möglicher Beobachtungsoptionen für die Subsysteme der Unternehmung diejenigen, die aus Sicht des Managements für die Gesamtunternehmung wirklich relevant sind. Und je nachdem wie die strategische Planung die möglichen Optionen selektiert, variiert auch der Grad der Umweltsensibilität der Unternehmung. So kann eine strategische Planung eine Fokussierung auf das Kerngeschäft beschreiben und damit den Grad der Umweltsensibilität der Unternehmung einschränken oder aber eine Diversifikationsstrategie beschreiben, bei der die Subsysteme der Organisation aufgefordert werden, ihre bisherigen Beobachtungsstrukturen zu erweitern.

Eine strategische Planung kann damit vom Management einer Organisation genutzt werden, um den Versuch zu initiieren, die Beobachtungsstrukturen der Subsysteme der Unternehmung zu verändern und so die Gesamtorganisation (zumindest temporär) optimal in Richtung des ursprünglichen Organisationszweckes auszurichten. Doch wenn man sich die Besonderheiten von strategischer Planung anschaut, wird deutlich, dass diese Spezifika zur Erfüllung dieses Zweckes eigentlich gar nicht benötigt werden. Man muss nicht sämtliche Beobachtungen der Vergangenheit auf ihre Zukunftstauglichkeit überprüfen, um zu dokumentieren, dass die Subsysteme ihre Umwelt zukünftig anders als in der Vergangenheit zu beobachten haben. Dieses Ziel kann prinzipiell wesentlich einfacher, beispielsweise durch die Kommunikation einer operativen Planung, erreicht werden. Es reicht dann aus, davon auszugehen, dass beinahe alle Beobachtungen der Vergangenheit auch in der Zukunft Gültigkeit besitzen, und stattdessen nur diejenigen Aspekte als variabel anzusehen, die benötigt werden, um die beabsichtigte Veränderung in den Beobachtungsstrukturen der Subsysteme der Unternehmung zu initiieren. Wenn man davon ausgeht, dass die Subsysteme einer Unternehmung in der Lage sind, die operativen Pläne des Managements unmittelbar umzusetzen, können selbst grundlegende Veränderungen in der Unternehmensausrichtung mittels einer operativen Planung begründet werden. So kann im Rahmen einer operativen Planung kommuniziert werden, dass das Vertriebssystem morgen damit beginnen soll, einen neuen Markt zu bearbeiten, weil sich nur die Nachfrage in diesem Markt verändert hat und alles andere gleich geblieben ist.

Vollkommen zurecht kann dieser Argumentation entgegnet werden, dass ein Unternehmen, welches permanent in dieser Art und Weise verfahren würde, sehr wahrscheinlich schnell die Zustimmung der Systeme verlieren würde, auf deren Verhalten sich der Erfolg des Unternehmens erst begründet. Kunden, Lieferanten und auch die Mitarbeiter der Unternehmung wären irritiert, wenn immer wieder derartige Planungen des Managements kommuniziert werden würden, ohne dass diese sich in einen grundsätzlichen Gesamtplan einfügen lassen – auch wenn dieser Gesamtplan an den Einzelentscheidungen nichts ändert. Mögliche Konsequenzen könnten sein, dass diese Systeme das verlieren, was sie ursprünglich erst dazu veranlasst hat, die Kommunikation mit der Unternehmung zu beginnen, nämlich Sicherheit. Damit sind wir jedoch an der zweiten möglichen Konsequenz angelangt, die sich aus einer Beobachtung von Planung ergeben kann. In der vorliegenden Arbeit wird die These vertreten, dass sich das Management einer Unternehmung fast ausschließlich deshalb des Instruments der Kommunikation von strategischer Planung bedient, weil es sich erhofft, dass aus der Beobachtung dieser

Kommunikation eine besonders leistungsstarke Variante des symbolisch generalisierten Kommunikationsmediums Sicherheit entsteht: Die Rede ist von Vertrauen.[599]

Trotz der Annahme der prinzipiellen Variabilität aller getätigten Beobachtungen weist ein strategischer Plan in einem Meer von Unsicherheit einen möglichen Weg in eine positive Zukunft. Man signalisiert dem Beobachter damit: Ich als planendes System habe alle Möglichkeiten für Veränderungen berücksichtigt, die denkbar sind, und habe dennoch für das Gesamtsystem eine erfolgversprechende Planung definieren können. Es kann also eigentlich wenig schief gehen, weil die strategische Planung ja prinzipiell alles berücksichtigt hat. Zudem selektiert eine strategische Planung aus der unendlichen Fülle von Handlungsmöglichkeiten einer Unternehmung diejenigen, die für die Gesamtunternehmung besonders vorteilhaft erscheinen. Man wird sich also darauf verlassen können, dass das, was in der Planung dokumentiert ist, vom Unternehmen tatsächlich angestrebt wird. Aus dieser Beobachtung kann – so die Hypothese dieser Arbeit – beim beobachtenden System Vertrauen entstehen. Vertrauen soll als Sonderfall des symbolisch generalisierten Kommunikationsmediums Sicherheit definiert werden, welches einen besonders dauerhaften und grundsätzlichen Charakter aufweist. Wer Vertrauen in eine Organisation besitzt, der hinterfragt die Kommunikationsstrukturen nicht in jedem Moment grundsätzlich neu. Es fällt ihm leichter, auch unter größeren Risiken und für einen längerfristigen Zeitraum Kommunikationsbeziehungen mit dem Unternehmen einzugehen. Kurz: Vertrauen ist die besonders leistungsfähige Spielart des Kommunikationsmediums Sicherheit. Wo Vertrauen vorhanden ist, entstehen im Durchschnitt häufiger und trotz größerer Risiken Kommunikationsstrukturen, die auch längerfristigen Charakter aufweisen können.

Je nachdem, in welchem Umfeld und mit welcher kommunikativen Zielsetzung ein Unternehmen agiert, benötigt es von bestimmten Systemen mehr oder weniger Vertrauen, um erfolgreich im Sinne der Systemziele Kommunikation betreiben zu können. Das optimale Maß an Vertrauen, welches das Management, die Subsysteme der Unternehmung oder die Kunden, Fremdkapitalgeber bzw. Unternehmenseigner dem Unternehmen entgegen bringen sollten oder müssen, ist daher nicht grundsätzlich definierbar. Man kann jedoch davon ausgehen, dass der gesellschaftliche Bedarf nach Vertrauen umso größer wird, je stärker eine Gesellschaft ihre funktionale Differenzierung auf der ersten Systemebene vorantreibt. Dafür spricht die Tatsache, dass die moderne Gesellschaftsform zu einem hohen Abhängigkeitsverhältnis der primären Funktionssysteme untereinander führt. Im ersten Teil der Arbeit wurde darüber ausführlich berichtet. Diese Abhängigkeit trifft auch die Organisationen, die ebenfalls als funkti-

[599] Zu einem ganz ähnlichen Ergebnis kommen Krystek (1997), S. 266 ff. und Krystek, Zumbrock (1993), S. 105 ff. Vgl. auch Weick (1987), S. 221 ff. und für den Begriff des Vertrauens in der modernen Systemtheorie grundlegend Luhmann (2000d), S. 20 ff.

onal spezialisierte Sozialsysteme diese primären Gesellschaftssysteme in einem erheblichen Umfang repräsentieren. Es ist schlichtweg undenkbar, dass in einer modernen Gesellschaft ein Unternehmen vollkommen autark, d.h. ohne Zuarbeit anderer Systeme tätig sein kann. Daraus resultiert bei allen Unternehmen permanent eine Unsicherheit bezüglich der Risiken einer derartigen Abhängigkeit. Anders als in vormodernen Gesellschaftsformen, die eine umfassende Problemlösung für alle funktionalen Fragestellungen innerhalb eines Systems (Adel, Familie, Zentrum) anstrebten, sind hoch spezialisierte Organisationen in funktional ausdifferenzierten Gesellschaften in hohem Maße davon abhängig, dass auch andere Systeme ihre Kommunikationsleistungen effizient erbringen. Wenn alles mit allem zusammenhängt und jedes System Leistungen des anderen voraussetzt, wird jedoch jede Kommunikation zu einem unüberschaubaren Risiko. Es sei denn, man hat genügend Vertrauen in die Funktionsfähigkeit der einzelnen Systeme, die beispielsweise aus der Beobachtung einer strategischen Planung dieses Systems entstehen kann.

Verstärkt wird dieser Bedarf nach Vertrauen darüber hinaus durch die Konsequenzen, die sich aus der Notwendigkeit ergeben, dass soziale Systeme sich und ihre Umwelt in funktional ausdifferenzierten Gesellschaften zwangläufig häufiger und intensiver beobachten müssen. Auch diese Zusammenhänge hat der erste Teil der Arbeit ausführlich beschrieben. Man kann sich nicht mehr darauf verlassen, dass die Familie oder der Adel alle gesellschaftlichen Probleme löst. Die Übernahme einer gesellschaftlichen Funktion im Rahmen eines Monopols erfordert von den Funktionssystemen stattdessen eine laufende Beobachtung der gesamten gesellschaftlichen Realität. Daraus resultiert ein sich permanent reproduzierender Wissensschatz über die Gesellschaft und ihre Umwelt. Für die sozialen Systeme, die dieses Wissen beobachten und aufgreifen können, erscheint die Gegenwart und die Zukunft nun vielschichtiger und komplexer als in der Vergangenheit, als dieses Wissen noch nicht existierte. Und dies, obwohl sich an den Grundsätzen der prinzipiellen Nichtbeobachtbarkeit der Gegenwart und der Unbestimmbarkeit der Realität nichts geändert hat. Die Welt erscheint lediglich unsicherer als zuvor, weil man mehr über die potentiellen Risiken weiß. Je stärker die Umwelt eines Systems als unsicher wahrgenommen wird, desto größer die Hürden, langfristige Kommunikationsbeziehungen eingehen zu wollen. Und umso stärker wächst dementsprechend der Bedarf nach Vertrauen.

Durch die beiden beschriebenen Wechselwirkungen zwischen dem Grad der Konsequenz, mit der sich auf der primären Ebene in der modernen Gesellschaft Funktionssysteme ausdifferenzieren, und dem gesellschaftlichen Bedarf an Vertrauen kann nun auch erklärt werden, warum Unternehmen sich erst so spät mit dem Thema strategische Planung beschäftigt haben: Es bestand schlichtweg lange Zeit kein Bedarf nach einer Kommunikation, deren Beobachtung dazu führen kann, dass Vertrauen in die Zukunftsfähigkeit der Organisation entsteht.

Festzuhalten bleibt damit bisher Folgendes: Die Kommunikation einer strategischen Planung ist für das Management einer Unternehmung weniger deshalb lohnenswert, als dass dadurch die Beobachtungs- und Kommunikationsstrukturen der Subsysteme der Unternehmung beeinflusst werden könnten. Dieser Effekt kann sich aus der Beobachtung von strategischer Planung zwar auch ergeben, rechtfertigt aber nicht den besonderen Aufwand, den das planende System zu tätigen hat, um der Besonderheit von strategischer Planung Rechnung zu tragen, dass nämlich im Rahmen der Prognose systematisch alle in der Vergangenheit getätigten Beobachtungen in Frage gestellt und als veränderlich angesehen werden. Es ist vielmehr ein anderer Aspekt, der die Kommunikation von strategischer Planung für das Management einer Unternehmung so attraktiv macht: Gerade aufgrund der beschriebenen Spezifika von strategischer Planung kann aus einer Beobachtung dieser Kommunikation ein besonders leistungsstarkes, dauerhaftes und für die Unternehmung daher besonders wertvolles Kommunikationsmedium entstehen: Vertrauen. Die Analyse der modernen Gesellschaft mit Hilfe der Luhmannschen Systemtheorie hat verdeutlicht, dass Unternehmen heute in besonderem Maße davon abhängig sind, dass ihnen Vertrauen entgegengebracht wird. Die Beobachtung einer strategischen Planung kann einen entscheidenden Beitrag dazu leisten, genau dieses symbolisch generalisierte Kommunikationsmedium beim beobachtenden System entstehen zu lassen.

Auf der einen Seite bildet damit die strategische Planung ein besonders attraktives Instrument für das Management einer Unternehmung, auf der anderen Seite stellt sie, wie bereits im vergangenen Unterkapitel deutlich wurde, gleichzeitig immer einen hochparadoxen Sachverhalt dar. Wie bei jeder anderen Planung sind auch im Falle der strategischen Planung zwangsläufig die vier Paradoxien, die im vorherigen Unterkapitel beschrieben wurden, immer im Kommunikationsprozess vorhanden. Der Unterschied ist: Immer dann, wenn es sich um eine strategische Planung handelt, werden diese für einen Beobachter dieser Kommunikation besonders leicht sichtbar. Dies wird deutlich, wenn man die Liste der festgestellten Paradoxien von Planung durchgeht und dabei mögliche Unterschiede hinsichtlich ihrer Transparenz im Falle von strategischer bzw. operativer Planung analysiert.

Einzig hinsichtlich der ersten Paradoxie sind keinerlei Unterschiede zwischen operativer und strategischer Planung in dieser Hinsicht erkennbar. Sowohl strategische als auch operative Planung können die eigentliche Problematik, nämlich das für die Unternehmung optimale Maß an Umweltoffenheit zu definieren, nicht abschließend lösen. In beiden Fällen ist diese

Paradoxie für einen Beobachter von Planung gleichermaßen transparent – oder auch nicht. In jedem Fall ändert sich an dieser Transparenz nichts, wenn man von strategische auf operative Planung umstellt.

Dies ändert sich im Falle der zweiten Paradoxie: Die Tatsache, dass jede Planung ein system-individuelles Produkt ist, welches nur auf einem komplexitätsreduzierten Abbild der Realität basieren kann, wird bei einer Beobachtung einer strategischen Planung für den Beobachter in der Regel sehr viel transparenter als dies bei einer operativen Planung der Fall ist. Die Begründung dafür liefert die charakteristisch offene Struktur von strategischer Planung. Strategische Planung muss betonen, dass sie die prinzipielle Veränderlichkeit aller Beobachtungen aus der Vergangenheit in ihren Zukunftsprojektionen berücksichtigt hat, um überhaupt als strategische Planung erkennbar zu werden. Gerade die Betonung dieses Aspektes weist jedoch einen Beobachter darauf hin, dass es sich bei der Planung um ein individuelles Produkt eines Systems handelt. Es ist leicht ersichtlich, dass es im Verlauf einer Zukunftsprojektion, bei der alle Status Quo-Betrachtungen als prinzipiell veränderbar gelten, im Ermessen des Betrachters liegt, zu welchem Ergebnis er im Rahmen seiner Prognose gelangt. Damit wird auch deutlich, dass man zu gänzlich anderen Ergebnissen einer strategischen Planung kommen könnte, wenn man dies nur wollte.

Zum besseren Verständnis sei nochmals betont, dass die operative Planung mit der exakt gleichen Paradoxie belastet ist – nur wird sie für einen Beobachter nicht unmittelbar ersichtlich, weil sie nicht explizit thematisiert wird. Strategische Planung hingegen muss die Offenheit und Systembezogenheit ihrer Zukunftsprojektion betonen, um die positiven Aspekte, die aus einer Beobachtung von strategischer Planung resultieren können, tatsächlich entstehen zu lassen. Daher wird es immer so sein, dass durch eine um Nuancen andere Betonung eines Trends die vom Management definierte strategische Planung einer Unternehmung mühelos als wenig zukunftsträchtig entlarvt werden kann. Und immer findet ein Beobachter einer strategischen Planung einer Unternehmung Sachverhalte innerhalb der Unternehmung oder ihrer Umwelt, die erhebliche Auswirkungen auf die Strategie besitzen, jedoch zuvor von den Planern nicht oder nicht in ausreichendem Umfang berücksichtigt wurden – und sei es „nur", weil in der Zwischenzeit Zeit vergangen ist.

Auch hinsichtlich der dritten identifizierten Paradoxie muss das Management einer Unternehmung damit leben, dass bei einer Kommunikation von strategischer Planung genau diese Paradoxie für einen Beobachter sehr viel leichter sichtbar wird als das bei der operativen Planung der Fall ist. Die Tatsache, dass die Kommunikation einer Planung genau genommen rein gar nichts zum gewünschten Erfolg für die Unternehmung beitragen kann, lässt sich im Rahmen der operativen Planung leicht dadurch überdecken, dass man die vermeintlichen Interventionsmöglichkeiten des Managements auf die Subsysteme einer Unternehmung betont. So erscheint es einem Beobachter dieser Planung, als könne das Management selbst durch entsprechende Maßnahmen dazu beitragen, dass die in den Planungen hinterlegten Sachverhalte in der Zukunft tatsächlich erreicht werden. In Wirklichkeit, das ist bereits hinlänglich beschrieben worden, stellt diese Annahme lediglich ein komplexitätsreduziertes Abbild der Realität dar, denn bei den Subsystemen der Unternehmung handelt es sich um autopoietische Systeme, die sich ausschließlich im Selbstkontakt reproduzieren. Sobald die Planung einen strategischen Charakter annimmt, wird das Holzschnittartige dieses Bildes in besonderem Maße für einen Beobachter ersichtlich. Dies geht in der Regel so weit, dass das Management erst gar nicht versucht, dieses Instrument zur Überdeckung dieser Paradoxie von strategischer Planung zu verwenden, jedenfalls nicht umfassend. Denn es würde wohl niemand einem Management abnehmen, wenn es ernsthaft behaupten würde, dass es sämtliche Prognosen, die in seiner strategischen Planung abgebildet sind, allein durch eigenes Verhalten beeinflussen kann.

Damit trägt wiederum der im Rahmen von strategischer Planung gezwungenermaßen offen zur Schau getragene Grundsatz, nach dem alle Beobachtungen der Vergangenheit als prinzipiell veränderlich gelten müssen, dazu bei, dass eine Paradoxie für einen Beobachter sichtbar wird. Es wird offensichtlich, dass das Management als Initiator von strategischer Planung seine Beobachter von einem Zukunftsbild der Unternehmung zu überzeugen versucht, das es selbst nicht beeinflussen kann. Und genau so stellt sich die Realität tatsächlich auch dar: Wie andere Systeme die vom Management einer Unternehmung kommunizierte strategische Planung wahrnehmen und welche Schlüsse sie daraus für ihre eigene Kommunikation ziehen – niemand weiß es. Und auch die Frage, ob die Beobachtung einer strategischer Planung zu mehr oder weniger Vertrauen in die Zukunftsfähigkeit einer Unternehmung führt, wird sich genauso wenig beantworten lassen wie die nach dem Einfluss des Kommunikationsmediums Vertrauen auf das Zustandekommen des Kommunikationsprozesses.

Kommen wir zur vierten einer jeden Planung innewohnenden Paradoxie. Zur Erinnerung: Sie beschrieb den Sachverhalt, dass jede Planung – auch wenn sie wesentliche Aspekte des Status Quo verändern möchte – immer auf diesen Status Quo rekurrieren muss, um überhaupt wahrgenommen zu werden. Dieser Problematik muss sich sowohl operative als auch strategische Planung zweifelsohne stellen. Es ist allerdings zu vermuten, dass diese Paradoxie einem Beobachter eher bei der Beobachtung einer strategischen Planung auffällt. Der grundsätzlich umfassende Aufbau von strategischer Planung, der sich in der Tatsache manifestiert, dass strategische Planung zu betonen hat, dass sämtliche Aspekte aus der Vergangenheit als prinzipiell veränderlich angesehen werden, könnte dazu beitragen, dass sich ein Beobachter von strategischer Planung sehr viel eher als im Falle einer Beobachtung von operativer Planung auch Gedanken macht über die eigene Position. Von einem Automatismus in der Identifikation dieser Paradoxie beim Beobachter, von dem man bei den beiden letztgenannten Paradoxien beinahe ausgehen kann, ist dieser Fall jedoch weit entfernt. Allerdings gilt es auch hier zu konstatieren, dass Hinweise dafür existieren, dass die Wahrscheinlichkeit, dass ein Beobachter von Planung diese vierte Paradoxie identifiziert, in der Regel im Falle der Beobachtung von strategischer Planung höher ist als bei einer Beobachtung einer operativen Planung.

Damit kann abschließend zusammengefasst werden, dass die jeder Planung inhärenten Paradoxien bei der Beobachtung einer strategischen Planung für einen Beobachter sehr viel transparenter zu Tage treten, als dies in anderen Planungsvarianten der Fall ist. Grund dafür ist die besondere Struktur von strategischer Planung, die sämtliche Beobachtungen der Vergangenheit als prinzipiell veränderbar deklariert. Es ist zu vermuten, dass die Feststellung, dass es sich bei der Planung lediglich um eine paradoxe Kommunikationsform handelt, beim Beobachter nicht unbedingt dazu beiträgt, das Vertrauen in die Unternehmung zu erhöhen. Strategische Planung hätte in diesem Fall das eigentliche Ziel, aufgrund dessen diese Kommunikation überhaupt initialisiert wurde, verfehlt.

3.3 Die Hauptaufgabe des Top-Managements einer Unternehmung als Vermittler der Strategie: Überdeckung von Paradoxien

Wie kann das Management einer Unternehmung dennoch die Kommunikation einer strategischen Planung gewinnbringend für die Organisation einsetzen? Zur Beantwortung dieser Frage ist es erforderlich, die Besonderheiten von strategischer Planung erneut zu erörtern, diesmal jedoch betrachtet aus der Perspektive des Managements einer Unternehmung.

Zu Beginn dieses Teils der Arbeit wurde ja bereits aufbereitet, welche Antworten die Betriebswirtschaftslehre bislang auf diese Frage geben konnte. Übereinstimmend wiesen die beiden vorgestellten Schulen der strategischen Managementtheorie darauf hin, dass sich ein erfolgreiches strategisches Management vor allem dadurch auszeichnet, dass ein bestimmter Prozess der Strategiedefinition durchlaufen wird. Deutliche Unterschiede wurden jedoch erkennbar, sobald man die Inhalte dieser idealtypischen Prozesse der beiden Schulen miteinander verglichen hat. So fordern die Vertreter eines rational-präskriptiven oder synoptischen Planungsansatzes die Implementierung eines strategischen Managementprozesses auf der höchsten Managementebene der Organisation, der strikt nach rationalen Gesichtspunkten durchstrukturiert ist. Dagegen sieht das inkrementale Modell die Aufgaben der Unternehmensführung eher in der Koordination der Aktivitäten der dezentralen Einheiten des Unternehmens.

Was ist von diesen Hinweisen vor dem Hintergrund der Erkenntnisse zu halten, die im Verlaufe dieses Abschnittes durch die Anwendung der modernen Systemtheorie gewonnen werden konnten? Im Verlauf dieses Kapitels ist in jedem Fall deutlich geworden, dass eine erfolgreiche Strategie einer Unternehmung sich dadurch auszeichnet, dass ihre Beobachtung bei den für die Unternehmensentwicklung relevanten Sozialsystemen dazu beiträgt, Vertrauen in die zukünftige Entwicklung der Unternehmung zu erzeugen. In dieser zunächst scheinbar unspektakulären Aussage steckt auf den zweiten Blick, insbesondere aus Sicht der Betriebswirtschaftslehre und des Managements, eine Menge Brisanz. Demnach ist der Erfolg einer Strategie nicht primär von den Inhalten der vom Management definierten und kommunizierten strategischen Planung oder vom Prozess ihres Zustandekommens abhängig, sondern davon, wie andere diese Kommunikation beobachten und welche Konsequenzen sie aus dieser Beobachtung ziehen. Die Wahrnehmung Dritter und ihre Reaktionen bestimmen, ob ein strategischer Plan eines Unternehmens erfolgreich ist oder nicht. Oder kurz gesagt: Eine erfolgreiche Strategie ist die, die Vertrauen schafft – ganz gleich, wie sie zustande gekommen ist und welche Inhalte sie beschreibt.

Wer diese Aussage ernst nimmt, der muss zwangsläufig zu dem Ergebnis gelangen, dass die Betriebswirtschaftslehre im Zusammenhang mit der Erforschung der Frage nach den Ursachen für den Erfolg von strategischer Planung bislang nicht den Kern der Problematik bearbeitet hat. Der eingangs dieses Kapitels beschriebene Disput zwischen den rationalen Planern und den Inkrementalisten lenkt die Aufmerksamkeit einseitig auf den Prozess der Planerstellung, der für den Erfolg von Planung jedoch nicht zwangsläufig entscheidend ist. Auf den Punkt gebracht: Es ist strukturell betrachtet nicht nur irrelevant, durch welchen Prozess die Inhalte von strategischer Planung zustande gekommen sind. Es ist darüber hinaus auch noch belanglos, welche Inhalte die strategischen Pläne des Managements aufweisen.[600] Für den Erfolg einer strategischen Planung einzig und allein entscheidend ist die Frage, wie sie von denjenigen sozialen Systemen wahrgenommen werden, die die zukünftige Entwicklung der Unternehmung entscheidend beeinflussen. Sie sind es, die durch ihre Beobachtung und ihre Kommunikationsentscheidungen letztlich über den Erfolg einer Strategie entscheiden.

---

[600] Obwohl beide Aspekte vermutlich probate Instrumente und Stellschrauben sind, um die Paradoxien von strategischer Planung für einen Beobachter zu überdecken. Daher können sie im Endeffekt dennoch – allerdings nur mittelbar – den Erfolg von strategischer Planung positiv beeinflussen. Im weiteren Verlauf dieses Abschnitts wird auf diesen Sachverhalt noch näher eingegangen.

Die Aufgabe des Managements einer Unternehmung auf einer strategischen Ebene kann deshalb nur darin bestehen, durch Kommunikation bei den für die Gesamtorganisation relevanten Systemen Vertrauen zu erzeugen in die Zukunftsfähigkeit der Unternehmung. Ein mögliches Instrument, welches dazu beitragen kann, dieses Ziel zu erreichen, ist die Kommunikation einer strategischen Planung. Deutlich geworden ist bislang jedoch auch, dass ihr Einsatz immer ein zweischneidiges Schwert darstellt. Das vorangegangene Unterkapitel hat verdeutlicht, dass den großen Potentialen von strategischer Planung unabwendbare Risiken gegenüberstehen, die sogar dazu führen können, dass der Beobachter einer strategischen Planung sein Vertrauen in die Zukunftsfähigkeit der Unternehmung reduziert anstatt es zu erhöhen. Das Management kann nicht grundsätzlich verhindern, dass die Beobachtung einer strategischen Planung dazu führt, dass die Paradoxien dieses Kommunikationsinstrumentes für den Beobachter sichtbar werden. Im Gegenteil: Die besondere Struktur von strategischer Planung erleichtert einem Beobachter das Erkennen dieser Sachverhalte. Vor diesem Hintergrund kann es für das Management einer Unternehmung sogar sehr sinnvoll sein, sich überhaupt nicht mit der Kommunikation einer strategischen Planung zu beschäftigen. Solange die Unternehmung innerhalb und außerhalb des eigenen Systems über genügend Vertrauen zur Realisierung des Geschäftserfolgs verfügt, kann die Kommunikation einer strategischen Planung sogar kontraproduktiv wirken. Plötzlich würde eine Zukunftsperspektive des Managements sichtbar werden, die in jedem Fall Anlass gäbe zu Diskussionen – unabhängig davon, wie sie zustande gekommen ist und welche Inhalte sie aufweist. Das Management wäre in diesem Falle gut beraten, die bislang erfolgreichen Mechanismen zur Vertrauensbildung weiterhin zu nutzen, ganz gleich, welche dies sein mögen (Vertrauen auf Personen, Gewöhnung, Größe des Unternehmens, Erfolge der Vergangenheit etc.).

Im Mittelpunkt dieses Unterkapitels soll jedoch die Beschreibung einer geeigneten Vorgehensweise für das Management einer Unternehmung stehen, die immer dann Anwendung finden kann, wenn das Management sich dafür entschieden hat, eine strategische Planung für die Gesamtunternehmung zu kommunizieren. Vor dem Hintergrund der Erkenntnisse, die durch die Anwendung der modernen Systemtheorie auf das Kommunikationskonstrukt der strategischen Planung in den vergangenen Abschnitten gewonnen werden konnte, ist es dem Management einer Unternehmung anzuraten, die folgenden vier Leitlinien im Zuge der Definition und Kommunikation einer strategischen Planung zu berücksichtigen:

1. Exakte Identifikation der Systeme, bei denen durch Beobachtung von strategischer Planung Vertrauen in die Zukunftsfähigkeit der Organisation aufgebaut werden soll

2. Ausrichtung der Inhalte der strategischen Planung entsprechend den Beobachtungsmustern eben dieser Systeme

3. Identifikation und Umsetzung von geeigneten Maßnahmen zur Überdeckung der Paradoxien von strategischer Planung

4. Laufende Kontrolle der Wirkung der Plankommunikation durch Überprüfung des Vertrauens, welches die relevanten Systeme der Unternehmung entgegenbringen

Zu den vier Leitlinien im Einzelnen: Es mag zunächst etwas befremdlich wirken, wenn der Prozess der strategischen Planung damit begonnen werden soll, die Systeme zu identifizieren, die mittels strategischer Planung beeindruckt werden sollen. Wenn man sich jedoch vor Augen führt, dass zum einen der Erfolg von strategischer Planung später ausschließlich von den Beobachtungen bzw. vom Kommunikationsverhalten eben dieser Systeme abhängt, und dass zum anderen jedes Sozialsystem sich und seine Umwelt mittels selbstdefinierter, systemspezifischer Unterscheidungen beobachtet, dann erscheint ein solcher erster Schritt durchaus sinnvoll. Das Management einer Unternehmung sollte sich im Vorfeld der Kommunikation einer Strategie somit fragen, wer durch diese Strategie eigentlich überzeugt werden soll: Handelt es sich ausschließlich um eine Kommunikationsübung, mit der das Vertrauen des Managements selbst bzw. der Subsysteme der Unternehmung in die Zukunftsfähigkeit der Organisation erhöht werden soll? Oder geht es auch darum, Systeme außerhalb der Unternehmung durch die Unternehmensstrategie ansprechen zu wollen, wie beispielsweise Kunden, Lieferanten oder Fremdkapitalgeber? Oder soll gar die gesamte Öffentlichkeit von der Zukunftstauglichkeit der strategischen Planung überzeugt werden?

Die möglichst exakte Beantwortung dieser Fragen sollte am Beginn eines jeden Prozesses stehen, der sich die Kommunikation einer strategischen Planung für eine Unternehmung zum Ziel gesetzt hat. Sie determiniert entscheidend alle nachfolgenden Prozessschritte, bei denen dann die Inhalte der strategischen Planung sowie die Art und Weise ihrer Kommunikation definiert werden. Schließlich beobachtet jedes Sozialsystem sich und seine Umwelt nach anderen Kriterien und verarbeitet jedes Sozialsystem diese Beobachtungen im Rahmen der systemeigenen Reproduktionsmechanismen ganz individuell. Profan ausgedrückt: Eine Bank beobachtet die Strategie einer Unternehmung nach anderen Gesichtspunkten als die Kunden des Unternehmens dies tun. Daher muss sich das Management einer Unternehmung vorab die Frage stellen, bei welchen Systemen genau das Vertrauen in die Zukunftsfähigkeit der Unternehmung durch eine strategische Planung erhöht werden soll.

Sind diese sozialen Systeme durch das Management identifiziert, so gilt es in einem zweiten Schritt die Inhalte von strategischer Planung so auszugestalten, dass sie erstens von diesen Systemen überhaupt wahrgenommen werden und dass diese Beobachtung zweitens bei diesen Systemen zur Vertrauensbildung für die Unternehmung führt. Wesentliche Voraussetzung, damit diese beiden Zielsetzungen im Zusammenhang mit der Kommunikation von strategischer Planung erfüllt werden, ist die Kenntnis über die spezifischen Beobachtungs- und Kommunikationsstrukturen der Systeme.

Zum ersten Teilbereich des genannten Aspektes: Nur dann, wenn die Kommunikation der strategischen Planung in einer Art und Weise erfolgt, die dazu führt, dass die Beobachtungsdifferenzen der Systeme, die von strategischer Planung angesprochen werden sollen, diese Inhalte überhaupt als beobachtungswürdig klassifizieren, nur dann werden die Inhalte von strategischer Planung überhaupt von diesen Systemen wahrgenommen. Mit anderen Worten: Will das Management einer Unternehmung ein System durch die Kommunikation einer Strategie determinieren, muss es zuallererst Form und Inhalt der Kommunikation so ausgestalten, dass die strategische Planung überhaupt auf dem „Beobachtungsschirm" dieses Systems erscheint. Dazu benötigt das Management eine Vermutung über die Ausgestaltung der Unterscheidungen, mit der die als relevant bewerteten Unternehmen ihre Umwelt, und damit auch die strategische Planung der Unternehmung, beobachten. Dies gilt auch dann, wenn das Management diese Unterscheidungen durch die Kommunikation von strategischer Planung eigentlich verändern möchte. Im Verlauf des vorangegangenen Abschnitts wurde bereits auf diese Paradoxie von Planung hingewiesen. Das Management einer Unternehmung hat schlichtweg keine andere Wahl, als diesen Sachverhalt zu akzeptieren und seine Kommunikation entsprechend auszugestalten.

Doch nicht allein das Ob der Beobachtung von strategischer Planung, auch genauere Kenntnisse über das Wie der Beobachtung und vor allem die näheren Zusammenhänge zwischen Beobachtungen, etwaigem Aufbau von Vertrauen und das daran anschließende Kommunikationsverhalten der als relevant identifizierten Systeme wären hilfreich für das Management einer Unternehmung, um die Inhalte von strategischer Planung entsprechend passgenau festlegen zu können. Damit wären wir beim zweiten Aspekt des unter der zweiten Leitlinie subsumierten Sachverhalts. Es ist müßig, zu betonen, dass das Management einer Unternehmung niemals umfassend die Hintergründe der Kommunikationsstrukturen anderer Systeme ermitteln kann. Aber es kann durch Beobachtung – wenn auch deutlich realitätsverkürzend – Hypothesen darüber anstellen, nicht nur was ausgewählte soziale Systeme beobachten, sondern auch wie sie diese Beobachtung in ihre anschließende Kommunikation einflechten. Wie haben die Systeme auf vergleichbare Informationen aus der Vergangenheit reagiert? Was bewerten die Systeme in ihren Kommunikationen positiv, welche Entwicklungen hingegen negativ? Was erwarten diese Systeme von den strategischen Planungen einer Unternehmung? Wann haben sie in der Vergangenheit diese Kommunikationskonstrukte positiv bewertet? Und wie haben diese Beobachtungen letztlich dazu beitragen, dass Vertrauen in das beobachtete Unternehmen entstanden ist? Diese und viele weitere Informationen können dazu beitragen, dass das Management einer Unternehmung die richtigen Inhalte für seine strategische Planung definiert, nämlich die, die das beobachtende System dazu veranlasst, Vertrauen zum Unternehmen aufzubauen.

Die dritte der hier ausgegebenen Leitlinien zur strategischen Planung für das Management einer Unternehmung beschreibt die wohl anspruchsvollste und wichtigste Aufgabe in diesem Zusammenhang. Die für die Unternehmung relevanten Systeme zu identifizieren, ihre Kommunikationsstrukturen zu analysieren und daran angelehnt, idealtypische Inhalte von strategischer Planung zu definieren, ist vergleichsweise einfach. Sehr viel schwieriger dürfte es hingegen sein, die der strategischen Planung innewohnenden Paradoxien so weit zu überdecken, dass sie dem Beobachter dieser Planung entweder nicht auffallen oder er trotz dieser Auffälligkeiten unverändert daran festhält, Vertrauen zu der Organisation aufzubauen. Zur Überdeckung der Paradoxie von strategischer Planung steht dem Management einer Organisation prinzipiell eine Vielzahl von Instrumenten und Mechanismen zur Verfügung. In der Folge sollen vier der offensichtlich besonders häufig eingesetzten Verfahrensweisen vorgestellt werden. Gleichzeitig werden Vermutungen darüber geäußert, wie diese Mechanismen bei den beobachtenden Systemen zu einer Überdeckung der Paradoxien von strategischer Planung führt. Wie die einzelnen Kommunikationsinhalte tatsächlich beobachtet werden und welche Wirkung sie entfalten, kann, wie bereits bekannt, kein soziales System beobachten – nicht einmal das die Unternehmung beobachtende System selbst. Daher kann auch keine Anleitung gegeben werden, in welcher Situation welche Maßnahme Anwendung finden sollte. Erst recht können keine Garantien dafür abgegeben werden, dass eine Überdeckung der Paradoxien von strategischer Planung tatsächlich gelingt. Dennoch soll auf die Darstellung der möglichen Kommunikationsoptionen zur Überdeckung der Paradoxien von Planung nicht verzichtet werden, auch um die Mechanismen der Überdeckung anhand von konkreten Beispielen vorstellen zu können. Die Reihenfolge der Vorstellung dieser Optionen stellt dabei keine Rangfolge entsprechend der Durchsetzbarkeit oder Praktikabilität dieser Möglichkeit dar, sondern ist rein zufällig gewählt. Allerdings werden die Mechanismen zur Überdeckung der beobachteten Paradoxie bei den ersten Optionen, die vorgestellt werden, etwas ausführlicher erörtert, um die grundsätzlichen Prinzipien des Ablaufs zu verdeutlichen.

Option 1: Erfolge in der Strategieumsetzung proklamieren

Erfolge, wenn auch nur in der Vergangenheit erzielt, schaffen beim Beobachter ein Stück weit Sicherheit, dass sich diese Erfolge auch in der Zukunft wiederholen könnten. Wer verdeutlicht, wie er mit seiner Strategie in der Vergangenheit Erfolge feiern konnte, oder anhand von Symbolen beobachtbar macht, dass alle Anzeichen darauf hindeuten, dass die in der strategischen Planung beschriebene Zukunftsvision tatsächlich Realität wird, der kann es schaffen, die Paradoxien von strategischer Planung beim Beobachter zu überdecken. Fortan könnten Beobachtungen der strategischen Planung einer Unternehmung trotz identifizierter Paradoxien auch weiterhin dazu führen, dass das beobachtende System Vertrauen zur Unternehmung aufbaut bzw. aufrechterhält.

Die Proklamation von vergangenen Erfolgen in der Strategieumsetzung muss sich nicht auf die positiven Resultate der eigenen Unternehmung beschränken. Beispielsweise kann auch der Verweis auf Erfolge anderer Unternehmen in der Strategieumsetzung eine sinnvolle Option darstellen, um die Paradoxie von strategischer Planung zu überdecken, nämlich dann, wenn sich das Unternehmen dazu entschließt, nach außen zu kommunizieren, dass sie die strategische Planung der Konkurrenz kopiert.

Empirische Studien haben gezeigt, dass Imitationen von erfolgreichen Strategien in der Unternehmungspraxis eine hohe Popularität besitzen.[601] Insbesondere Vertreter des ressourcenbasierten Ansatzes der Strategieentwicklung hat diese Erkenntnis überrascht, gehen sie in ihren Modellen doch davon aus, dass sich erfolgreiche strategische Planungen von Unternehmungen aus firmenspezifischen und daher nichtimitierbaren Ressourcen ableiten lassen.[602] Die Betriebswirtschaftslehre hat bislang mehrheitlich versucht, das Phänomen konvergierender Strategien durch innerorganisatorische Sachverhalte zu erklären. So weisen einige Studien darauf hin, dass Pioniere für neue Strategien in der Regel höhere Risiken der Entwicklung auf sich nehmen müssen, die dazu beitragen können, die „First Mover Advantages" zu reduzieren.[603] In eine ähnliche Richtung argumentieren Forscher, die auf die Kostenvorteile verweisen, da andere Unternehmen für den Imitator die Kosten der Forschung und Entwicklung übernehmen.[604]

Aus Sicht der modernen Systemtheorie rückt hingegen eine andere Begründung für die Vorteilhaftigkeit der Imitation von Strategien in den Blickpunkt: Es handelt sich vermutlich um ein geeignetes Instrument, um einen Beobachter von strategischer Planung dazu zu verleiten, trotz der beobachteten Paradoxien dennoch Vertrauen in die Zukunft der Organisation zu entwickeln. Mit einem Verweis auf eine in anderen Unternehmen in der Vergangenheit erfolgreiche Strategie signalisiert das Management der Unternehmung seinen Beobachtern: Seht her, die Strategie hat bereits an anderer Stelle funktioniert! Und im Idealfall liefert es gleichzeitig Argumente, warum die gleiche Strategie in der eigenen Organisation besser funktioniert

---

[601] Vgl. Haunschild (1993), S. 564 ff.
[602] Vgl. grundlegend Prahalad, Hamel (1990), S. 79 ff.
[603] Vgl. Lieberman, Montgomery (1988), S. 41 ff.
[604] Vgl. Dutton, Freedman (1985), S. 39 ff.

als bei der Konkurrenz: Man ist finanzkräftiger, hat die besseren Führungskräfte oder die größere Marktmacht. Wer dieser Argumentation folgt, so die kommunikative Intention des Managements, der lässt sich eher darauf ein, Vertrauen in die Zukunftsfähigkeit der Organisation zu entwickeln, auch wenn die beobachteten Paradoxien der strategischen Planung unter Umständen dagegen sprechen würden.[605]

Option 2: Maximale Zurechnung von Entscheidungen über strategische Planungen auf Personen

Es ist bereits bekannt, dass alle sozialen Systeme Kommunikation als Handlung interpretieren und sie auf diese Art und Weise beobachtbar und fassbar machen. Dies gilt natürlich auch für kommunizierte Planungen. Beobachtende Systeme weisen Pläne als explizite Handlungen des Managements einer Organisation aus. Bereits durch diese Zurechnung werden die Paradoxien von Planung zu einem gewissen Grad überdeckt. Man glaubt daran, dass das Management mit seinen Handlungen dazu beitragen kann, dass die Pläne Wirklichkeit werden – obwohl diese Vorstellung, wie bereits mehrfach erläutert, eine reine Fiktion ist.

Im Falle des strategischen Managements wird das paradoxieüberdeckende Potential der Personalisierung buchstäblich auf die Spitze getrieben – entsprechend der besonderen Herausforderung hinsichtlich der Paradoxieüberdeckung, die die strategische Planung bereit hält. Das Management einer Organisation macht sich in der Regel die Wirkungen der Personalisierung von Kommunikation für die strategische Planung nutzbar, indem es die Entscheidungen über die Inhalte der Strategie dem Top-Management der Unternehmung, also der Spitze der Hierarchie, zuschreibt. Damit wird nach außen vermittelt: Die Top-Manager der Organisation sind es, die durch ihre Entscheidungen die strategische Planung definiert haben – obwohl es in Wirklichkeit die Kommunikation ist, die kommuniziert hat. Durch die Zuweisung von Kommunikation auf die höchstmögliche Handlungsebene der Unternehmung wird der beobachtenden Umwelt die besondere Relevanz dieser Kommunikation verdeutlicht. Es hat den Anschein, als ob die Spitze der Hierarchie dieser Organisation dafür einsteht, den bestmöglichen strategischen Plan für die Unternehmung erstellt zu haben. Mehr kann die Organisation nicht leisten. Und weiter: Die Top-Manager knüpfen den weiteren Fortgang ihrer beruflichen Karriere (zumindest innerhalb dieser Unternehmung) nach außen hin an die erfolgreiche Umsetzung der strategischen Planung. Eine weitergehende Verknüpfung von Kommunikationsinhalten auf Personen ist wohl kaum möglich. Einem Beobachter der strategischen Planung soll signalisiert werden: Wir haben alles getan und unsere besten Manager ins Rennen geschickt,

---

[605] Damit ähneln die Ergebnisse der systemtheoretischen Interpretation dem institutionalistischen Ansatz der Organisationstheorie. Auch dort wird das Phänomen der Imitation von Strategien nicht mit angestrebter Effizienz in Verbindung gebracht, sondern mit kulturell bedingten Erwartungshaltungen erklärt. Vgl. insbesondere DiMaggio, Powell (1991), S. 63 ff.

um die optimale Strategie für das Unternehmen zu definieren. Dahinter steht nicht mehr als die Hoffnung, dass diese Argumentation die Paradoxien der strategischen Planung beim beobachtenden System bis zu einem gewissen Punkt überdeckt.

Mit Hilfe dieser Interpretation können nun auch die Ergebnisse zahlreicher empirischer Analysen neu bewertet werden, die den Versuch unternommen haben, den Grad des Einflusses von individuellen Charakteristika des Top-Managements einer Unternehmung auf die Strategieformulierung zu definieren. Sie rekurrieren in ihrem methodischen Aufbau in der Regel auf ein im Jahr 1984 von Hambrick und Mason vorgestelltes Grundmodell zur Erklärung des Unternehmenserfolges.[606] Die beiden Autoren unterscheiden in ihrer Darstellung drei verschiedene Gruppen von Einflussfaktoren auf die Leistungsfähigkeit der Unternehmung: Interne und externe Situationsmerkmale, Top-Management-Charakteristika sowie strategische Wahlentscheidungen. Die drei genannten Merkmale stehen in Wechselwirkungen zueinander. So beeinflussen interne und externe Situationsmerkmale nach Einschätzung der Autoren nicht nur die strategischen Entscheidungen der Unternehmung, sondern auch wesentliche Top-Management-Charakteristika. Diese wiederum besitzen einerseits ebenfalls einen Einfluss auf die strategischen Entscheidungen der Unternehmung und damit mittelbar auf die Unternehmensperformance, andererseits unterstellen die Autoren zugleich auch eine unmittelbare Korrelation zwischen den Top-Management-Charakteristika und der Unternehmensperformance. Damit schreiben sie der Variablengruppe der Top-Management-Charakteristika die entscheidende Bedeutung für den Unternehmenserfolg zu.[607]

In ihrem Aufsatz „Upper Echolons" beschreiben sie eine umfangreiche Liste der von ihnen vermuteten Wechselwirkungen zwischen demographischen Merkmalen des Top-Managements und dem Charakter des strategischen Managements der Unternehmung. So stellen sie beispielsweise die Hypothese auf, dass Manager, die vor ihrem Aufstieg in das Top-Management vertriebsnahe Funktionen innehatten, in der Strategie des Unternehmens Produktinnovationen, Diversifikationen und andere outputnahe Maßnahmen stärker gewichten als Manager, die diese funktionalen Verantwortungen vorab nicht besaßen. Manager mit einer Vertriebsvergangenheit würden daher in Unternehmen, die sich in turbulenten und komplexen Industrien bewegen, durchschnittlich eine höhere Profitabilität erzielen als Manager ohne diese Vergangenheit.[608] Weiterhin unterstellen die Autoren einen Einfluss des sozioökonomischen Hintergrunds des Managements auf ihre strategischen Grundentscheidungen. So würden Unternehmen, deren Top-Führungskräfte überproportional aus niedrigen gesellschaftlichen Schichten stammen, eher die Tendenz aufweisen, Strategien zu verfolgen, die Diversifi-

---

[606]   Vgl. Hambrick, Mason (1984), S. 193 ff.
[607]   Vgl. Hambrick, Mason (1984), S. 198
[608]   Vgl. Hambrick, Mason (1984), S. 199

kationen des bestehenden Geschäftsmodells sowie eine aggressive Akquisitionspolitik umfassen.[609]

Die empirische Überprüfung dieser und weiterer Aussagen im Zusammenhang mit dem Einfluss von Top-Managament-Charakteristika auf die Strategieentscheidungen von Unternehmen sahen Hambrick und Mason im Zentrum eines in der Zukunft zu entwickelnden Forschungsprogramms. Mit dieser Aufforderung zur weiteren Erforschung dieser Zusammenhänge gaben sie seinerzeit den Startschuss für eine Fülle von empirischen Studien, die auf der Grundlage des theoretischen Modells der beiden Autoren nahezu alle denkbaren demographischen Variablen auf ihre Tauglichkeit als erklärende Variablen für den Charakter einer Unternehmensstrategie untersuchten.[610] Die Ergebnisse dieser Studien sind mittlerweile so vielfältig, dass es im Rahmen einer Gesamtschau unmöglich geworden ist, zu identifizieren, wie und in welcher Art und Weise Manager in der Lage sind, die Strategieentscheidungen ihrer Unternehmen zu beeinflussen. Lediglich die Aussage, dass überhaupt ein Einfluss besteht, scheinen die zahlreichen Studien zu belegen.[611]

Dieses Ergebnis erscheint vor dem Hintergrund der Erkenntnisse über die strategische Planung in Unternehmen, die mittels der modernen Systemtheorie gewonnen wurden, nun gar nicht mehr so chaotisch, sondern durchaus plausibel. Zunächst einmal sei nochmals betont, dass ein einzelner Manager strukturell gesehen keinen Einfluss auf die Kommunikation einer Unternehmung besitzt. Kommunikation kommuniziert autopoietisch und die an der Kommunikation beteiligten Bewusstseinssysteme liegen in der Umwelt der sozialen Systeme. Sie sind zwar mittels Interpenetration mit Kommunikation verbunden, können dies aber allenfalls irritieren. Dennoch haben die vorangegangenen Ausführungen gezeigt, dass insbesondere im Falle der Kommunikation von strategischer Planung dem Top-Management einer Unternehmung eine entscheidende Bedeutung zuzuweisen ist. Allerdings ist es nicht die von den Unternehmen nach außen proklamierte Rolle des (rationalen) Entscheiders, der in der Lage ist, sämtliche Entscheidungen des Unternehmens zu beeinflussen und so die Organisation wie der Kapitän sein Schiff sicher und erfolgsorientiert steuert. Nein, das Top-Management einer Organisation wird benötigt, um die der strategischen Planung innewohnenden Paradoxien für einen Beobachter dieser Kommunikation zu überdecken. Durch die Zuschreibung von Kommunikation auf Handlungen und damit auf Personen in der für die Unternehmung maximal möglichen Form erhofft man sich, wie zuvor beschrieben, dass beim Beobachter von strategi-

609   Vgl. Hambrick, Mason (1984), S. 201 f.
610   Vgl. z.B. Finkelstein, Hambrick (1990), S. 484 ff.; Wiersema, Bantel (1992), S. 91 ff.; Singh, Harianto (1989), S. 143 ff.; Eisenhardt, Schoonhoven (1996), S. 136 ff. oder Murray (1989), S. 125 ff.
611   Vgl. Bresser (1998), S. 112

scher Planung trotz identifizierter Paradoxien Vertrauen in die Zukunftsfähigkeit der Unternehmung entsteht.

Die These, die aus der Verknüpfung dieser systemtheoretischern Kernaussage mit den empirischen Erkenntnissen entsteht, lautet nun: Die beschriebene Überdeckung der Paradoxien von strategischer Planung gelingt umso besser, je eher die Inhalte der strategischen Planungen zusätzlich mit ausgewählten Charakteristika des Top-Managements harmonisieren und so für einen externen Beobachter ein stimmiges Gesamtbild ergeben. Oder profaner formuliert: Es ist nicht der Manager mit einem vertriebsorientierten Lebenslauf, der individuell immer wieder vertriebslastige Strategien definiert. Es ist die Gesellschaft, die als Beobachter von strategischer Planung die maximal mögliche Zuschreibung von Kommunikation auf Handlung in diesem Falle als geeignetes Stilmittel akzeptiert, um die Paradoxien dieser Kommunikation zu überdecken, und die aufgrund ihrer Reaktionen die weitere Verknüpfung von Personenmerkmalen und Strategieinhalten bestätigt. Die beobachtenden Systeme schenken einer vertriebsorientierten Strategie, die einem vertriebslastigen Manager zugeschrieben wird, trotz der gleichen vorhandenen strukturellen Mängel offensichtlich mehr Glauben, als wenn die gleiche Strategie einer anderen Person zugeschrieben werden würde. Oder exakter formuliert: Sie bringen der Organisation im erstgenannten Fall trotz der paradoxen Beobachtung der strategischen Planung mehr Vertrauen entgegen – so zumindest die Vermutung, die sich aus den Erkenntnissen der Systemtheorie anbietet. Es ist die Akzeptanz der Überdeckung der Paradoxien von strategischer Planung bei den Beobachtern der Unternehmung, die diese letztlich erfolgreich macht.

Zurück zu der verwirrenden Zahl von widersprüchlichen Erkenntnissen der empirischen Analysen: Sie lassen sich durch die vorgenommenen Ausführungen leicht erklären. Top-Management-Charakteristika sind nicht in der Realität vorhanden, sondern entstehen erst durch Beobachtung. Unter Umständen kann das Management einer Unternehmung mit diesen verschiedenen Merkmalen spielen bzw. sie durch geschickte Kommunikation erst entstehen lassen – entscheidend ist aber das, was die beobachtenden Systeme wahrnehmen. In diesem Zusammenhang ist eine große Zahl von Möglichkeiten denkbar, wie beim Beobachter Persönlichkeitsmerkmale des Managements und Strategieinhalte zu einem konsistenten Gesamtbild zusammengefügt werden können. Die Einschätzung, dass der ältere Vorstandsvorsitzende gerade wegen seiner Erfahrung die zukünftige Entwicklung des Unternehmens in einem hoch dynamischen Marktumfeld positiv beeinflussen kann, ist genauso möglich wie die Beurteilung, dass er gerade wegen seines Alters nicht mehr geeignet ist, genau dies zu tun. Der Beobachter entscheidet aufgrund seiner Beobachtungen, zu welcher Option er tendiert. Damit sind aber die Kriterien der Zurechnung von Kommunikation, in diesem Fall von strategischer

Planung, auf Handlung, in diesem Fall auf das Top-Management einer Unternehmung, nicht objektiv bestimmbar, sondern sie entstehen systemindividuell. Dies eröffnet eine große Zahl von Interpretationsoptionen, die durchaus widersprüchlich sein können – was durch die empirischen Analysen auch bestätigt wird.

Option 3: Hervorhebung des Strategieprozesses

Eine große Zahl von Unternehmen kommuniziert im Zuge ihrer strategischen Planung nicht nur das Ergebnis, den Plan, sondern auch den Prozess der Planerstellung. Man verweist auf den konsistenten Ablauf, der nach strikt rationalen Gesichtspunkten erfolgt ist. Der rational-präskriptive Ansatz der Betriebswirtschaftslehre flankiert diese Kommunikationsbemühungen der Unternehmen, indem er das theoretische Rüstzeug für eine derartige Vorgehensweise liefert. Häufig ist weiterhin auch zu beobachten, dass Unternehmen die Experten, die sie im Rahmen der Strategiefindung unterstützt haben, später explizit im Rahmen der Vorstellung der strategischen Planung nennen. Dies können beispielsweise namhafte Unternehmensberatungen sein.

All dies, so die im Rahmen dieser Arbeit vertretene These, tun Unternehmen mit der kommunikativen Absicht, die der Planung innewohnenden Paradoxien zu überdecken. Durch die Betonung der Rationalität und Stringenz des Kommunikationsprozesses wird einem Beobachter signalisiert, dass das Unternehmen die strategische Planung in einer optimalen Art und Weise erarbeitet hat. Es macht nach außen hin deutlich, dass es hinsichtlich des Prozesses der Strategieerstellung alles dafür getan hat, die für die Organisation optimalen Inhalte von Strategie zu definieren. Diese Beobachtung trägt beim Beobachter, so die Vermutung, dazu bei, die im Zuge der Beobachtung der Strategie wahrgenommenen Paradoxien unterzubewerten.

Option 4: Betonung von nicht imitierbaren Kompetenzen der Unternehmung

Eine Reihe von Unternehmen kommuniziert im Rahmen ihrer strategischen Planung, dass die Inhalte der Strategie unter Berücksichtigung von so genannten Kernkompetenzen der eigenen Organisation entwickelt wurden, die nicht oder nur schwer von Konkurrenten zu imitieren sind. Die theoretische Untermauerung dieser Praxis bietet der bereits angesprochene ressourcenbasierte Ansatz der Betriebswirtschaftslehre.[612] Damit bildet die vierte Option zur Überdeckung der Paradoxien von strategischer Planung gewissermaßen das argumentative Gegenstück zum Argument der konvergierenden Strategien – allerdings mit der gleichen kommunikativen Intention. Indem man die Realisierung der Sachverhalte, die in der strategischen Planung definiert sind, mit kommunikativen Konstrukten verknüpft, die scheinbar nur dieser Un-

---

[612] Vgl. neben Prahalad, Hamel (1990), S. 79 ff. grundlegend Wernerfelt (1984), S. 171 ff. und Wernerfelt (1995), S. 171 ff.

ternehmung zur Verfügung stehen, erhofft man sich von Seiten des Managements, dass der Beobachter von strategischer Planung die Paradoxien, die beim Beobachten dieser Kommunikation sichtbar werden, bei seinen anschließenden Kommunikationsentscheidungen weitgehend unberücksichtigt lässt.

Die Liste der möglichen Optionen, die dem Management einer Organisation zur Überdeckung der strukturellen Paradoxien von strategischer Planung zur Verfügung stehen, ließe sich fortsetzen. Die Ausführungen zu den vier ausgewählten Beispiele haben verdeutlicht, dass sich die Inhalte der Optionen und ihre Handhabung zum Teil widersprechen, zum Teil können sie sich aber auch gegenseitig verstärken. Allen Kommunikationsoptionen ist gemein, dass sie dazu beitragen können, die im Zuge der Beobachtung von strategischer Planung besonders leicht zu identifizierenden Paradoxien zu überdecken. Ob es ihnen tatsächlich gelingt, muss offen bleiben, genauso wie die Beantwortung der Frage, wie diese Beobachtungen dazu beitragen, dass bei den beobachtenden Systemen Vertrauen in die Zukunftsfähigkeit der Unternehmung entsteht.

Dennoch ist so etwas wie Kontrolle des Erfolgs von strategischer Planung erforderlich, schon allein deshalb, um entscheiden zu können, wann es notwendig ist, sich von der bisherigen Strategie zu verabschieden und eine neue strategische Planung zu entwerfen. Damit wären wir bei der vierten und letzten Leitlinie für eine erfolgreiche Kommunikation strategischer Planung angelangt. Innerhalb der Betriebswirtschaftslehre liegt mittlerweile eine Reihe von Veröffentlichungen zu den Fragen des strategischen Controllings bzw. der strategischen Kontrolle vor.[613] Darin wird der Prozess der strategischen Kontrolle in der Regel auf die Prüfung reduziert, ob die in der strategischen Planung beschriebenen Sachverhalte in der Realität tatsächlich in der prognostizierten Form eingetreten sind bzw. ob die der Planung zugrundeliegenden Prämissen vor dem Hintergrund der sich veränderten Realität weiter aufrecht zu erhalten sind. Vor dem Hintergrund der Erkenntnisse dieser Arbeit ist jedoch zu konstatieren: Eine solche Form der strategischen Kontrolle greift zu kurz. Sie überprüft nicht den tatsächlichen Erfolg der Kommunikation einer strategischen Planung, sondern kontrolliert nur einen bestimmten Sachverhalt, von dem angenommen wird, dass eine positive Wechselwirkung zwischen diesem Sachverhalt und dem Erfolg von Strategie besteht. Konkreter ausgedrückt: Wenn sich die Realität so entwickelt, wie in der strategischen Planung beschrieben, dann ist sie zweifellos erfolgreich. Offensichtlich haben in diesem Fall die für die Zukunft der Unternehmung wesentlichen Sozialsysteme Kommunikationsbeziehungen mit der Organisation aufgebaut und damit dazu beigetragen, dass sich das Unternehmen so entwickelt, wie in der strategischen

613 Vgl. Baum, Coenenberg, Günther (2004), S. 1 ff.; Liessmann (2003), S. 109 ff.; Schwienhorst (1989), S. 111 ff.

Planung beschrieben. Ob die Ursache für diese Entwicklung darin zu sehen ist, dass das Unternehmen die Zukunft im Rahmen der strategischen Planung korrekt beschrieben hat, kann jedoch nur vermutet werden. Denkbar ist nämlich auch eine Situation, bei der wesentliche Entwicklungen, die in der strategischen Planung abgebildet wurden, in der Realität überhaupt nicht eingetreten sind, gleichzeitig die für die Unternehmen wesentlichen Sozialsysteme aber trotzdem Vertrauen in die Zukunft der Unternehmung entgegenbringen. Beispiel: Eine neue Produktentwicklung, der in der strategischen Planung große Potentiale bescheinigt wurde, kann sich am Markt offensichtlich nicht durchsetzen – und trotzdem (oder gerade deswegen?) bringen die für die Unternehmung wesentlichen Systeme auch weiterhin Vertrauen in die Zukunftsfähigkeit der Organisation auf. Wer die Kommunikation von strategischer Planung primär als Mittel zum Zweck des Aufbaus von Vertrauen ansieht, der kommt zwangsläufig zu dem Ergebnis, dass auch diese strategische Planung erfolgreich war.

Daher muss strategische Kontrolle, will sie die Erkenntnisse der modernen Systemtheorie berücksichtigen, zwangsläufig an der Größe ansetzen, die den Erfolg von strategischem Management definiert: das Vertrauen derjenigen Systeme in die Zukunftsfähigkeit der Unternehmung, die zuvor vom Management als relevant für den Unternehmenserfolg definiert wurden. Doch selbst wenn es gelänge, Informationen über das Vertrauen, welches diese Systeme der Unternehmung entgegenbringen, zusammenzutragen, könnten diese nicht im Sinne einer klassischen Ursache-Wirkungs-Kette dafür genutzt werden, exakte Anknüpfungspunkte zu identifizieren, an denen die bisherige Unternehmensstrategie verbessert werden müsste. So kann mangelndes Vertrauen in die Zukunftsfähigkeit einer Unternehmung trotz und wegen der beobachteten Unternehmensstrategie zustande gekommen sein – niemand wird dies jemals abschließend klären können. Das Management kann durch das Einleiten entsprechender Kommunikationsmaßnahmen jedoch versuchen, an diesem Zustand etwas zu verändern.

Generell soll abschließend nochmals betont werden, dass die Umsetzung der vier genannten Leitlinien keinesfalls eine Garantie für ein erfolgreiches strategisches Management darstellen kann. Die Leitlinien zeigen allenfalls Möglichkeiten auf, wie es funktionieren könnte – abschließende, allgemeingültige Verfahrensrichtlinien im Sinne einer konkreten Handlungsanweisung, deren Anwendung einen bestimmten Erfolg in der Realität nach sich zieht, wird die Betriebswirtschaftslehre niemals entwickeln können, so sehr sich die Praxis genau dies von Wissenschaft wünscht.

4   Zusammenfassung und Ausblick

Am Anfang dieses dritten Teils der Arbeit stand die Frage, ob es gelingt, durch die Erkenntnisse der modernen Systemtheorie den vorgestellten (Grund-) Konflikt der strategischen Managementtheorie zwischen den rationalen Planern und den Inkrementalisten neu zu bewerten. Nach Abschluss der Analyse soll trotz aller notwendigen Bescheidenheit behauptet werden, dass dies gelungen ist.

So konnte beispielsweise verdeutlicht werden, dass der beschriebene Konflikt, den die Betriebswirtschaftslehre bisher in das Zentrum der Erörterung gerückt hat, allenfalls auf einem Nebenkriegsschauplatz der sozialen Realität stattfindet. Für einen Erfolg des strategischen Managements ist es nicht entscheidend, wie ein strategischer Plan zustande gekommen ist und welche Inhalte er beschreibt. Einzig und allein entscheidend ist die Wirkung, die er bei den Sozialsystemen entfacht, die für den Erfolg der Unternehmung relevant sind. Im besten Fall führt eine Beobachtung von strategischer Planung dazu, dass diese Systeme der Unternehmung Vertrauen entgegenbringen. Insbesondere in der modernen, funktional ausdifferenzierten Gesellschaft weist dieses symbolisch generalisierte Kommunikationsmedium fast schon essentiellen Charakter für jedes Unternehmen auf. Die höchste Hürde, die das Management zu überwinden hat, wenn es das Instrument der strategischen Planung in diesem Sinne nutzen möchte, ist dabei die Überdeckung der Paradoxie von Planung. Diese wird im Falle der strategischen Planung für einen Beobachter immer besonders leicht sichtbar. Hinweise auf Erfolge in der Vergangenheit, auf ein besonders kompetentes Top-Management, auf Kernkompetenzen oder einen rational strukturierten Strategieprozess können beim Beobachter diese Paradoxien überdecken – ob dies tatsächlich gelingt, ist allerdings fraglich, genauso wie der Erfolg von strategischer Planung insgesamt weder prognostiziert noch beschrieben werden kann. Dennoch ist es gelungen, vier Leitlinien für das Management einer Unternehmung zu formulieren, die aufzeigen, welche Aspekte im Rahmen der Kommunikation einer strategischen Planung zu berücksichtigen sind.

Aus jeder Beobachtung, die auf den Erkenntnissen der modernen Systemtheorie beruht, lernt man auch etwas über den Beobachter. Was kann also die Betriebswirtschaftslehre aus den Erkenntnissen dieses Teils der Arbeit über ihre eigene Beobachterposition lernen? Vor allem zweierlei: Zum einen hat die Analyse aufgezeigt, dass das Festhalten am Anspruch, „Was-Fragen" im Rahmen der strategischen Managementtheorie beantworten zu wollen, in eine erkenntnistheoretische Sackgasse führt. Die Kernfrage „Was zeichnet ein erfolgreiches strategisches Management einer Unternehmung aus?" lässt sich einfach nicht abschließend beantworten. Stattdessen ist eine Aufstellung der Forschungsstrategie auf „Wie-Fragen" erforderlich: „Wie kann das Management einer Unternehmung trotz der operativen Geschlossenheit der Systeme, die das Unternehmen beobachten, strategisches Management betreiben und so das Vertrauen dieser Systeme gewinnen?" ist dabei die zentrale übergreifende Fragestellung. Darunter subsumiert werden kann eine Reihe von weiteren Fragestellungen, beispielsweise danach, wie das Management durch Beobachtung verschiedener Sozialsysteme erkennen kann, wann es sich überhaupt mit strategischer Planung beschäftigen sollte. Weiterhin verdient die Klärung des Problems eine gesonderte Betrachtung, wie das Management einer Unternehmung die Beobachtungsstrukturen und ihre Handhabung der Systeme erkennen kann, die durch ein zielorientiertes strategisches Management beeinflusst werden sollen, um daraus die geeigneten Inhalte von strategischer Planung definieren zu können. Direkt anzuschließen ist die Frage, wie es dem Management gelingen kann, die im Falle der strategischen Planung besonders leicht erkennbare Paradoxie von Planung zu überdecken. Und schließlich kann immer auch gefragt werden, wie es für das Management einer Unternehmung deutlich wird, ob eine Strategie erfolgreich ist bzw. wann es an der Zeit ist, einen Strategiewechsel vorzunehmen. Alle Antworten, welche die Betriebswirtschaftslehre auf diese Frage zu geben vermag, zeigen allenfalls Optionen auf, wie die soziale Realität tatsächlich ablaufen könnte. Übertragbar auf die Praxis sind diese Erkenntnisse daher lediglich, um die Problematik von strategischem Management im betrieblichen Alltag zu thematisieren. Abschließende Antworten, so viel ist jedoch klar, wird Wissenschaft niemals geben können und sie würde gut daran tun, dieses der Praxis gegenüber offen zuzugeben, um Enttäuschungen zu vermeiden.

Zum anderen lehrt die Analyse in diesem dritten Teil der Arbeit, dass zu einer umfassend sozialwissenschaftlichen Ausrichtung der Betriebswirtschaftslehre keinerlei wirkliche Alternative existiert. Wer die Probleme des Betriebsalltages so realitätsnah wie möglich analysieren möchte, dem bleibt keine andere Wahl als die, Unternehmen als einen Teil der Gesellschaft zu betrachten. Nur so wird sichtbar, welche Elemente die Kommunikation eines Unternehmens auszeichnen und nur so wird erkennbar, welche Wechselwirkungen zwischen dem System Unternehmung und seiner Umwelt existieren. Nicht umsonst heißt es in der modernen Systemtheorie: Die Umwelt ist konstituierend für das System. Eine mögliche Alternative zu dieser realitätsnahen Positionierung der Betriebswirtschaftslehre könnte möglicherweise in einem normativen Ansatz entlang dem Grundsatz der Rationalität gesehen werden. Die Ergebnisse dieses Teils der Arbeit zeigen jedoch auf, welche Konsequenzen sich aus der Verfolgung einer solchen Forschungsstrategie ergeben würden: Betriebswirtschaftslehre wäre dann nicht mehr als eine Art Hilfswissenschaft für das Management von Unternehmen, die Unterstützung dabei leistet, Methoden und Vorgehensweise zu entwickeln, mit denen in der Praxis die Paradoxien der Managementkommunikation erfolgreich überdeckt werden können. Mit dem Anspruch, der an eine wissenschaftliche Disziplin zu richten ist, lässt sich ein derart eng gezogener Forschungsansatz allerdings wohl kaum vereinen.

V   Fazit

Am Ende eines derart langen Weges, wie er in der vorliegenden Arbeit absolviert wurde, ist es an der Zeit, die Frage zu thematisieren, ob sich die Anstrengungen, die erbracht werden mussten, um dieses Ziel zu erreichen, denn auch wirklich gelohnt haben. Die Frage stellt sich insbesondere auch deshalb, weil in einer Gesamtschau der Arbeit zweifelsohne an erster Stelle der für eine sozialwissenschaftliche Arbeit ungewöhnlich lange theoretische Vorlauf ins Auge fällt. Es scheint offensichtlich tatsächlich so zu sein, wie einige Kritiker der Ausarbeitungen Luhmanns monieren,[614] dass nämlich die Anwendung der modernen Systemtheorie zwingend notwendig eine umfassende Auseinandersetzung mit den Grundlagen dieser Theorie voraussetzt.

Gleichzeitig hat der Gesamtverlauf der Arbeit auch verdeutlicht, dass – zumindest zum gegenwärtigen Zeitpunkt – noch keine Alternative zu einer solchen Vorgehensweise existiert. Zu neu sind die Denkanstöße Luhmanns insbesondere für die Betriebswirtschaftslehre und gleichzeitig liegen sie zu weit entfernt von den traditionellen Theorieansätzen der Sozialwissenschaften, als dass die wesentlichen Kategorien seines Gedankenwerks als bekannt vorausgesetzt werden könnten. Würde man vor dem Hintergrund dieser Ausgangssituation auf eine tiefgreifende Erörterung der Theoriegrundlagen verzichten – die Anwendung der modernen Systemtheorie wäre im Ergebnis wohl tatsächlich nicht mehr als ein verwirrendes Sprachspiel, bei dem die Hintergründe der einzelnen Theorieaxiome im Dunkeln bleiben müssten. Hinzu kommt, dass die in vielerlei Hinsicht besondere Struktur der Theoriedarstellung Luhmanns eine rasche Adaption auf konkrete Problemstellungen erschwert. Allein schon die Quantität der Veröffentlichungen Luhmanns macht es in diesem Zusammenhang erforderlich, dass die für die jeweiligen Zwecke einer Untersuchung benötigten Theoriebausteine zu großen Teile immer neu zusammengestellt und in einer ganz individuellen Form dargestellt werden müssen.

Umso mehr stellt sich angesichts dieser Situation die Frage: Lohnt sich denn der ganze Aufwand überhaupt? Bei der Bewertung dieser Frage bieten sich prinzipiell mehrere Referenzpunkte an: Wissenschaftliche Arbeiten sollen zuallererst dazu beitragen, einen wissenschaftlichen Erkenntnisgewinn über das Untersuchungsobjekt zu liefern. In dieser Hinsicht hat die vorliegende Arbeit zumindest die Potentiale aufgezeigt, die sich aus der Anwendung der modernen Systemtheorie für die Betriebswirtschaftslehre ergeben könnten. Auch wenn das Detaillierungsniveau der Ausarbeitungen nicht an das in dieser Wissenschaftsdisziplin übliche Niveau heranreicht, so konnten dennoch eine Reihe von innovativen Erkenntnissen über die

---

[614]   Die Argumente dieser Autoren wurden bereits im ersten Teil der Arbeit vorgestellt. Vgl. II.6.2

typischen Abläufe in Unternehmen gewonnen werden, die zuvor in der Betriebswirtschaftslehre in dieser Form nicht in der Breite diskutiert wurden. Zu nennen ist dabei beispielsweise
die Darstellung des von der Unternehmung selbst induzierten Zwangs, permanent entscheiden
zu müssen. Auch die Schwierigkeiten, die das Management einer Unternehmung zu überwinden hat, wenn es den Versuch unternimmt, die einzelnen Subsysteme der Unternehmung auf
die Ziele der Gesamtorganisation hin auszurichten, konnten zwar zum Teil in empirischen
Untersuchungen bereits nachgewiesen, bisher aber nicht in einen übergreifenden Theorierah-
men eingeordnet werden. Es wurde jedoch auch deutlich, dass diese und weitere in den vergangenen Kapiteln beschriebenen Resultate geradezu Anschlussforschungen provozieren, die
sich zum Ziel setzen, diese Ergebnisse weiter detaillieren.

Wissenschaftlicher Erkenntnisgewinn setzt ein klares Verständnis über die Position des Beobachters voraus: Nur derjenige, der weiß, wo er steht und wie er beobachtet, ist auch in der
Lage, die Ergebnisse seiner Beobachtungen richtig einzuschätzen. Im Verlauf der Arbeit wurde an mehreren Stellen deutlich, dass die Betriebswirtschaftslehre diesem Aspekt im Rahmen
ihrer Erörterungen bisher wohl etwas zu geringen Raum geschenkt hat. Die Anwendung der
modernen Systemtheorie konnte hier in bemerkenswerter Weise Klarheit schaffen. So wurde
ersichtlich, dass die enge Ausrichtung der betriebswirtschaftlichen Forschung an die Bedürfnisse der Praxis zwangsläufig in einer erkenntnistheoretischen Sackgasse enden musste. Wissenschaftliche Beobachtungen werden niemals die abschließenden und endgültigen Antworten geben können, die im Betriebsalltag so dringend benötigt werden. Gleichzeitig verhindert
das starre Festhalten an dieser Forschungstradition fast zwangsläufig die Adaption moderner
Theoriegrundlagen, wie z. B. die der Systemtheorie Luhmannscher Prägung. Falls sich radikal
konstruktivistische Ansätze weiterhin so erfolgreich in anderen Wissenschaftsdisziplinen
durchsetzen können, wie dies in den letzten Jahren beobachtet werden konnte, so steht zu befürchten, dass diese Situation die Betriebswirtschaftslehre in noch größere Bedrängnis bringen
könnte, als dies bisher der Fall war: Sollte keine Korrektur in Richtung einer umfassenden
Theorieorientierung erfolgen, so droht ihr nicht nur eine problematische Position innerhalb
des wissenschaftlichen Diskurses. Es ist darüber hinaus zu befürchten, dass sich mittelfristig
auch die Unternehmenspraxis resigniert von der Betriebswirtschaftslehre abwendet, da sie der
Misserfolge in der Umsetzung vermeintlich erfolgsversprechender Rezepte überdrüssig geworden ist.

Vor diesem Hintergrund stellt sich die Frage, inwieweit die Erkenntnisse dieser Arbeit für die
Praxis hilfreich sein könnten, eigentlich gar nicht. Schließlich sind sie für den betrieblichen
Alltag vor allem deshalb untauglich, weil sie einer anderen Kommunikationslogik folgen als
der, die von den Unternehmen zur fortlaufenden Reproduktion ihrer Entscheidungen genutzt

wird. Allerdings könnte sich gerade dadurch, dass dieser Sachverhalt offensiv von der Betriebswirtschaftslehre vorgetragen wird, eine Renaissance der Nutzung wissenschaftlicher Erkenntnisse in der Unternehmenspraxis ergeben. So könnte gerade eine realistische Beschreibung der Möglichkeiten und Grenzen von Adaptionen betriebswirtschaftlicher Erkenntnisse in der Unternehmenspraxis ein neues Interesse des Managements an wissenschaftlichen Beobachtungen begründen: Es würde schließlich erstmals sichtbar werden, dass unverändert dem Management die entscheidende Rolle bei der Initiierung von unternehmensinterner Kommunikation zur Steuerung der Organisation zukommt, und dies auch dann, wenn es stark auf betriebswirtschaftliche Erkenntnisse zurückgreift. Denn schließlich erfordert das strikt wissenschaftliche Argumentieren in der Theorie eine unternehmensindividuelle Anpassung der wissenschaftlichen Erkenntnisse für die Zwecke der Steuerung in der Praxis, die nur das Management einer Unternehmung realisieren kann. Es steht zu vermuten, dass die Unternehmenspraxis eine solche Eigenpositionierung der Betriebswirtschaftslehre vor allem dann befürworten würde, wenn gleichzeitig die Grenzen der „traditionellen", d.h. der weitgehend auf ontologischen Annahmen basierenden, Kooperation zwischen Wissenschaft und Praxis sichtbar werden würden. Die vorliegende Arbeit möchte sich zugute halten, für die Betriebswirtschaftslehre einen Weg skizziert zu haben, der im Falle eines Beschreitens dazu beitragen könnte, dass genau diese Akzeptanz von wissenschaftlicher Kommunikation in der Unternehmenspraxis wieder entstehen kann. Damit sind die Ergebnisse, die aus der Anwendung der modernen Systemtheorie resultieren, gewissermaßen mittelbar auch nützlich für die Praxis.

Insgesamt kann daher nach Einschätzung des Autors auf die Frage, ob die Nutzung der modernen Systemtheorie für die Betriebswirtschaftslehre sinnvoll ist, geantwortet werden: Die Beurteilung eines Sachverhaltes mit Hilfe dieses Theorieansatzes ist zweifelsohne immer mit einem hohen Aufwand verbunden. Die Qualität der Ergebnisse kann jedoch diesen Aufwand rechtfertigen, insbesondere in einem Bereich, der gerade für die Betriebswirtschaftslehre von fundamentaler Bedeutung ist: dem Zusammenspiel von Theorie und Praxis. Gerade hier schafft die moderne Systemtheorie eine Klarheit für alle Beteiligten, die notwendig ist, um den Wert der Erkenntnisse richtig einschätzen zu können, welche die betriebswirtschaftliche Forschung jedoch bisher in weiten Teilen hat vermissen lassen.

VI   Literaturverzeichnis

Aharoni, Y. (1966): The foreign investment decision process, Bosten 1966

Albach, H. (1982): Organisations- und Personaltheorie, in: Koch, H. (Hrsg.): Neuere Entwicklungen in der Unternehmenstheorie. Erich Gutenberg zum 85. Geburtstag, Wiesbaden 1982, S. 1 - 22

Albach, H. (1997): Zur koordinationsorientierten Theorie der Unternehmung, in: Koch, H. (Hrsg.): Entwicklung und Bedeutung der betriebswirtschaftlichen Theorie. Zum 100. Geburtstag von Erich Gutenberg, Wiesbaden 1997, S. 1 - 26

Albach, H. (2000): Im Memory of Erich Gutenberg, in: Albach, H., et al. (Hrsg.): Theory of the Firm. Erich Gutenberg's Foundations and Further Developments, Berlin u.a. 2000, S. 58 - 66

Albach, H. (2002): Betriebswirtschaftslehre als Wissenschaft, in: Brockhoff, K.: Geschichte der Betriebswirtschaftslehre. Kommentierte Meilensteine und Originaltexte, 2. Aufl., Wiesbaden 2002, S. 29 - 44

Anderson, C. R., **Paine**, F. T. (1975): Managerial perceptions and stategic behavior, in: Academy of Management Journal 1975, Jg. 18, S. 811 - 823

Ansoff, I. (1965): Corporate Strategy, New York 1965

Ansoff, I. (1991): Critique of Henry Mintzberg's ‚The Design School: Reconsidering the basic premises of strategic Management', in: Strategic Management Journal 1991, Jg. 12, S. 449 - 461

Ansoff, I., **Declerck**, R. P., **Hayes**, R. L. (1997): From Strategic Planning to Strategic Management, in: Hahn, D., Taylor, B. (Hrsg.): Strategische Unternehmungsplanung – strategische Unternehmungsführung. Stand und Entwicklungstendenzen, 7. Aufl., Heidelberg 1997, S. 105 - 143

Arnold, R. (1995): Luhmann und die Folgen: Vom Nutzen der neueren Systemtheorie für die Erwachsenenpädagogik, in: Zeitschrift für Pädagogik 1995, Jg. 41, Heft 4, S. 599 - 614

Aschenbach, M. (1996): Die Reorganisation von Konzernen. Systemtheoretische Beobachtungen des geplanten Wandels, München 1996

Ashby, W. R. (1968): Principles of the Self-organizing System, in: Buckley, W. (Hrsg.): Modern System Research for the Behavioral Scientist, Chicago 1968, S. 108 - 118

Baecker, D. (1986): „Explosivstoff Selbstreferenz." Eine Paraphrase zu Niklas Luhmann, Soziale Systeme: Grundriß einer allgemeinen Theorie, in: Archiv für Rechts- und Sozialphilosophie 1986, Jg. 72, S. 246 - 256

Baecker, D. (1991): Womit handeln Banken? Eine Untersuchung zur Risikoverarbeitung in der Wirtschaft, Frankfurt a. Main 1991

Baecker, D. (1992): Die Unterscheidung zwischen Bewußtsein und Kommunikation, in: Krohm, W., Küppers, G. (Hrsg.): Emergenz. Die Entstehung von Ordnung, Organisation und Bedeutung, Frankfurt a. Main 1992, S. 217 - 268

Baecker, D. (1994): Postheroisches Management. Ein Vademecum, Berlin 1994

Baecker, D. (1999a): Im Seminar, in: Bardmann, Theodor M., Baecker, D. (Hrsg.): ‚Gibt es eigentlich den Berliner Zoo noch?‘ Erinnerungen an Niklas Luhmann, Konstanz 1999, S. 83 - 85

Baecker, D. (1999b): Wenn etwas der Fall ist, steckt auch etwas dahinter, in: Stichweh, R. (Hrsg.): Niklas Luhmann - Wirkungen eines Theoretikers: Gedenkcolloquium der Universität Bielefeld am 8. Dezember 1998, Bielefeld 1999, S. 35 - 48

Baecker, D. (1999c): Die Form des Unternehmens, Frankfurt a. Main 1999

Baecker, D. (1999d): Organisation als System, Frankfurt a. Main 1999

Bahrenberg, G., **Kuhm**, K. (1998): Weltgesellschaft und Religion. Eine systemtheoretische Perspektive, in: Geographische Zeitschrift 1998, Jg. 87, S. 193 - 209

Balke, F. (1999): Dichter, Denker und Niklas Luhmann. Über den Sinnzwang in der Systemtheorie, in: Koschorke, A., Vismann, C. (Hrsg.): Widerstände der Systemtheorie. Kulturtheoretische Analysen zum Werk von Niklas Luhmann, Berlin 1999, S. 135 - 157

Bamberger, I.; **Wrona**, T. (2002): Konzeptionen der strategischen Unternehmensberatung, in: Bamberger, I. (Hrsg.): Strategische Unternehmensberatung: Konzeptionen – Prozesse – Methoden, 3. Aufl., Wiesbaden 2002

Baraldi, C., **Corsi**, G., **Esposito**, E. (1997): GLU. Glossar zu Niklas Luhmanns Theorie sozialer Systeme, Frankfurt a. Main 1997

Bardmann, T. M. (1997): Einleitung, in: Bardmann, T. M.; Groth, T. (Hrsg.): Zirkuläre Positionen. Konstruktivismus als praktische Theorie, Opladen 1997, S. 7 - 18

Bardmann, T. M. (1999): Ein Virus in meinem Denken, in: Bardmann, T. M., Baecker, D. (Hrsg.): ‚Gibt es eigentlich den Berliner Zoo noch?‘ Erinnerungen an Niklas Luhmann, Konstanz 1999, S. 89 - 97

Bardmann, T. M., **Groth**, T. (2001a): Die Organisation der Organisation. Eine Einleitung, in: Bardmann, T. M., Groth, T. (Hrsg.): Zirkuläre Positionen 3. Organisation, Management und Beratung, Wiesbaden 2001, S. 7 - 20

Bardmann, T. M., **Groth**, T. (Hrsg.) (2001b): Zirkuläre Positionen 3. Organisation, Management und Beratung, Wiesbaden 2001

Bardmann, T. M., **Lamprecht**, A. (1999): Systemtheorie verstehen. Eine multimediale Einführung in systemisches Denken. CD-ROM mit Lernbuch, Wiesbaden 1999

Baum, H. G., **Coenenberg**, A. G., **Günther**, T. (2004): Strategisches Controlling, 3. Aufl., Stuttgart 2004

264

Beck, U. (1986): Risikogesellschaft: Auf dem Weg in eine andere Moderne, Frankfurt a. Main 1986

Beermann, W. (1993): Luhmanns Autopoiesisbegriff - „Order from Noise?", in: Fischer, H. R. (Hrsg.): Autopoiesis. Eine Theorie im Brennpunkt der Kritik, 2. Aufl., Heidelberg 1993, S. 243 - 261

Bellebaum, A. (1977): Soziologie der modernen Gesellschaft, Hamburg 1977

Bender, C. (2000): Das System der Logik ist das Reich der Schatten ..., in: Merz-Benz, P.-U., Wagner, G. (Hrsg.): Die Logik der Systeme. Zur Kritik der systemtheoretischen Soziologie Niklas Luhmanns, Konstanz 2000, S. 15 - 36

Berger, J. (1987): Autopoiesis - Endstation?, in: Soziologische Revue 1987, Jg. 12, S. 346 – 354

Berger, J. (1999): Niklas Luhmann und die Zukunft der Soziologie, in: Bardmann, T. M., Baecker, D. (Hrsg.): ‚Gibt es eigentlich den Berliner Zoo noch?' Erinnerungen an Niklas Luhmann, Konstanz 1999, S. 169 - 173

Bertalanffy, L. von (1970): ... aber vom Menschen wissen wir nichts. Robots, Men and Minds, Düsseldorf, Wien 1970

Bertalanffy, L. von (1973): General System Theory. Foundations, Development, Applications, 4. Aufl., New York 1998

Bette, K.-H. (1999): Systemtheorie und Sport, Frankfurt a. Main 1999

Birnbaum, N. (1971): Toward a Critical Sociology, London u.a. 1971

Blankenburg, E. (1994): Diskurs oder Autopoiesis: Lassen sich Rechtstheorien operationalisieren?, in: Zeitschrift für Rechtssoziologie 1994, Jg. 15, Heft 2, S. 115 -125

Blauberg, I. V., **Sadovsky**, V. N., **Yudin**, E. G. (1977): Systems Theory: Philosophical and Methodological Problems, Moskau 1977

Bleicher, K. (1997): Träger strategischer Unternehmungsführung, in: Hahn, D., Taylor, B. (Hrsg.): Strategische Unternehmungsplanung – strategische Unternehmungsführung. Stand und Entwicklungstendenzen, 7. Aufl., Heidelberg 1997, S. 697 - 737

Borger, D. (1999): Der Sinn des Rechnungswesens: Finanzinstrumente und die Reproduktion von Unternehmensgrenzen, in: Soziale Systeme. Zeitschrift für soziologische Theorie1999, Jg. 5, Heft 1, S. 83 – 104

Braybrooke, D., **Lindblom**, C. E. (1963): A strategy of decision: Policy evolution as a social process, New York 1963

Bresser, R. K. F. (1998): Strategische Managementtheorie, Berlin, New York 1998

Bues, M: (1994): Offene Systeme: Strategien, Konzepte und Techniken für das Informationsmanagement, Berlin u.a. 1994

Bühl, W. L. (1987): Grenzen der Autopoiesis, in: Kölner Zeitschrift für Soziologie und Sozialpsychologie 1987, Jg. 39, S. 225 – 254

Bühl, W. L. (2000): Luhmanns Flucht in die Paradoxie, in: Merz-Benz, P.-U., Wagner, G. (Hrsg.): Die Logik der Systeme. Zur Kritik der systemtheoretischen Soziologie Niklas Luhmanns, Konstanz 2000, S. 15 - 36

Bunge, M (1979): A Systems Concept of Society: Beyond Individualism and Holism, in: Theory and Decision 1979, Heft 10, S. 13 - 30

Bunsen, F. D. (1999): Der Künstler in Niklas Luhmann, in: Bardmann, T. M., Baecker, D. (Hrsg.): ‚Gibt es eigentlich den Berliner Zoo noch?‘ Erinnerungen an Niklas Luhmann, Konstanz 1999, S. 32 - 39

Castner, H., **Castner**, T. (2002): Spaßgesellschaft: ein Zukunftsmodell für Jugendliche?, in: Wirtschaftsspiegel 2002, Heft 2, S. 2 - 6

Chandler, A. D. (1991): Strategy and structure: Chapters in the history of the industrial enterprise, 4. Aufl., Cambridge 1962

Christensen, C. R., **Andrews**, K. R., **Bower**, J. L. (1973): Business Policy: Text and cases, 3. Aufl., Homewood 1973

Cohen, M. D., **March**, J. G., **Olsen**, J. P. (1972): A garbage can model of organizational choice, in: Administrative Science Quarterly 1972, Jg. 17, S. 1 - 25

Corsi, G. (2000): Zwischen Irritation und Indifferenz. Systemtheoretische Anregungen für die Pädagogik, in: de Berg, H., Schmidt, J. (Hrsg.): Rezeption und Reflexion. Zur Resonanz der Systemtheorie Niklas Luhmanns außerhalb der Soziologie, Frankfurt a. Main 2000, S. 267 - 295

Dachler, H. P. (1985): Der Widerspruch zwischen individual-partikularistischem und ganzheitlich-systemischen Denken über Humansysteme: Konsequenzen für Management- und Führungsprobleme auf der Mikroebene, in: Probst, G., Siegwart, H. (Hrsg.): Integriertes Management. Bausteine des systemorientierten Managements, Bern, Stuttgart 1985, S. 351 - 364

Dallmann, H.-U. (1994): Die Systemtheorie Niklas Luhmanns und ihre theologische Rezeption, Stuttgart 1994

de Berg, H. (1995): A Systems Theoretical Perspective on Communication, in: Poetics Today 1995, Jg. 16, Nr. 4, S. 709 - 736

de Berg, H. (2000): Kunst kommt von Kunst. Die Luhmann-Rezeption in der Literatur- und Kunstwissenschaft, in: de Berg, H., Schmidt, J. (Hrsg.): Rezeption und Reflexion. Zur Resonanz der Systemtheorie Niklas Luhmanns außerhalb der Soziologie, Frankfurt a. Main 2000, S. 175 - 221

Delhaes, D. (2002): Politik und Medien. Zur Interaktionsdynamik zweier sozialer Systeme, Wiesbaden 2002

Demmerling, C. (2002): Sinn, Bedeutung, Verstehen: Untersuchungen zu Sprachphilosophie und Hermeneutik, Paderborn 2002

Dettmann, U. (1999): Der Radikale Konstruktivismus. Anspruch und Wirklichkeit einer Theorie, Tübingen 1999

DiMaggio, P., **Powell**, W. (1991): The Iron Cage Revisited: institutional Isomorphism and Collective Rationality in Organizational Fields, in: Powell, W., DiMaggio, P. (Hrsg.): The New Institutionalism in Organizational Analysis, Chicago 1991, S. 63 - 82

Dinkelbach, W. (1997): Emissionszertifikate in umweltorientierten Gutenberg-Technologien, in: Koch, H. (Hrsg.): Entwicklung und Bedeutung der betriebswirtschaftlichen Theorie. Zum 100. Geburtstag von Erich Gutenberg, Wiesbaden 1997, S. 27 - 56

Drepper, C. (2001): Differenzierung, Entscheidung und Integration: Dilemmata der Steuerung und Intervention in Organisationen, Berlin 2001

Druwe, U. (1990): Recht als autopoietisches System. Zur Kritik des reflexiven Rechtskonstrukts, in: Jahresschrift für Rechtspolitologie 1990, Jg. 4, S. 103 - 120

Dutton, J., **Freedman**, R. (1985): External Environment and Internal Strategies: Calculating, Experimenting and Imitating in Organizations, in: Lamb, R., Shrivastava, P. (Hrsg.): Advances in Strategic Management, Greenwich 1985, S. 39 - 67

Dziewas, R. (1992): Der Mensch - ein Koglomerat autopoietischer Systeme?, in: Krawietz, W., Welker, M. (Hrsg.): Kritik der Theorie sozialer Systeme, 2. Aufl., Frankfurt a. Main 1992, S. 113 - 132

Eberle, F., **Maindok**, H. (1994): Einführung in die soziologische Theorie, München 1994

Eisenhardt, K., **Schoonhoven**, C. (1996): Resource-based View of Strategic Alliance Formation: Strategic and Social Effects in Entrepreneurial Firms, in: Organization Science 1996, Jg. 7, S. 136 - 150

Eley, L. (1986): Soziale Systeme und deren Logik. Kritische Anmerkungen zu Luhmanns Begriff von Sinn und Selbstreferenz in seiner Arbeit „Soziale Systeme", in: Archivo di Filosofia 1986, Jg. 54, S. 77 - 105

Ellrich, L. (2000): Entgeistertes Beobachten. Desinformierende Mitteilungen über Luhmanns allzu verständliche Kommunikation mit Hegel, in: Merz-Benz, P.-U., Wagner, G. (Hrsg.): Die Logik der Systeme. Zur Kritik der systemtheoretischen Soziologie Niklas Luhmanns, Konstanz 2000, S. 73 - 126

Esposito, E. (1995): From Self-Reference to Autology: How to Operationalize a Circular Approach, in: Social Science Information 1995, Jg. 35, Nr. 2, S. 269 - 281

Fallgatter, M, **Koch**, L. T. (2000): Ausgewählte Argumentationslinien erkenntnisrelativistischer Organisationsforschung. Bestandsaufnahme und Perspektiven, in: Hejl, P. M., Stahl, H. K. (Hrsg.): Management und Wirklichkeit. Das Konstruieren von Unternehmen, Märkten und Zukünften, Heidelberg 2000, S. 77 - 99

Faßler, M. (1997): Was ist Kommunikation?, München 1997

Filippov, A. (2000): Wo befinden sich Systeme? Ein blinder Fleck der Systemtheorie, in: Merz-Benz, P.-U., Wagner, G. (Hrsg.): Die Logik der Systeme. Zur Kritik der systemtheoretischen Soziologie Niklas Luhmanns, Konstanz 2000, S. 381 - 410

Fill, C. (2001): Marketing-Kommunikation, 2. Aufl., München 2001

Finkelstein, S., **Hambrick**, D. (1990): Top-Management-Team Tenure and Organizational Outcomes: The Moderating Role of Managerial Discretion, in: Administrative Science Quarterly 1990, Jg. 35, S. 484 - 503

Foerster, H. von (1985): Sicht und Einsicht. Versuche zu einer operativen Erkenntnistheorie, Braunschweig, Wiesbaden 1985

Foerster, H. von (1999): An Niklas Luhmann, in: Bardmann, Theodor M., Baecker, D. (Hrsg.): ‚Gibt es eigentlich den Berliner Zoo noch?' Erinnerungen an Niklas Luhmann, Konstanz 1999, S. 13 - 15

Frederickson, J., **Mitchell**, T. (1984): Strategic Decision Processes: Comprehensiveness and Performance in an Industry with an Unstable Environment, in: Academy of Management Journal 1984, Jg. 27, S. 399 - 423

Freimann, J. (1994): Das Theorie-Praxis-Dilemma der Betriebswirtschaftslehre. Wissenschaftssoziologische Überlegungen zu einem besonderen Verhältnis, in: Fischer-Winkelmann, W. F. (Hrsg.): Das Theorie-Praxis-Problem der Betriebswirtschaftslehre. Tagung der Kommission Wissenschaftstheorie, Wiesbaden 1994, S. 7 - 24

Fuchs, P. (1993): Niklas Luhmann - beobachtet. Eine Einführung in die Systemtheorie, 2. Aufl., Opladen 1993

Gälweiler, A. (1997): Determinanten des Zeithorizontes in der Unternehmungsplanung, in: Hahn, D., Taylor, B. (Hrsg.): Strategische Unternehmungsplanung – strategische Unternehmungsführung. Stand und Entwicklungstendenzen, 7. Aufl., Heidelberg 1997, S. 354 - 371

Gause, U., **Schmidt**, H. (1992): Das Erziehungssystem als soziales System. Codierung und Programmierung – Binnendifferenzierung und Integration, in: Krawietz, W., Welker, M. (Hrsg.): Kritik der Theorie sozialer Systeme, 2. Aufl., Frankfurt a. Main 1992, S. 178 - 199

Gebert, D. (1974): Organisationsentwicklung, Stuttgart 1974

Gebert, D., **Boerner**, S. (1995): Manager im Dilemma. Abschied von der offenen Gesellschaft, Frankfurt a. Main, New York 1995

Gehrau, V. (2002): Der Beitrag des Konstruktivismus zur neueren deutschen Medienwirkungsforschung, in: Scholl, A. (2002): Systemtheorie und Konstruktivismus in der Kommunikationswissenschaft, Konstanz 2002, S. 261 - 288

Gerhards, J. (1993): Funktionale Differenzierung der Gesellschaft und Prozesse der Entdifferenzierung, in: Fischer, H. R. (Hrsg.): Autopoiesis. Eine Theorie im Brennpunkt der Kritik, 2. Aufl., Heidelberg 1993, S. 263 - 280

Giddens, A. (1995): Soziologie, Graz, Wien 1999

Giegel, H.-J. (1975): System und Krise. Kritik der Luhmannschen Gesellschaftstheorie, Frankfurt a. Main 1975

Giegel, H.-J. (1991): Über Systeme und Lebenswelten, in: Soziologische Revue 1991, Jg. 14, Heft 1, S. 14 - 20

Gilmore, F. F., **Brandenburg**, R. G. (1962): Anatomy of corporate planning, in: Harvard Business Review 1962, Jg. 40, Nr. 6, S. 61 - 69

Glaser, E. (1999): Wissen verpflichtet. Eine Einführung in den Radikalen Konstruktivismus, München 1999

Glasersfeld, E. von (1987): Wissen, Sprache und Wirklichkeit. Arbeiten zum radikalen Konstruktivismus, Braunschweig, Wiesbaden 1987

Glasersfeld, E. von (1990): Siegener Gespräche über den Radikalen Konstruktivismus, in: Schmidt, S. J. (Hrsg.): Der Diskurs des Radikalen Konstruktivismus, 3. Aufl., Frankfurt a. Main 1990, S. 374 - 400

Glasersfeld, E. von (1996): Radikaler Konstruktivismus. Ideen, Ergebnisse, Probleme, Frankfurt a. Main 1996

Göbel, M., **Schmidt**, J. F. K. (1998): Inklusion/ Exklusion – Are we too blind to see? Karriere, Probleme und Differenzierungen eines systemtheoretischen Begriffspaars, in: Soziale Systeme 1998, Jg. 4, Heft 1, S. 87 - 117

Gomez, P. (1993): Wertmanagement. Vernetzte Strategien für Unternehmen im Wandel, Düsseldorf u.a. 1993

Gomez, P. (2001): Das Denken in Kreisläufen ist ein natürliches Denken, in: Bardmann, T. M., Groth, T. (Hrsg.): Zirkuläre Positionen 3. Organisation, Management und Beratung, Wiesbaden 2001, S. 301 - 314

Görke, A. (2002): Journalismus und Öffentlichkeit als Funktionssystem, in: Scholl, A. (Hrsg.): Systemtheorie und Konstruktivismus in der Kommunikationswissenschaft, Konstanz 2002, S. 69 - 90

Greshoff, R. (1998): ‚Handlung' als Grundlagenkonzept der Sozialwissenschaften?, in Balog, A., Gabriel, M. (Hrsg.): Soziologische Handlungstheorie. Einheit oder Vielfalt?, Opladen u.a. 1998, S. 123 - 154

Griem, H. (1968): Der Prozeß der Unternehmungsentscheidung bei unvollkommener Information. Eine Ablauf- und Problemanalyse, Berlin 1968

Gripp-Hagelstange, H. (1995): Niklas Luhmann. Eine Einführung, München 1995

Groth, T. (1996): Wie systemtheoretisch ist „Systemische Organisationsberatung"? Neuere Beratungskonzepte für Organisationen im Kontext der Luhmannschen Systemtheorie, Münster 1996

Gutenberg, E. (1929): Die Unternehmung als Gegenstand betriebswirtschaftlicher Theorie, Berlin und Wien 1929

Gutenberg, E. (1953): Zum „Methodenstreit", in: Zeitschrift für handelswissenschaftliche Forschung 1953, S. 327 - 355

Gutenberg, E. (1957): Betriebswirtschaftslehre als Wissenschaft, Krefeld 1957

Gutenberg, E. (1958): Einführung in die Betriebswirtschaftslehre, Wiesbaden 1958

Gutenberg, E. (1975): Grundlagen der Betriebswirtschaftslehre. Erster Band: Die Produktion, 21. Aufl., Berlin u.a. 1975

Gutenberg, E. (1980): Grundlagen der Betriebswirtschaftslehre. Dritter Band: Die Finanzen, 8. Aufl., Berlin u.a. 1980

Gutenberg, E. (1984): Grundlagen der Betriebswirtschaftslehre. Zweiter Band: Der Absatz, 17. Aufl. Berlin u.a. 1984

Gutenberg, E. (1989): Zur Theorie der Unternehmung: Schriften und Reden von Erich Gutenberg. Aus dem Nachlaß. Herausgegeben von Horst Albach, Berlin u.a. 1989

Habermas, J. (1971): Theorie der Gesellschaft oder Sozialtechnologie? Eine Auseinandersetzung mit Niklas Luhmann, in: Habermas, J, Luhmann, N.: Theorie der Gesellschaft oder Sozialtechnologie – Was leistet die Sozialforschung, Frankfurt a. Main 1971, S. 142 - 290

Habermas, J. (1988): Nachmetaphysisches Denken, Frankfurt a. Main 1988

Habermas, J. (1995): Strukturwandel der Öffentlichkeit. Untersuchungen zu einer Kategorie der bürgerlichen Gesellschaft, 4. Aufl., Frankfurt a. Main 1995

Hahn, A: (1987): Sinn und Sinnlosigkeit, in: Haferkamp, H., Schmid, M. (Hrsg.): Sinn, Kommunikation und soziale Differenzierung. Beiträge zu Luhmanns Theorie sozialer Systeme, Frankfurt a. Main 1987, S. 155 – 164

Hahn, D. (1997a): Strategische Unternehmungsführung – Grundkonzept, in: Hahn, D., Taylor, B. (Hrsg.): Strategische Unternehmungsplanung – strategische Unternehmungsführung. Stand und Entwicklungstendenzen, 7. Aufl., Heidelberg 1997, S. 28 – 50

Hahn, D. (1997b): Stand und Entwicklungstendenzen der strategischen Planung, in: Hahn, D., Taylor, B. (Hrsg.): Strategische Unternehmungsplanung – strategische Unternehmungsführung. Stand und Entwicklungstendenzen, 7. Aufl., Heidelberg 1997, S. 1 – 27

Hahn, D. (1997c): Planungs- und Kontrollsysteme als Gegenstand strategischer Planung, in: Hahn, D., Taylor, B. (Hrsg.): Strategische Unternehmungsplanung – strategische Unternehmungsführung. Stand und Entwicklungstendenzen, 7. Aufl., Heidelberg 1997, S. 646 - 667

Hahn, D., Oppenländer, K. H., Scholz, L. (1997): Stand und Entwicklungstendenzen der strategischen Unternehmungsplanung. Erste Ergebnisse eines empirischen Forschungsprojektes, in: Hahn, D., Taylor, B. (Hrsg.): Strategische Unternehmungsplanung – strategische Unternehmungsführung. Stand und Entwicklungstendenzen, 7. Aufl., Heidelberg 1997, S. 1055 - 1094

Hahn, D.; **Hungenberg**, H. (2001): PuK. Planung und Kontrolle. Planungs- und Kontrollsysteme. Planungs- und Kontrollrechnung. Wertorientierte Controllingkonzepte, 6. Aufl., Wiesbaden 2001

Haller, M. (1987): Empirische Sozialforschung als Basis für die gesellschaftliche Relevanz der Soziologie, in: Österreichische Zeitschrift für Soziologie 1987, Heft 12, S. 11 - 17

Haller, M. (1999): Soziologische Theorie im systematisch-kritischen Vergleich, Opladen 1999

Hambrick, D. C., **Mason**, P. A. (1984): Upper Echelons: The Organization as a Reflection of Its Top Managers, in: Academy of Management Review 1984, Jg. 9, Nr. 2, S. 193 - 206

Haunschild, P. R. (1993): Interorganizational Imitation: The Impact of Interlocks on Corporate Acquisition Activity, in: Administrative Science Quarterly 1993, Jg. 38, S. 564 - 592

Heinen, E. (1971): Der entscheidungsorientierte Ansatz der Betriebswirtschaftslehre, in: Kortzfleisch, G. von (Hrsg.): Wissenschaftsprogramm und Ausbildungsziele für Betriebswirtschaftslehre, Berlin 1971, S. 21 - 38

Heinen, E. (1978): Betriebswirtschaftliche Führungslehre. Ein entscheidungsorientierter Ansatz, Wiesbaden 1978

Heinen, E. (1980): Einführung in die Betriebswirtschaftslehre, 7. Aufl., München 1980

Hejl, P. M. (1982): Sozialwissenschaft als Theorie selbstreferentieller Systeme, Frankfurt a. Main 1982

Hejl, P. M. (1990): Konstruktion der sozialen Konstruktion: Grundlinien einer konstruktivistischen Sozialtheorie, in: Schmidt, S. J. (Hrsg.): Der Diskurs des Radikalen Konstruktivismus, 3. Aufl. Frankfurt a. Main 1990, S. 303 - 339

Hejl, P. M. (2000): Das Ende der Eindeutigkeit. Einladung zum erkenntnistheoretischen Konstruktivismus, in: Hejl, P. M., Stahl, H. K. (Hrsg.): Management und Wirklichkeit. Das Konstruieren von Unternehmen, Märkten und Zükünften, Heidelberg 2000, S. 33 - 64

Hejl, P. M., **Stahl**, H. K. (2000): Einleitung. Acht Thesen zu Unternehmen aus konstruktivistischer Sicht, in: Hejl, P. M., Stahl, H. K. (Hrsg.): Management und Wirklichkeit. Das Konstruieren von Unternehmen, Märkten und Zükünften, Heidelberg 2000, S. 13 - 32

Hennig, B. (2000): Luhmann und die formale Mathematik, in: Merz-Benz, P.-U., Wagner, G. (Hrsg.): Die Logik der Systeme. Zur Kritik der systemtheoretischen Soziologie Niklas Luhmanns, Konstanz 2000, S. 157 - 198

Herbek, P. (2000): Strategische Unternehmensführung: Kernkompetenzen, Identität und Visionen, Umsetzung, Fallbeispiele, Wien, Frankfurt a. Main 2000

Hilse, H. (2001): Profil eines ‚Wandlers zwischen den Welten‘, in: Bardmann, T. M., Groth, T. (Hrsg.): Zirkuläre Positionen 3. Organisation, Management und Beratung, Wiesbaden 2001, S. 191 - 196

Hinterhuber, H. H. (1980): Strategische Unternehmensführung, 2. Aufl., Berlin, New York 1980

Hinterhuber, H. H. (1997): Struktur und Dynamik der strategischen Unternehmungsführung, in: Hahn, D., Taylor, B. (Hrsg.): Strategische Unternehmungsplanung – strategische Unternehmungsführung. Stand und Entwicklungstendenzen, 7. Aufl., Heidelberg 1997, S. 51 - 74

Hoefnagels, H. (1972): Frankfurter Soziologie. Einführung in das soziologische Denken der Frankfurter Schule, Essen 1972

Hofer, C. W., **Schendel**, D. (1978): Strategy formulation: Analytical concepts, St. Paul 1978

Hohm, H.-J. (2000): Soziale Systeme, Kommunikation, Mensch. Eine Einführung in soziologische Systemtheorie, Weinheim, München 2000

Horn, E. (1994): Soziologische Systemtheorie und systemische Familientherapie: Einige Anmerkungen zu den Möglichkeiten eines Dialogs, in: Herlth, A. u.a. (Hrsg.): Abschied von der Normalfamilie? Partnerschaft contra Elternschaft, Berlin u.a. 1994, S. 203 - 212

Horster, D. (1997): Niklas Luhmann, München 1997

Huhn, H. (2002): Ende der Spaßgesellschaft: Zeitenwende ohne Basis, Frankfurt a. Main 2002

Iding, H. (2000): Hinter den Kulissen der Organisationsberatung. Qualitative Fallstudien von Beratungsprozessen im Krankenhaus, Opladen 2000

Jahraus, O. (2001): Nachwort: Zur Systemtheorie Niklas Luhmanns, in: Jahraus, O. (Hrsg.): Niklas Luhmann. Aufsätze und Reden, Stuttgart 2001, S. 299 - 333

Khurana, T. (2000): Supertheorien, theoretical jetties und die Komplizenschaft von Theorien. Zu Verständnis- und Konstruktionsweisen im Feld selbstbezüglicher Theorien, in: Merz-Benz, P.-U., Wagner, G. (Hrsg.): Die Logik der Systeme. Zur Kritik der systemtheoretischen Soziologie Niklas Luhmann, Konstanz 2000, S. 327 - 370

Kieser, A., **Nicolai**, A. (2003): Mit der Theorie die wilde Praxis reiten, valleri, vallera, valleri?, in: Die Betriebswirtschaft 2003, Jg. 63, Heft 5, S. 589 - 594

Kießler, O. (1994): Betriebswirtschaftslehre – eine Theorie der wirtschaftlichen Praxis, in: Fischer-Winkelmann, W. F. (Hrsg.): Das Theorie-Praxis-Problem der Betriebswirtschaftslehre. Tagung der Kommission Wissenschaftstheorie, Wiesbaden 1994, S. 55 - 72

King, M. (1993): The ‚Truth‘ about Autopoiesis, in: Jounal of Law and Society 1993, Jg. 20, Heft 2, S. 218 - 236

Kirchhof, R. (2003): Ganzheitliches Komplexitätsmanagement: Grundlagen und Methoden des Umgangs mit Komplexität im Unternehmen, Wiesbaden 2003

Kirsch, W. (1996): Wegweiser zur Konstruktion einer evolutionären Theorie der strategischen Führung. Kapitel eines Theorieprojektes, München 1996

Kirsch, W. (1997a): Kommunikatives Handeln, Autopoiese, Rationalität. Sondierungen zu einer evolutionären Führungslehre, 2. Aufl., München 1997

Kirsch, W. (1997b): Beiträge zu einer evolutionären Führungslehre, Stuttgart 1997

Kirsch, W. (1997c): Betriebswirtschaftslehre. Eine Annäherung aus der Perspektive der Unternehmensführung, 4. Aufl., München 1997

Kiss, G. (1986): Grundzüge und Entwicklung der Luhmannschen Systemtheorie, Stuttgart 1986

Klaus, P. (1987): Durch den Strategie-Theorien-Dschungel, in: Die Betriebswirtschaft 1987, Jg. 47, S. 50 - 68

Klein, M., **Krebs**, M. (1998): Klassische und moderne Ansätze der betriebswirtschaftlichen Theorie, Wuppertal 1998

Kleppel, C. (2001): Binnenwahrnehmung vs. Image. Zur Praxisrelevanz der deutschen Betriebswirtschaftslehre, in: Die Betriebswirtschaft 2001, Jg. 63, Heft 5, S. 581 - 585

Kneer, G. (1998): Handlung als soziale Konstruktion, in: Ethik und Sozialwissenschaften 1998, Jg. 9, Heft 1, S. 48 - 49

Kneer, G., **Nassehi**, A. (1994): Niklas Luhmanns Theorie sozialer Systeme. Eine Einführung, München 1994

Knorr-Cetina, K. D. (1989): Spielarten des Konstruktivismus. Einige Notizen und Anmerkungen, in: Soziale Welt 1989, Jg. 40, S. 86 - 96

Knyphausen, D. zu (1988): Unternehmungen als evolutionsfähige Systeme. Überlegungen zu einem evolutionären Konzept für die Organisationstheorie, München 1988

Knyphausen, D. zu (1995): Theorie der strategischen Unternehmensführung, Wiesbaden 1995

Knyphausen, D. zu (1997): Strategisches Management auf dem Weg ins 21. Jahrhundert, in: Die Betriebswirtschaft 1997, Jg. 57, S. 73 - 90

Koch, H. (1997): Erich Gutenberg und die betriebswirtschaftliche Theorie, in: Koch, H. (Hrsg.): Entwicklung und Bedeutung der betriebswirtschaftlichen Theorie. Zum 100. Geburtstag von Erich Gutenberg, Wiesbaden 1997

Königswieser, R., **Exner**, A., **Pelikan**, L. (1995): Systemische Intervention in der Beratung, in: Organisationsentwicklung 1995, Jg. 14, Heft 2, S. 53 - 65

Kortzfleisch, G. von (1971) (Hrsg.): Wissenschaftsprogramm und Ausbildungsziele für Betriebswirtschaftslehre, Berlin 1971

Kötzle, A. (1997): Ansätze zur Theorie strategischer Unternehmensentwicklung, in: Kötzle, A. (Hrsg.): Strategisches Management. Theoretische Ansätze, Instrumente und Anwendungskonzepte für Dienstleistungsunternehmen, Stuttgart 1997, S. 27 - 44

Krause, D. (2001): Luhmann-Lexikon. Eine Einführung in das Gesamtwerk von Niklas Luhmann, 3. Aufl., Stuttgart 2001

Krawietz, W. (1992): Staatliches oder gesellschaftliches Recht? Systemabhängigkeiten normativer Strukturbildung im Funktionssystem Recht, in: Krawietz, W., Welker, M. (Hrsg.): Kritik der Theorie sozialer Systeme, 2. Aufl., Frankfurt a. Main 1992, S. 247 - 301

Krüger, H.-P. (1992): Selbstreferenz bei Maturana und Luhmann. Ein kommunikationstheoretischer Vergleich, in: Deutsche Zeitschrift für Philosophie 1993, Jg. 40, Heft 5, S. 317 - 333

Krystek, U. (1997): Vertrauen als Basis erfolgreicher strategischer Unternehmungsführung, in: Hahn, D., Taylor, B. (Hrsg.): Strategische Unternehmungsplanung – strategische Unternehmungsführung. Stand und Entwicklungstendenzen, 7. Aufl., Heidelberg 1997, S. 266 - 288

Krystek, U.; **Zumbrock**, S. (1993): Planung und Vertrauen. Die Bedeutung von Vertrauen und Mißtrauen für die Qualität von Planungs- und Kontrollsystemen, Stuttgart 1993

Kühl, S. (2000): Das Regenmacher-Phänomen. Widersprüche und Aberglaube im Konzept der lernenden Organisation, Frankfurt a. Main, New York 2000

Kühl, S. (2001): Systemische Organisationsberatung – beobachtet, in: Bardmann, T. M., Groth, T. (Hrsg.): Zirkuläre Positionen 3. Organisation, Management und Beratung, Wiesbaden 2001, S. 221 - 226

Kuhn, A (1974): The Logic of Social Systems: A Unified, Deductive, System-Based Approach to Social Science, San Francisco 1974

Learned, E. P., **Christensen**, C. R., **Andrews**, K. R., **Guth**, W. D. (1965): Business Policy. Text and Cases, Irwin (1965)

Leflaive, X. (1996): Organizations as Structures of Domination, in: Organization Studies 1996, Jg. 17, Nr. 1, S. 23 - 47

Lepsius, O. (1999): Steuerungsdiskussion, Systemtheorie und Parlamentarismuskritik, Tübingen 1999

Lieberman, M., **Montgomery**, D. (1988): First-Mover Advantages, in: Strategic Management Journal 1988, Jg. 9, Sommer 1988, S. 41 - 58

Liebig, O. (1997): Unternehmensführung aus der Perspektive der neueren Systemtheorie. Beobachtungen der Führungspraxis und ihre Implikationen für eine Theorie der Führung, München 1997

Liessmann, K. (2003): Strategisches Kostencontrolling – Wettbewerbsvorteile durch effiziente Kostenstruktur, in: Freidank, C.-C.; Mayer, E. (Hrsg.): Controlling-Konzepte. Neue Strategien und Werkzeuge für die Unternehmenspraxis, 6. Aufl., Wiesbaden 2003, S. 109 - 140

Lindblom, C. E. (1969): The science of „muddling through", in: Ansoff, H. I. (Hrsg.): Business Strategy, Harmondsworth 1969, S. 41 - 60

Lipp, W. (1987): Autopoiesis biologisch, Autopoiesis soziologisch. Wohin führt Luhmanns Paradigmawechsel?, in: Kölner Zeitschrift für Soziologie und Sozialpsychologie 1987, Jg. 39, S. 452 - 470

Loosen, W., **Scholl**, A., **Woelke**, J. (2002): Systemtheoretische und konstruktivistische Methodologie, in: Scholl, A. (Hrsg.): Systemtheorie und Konstruktivismus in der Kommunikationswissenschaft, Konstanz 2002, S. 37 - 65

Ludwig, B. (2001): Management komplexer Systeme: der Umgang mit Komplexität bei unvollkommener Information: Methoden, Prinzipien, Potentiale, Berlin 2001

Luhmann, N. (1965): Die Grenzen einer betriebswirtschaftlichen Verwaltungslehre, in: Verwaltungsarchiv 1965, Bd. 56, S. 303 - 313

Luhmann, N. (1971a): Sinn als Grundbegriff der Soziologie, in: Habersman, J., Luhmann, N.: Theorie der Gesellschaft oder Sozialtechnologie. Was leistet die Systemforschung? Frankfurt a. Main 1971, S. 25 – 100

Luhmann, N. (1971b): Moderne Systemtheorie als Form gesamtgesellschaftlicher Analyse, in: Habermas, J., Luhmann, N.: Theorie der Gesellschaft oder Sozialtechnologie. Was leistet die Systemforschung? Frankfurt a. Main 1971, S. 7 - 24

Luhmann, N. (1972a): Generalized Media and the Problem of Contingency, in: Loubser, J. J. u.a. (Hrsg.): Explorations in General Theory in the Social Sciences, New York 1972, S. 507 - 532

Luhmann, N. (1976a): Komplexität, in: Ritter, J., Gründer, K. (Hrsg.): Historisches Wörterbuch der Philosophie, Bd. 4, Basel 1976, S. 939 - 941

Luhmann, N. (1980a): Temporalisierung von Komplexität. Zur Semantik neuzeitlicher Begriffe, in: Luhmann, N.: Gesellschaftsstruktur und Semantik. Studien zur Wissenssoziologie der modernen Gesellschaft, Bd. 1, Frankfurt a. Main, S. 235 - 300

Luhmann, N. (1980b): Komplexität, in: Grochla, E. (Hrsg.): Handwörterbuch der Organisation, Stuttgart 1980, S. 1064 - 1070

Luhmann, N. (1981a): Selbstreferenz und Teleologie in gesellschaftstheoretischer Perspektive, in: Luhmann, N.: Gesellschaftsstruktur und Semantik. Studien zur Wissenssoziologie der modernen Gesellschaft, Bd. 2, Frankfurt a. Main, S. 9 - 44

Luhmann, N. (1981b): Ausdifferenzierung des Rechts. Beiträge zur Rechtssoziologie und Rechtstheorie, Frankfurt a. Main 1981

Luhmann, N. (1981c): Talcott Parsons. Probleme der Theoriekonstruktion, in: Matthes, J. (Hrsg.): Lebenswelt und soziale Probleme. Verhandlungen des 20. Deutschen Soziologentages zu Bremen, Frankfurt, New York 1981, S. 49 - 61

Luhmann, N. (1982a): Reform des öffentlichen Dienstes. Ein Beispiel für die Schwierigkeiten der Verwaltungsreform, in: Remer, A. (Hrsg.): Verwaltungsführung, Berlin, New York 1982, S. 319 - 339

Luhmann, N. (1982b): Autopoiesis, Handlung und kommunikative Verständigung, in: Zeitschrift für Soziologie 1982, Jg. 11, S. 366 - 379

Luhmann, N. (1984a): The Self-Description of Society. Crisis Fashion and Sociological Theory, in: International Journal of Comparative Sociology 1984, Jg. 25, Nr. 1/ 2, S. 59 - 72

Luhmann, N. (1984b): Die Differenzierung von Interaktion und Gesellschaft. Probleme der sozialen Solidarität, in: Kopp, R. (Hrsg.): Solidarität in der Welt der 80er Jahre, Basel 1984, S. 79 - 96

Luhmann, N. (1986a): Das Medium der Kunst, in: Delfin 1986, Jg. 4, S. 6 - 15

Luhmann, N. (1986b): Die soziologische Beobachtung des Rechts, Frankfurt a. Main 1986

Luhmann, N. (1986c): The Autopoiesis of Social Systems, in: Geyer, F., Zouwen, J.: Sociocybernetic Paradoxes, London 1986, S. 172 - 192

Luhmann, N. (1986d): Die Codierung des Rechtssystems, in: Rechtstheorie 1986, Jg. 17, S. 171 - 203

Luhmann, N. (1987a): Soziale Systeme. Grundriß einer allgemeinen Theorie, Frankfurt a. Main 1987

Luhmann, N. (1987b): Biographien, Attitüden, Zettelkasten. Interview mit Rainer Erd und Andrea Maihofer, in: Baecker, D., Stanitzek, G. (Hrsg.): Niklas Luhmann. Archimedes und wir. Interviews, Berlin 1987, S. 125 - 155

Luhmann, N. (1987c): Autopoiesis als soziologischer Begriff, in: Haferkamp, H., Schmid, M. (Hrsg.): Sinn, Kommunikation und soziale Differenzierung. Beiträge zu Luhmanns Theorie sozialer Systeme, Frankfurt a. Main 1987, S. 2 - 13

Luhmann, N. (1987d): Sprache und Kommunikationsmedien – Ein schieflaufender Vergleich, in: Zeitschrift für Soziologie 1987, Jg. 16, Heft 6, S. 467 - 468

Luhmann, N. (1988a): Warum AGIL?, in: Kölner Zeitschrift für Soziologie und Sozialpsychologie 1988, Jg. 40, Heft 1, S. 127 - 139

Luhmann, N. (1988b): Selbstreferentielle Systeme, in: Simon, F. B. (Hrsg.): Lebende Systeme. Wirklichkeitskonstruktionen in der systemischen Therapie, Berlin u.a. 1988, S. 47 - 53

Luhmann, N. (1988c): Macht, 2. Aufl., Stuttgart 1988

Luhmann, N. (1988d): Liebe als Passion. Zur Codierung von Intimität, 4. Aufl., Frankfurt a. Main 1988

Luhmann, N. (1988e): Organisation, in: Küpper, W., Ortmann, G. (Hrsg.): Mikropolitik. Rationalität, Macht und Spiele in Organisationen, Opladen 1988, S. 165 - 185

Luhmann, N. (1989a): Ökologie und Kommunikation, in: Criblez, L., Gonon, P. (Hrsg.): Ist Ökologie lehrbar?, Bern 1989, S. 17 - 30

Luhmann, N. (1990a): Ökologische Kommunikation. Kann die moderne Gesellschaft sich auf ökologische Gefährdungen einstellen?, Opladen 1990

Luhmann, N. (1990b): Complexity and Meaning, in: Luhmann, N.: Essays on Self-Reference, New York 1990, S. 80 - 85

Luhmann, N. (1990c): Anfang und Ende. Probleme einer Unterscheidung, in: Luhmann, N., Schorr, K. E.: Zwischen Anfang und Ende. Fragen an die Pädagogik, Frankfurt a. Main 1990, S. 11 - 23

Luhmann, N. (1991a): Die Praxis der Theorie, in: Luhmann, N.: Soziologische Aufklärung 1. Aufsätze zur Theorie sozialer Systeme, 6. Aufl., Opladen 1991, S. 253 - 267

Luhmann, N. (1991b): Reflexive Mechanismen, in: Luhmann, N.: Soziologische Aufklärung 1. Aufsätze zur Theorie sozialer Systeme, 6. Aufl., Opladen 1991, S. 92 - 112

Luhmann, N. (1991c): Soziologie als Theorie sozialer Systeme, in: Luhmann, N.: Soziologische Aufklärung 1. Aufsätze zur Theorie sozialer Systeme, 6. Aufl., Opladen 1991, S. 113 - 136

Luhmann, N. (1991d): Soziologie des politischen Systems, in: Luhmann, N.: Soziologische Aufklärung 1. Aufsätze zur Theorie sozialer Systeme, 6. Aufl., Opladen 1991, S. 154 - 177

Luhmann, N. (1991e): Wirtschaft als soziales System, in: Luhmann, N.: Soziologische Aufklärung 1. Aufsätze zur Theorie sozialer Systeme, 6. Aufl., Opladen 1991, S. 204 - 231

Luhmann, N. (1991f): Komplexität, in: Luhmann, N.: Soziologische Aufklärung 2. Aufsätze zur Theorie der Gesellschaft, 4. Aufl., Opladen 1991, S. 204 – 220

Luhmann, N. (1991g): Wie lassen sich latente Strukturen beobachten? in: Watzlawick, P, Krieg, P. (Hrsg.): Das Auge des Betrachters- Beiträge zum Konstruktivismus, München 1991, S. 61 - 74

Luhmann, N. (1991h): Funktionale Methode und Systemtheorie, in: Luhmann, N.: Soziologische Aufklärung 1. Aufsätze zur Theorie sozialer Systeme, 6. Aufl., Opladen 1991, S. 31 - 53

Luhmann, N. (1991i): Die Weltgesellschaft, in: Luhmann, N.: Soziologische Aufklärung 2. Aufsätze zur Theorie der Gesellschaft, 4. Aufl., Opladen 1991, S. 51 - 71

Luhmann, N. (1991j): Allgemeine Theorie organisierter Sozialsysteme, in: Luhmann, N.: Soziologische Aufklärung 2. Aufsätze zur Theorie der Gesellschaft, 4. Aufl., Opladen 1991, S. 39 - 50

Luhmann, N. (1991k): Interaktion, Organisation, Gesellschaft, in: Luhmann, N.: Soziologische Aufklärung 2. Aufsätze zur Theorie der Gesellschaft, 4. Aufl., Opladen 1991, S. 9 - 20

Luhmann, N. (1991l): Selbststeuerung der Wissenschaft, in: Luhmann, N.: Soziologische Aufklärung 1. Aufsätze zur Theorie sozialer Systeme, 6. Aufl., Opladen 1991, S. 232 - 252

Luhmann, N. (1991m): Weltzeit und Systemgeschichte, in: Luhmann, N.: Soziologische Aufklärung 2. Aufsätze zur Theorie der Gesellschaft, 4. Aufl., Opladen 1991, S. 103 - 133

Luhmann, N. (1992a): Stellungnahme, in: Krawietz, W., Welker, M. (Hrsg.): Kritik der Theorie sozialer Systeme, 2. Aufl., Frankfurt a. Main 1992, S. 371 - 386

Luhmann, N. (1992b): Die Selbstbeschreibung der Gesellschaft und die Soziologie, in: Luhmann, N.: Universität als Milieu, Bielefeld 1992, S. 137 - 146

Luhmann, N. (1992c): Reden und Schweigen, in: Luhmann, N., Fuchs, P.: Reden und Schweigen, Frankfurt a. Main 1992, S. 7 - 20

Luhmann, N. (1992d): Das Moderne der modernen Gesellschaft, in: Luhmann, N.: Beobachtungen der Moderne, Opladen 1992, S. 11 - 49

Luhmann, N. (1993a): Das Recht der Gesellschaft, Frankfurt a. Main 1993

Luhmann, N. (1993b): Die Ehrlichkeit der Politiker und die höhere Amoralität der Politik, in: Kemper, P. (Hrsg.): Opfer der Macht, Frankfurt a. Main, Leipzig 1993, S. 27 - 41

Luhmann, N. (1993c): Handlungstheorie und Systemtheorie, in: Luhmann, N.: Soziologische Aufklärung 3. Soziales System, Gesellschaft, Organisation, 2. Aufl., Opladen 1993, S. 50 - 66

Luhmann, N. (1993d): Haltlose Komplexität, in: Luhmann, N.: Soziologische Aufklärung 5. Konstruktivistische Perspektiven, 2. Aufl., Opladen 1993, S. 59 - 76

Luhmann, N. (1993e): Die Paradoxie der Form, in: Baecker, D. (Hrsg.): Kalkül der Form, Frankfurt a. Main 1993, S. 197 - 212

Luhmann, N. (1993f): Über die Funktion der Negation in sinnkonstituierenden Systemen, in: Luhmann, N.: Soziologische Aufklärung 3. Soziales System, Gesellschaft, Organisation, 3. Aufl., Opladen 1993, S. 35 - 39

Luhmann, N. (1993g): Erleben und Handeln, in: Luhmann, N.: Soziologische Aufklärung 3. Soziales System, Gesellschaft, Organisation, 3. Aufl., Opladen 1993, S. 67 - 80

Luhmann, N. (1993h): Interpenetration – Zum Verhältnis personaler und sozialer Systeme, in: Luhmann, N.: Soziologische Aufklärung 3. Soziales System, Gesellschaft, Organisation, 3. Aufl., Opladen 1993, S. 151 - 169

Luhmann, N. (1993i): Deconstruction as Second-Order Observing, in: New Literary History 1993, Jg. 24, S. 763 - 782

Luhmann, N. (1993j): Schematismen der Interaktion, in: Luhmann, N.: Soziologische Aufklärung 3. Soziales System, Gesellschaft, Organisation, 3. Aufl., Opladen 1993, S. 81 - 100

Luhmann, N. (1993k): Die Paradoxie des Entscheidens, in: Verwaltungsarchiv 1993, Jg. 84, S. 287 - 310

Luhmann, N. (1994a): Die Ausdifferenzierung des Kunstsystems, Bern 1994

Luhmann, N. (1994b): Die Differenzierung von Politik und Wirtschaft und ihre gesellschaftlichen Grundlagen, in: Luhmann, N.: Soziologische Aufklärung 4. Beiträge zur funktionalen Differenzierung der Gesellschaft, 2. Aufl., Opladen 1994, S. 32 - 48

Luhmann, N. (1994c): Läßt unsere Gesellschaft Kommunikation mit Gott zu?, in: Luhmann, N.: Soziologische Aufklärung 4. Beiträge zur funktionalen Differenzierung der Gesellschaft, 2. Aufl., Opladen 1994, S. 227 - 235

Luhmann, N. (1994d): Die Wissenschaft der Gesellschaft, 2. Aufl., Frankfurt a. Main 1994

Luhmann, N. (1994e): Observing Re-entries, in: Protosoziologie 1994, Heft 6, S. 4 - 13

Luhmann, N. (1994f): Codierung und Programmierung. Bildung und Selektion im Erziehungssystems, in: Luhmann, N.: Soziologische Aufklärung 4. Beiträge zur funktionalen Differenzierung der Gesellschaft, 2. Aufl., Opladen 1994, S. 182 - 201

Luhmann, N. (1995a): Wie ist Bewußtsein an Kommunikation beteiligt?, in: Luhmann, N.: Soziologische Aufklärung 6. Die Soziologie und der Mensch, Opladen 1995, S. 37 - 54

Luhmann, N. (1995b): Intersubjektivität oder Kommunikation: Unterschiedliche Ausgangspunkte soziologischer Theoriebildung, in: Luhmann, N.: Soziologische Aufklärung 6. Die Soziologie und der Mensch, Opladen 1995, S. 169 - 188

Luhmann, N. (1995c): Die Autopoiesis des Bewußtseins, in: Luhmann, N.: Soziologische Aufklärung 6. Die Soziologie und der Mensch, Opladen 1995, S. 55 - 112

Luhmann, N. (1995d): Die Soziologie und der Mensch, in: Luhmann, N.: Soziologische Aufklärung 6. Die Soziologie und der Mensch, Opladen 1995, S. 265 - 274

Luhmann, N. (1995e): Die Tücke des Subjekts und die Frage nach dem Menschen, in: Luhmann, N.: Soziologische Aufklärung 6. Die Soziologie und der Mensch, Opladen 1995, S. 155 - 168

Luhmann, N. (1996a): Die Kunst der Gesellschaft, 2. Aufl., Frankfurt a. Main 1996

Luhmann, N. (1996b): Die Wirtschaft der Gesellschaft, 2. Aufl., Frankfurt a. Main 1996

Luhmann, N. (1996c): Die Realität der Massenmedien, 2. Aufl., Opladen 1996

Luhmann, N. (1996d): Protest. Systemtheorie und soziale Bewegungen, Frankfurt a. Main 1996

Luhmann, N. (1996e): Complexity, Structural Contingencies and Value Conflicts, in: Heelas, P., Lash, S., Morris, P. (Hrsg.): Detraditionalization. Critical Reflections on Authority and Identity, Oxford 1996, S. 59 - 71

Luhmann, N. (1996f): Alternative ohne Alternative. Die Paradoxie der „neuen sozialen Bewegungen", in: Luhmann, N. (1996d): Protest. Systemtheorie und soziale Bewegungen, Frankfurt a. Main 1996, S. 75 - 78

Luhmann, N. (1997a): Die Gesellschaft der Gesellschaft, Frankfurt a. Main 1997

Luhmann, N. (2000a): Die Politik der Gesellschaft, Frankfurt a. Main 2000

Luhmann, N. (2000b): Die Religion der Gesellschaft, Frankfurt a. Main 2000

Luhmann, N. (2000c): Organisation und Entscheidung, Wiesbaden 2000

Luhmann, N. (2000d): Vertrauen. Ein Mechanismus der Reduktion sozialer Komplexität, 4. Aufl., Stuttgart 2000

Luhmann, N. (2001b): Was ist Kommunikation?, in: Jahraus, O. (Hrsg.): Niklas Luhmann. Aufsätze und Reden, Stuttgart 2001, S. 94 - 110

Luhmann, N. (2001c): Die Unwahrscheinlichkeit der Kommunikation, in: Jahraus, O. (Hrsg.): Niklas Luhmann. Aufsätze und Reden, Stuttgart 2001, S. 76 - 93

Luhmann, N. (2001d): Einführende Bemerkungen zu einer Theorie symbolisch generalisierter Kommunikationsmedien, in: Jahraus, O. (Hrsg.): Niklas Luhmann. Aufsätze und Reden, Stuttgart 2001, S. 31 – 75

Luhmann, N. (2002): Das Erziehungssystem der Gesellschaft, Frankfurt a. Main 2002

Luhmann, N., **Schorr**, K. E. (1996): Zwischen System und Umwelt. Fragen an die Pädagogik, Frankfurt a. Main 1996

Malik, F. (1984): Systems Approach to Management: Hopes, Premises, Doubts – A Lot of Questions and Some Afterthoughts, in: Ulrich, H., Probst, G. J. B. (Hrsg.): Self-Organization and Management of Social Systems. Insights, Promises, Doubts and Questions, Berlin u.a. 1984, S. 121 - 126

Malik, F. (1999): Systemisches Management, Evolution, Selbstorganisation: Grundprobleme, Funktionsmechanismen und Lösungsansätze für komplexe Systeme, 2. Aufl., Bern 1999

Malik, F. (2000): Strategie des Managements komplexer Systeme. Ein Beitrag zur Management-Kybernetik evolutionärer Systeme, 6. Aufl., Bern u.a. 2000

Malik, F. (2001): Angewandte Kybernetik, in: Bardmann, T. M., Groth, T. (Hrsg.): Zirkuläre Positionen 3. Organisation, Management und Beratung, Wiesbaden 2001, S. 315 - 332

Marcinkowski, F. (1993): Publizistik als autopoietisches System. Politik und Massenmedien. Eine systemtheoretische Analyse, Opladen 1993

Martens, W. (1991): Die Autopoiesis sozialer Systeme, in: Kölner Zeitschrift für Soziologie und Sozialpsychologie 1991, Jg. 43, Heft 4, S. 625 - 646

Maturana, H. R. (1980): Man and Society, in: Benseler, F., Hejl, P. M., Köck, W. K. (Hrsg.): Autopoiesis, Communication and Society: The Theory of Autopoietic System in the Social Sciences, Frankfurt a. Main 1980, S. 11 - 13

Maturana, H. R. (1982): Erkennen: Die Organisation und Verkörperung von Wirklichkeit. Ausgewählte Arbeiten zur biologischen Epistemologie, Braunschweig, Wiesbaden 1982

Maturana, H. R. (2000): Biologie der Realität, Frankfurt a. Main 2000

Maturana, H. R., **Varela**, F. J. (1980): Autopoiesis and Cognition. The Realization of Living, Dordrecht 1980

Maturana, H. R., **Varela**, F. J. (1987): Der Baum der Erkenntnis. Die biologischen Wurzeln menschlichen Erkennens, Bern, München 1987

Mc Luhan, M. (1995): Die magischen Kanäle. Understanding Media, 2. Aufl., Basel 1995

Meffert, H. (1971): Die Leistungsfähigkeit der entscheidungs- und systemorientierten Marketing-Theorie, in: Kortzfleisch, G. von (Hrsg.): Wissenschaftsprogramm und Ausbildungsziele für Betriebswirtschaftslehre, Berlin 1971, S. 167 - 188

Merz-Benz, P.-U. (2000): Die Bedingung der Möglichkeit von Differenz. Das transzendental-logische Mißverständnis in der Systemtheorie Luhmanns, in: Merz-Benz, P.-U., Wagner, G.

(Hrsg.): Die Logik der Systeme. Zur Kritik der systemtheoretischen Soziologie Niklas Luhmanns, Konstanz 2000, S. 37 - 72

Metzner, A. (1989): Die ökologische Krise und die Differenz von System und Umwelt, in: Das Argument 1989, Heft 31, S. 871 - 886

Mintzberg, H. (1990): The Design School: Reconsidering the Basic Premises of Strategic Management, in: Strategic Management Journal 1990, Jg. 11, S. 171 - 195

Mintzberg, H. (1991): Learning 1, Planning 0. Reply to Igor Ansoff, in: Strategic Management Journal 1991, Jg, 12, S. 463 - 466

Mintzberg, H. (1995): Die Strategische Planung. Aufstieg, Niedergang und Neubestimmung, München, Wien 1995

Mintzberg, H. (2001): Strategie als Handwerk, in: Montgomery, C. A., Porter, M. (Hrsg.): Strategie, Wien, Frankfurt a. Main 2001, S. 459 - 478

Mintzberg, H., **Ahlstrand**, B., **Lampel**, J. (1999): Strategy Safari. Eine Reise durch die Wildnis des strategischen Managements, Wien 1999

Mintzberg, H., **Quinn**, J. B. (1996): The Strategy Process. Concepts, Contexts, Cases, 3. Aufl., Upper Saddle River 1996

Müller, K. (1996): Allgemeine Systemtheorie: Geschichte, Methodologie und sozialwissenschaftlichen Heuristik eines Wissenschaftsprogramms, Opladen 1996

Müller-Stewens, G., **Lechner**, C. (2001): Strategisches Management. Wie strategische Initiativen zum Wandel führen. Der St. Gallener Management Navigator, Stuttgart 2001

Münch, R. (2003): Handlungstheorie, Frankfurt a. Main 2003

Murray, A. (1989): Top Management Group Heterogenity and Firm Performance, in: Strategic Management Journal 1989, Jg. 10, Sommer 1989, S. 125 - 141

Nagel, R., **Wimmer**, R. (2002): Systemische Strategieentwicklung. Modelle und Instrumente für Berater und Entscheider, Stuttgart 2002

Nassehi, A. (1992): Wie wirklich sind Systeme? Zum ontologischen und epistemologischen Status von Luhmanns Theorie selbstreferentieller Systeme, in: Krawietz, W., Welker, M. (Hrsg.): Kritik der Theorie sozialer Systeme. Auseinandersetzungen mit Luhmanns Hauptwerk, Frankfurt a. Main 1992, S. 43 - 70

Nassehi, A. (1997): Inklusion, Exklusion – Integration, Desintegration. Die Theorie funktionaler Differenzierung und die Desintegrationstheorie, in: Heitmeyer, W. (Hrsg.): Was hält die Gesellschaft zusammen?, Frankfurt a. Main 1997, S. 113 - 148

Nicklisch, H. (1932): Die Betriebswirtschaft, 7. Aufl, Stuttgart 1932

Nienhüser, W. (1989): Die praktische Nutzung theoretischer Erkenntnisse in der Betriebswirtschaftslehre. Probleme der Entwicklung und Prüfung technologischer Aussagen, Stuttgart 1989

Ohne Verfasser (2004): Es geht um Vertrauen. Interview mit Strategieberater Bolke von Oettinger, in: brand eins 2004, Heft 3, www.brandeins.de

Oppenheimer, P. M. (2001): Comparing 2000 with 1990: How Does Today's Globalization Differ from Yesterday's Free Trade, in: Franzini, M.; Pizzuti, F. R. (Hrsg.): Globalization, Institutions and Social Cohesion, Berlin, Heidelberg 2001, S. 31 - 46

Parsons, T. (1968): The Structure of Social Action. A Study in Social Theory with special Reference to a Group of recent European Writers, Bd. 1, New York 1968

Parsons, T. (1972): Das System moderner Gesellschaften, Opladen 1972

Parsons, T. (1977): Social Systems and the Evolution of Action Theory, New York 1977

Pettigrew, A. M. (1973): The politics of organizational decision-making, Londen 1973

Pfeffer, T. (2001): Das „zirkuläre Fragen" als Forschungsmethode zur Luhmannschen Systemtheorie, Heidelberg 2001

Pfriem, R. (1994): Der Igel ist immer schon weiter. Überlegungen zum Theorie-Praxis-Problem der Betriebswirtschaftslehre, in: Fischer-Winkelmann, W. F. (Hrsg.): Das Theorie-Praxis-Problem der Betriebswirtschaftslehre. Tagung der Kommission Wissenschaftstheorie, Wiesbaden 1994, S. 113 - 128

Pfriem, R. (2001): Natürlich? Nach welcher Natur? Ganzheitlich? Lieber: Nein danke!, in: Bardmann, T. M., Groth, T. (Hrsg.): Zirkuläre Positionen 3. Organisation, Management und Beratung, Wiesbaden 2001, S. 333 - 336

Podak, K. (1984): Ohne Subjekt, ohne Vernunft. Bei der Lektüre von Niklas Luhmanns Hauptwerk „Soziale Systeme", in: Merkur 1984, Jg. 38, Heft 7, S. 733 - 753

Porter, M. (1983): Wettbewerbsstrategie: Methoden zur Analyse von Branchen und Konkurrenten, Frankfurt a. Main 1983

Porter, M. (1992): Wettbewerbsvorteile: Spitzenleistungen erreichen und behaupten, Frankfurt a. Main, New York 1992

Porter, M. (2001): Wie die Wettbewerbskräfte die Strategie beeinflussen, in: Montgomery, C. A., Porter, M. (Hrsg.): Strategie, Wien, Frankfurt a. Main 2001, S. 13 - 30

Prahald, C., **Hamel**, G. (1990): The Core Competence od the Corporation, in: Harvard Business Review 1990, Jg. 68, Mai, Juni 1990, S. 79 - 91

Preyer, G. (1992): System-, Medien- und Evolutionstheorie. Zu Niklas Luhmanns Ansatz. Exkurs: Macht, in: Protosoziologie 1992, Heft 3, S. 61 - 89

Preyer, G., **Grünberger**, H. (1980): Die Problemstufenordnung in der systemtheoretischen Argumentation Niklas Luhmann, in: Soziale Welt 1980, Jg. 31, Heft 1, S. 48 - 67

Pries, L. (1991): Betrieblicher Wandel in der Risikogesellschaft: empirische Befunde und konzeptionelle Überlegungen, Opladen 1991

Probst, G. (1987): Selbst-Organisation - Ordnungsprozesse in sozialen Systemen aus ganzheitlicher Sicht, Berlin, Hamburg 1987

Probst, G. (2001): Organisation als Resultat menschlicher Aktivitäten, in: Bardmann, T. M., Groth, T. (Hrsg.): Zirkuläre Positionen 3. Organisation, Management und Beratung, Wiesbaden 2001, S. 173 - 196

Quinn, J. B. (1978): Strategic Change: ‚Logical Incrementalism‘, in: Sloan Management Review 1978, Jg. 20, Herbst 1978, S. 7 - 21

Quinn, J. B. (1980): Strategies for Change: Logical Incrementalism, Homewood, 1980

Reese-Schäfer, W. (2001): Niklas Luhmann zur Einführung, 4. Aufl., Hamburg 2001

Reich, K. (1996): Systemisch-konstruktivistische Pädagogik. Einführung in Grundlagen einer interaktionistisch-konstruktivistischen Pädagogik, Neuwied u.a. 1996

Rieger, W. (2002): Einführung in die Privatwirtschaftslehre. Auszüge in: Brockhoff, Klaus: Geschichte der Betriebswirtschaftslehre. Kommentierte Meilensteine und Originaltexte, 2. Aufl., Wiesbaden 2002, S. 171 - 184

Riegler, A. (1997): Ein kybernetisch-konstruktivistisches Modell der Kognition, in: Müller, A., Müller, K. H., Stadler, F. (Hrsg.): Konstruktivismus und Kognitionswissenschaft. Kulturelle Wurzeln und Ergebnisse. Heinz von Foerster gewidmet, Wien 1997, S. 75 - 88

Ringbakk, K. A. (1969): Organized Planning in major US companies, in: Long Range Planning 1969, Nr. 2, S. 46 - 57

Roth, G. (1998): Das Gehirn und seine Wirklichkeit. Kognitive Neurobiologie und ihre philosophischen Konsequenzen, Frankfurt a. Main 1998

Rühli, E. (1971): Zur Frage der Effizienz des entscheidungsorientierten Ansatzes der Betriebswirtschaftslehre, in: Kortzfleisch, G. von (Hrsg.): Wissenschaftsprogramm und Ausbildungsziele für Betriebswirtschaftslehre, Berlin 1971, S. 39 - 42

Runkel, G. (2002): System- und Handlungstheorie, Lüneburg 2002

Sabel, H. (2000): Erich Gutenberg – His Work: Roots, Rise, Results, in: Albach, H., et al. (Hrsg.): Theory of the Firm. Erich Gutenberg's Foundations and Further Developments, Berlin u.a. 2000, S. 67 - 87

Schanz, G. (1977): Grundlagen der verhaltenstheoretischen Betriebswirtschaftslehre, Tübingen 1977

Schanz, G. (1979): Betriebswirtschaftslehre als Sozialwissenschaft. Eine Einführung, Stuttgart u.a. 1979

Schanz, G. (1984): Was ist und was nützt eine verhaltsorientierte Betriebswirtschaftslehre?, in: Kortzfleisch, G. v., Kaluza, Bernd (Hrsg.): Internationale und nationale Problemfelder der Betriebswirtschaftslehre, Berlin 1984, S. 247 - 262

Schanz, G. (1990): Die Betriebswirtschaftslehre als Gegenstand kritisch-konstruktiver Betrachtungen. Kommentare und Anregungen, Stuttgart 1990

Schenk, M. (2002): Medienwirkungsforschung, 2. Aufl., Tübingen 2002

Scherf, M. (2002): Beratung als System. Zur Soziologie der Organisationsberatung, Wiesbaden 2002

Schiepek, G. (2000): Konstruktivistisches Wirklichkeitsverständnis - ein empirisches Projekt. Konsequenzen für die Psychiatrie, in: Rusch, G., Schmidt, S. J. (Hrsg.): Konstruktivismus in Psychiatrie und Psychologie, Frankfurt a. Main 2000, S. 24 - 45

Schimank, U. (1987): Evolution, Selbstreferenz und Steuerung komplexer Organisationssysteme, in: Glagow, M., Willke, H. (Hrsg.): Dezentrale Gesellschaftssteuerung, Pfaffenweiler 1987, S. 45 - 64

Schmalenbach, E. (1978): Die Privatwirtschaftslehre als Kunstlehre, in: Schweitzer, M. (Hrsg.): Auffassungen und Wissenschaftsziele der Betriebswirtschaftslehre, Darmstadt 1978, S. 33 - 47

Schmid, H. B. (2000): Subjektivität ohne Interität. Zur systemtheoretischen ‚Überbietung' der transzendentalphänomenologischen Subjekttheorie, in: Merz-Benz, P.-U., Wagner, G. (Hrsg.): Die Logik der Systeme. Zur Kritik der systemtheoretischen Soziologie Niklas Luhmanns, Konstanz 2000, S. 127 - 156

Schmid, M. (1987): Autopoiesis und soziales System: Eine Standortbestimmung, in: Haferkamp, H., Schmid, M. (Hrsg.): Sinn, Kommunikation und soziale Differenzierung. Beiträge zu Luhmanns Theorie sozialer Systeme, Frankfurt a. Main 1987, S. 25 - 50

Schmidt, R. H. (2000): Erich Gutenberg and the Theory of the Firm, in: Albach, H., et al. (Hrsg.): Theory of the Firm. Erich Gutenberg's Foundations and Further Developments, Berlin u.a. 2000, S. 3 - 39

Schmidt, S. J. (1989): Die Selbstorganisation des Sozialsystems Literatur im 18. Jahrhundert, Frankfurt a. Main 1989

Schmidt, S. J. (1996): Der Radikale Konstruktivismus: Ein neues Paradigma im interdisziplinären Diskurs, in: Schmidt, S. J. (Hrsg): Der Diskurs des Radikalen Konstruktivismus, 7. Aufl., Frankfurt a. Main 1996, S. 11 - 88

Schneider, D. (1984): Managementfehler durch mangelndes Geschichtsbewußtsein in der Betriebswirtschaftslehre, in: Zeitschrift für Unternehmensgeschichte 1984, 29. Jg., S. 114 - 130

Schöfthaler, T. (1985): Soziologie als „interaktionsfreie Kommunikation". Niklas Luhmanns leidenschaftlicher Antihumanismus, in: Das Argument 1985, Heft 27, S. 372 - 383

Scholz, C.; **Garbers**, T.; **Stein**, V. (1999): Organisations- und Personalentwicklung im Spannungsfeld der Globalisierung, in: Steger, U. (Hrsg.): Facetten der Globalisierung. Ökonomische, soziale und politische Aspekte, Berlin, Heidelberg 1999, S. 67 - 88

Scholz, O. R. (2001): Verstehen und Rationalität: Untersuchungen zu den Grundlagen von Hermeneutik und Sprachphilosophie, 2. Aufl., Frankfurt a. Main 2001

Schreyögg, G. (1984): Unternehmensstrategie: Grundfragen einer Theorie strategischer Unternehmensführung, Berlin, New York 1984

Schwanitz, D. (1996): Verlorene Illusion, in: Soziologische Revue 1996, Jg. 19, Heft 2, S. 127 – 136

Schwanitz, D. (1997): Der Zauberer hext sich selber weg. Operation Systemtheorie abgeschlossen: Niklas Luhmann macht die unsichtbare Gesellschaft sichtbar, in: Frankfurter Allgemeine Zeitung 1997, Nr. 238 vom 14. Oktober 1997, S. 39

Schwanitz, D. (1999): Niklas Luhmann. artifex mundi, in: Stichweh, R. (Hrsg.): Niklas Luhmann - Wirkungen eines Theoretikers: Gedenkcolloquium der Universität Bielefeld am 8. Dezember 1998, Bielefeld 1999, S. 49 - 60

Schwienhorst, R. L. (1989): Strategische Kontrolle. Rahmenbedingungen, Aufgaben und Methoden, Wiesbaden 1989

Sell, F. L. (1999): Anforderungen an immobile Produktionsfaktoren vor dem Hintergrund der Globalisierung, in: Berg, H. (Hrsg.): Globalisierung der Wirtschaft: Ursachen, Formen, Konsequenzen, Berlin 1999, S. 69 - 102

Simon, F. B., **Stierlin**, H. (1993): Die Sprache der Familientherapie: Ein Vokabular, Überblick, Kritik und Integration systemtherapeutischer Begriffe, Konzepte und Methoden, 3. Aufl., Stuttgart 1993

Sinclair, M. B. W. (1992): Autopoiesis: Who needs it?, in: Legal Studies Form 1992, Jg. 16, Nr. 1, S. 81 - 102

Singh, H., **Harrianto**, F. (1989): Top Management Tenure, Corporate Ownership Structure and the Magnitude of Golden Parachutes, in: Strategic Management Journal 1989, Jg. 10, Sommer 1989, S. 143 - 156

Slevin, D., **Covin**, J. (1997): Strategy Formation Patterns, Performance and the Significance of Context, Journal of Management 1997, Jg. 23, S. 189 - 209

Spencer Brown, G. (1969): Laws of Form, 2. Aufl., New York 1969

Staehle, W. H. (1991): Organisatorischer Konservatismus in der Unternehmensberatung, in: Gruppendynamik 1991, Jg. 22, S. 19 - 32

Starkey, K., **Madan**, P. (2001): Bridging the Relevance Gap: Alligning Stakeholders in the Future of Management Research, in: British Journal of Management 2001, Jg. 12, Special Issue, S. 3 - 26

Starnitzke, D. (1992): Theoriebautechnische Vorentscheidungen, Differenzhandhabung und ihre Implikationen, in: Krawietz, W., Welker, M. (Hrsg.): Kritik der Theorie sozialer Systeme, 2. Aufl., Frankfurt a. Main 1992, S. 71 - 85

Stein, A. v. d. (1968): Der Systembegriff in seiner geschichtlichen Entwicklung, in: Diemer, A. (Hrsg.): System und Klassifikation in Wissenschaft und Dokumentation, Meisenheim a. Glan 1968, S. 1 - 14

Steiner, G. A. (1969): Top management planning, London 1969

Stichweh, R. (1997): Inklusion/ Exklusion, funktionale Differenzierung und Theorie der Weltgesellschaft, in: Soziale Systeme 1997, Jg. 3, Heft 1, S. 123 - 136

Stichweh, R. (1999): Niklas Luhmann. Theoretiker und Soziologe, in: Stichweh, R. (Hrsg.): Niklas Luhmann - Wirkungen eines Theoretikers: Gedenkcolloquium der Universität Bielefeld am 8. Dezember 1998, Bielefeld 1999, S. 61 - 70

Stichweh, R. (Hrsg.) (1999b): Niklas Luhmann - Wirkungen eines Theoretikers: Gedenkcolloquium der Universität Bielefeld am 8. Dezember 1998, Bielefeld 1999

Streicher, H, **Lünendonk**, T. (2003): Lünendonk-Studie 2003. Führende Managementberatungs-Unternehmen in Deutschland. Umsätze, Themen, Strukturen, Tendenzen, Bad Wörishofen 2003

Tenbruck, F. H. (1981): Emile Durkheim oder die Geburt der Geesellschaft aus dem Geist der Soziologie, in: Zeitschrift für Soziologie 1981, Jg. 10, S. 333 - 350

Teubner, G. (1987): Hyperzyklus in Recht und Organisation. Zum Verhältnis von Selbstbeobachtung, Selbstkonstitution und Autopoiese, in: Haferkamp, H., Schmid, M. (Hrsg.): Sinn, Kommunikation und soziale Differenzierung. Beiträge zu Luhmanns Theorie sozialer Systeme, Frankfurt a. Main 1987, S. 87 - 128

Teubner, G. (1999): Drei persönliche Begegnungen, in: Stichweh, R. (Hrsg.): Niklas Luhmann - Wirkungen eines Theoretikers: Gedenkcolloquium der Universität Bielefeld am 8. Dezember 1998, Bielefeld 1999, S. 19 - 26

Teubner, G., **Willke**, H. (1984): Kontext und Autonomie: Gesellschaftliche Selbststeuerung durch reflexives Recht, in: Zeitschrift für Rechtssoziologie 1984, Jg. 6, S. 4 - 35

Titschler, S. (1991): Intervention: Zur Theorie und Technik der Einmischung, in: Hofmann, M. (Hrsg): Theorie und Praxis der Unternehmensberatung. Bestandsaufnahme und Entwicklungsperspektiven, Hamburg 1991, S. 309 - 343

Treibel, A. (2000): Einführung in soziologische Theorien der Gegenwart, Stuttgart 2000

Tudyka, K. (1989): „Weltgesellschaft" – Unbegriff und Phantom, in: Politische Vierteljahresschrift 1989, Jg. 30, Heft 3, S. 503 - 508

Ulrich, G. (1994): Politische Steuerung. Staatliche Intervention aus systemtheoretischer Sicht, Opladen 1994

Ulrich, H. (1971): Der systemorientierte Ansatz in der Betriebswirtschaftslehre, in: Kortzfleisch, G. von (Hrsg.): Wissenschaftsprogramm und Ausbildungsziele für Betriebswirtschaftslehre, Berlin 1971, S. 43 - 60

Ulrich, H. (1984): Management – A Misunderstood Societal Function, in: Ulrich, H., Probst, G. J. B. (Hrsg.): Self-Organization and Management of Social Systems. Insights, Promises, Doubts and Questions, Berlin u.a. 1984, S. 80 - 93

Ulrich, H. (2001): Systemorientiertes Management. Das Werk von Hans Ulrich, hrsg. von der Stiftung zur Förderung der Systemorientierten Managementlehre, St. Gallen, Schweiz, Bern u.a. 2001

Ulrich, H., **Probst**, G. J. B. (1991): Anleitung zum ganzheitlichen Denken und Handeln. Ein Brevier für Führungskräfte, 3. Aufl., Bern, Stuttgart 1991

Varela, F. J. (1991): Der mittlere Weg der Erkenntnis: Die Beziehung von Ich und Welt in der Kognitionswissenschaft – der Brückenschlag zwischen wissenschaftlicher Theorie und menschlicher Erfahrung, Bern u.a. 1991

Weick, K. (1987): Substitutes for Strategy, in: Teece, D. (Hrsg.): The Competitive Challenge. Strategies für Industrial Innovation and Renewal, Cambridge 1987, S. 221 - 233

Welker, M. (1992): Einfache oder multiple doppelte Kontingenz? Minimalbedingungen der Beschreibung von Religion und emergenten Strukturen sozialer Systeme, in: Krawietz, W., Welker, M. (Hrsg.): Kritik der Theorie sozialer Systeme, 2. Aufl., Frankfurt a. Main 1992, S. 355 - 370

Wernerfelt, B. (1984): The Resource-based View of the Firm, in: Strategic Management Journal 1984, Jg. 5, S. 171 - 180

Wernerfelt, B. (1995): The Resource-based View of the Firm: Ten Years After, in: Strategic Management Journal 1995, Jg. 16, S. 171 - 174

Wevelsiep, C. (2000): Niklas Luhmanns Theorie sozialer Systeme und sonderpädagogische Schlüsselprobleme. Grenzen und Perspektiven systemtheoretischer Kommunikation, Marburg 2000

Weyer, J. (1994): Wortreich drumherumgeredet: Systemtheorie ohne Wirklichkeitskontakt, in: Soziologische Revue 1994, Jg. 17, Heft 2, S. 139 - 146

Wiener, N. (1963): Kybernetik, Düsseldorf 1963

Wienhold, H. (2000): Empirische Sozialforschung. Praxis und Methode, Münster 2000

Wiersema, M., **Bantel**, K. (1992): Top Management Team Demography and Corporate Strategic Change, in: Academy of Management Journal 1992, Jg. 35, S. 91 - 121

Wild, J. (1980): Grundlagen der Unternehmungsplanung, 3. Aufl., Opladen 1980

Willke, H. (2000): Systemtheorie I: Grundlagen. Eine Einführung in die Grundprobleme der Theorie sozialer Systeme, 6. Aufl., Stuttgart 2000

Wimmer, R. (1991): Organisationsberatung – Eine Wachstumsbranche ohne professionelles Selbstverständnis. Überlegungen zur Weiterführung des OE-Ansatzes in Richtung systemischer Organisationsberatung, in: Hofmann, M. (Hrsg.): Theorie und Praxis der Unternehmensberatung. Bestandsaufnahme und Entwicklungsperspektiven, Heidelberg 1991, S. 45 - 136

Wimmer, R. (1992): Was kann Beratung leisten? Zum Interventionsrepertoire und Interventionsverständnis der systemischen Organisationsberatung, in: Wimmer, R. (Hrsg.): Organisationsberatung. Neue Wege und Konzepte, Wiesbaden 1992, S. 59 - 112

Wimmer, R. (1999a): Begegnungen mit Beratern, in: Bardmann, Theodor M., Baecker, D. (Hrsg.): ‚Gibt es eigentlich den Berliner Zoo noch?' Erinnerungen an Niklas Luhmann, Konstanz 1999, S. 42 - 46

Wimmer, R. (1999b): Wider den Veränderungsoptimismus. Zu den Möglichkeiten und Grenzen einer radikalen Transformation von Organisationen, in: Soziale Systeme. Zeitschrift für soziologische Theorie, 5/ 1999, S. 159 - 180

Witt, F. H. (1995): Theorietraditionen der betriebswirtschaftlichen Forschung. Deutschsprachige Betriebswirtschaftslehre und angloamerikanische Management- und Organisationsforschung, Wiesbaden 1995

Wöhe, G. (1990): Einführung in die Allgemeine Betriebswirtschaftslehre, 17. Aufl., München 1990

Wunsch, G. (1985): Geschichte der Systemtheorie: Dynamische Systeme und Prozesse, Berlin 1985

Zajac, E. (1992): Relating Economic and Behavioral Perspectives in Strategy Research, in: Shrivastava, P., Huff, A., Dutton, J. (Hrsg.): Advances in Strategic Management 1992, Jg. 8, S. 69 - 96

Zanetti, V. (1988): Kann man ohne Körper denken? Über das Verhältnis von Leib und Bewußtsein bei Luhmann und Kant, in: Berg, H., Schmidt, J. (Hrsg.): Rezeption und Reflexion. Zur Rezeption der Systemtheorie Niklas Luhmanns außerhalb der Soziologie, Frankfurt a. Main 1988, S. 93 - 133

Zolo, D. (1985): Reflexive Selbstbegründung der Soziologie und Autopoiesis, in: Soziale Welt 1985, Jg. 36, Heft 4, S. 519 - 534

www.ingramcontent.com/pod-product-compliance
Lightning Source LLC
Chambersburg PA
CBHW021946220326
41599CB00012BA/1205